Schlesische Sagen

BRANDENBVRG MARCHIONAT
Millaria Germanica communia.
Franckfurt
Krossen
Guben
Naumburg
Sommerfeld
Glogaw
Sagan
Neustedlen
Gorlitz
Lauban
Lignitz
Goldberg
Striega
Sweinitz
Reichenbach
Baudzen
Lubben
Hirschberg
Steinaw
Luben
Parchwitz
Schlawa
Fraustad
Punitz
Storchnest
Kosten
P O
LVSA TIÆ
PARS
Orttrant
Occidens
Hercynia silva
Risenberg
BOHEMIÆ
Goltz
Landeck
Gesenck
PARS
SILESIA
DVCATVS
A Martino Helwigio Nisseni
descriptus

LO
NIÆ
Oriens
PARS
MORAVIÆ PARS
Warta flu.
Kalis
Kosmin
Krutoschin
Sulomiritz
Olobock
Syratz
Brabow
Oddno
Militz
Schildtperg
Werstad
Welon
Peterkaw
Kobelgura
Kempus
Bernstad
Smorga, Prima Silesiorū Schola 966
Namslaw
Kontzstad
Creitzberg
Rosenberg
Lublinecz
Klobotzko
Landsberg
Olstyn
Brigk
Oppeln
Grotka
Falckhenberg
Krapitz
Neisse
Tarnowitz
Beuthen
Ratibor
Troppa
Oderberg
Teschen
Plessa
Oswientzin
Bilitz
Krakaw
Vistula flu.
Jegersdorf
Engelsberg
Oder
Fridland
Glogau
Mislowitz
Sorau
Strumien
Fridek
Zywietz
Olomutz
Sternberg
Jablunka
Kozle
Ozlsl

Schlesische Sagen

Gesammelt und herausgegeben
von Will-Erich Peuckert

Eugen Diederichs Verlag

CIP-Titelaufnahme der Deutschen Bibliothek

Schlesische Sagen / hrsg. von Will-Erich Peuckert. – Neuausg.
– München: Diederichs, 1989
ISBN 3-424-00986-5
NE: Peuckert, Will-Erich [Hrsg.]

Neuausgabe 1989

Produktion und Umschlaggestaltung: Tillmann Roeder
unter Verwendung des Bildmotivs »Kleiner Teich im Riesengebirge«
von Ludwig Richter, 1835
Satz: Uhl + Massopust, Aalen
Druck und Bindung: Kösel, Kempten

ISBN 3-424-00986-5

Printed in Germany

Inhalt

Seliger aber ist es, zu beschreiben die Nymphen, denn zu beschreiben die Orden; seliger ist, zu beschreiben den Ursprung der Riesen, denn zu beschreiben die Hofzucht; seliger ist zu beschreiben die Melusine, denn zu beschreiben Reuterei und Artillerie; seliger ist, zu beschreiben die Bergleut unter der Erde, denn zu beschreiben Fechten und Frauen-Dienen.

Paracelsus, Liber de nymphis

Vorwort

Ich habe immer dafür gehalten, daß wenn man eine Sage in ihrer Gegebenheit begreifen wolle, man ihre Landschaft, ihre örtliche Gebundenheit erkennen müsse. Niemand wird um die Hexensabbathe auf dem Blocksberg wirklich wissen, als wer ihn nicht im zeitigen Frühjahr sah und seine Verlorenheit in Sturm und Dunst und letztem Schnee erfuhr. Niemand versteht den Rodensteiner, der nicht von der Ruine des Rodensteins zum Hügel Schnellert ging und diesen nächtlichen Weg beschritt. Weswegen der Hackelberg im Solling jagt, wird allein der verstehen, der dessen Wäldertiefen und die Abgeschiedenheiten ausgewandert ist. Weswegen –, aber ich könnte Dutzende von Weswegen und Warum aufführen und hätte dabei doch weiter nichts zu folgern, als immer nur: wer nicht den Hohlweg und den Wäldergrund, wer nicht die in den Schwingel tief versinkenden Felsen auf dem Kamme, wer nicht die Bungelose Gasse sah, der wird das Rätsel der Abendburg, und wird den Hamelner Rattenfänger nie vollauf begreifen.

Dieses, nun nennen wir es methodisches Prinzip der Sagenforschung, das ich in Theorie und Praxis meinen Schülern nahezubringen versuchte, wie rechtfertigt es sich vor diesem Bande Sagen, der ganz und gar in einer verlorenen, uns durchaus verschlossenen Heimat wurzelt? Ist, was ein solcher Band darbietet, nicht nur ein sentimentales sich-Erinnern, im ärgsten Falle das Erwecken des zu unseren Zeiten wohl nie recht erfüllbaren Verlangen? Im besten Falle nur die Jugenderinnerungen eines alten Mannes?

Gewiß – und trotzdem noch ein Mehr. Ein anderes, ein rechtzufertigendes. Deswegen ein rechtzufertigendes, weil an die Stelle der heut fortfallenden Erkenntnis der örtlichen oder landschaftlichen Ergebenheiten eine andere tritt, die sehen zu lernen nunmehr an der Zeit ist.

Es sei mir, um sie anzudeuten, erlaubt, einen kleinen Umweg einzuschlagen. Diese Sammlung erschien vor Jahren unter dem Titel „Schlesische Stammeskunde". Damit ist behauptet worden, daß die Schlesier ein deutscher Stamm gewesen seien, so wie die Franken, die Sachsen, die Alemannen deutsche Stämme sind. Man ist sich aber dessen wohl bewußt gewesen, daß dieser Stamm ein jüngerer als die eben genannten war, ein Neustamm, wie man gern sagte. Ich habe in meiner Untersuchung „Flur- und Traufengrenze" ein Bild vom Werden dieses Stammes zu geben versucht. Es setzte im zwölften Jahrhundert ein; im sechzehnten etwa ging das Kindesalter, wenn man es so nennen darf, zu Ende, und damals fingen die frühen Mannesjahre, die Jahre der Jakob Böhme, Christian Günther, Eichendorff, der beiden Hauptmänner an. Bei ihnen hat der neue Stamm wohl seine gültige innere Gestalt und Form gefunden. In diesem Augenblick aber zersplitterte er und brach. Ein eben fertig Gewordenes wurde aufgelöst und über die deutsche Welt verstreut.

Das ist, scheint mir, die Situation. Das aber, was dieser Stamm in sich getragen, was neben den Böhme und Eichendorff und Hauptmann in ihm, leise und verborgen, gewachsen ist, was dieser Stamm an stillen und verhohlenen Aussagen fand, die Sagen und Märchen – es war erstens einmal ein Fertiges, und es ist zweitens eine innere Gegebenheit, die neben der örtlichen steht und mehr noch als diese ist.

Schlesien, der schlesische Stamm wächst, so wie es heute aussieht, wohl nicht mehr. Die Weltgeschichte hat für ihn den Schlußstrich ziehen wollen. Aber sie war doch gnädig, denn dieser Schlußstrich wurde nicht gezogen, als unser Stamm noch immer im Aufgehen und Werden war; er schloß vielmehr ein Fertiges ab. Die schlesische Aussage war gefunden. Ein etwas dieser Aussage, die des Einfachen Mannes, die des Menschen der zauberischen und mythischen Bewußtseinsebene, liegt in der schlesischen Sage vor. Und diese Aussage ist fertig. Gewachsen und geworden. Ist so wie eine reife Frucht. So einfach und schlicht die Hände waren, die sie formten, so fertig ist sie doch, nur eine Handvoll Heimaterde derer, die das Land verloren – ein „Mittebringsel" denen, die uns aufgenommen haben.

Der alte Jakob Böhme sprach einmal davon, daß eine Perle entstünde, wenn ein Tropfen Tau vom Himmel in eine offene

Muschel fiele. Die Sage sieht einfach aus, schlicht, ganz durchscheinend, nur ein Tropfen Wasser, – doch wenn sie aufgenommen werden kann, wird sie vielleicht zu einer Perle der Art, welche Böhme sah. Wir retteten sie uns aus der Heimat. Wir brachten ja sonst nichts mit. Selbst unsere Hemden, unsere Schuhe blieben hinten; unsere Gabeln, unsere Löffel blieben hinten, unsere Gräber blieben hinten – aber vielleicht, als wir die Sagen mitnahmen, nahmen wir doch das beste, was wir hatten, mit.

Wir wollen sie nun auch als das letzte Gut behalten. Und denen, denen sie vielleicht nichts als ein Tropfen Wasser – uns aber ist sie Tau –, als einziges, was wir hatten und mitnahmen, weitergeben. Mehr brachten wir ja nicht mit. Wenn es den Freunden aber, die mit mir suchen, neben der örtlichen als die innere Gegebenheit erscheint, nach der wir suchen, dann ist sie vielleicht auch ihnen eine Perle.

In der Engelsmühle, Pfingsten 1966 Will-Erich Peuckert

Der Marktplatz zu Breslau. Stahlstich von A. H. Payne, nach einer Zeichnung von Ludwig Richter

Gestern und ehegestern

Die Alten haben sich oft den Kopf zerbrochen, woher der Name Schlesien gekommen sein mag; sie leiteten ihn schließlich vom Zobten (Slenz) ab, der schon nach Thietmar von Merseburg ein Ort verruchten heidnischen Götzendienstes war. Davon weiß heute die Sage nichts; aber sie findet im Lande noch hin und her Stätten, an denen gebetet und heidnischen Göttern geopfert worden ist. So heißt es: 2200 Schritt von Märzdorf a. Bober kennt man die Stelle, an welcher vor alten Zeiten die Burg gestanden hat, die man noch heute das Frauenhaus nennt. Der ursprüngliche Name desselben soll sich von einem Götzenhain herschreiben. Beim Bau der damaligen Kirche wurden die Steine der Burg benutzt, und beim Einreißen und Aufräumen der Trümmer fand man eine braune Steinplatte, auf der ein Mannskopf in mehr als Lebensgröße ausgehauen ist; man hielt ihn für das Götzenbild jenes Haines. Um ihn der Nachwelt aufzubewahren, wurde er außerhalb der Kirche in der Turmmauer angebracht. Der Stein ist oft schon weiß angestrichen worden, aber immer wieder wurde er schwarz. Zuerst ist er in die Südseite des Turmes eingefügt worden, aber er ist von selbst auf die Nordseite gewandert, da er das Frauenhaus sehen will, woher er stammt. Bei Barzdorf in der Oberlausitz liegt auf dem Ringelberge ein goldner Hain (Hagen, Götzenbild) verborgen.

Der weiße Flins über Flinsberg hat seinen Namen vom Götzendienst, welchen die sorbischen Wenden dem Abgott Flins dargebracht haben. Alte Märchen erzählen von großen vergrabenen Goldschätzen und einem ganz goldenen Götzen an diesem Orte. Bergemann schreibt 1827 nach mündlicher Überlieferung: Die Sorbenwenden wehrten sich tapfer, stritten für ihre Freiheit und Religion, flohen, wenn sie übermannt wurden, in die Wälder, erholten sich wieder, litten abermals, und nur noch ein kleiner Haufe ward um das Jahr 1133 von Kaiser Lothar von Löbau her überfallen. Dieser gejagte und in die Enge getriebene Schwarm nahm seinen ersten Sitz in der Gegend des Dorfes Steine am Queis, wo der noch zum Teil vorhandene Quarzfelsen, der Totenstein, ihr Opfertisch war. (Im Hagebusch hinter demselben wohnte ein alter Wahrsager und Priester, den stets ein schwarzer Hahn begleitete.) Bald darauf waren sie genötigt, weiter am Queisfluß hinauf zu ziehen; sie setzten sich im heutigen Ullersdorf fest. – Dort empfängt der Queis als Nebenfluß das Schaumflößel. Den Sorben war es ein heiliges Bad. Wer aber zur Unzeit, d. h. anders als in der Morgendämmerung in ihm badete, wurde am Leibe schwarz, der Schwatzende wurde mit Stummsein und der Neugierige mit Blindheit geschlagen. – Allein, da die Gegend immer bevölkerter wurde, fühlte der letzte Überrest sich veranlaßt, in die unwegsame Wüstenei, bis in die Höhe der Queisquelle zu ziehen, wo sie ihr Grab und ihren Untergang fanden. Nach einer Überlieferung soll der Gott Flins auch auf der Stelle, wo gegenwärtig die Hauptquelle ist, verehrt worden, und bei der Zerstörung seines Opfertisches die mineralische Quelle zum Vorschein gekommen sein. Im Innern des den weißen Flinsberg bildenden Quarzfelsens öffnete sich des Gottes funkelndes Schloß, mit Schätzen gefüllt. Andere halten den das Dorf Flinsberg östlich begrenzenden Geiersberg für den echten Tempel der Gottheit. Einige Landleute sahen nämlich ein übermenschliches Wesen, den Kopf unter dem Arme, auf einer der Draisine ähnlichen Maschine, beim Tischlermeister Exner vorbei auf ihn hinauffahren, worauf dieser sich umwölkte und Regen drohte. Und daß es auf dem Haumberg, wie der die Geiersteine tragende Gipfel eigentlich heißt, heute noch nicht geheuer ist, erzählte der alte Lobelschuster, welcher dort wohnte, manchmal, wenn er bei Neumanns auf Arbeit war.

Auch in der Oberlausitz leben noch Spuren des alten Glaubens. Von der Kapelle bei Markersdorf zieht sich zur Pfarre herab ein Stück Land, das heißt die „heilige Hufe". Seit Menschengedenken liegt es schon brach, denn es darf niemals beackert werden. Sollte es einmal frevelhafterweise umgepflügt werden, so wird nicht nur über den Täter, sondern auch über das Dorf ein großes Unglück hereinbrechen. – Und die „Druisteine" bei Weigsdorf werden vom Volke „der alte Götzentempel" genannt. Noch vor 200 Jahren gab es Leute, die bei Sonnenauf- und -untergang dort zu beten pflegten. Ein vormaliger Ortspfarrer (M. Niger 1614–30) sah zu wiederholten Malen ein altes Mütterchen am Hügel ihre Andacht verrichten. Sie erzählte ihm, daß sie schon mit ihrer Großmutter hierher beten gegangen sei. Und in Goldentraum gibt es noch drei Personen, die gehen bei hellem Mondschein auf den Kreuzweg und beten den Mond an. Dadurch bekommen sie Macht, allerlei Zaubereien auszuführen.

Der Boden birgt Dinge, die niemand erklären kann. Steinsetzungen wie bei Ullersdorf werden zum Glauben an den Gott Flins in Bezug gebracht; die Urnen bei Massel wuchsen im Erdreich und waren um Pfingsten sichtbar. Bei Polnisch-Würbitz ist einst ein König mit solcher Heeresmacht gezogen gekommen, daß jeder Soldat nur einen Hut voll Sand bringen durfte, damit die Schanze dort aufgeführt werden konnte. In einer anderen Schanze, den Totterngräben bei Gühren, ist damals ein König begraben worden. Gefangene machten sein Grab, dann wurden sie alle umgebracht, daß keiner von ihnen verraten könne, wo sich das Grab befinde. Des Nachts erhebt sich nun oft ein Lärm in der Schanze, als ob viele Wagen mit lose darauf liegenden Schwertern und Spießen herangerasselt kämen. Ein weit und breit gefürchteter heidnischer Fürst herrschte zur Vorzeit auch in der Heinzenburg bei Kotzenau. Einst kam er auf einem Kahn den Sprottebach herabgefahren; ein Jäger erschoß ihn mit seinem Pfeil. Der Fürst sank aus dem Fahrzeug und das Wasser des Sumpfes schlug über ihm zusammen.

Zu jener uralten Zeit bewohnte die heidnische Jungfrau Glatz. Ihr Leben ist ganz gottlos gewesen, weil sie in Wollust, Unzucht und Üppigkeit gelebt hat. – Mit ihrem Ranzenbogen soll sie vom Schlosse zu Glatz bis zu der großen Linde bei Eisersdorf an der Grenze haben schießen können. Einmal nun wettete sie mit ihrem Bruder, wer am weitesten treffen würde. Sie schoß noch eine Meile weit über den Schloßgraben, ihr Bruder aber erreichte kaum die Hälfte des Weges und so gewann sie die Wette. Ihr Pfeil blieb, so erzählen die Glatzer, in einer Linde stecken, so daß nur noch die Hälfte desselben zu sehen war. – Die heidnische Jungfrau lebte nicht nur mit anderen, sondern auch mit ihrem eigenen Bruder in schändlicher Unzucht. Sie soll auch eine erschreckliche Zauberin gewesen sein, die oft in Kurzweil ein stark Hufeisen mit ihren Händen zerrissen hat. Daher trachteten die Glatzer, sie zu überwältigen und gefangen zu setzen, aber sie entging lange Zeit allen Nachstellungen. Als es endlich gelungen war, sie zu erhaschen, vermauerte man sie in einen großen Saal, der beim Tore war, und ließ sie dort umkommen. Sie hätte sich durch ihre höllische Kunst wohl befreien können, aber dazu wäre nötig gewesen, daß ihre Füße mit dem Erdboden in Berührung kamen, und dies wußte man zu verhüten. Zum ewigen Gedächtnis ließ man ihr Bildnis aus Stein hauen und in die Mauer über dem tiefen Graben links von dem Tore, wo das Ober- und Niederschloß sich scheiden, einmauern. Im heidnischen Kirchlein auf dem Glatzer Schlosse zeigte man an der Wand das lange schöne gelbe Haar der heidnischen Jungfrau, das in Zöpfe geflochten war. Es behütete die Stadt oder das Schloß vor dem gänzlichen Untergange. – Ihr Geist soll noch im Glatzer Schlosse umgehen. Ein Soldat, der auf dem Schlosse Schildwache stand, spöttelte über sie und höhnte sie. Plötzlich stand die heidnische Jungfrau vor ihm und gab ihm mit eisigkalter Hand einen Backenstreich. Ein anderer Soldat hatte das gelbe Haar der heidnischen Jungfrau aus dem Kirchlein genommen. In der Nacht darauf kam sie nun zu ihm, schlug und kratzte ihn und hätte ihn getötet, wenn nicht sein Kamerad auf seine Bitte das Haar rasch an den alten Ort zurückgebracht.

Die schon genannte große Linde zu Eisersdorf soll so alt gewesen sein, wie der heidnische Turm daselbst. Obwohl sie mehrmals verdorrte, ist sie doch immer wieder von neuem gewachsen. Von Zeit zu Zeit sind an ihr Bluttropfen bemerkbar gewesen, weil ihr Stamm ja vom Zauberpfeile verletzt worden ist. Einstmals soll sich die Zauberin darauf gesetzt und von der Stadt Glatz viele zukünftige Dinge geweissagt haben. Unter anderem hat sie prophezeit, der Türke werde bis Glatz kommen und all da, wenn er durch die steinerne Brücke hinauf bis auf den Ring gelangt sei, eine große Niederlage erleiden, weil ihm die Christen aus dem Schlosse entgegenziehen und ihn auf dem Markte erlegen würden. Solches aber werde nicht eher geschehen, als bis eine ganze Schar Kraniche durch die Brotbänke geflogen sein würden. –

In Braunau weiß man gleichfalls von einer heidnischen Jungfrau. Man hat sie aus ihrer Grabstätte in der Friedhofskirche über die alte Pforte schwebend, den Niedersand entlang in Begleitung von drei netten Hündchen bis zu einer Statue singend und betend gehen sehen.

Der neue Glaube

Der christliche Glaube fand nach der Sage durch einen polnischen König, Mesko, Eingang. Am Sonntag Lätare trat Schlesien über und man trug die gestürzten Götzen fort in den Sumpf. Zur steten Erinnerung gingen die schlesischen Kinder Lätare Sommersingen. Sie tragen den Tod in einen Teich oder eine Pfütze. „A Tuta hoan mer ausgetrieba, a lieba Summer breng mer wieder."

Die heilige Hedwig

Unter den Frommen der alten Zeit, die frömmste war des Liegnitzer Piasten Gemahl, die heilige Hedwig, sie tat Buße und lag im Gebet Tag und Nacht. Als sie dem Herzog Heinrich I. drei Söhne und drei Töchter geboren hatte, bat sie ihren Gemahl, ihr die eheliche Beiwohnung zu erlassen, damit sie Gott keusch und recht dienen könne, und er hat es ihr vor dem Bischof zugesagt und sie in 30 Jahren bis zu seinem Tode nicht berührt, auch von der Zeit an weder Haar noch Bart geschoren. Darauf hat die heilige Hedwig mit ihrem Gemahl nur in anderer Gegenwart geredet und wenn sie etwas von ihm zu bitten hatte für die Armen und Unglücklichen. Sie betete aber so eifrig und viel, daß ihre Kniescheiben vom steten Knien ganz hart und knorrig geworden. Wenn sie inbrünstig betete, so geschah es, daß eine Glorie von himmlischen Lichtstrahlen sie umgeben, worüber einst ihr Diener Boguslaw von Savonn, als er unvermutet in ihr Gemach trat und dies sah, gewaltig erschrak. Sie führte auch ein sehr strenges Leben und entzog sich aller Üppigkeit des Leibes. Sie aß grobes Brot und trank einzig Wasser. Wegen dieser Enthaltsamkeit war der Herzog oft sehr erzürnt, und als sie einst ein Kämmerling bei ihm verklagt hatte, ihres steten Wassertrinkens halber, überfiel er sie plötzlich, da sie aß und riß ihr den Becher vom Munde. Als er aber hineinschaute, war eitel Wein darin, wozu Gott das Wasser zum Schutz der Heiligen verwandelt. Desgleichen ging sie bei Sommer und Winter und selbst bei der strengsten Kälte barfuß und unbeschuht, also daß ihr das Blut oft von den Fußsohlen rann, ohne daß ihr Gemahl es wußte, der sonst sehr zornig geworden. Denn als er es von seinen Dienern gehört und sich davon überzeugen und sie überraschen wollte, indem er ihr einstmals unversehens entgegenkam, fand er sie durch ein Wunder beschuht. – Oft saß die heilige Hedwig mit bei Gericht und bat die Verurteilten und Reuigen von ihrer Strafe frei. Desgleichen hat sie, als einer unschuldig gehenkt worden und schon von Sonnenaufgang bis Mittag gehangen, durch ihr Gebet ihn wieder zum Leben erweckt. Als sie einst vor dem Bilde des Gekreuzigten auf den Knien lag, da löste dieser die rechte Hand ab und segnete sie damit. Einst saß sie mit ihrem Gebetbuch beim Feuer und betete daraus. Vor Müdigkeit aber schlief sie ein und das Buch fiel in die Flammen. Als jedoch die Heilige wieder erwachte, fand sie es unversehrt im Feuer. Oft auch kam die Gabe der Weissagung über sie. So prophezeite sie ihrem Sohne Conrad seinen plötzlichen Tod voraus und sah ihres Sohnes, Herzog Heinrich des Frommen, Seele im Traume gen Himmel fahren. In einem Turme des Liegnitzer Schlosses, der so tief unter als über der Erde war, soll ein Gemach gewesen sein, das niemand außer der Heiligen betreten durfte, worin sie Umgang mit Engeln gepflogen.

In Buchwald in der Eremitage ist ein Brunnen, der Hedwigsbrunnen genannt, auf dessen Grund sieht man bei hellem Sonnenschein einen goldenen Ring blinken, aber niemand kann ihn heraufholen. Damit hat es folgende Bewandtnis: Als St. Hedwig einmal in den Wald gegangen war, um Kräuter zu suchen, da begann sie sehr zu dürsten und es war kein Wasser im weiten Umkreise zu finden. Da kniete sie nieder, betete zu Gott und warf ihren goldenen Fingerring hinter sich. Wo aber der Ring zur Erde gefallen, da sprudelte eine schöne und klare Quelle hervor, an der sich die Heilige stärkte. An den Ring aber, der noch auf dem Grunde liegt, sollen sich viele Prophezeihungen knüpfen.

Als sie im Kloster Trebnitz, wohin sie oft von Liegnitz gepilgert, gestorben, verbreitete sich von ihrem Leichnam ein wunderbarer Geruch wie lauter Veilchenduft. Bei ihrer Heiligsprechung erschien an ihrem Grabe ein Licht und wieder fühlten die dienenden Schwestern wie bei ihrem Tode den wunderbaren Geruch.

Das Kloster Trebnitz, wo sie begraben liegt, stiftete ihr Gemahl, der fromme Herzog Heinrich. Er war einst, vom Gefolge abgekommen, auf der Jagd dort in den Sumpf geraten. Er konnte keine Hilfe errufen und sank nur immer tiefer ins Moor. Da gelobte er, an dieser Stelle, wenn Gott ihn errette, ein Kloster und eine Kirche zu erbauen, und alsbald erschien ein Köhler, der ihm den Schürbaum reichte und ihn herauszog. Der Herzog sank in die Knie, dankte Gott und wollte darnach den Köhler reich belohnen. Der aber war verschwunden und nun begriff der Herzog, daß Gott ihm einen Engel zur Rettung gesandt. Er ließ, um sein Gelübde zu erfüllen, den Wald lichten und 1203 begann der Klosterbau. Auch er liegt dort begraben und hinter dem Altar quillt ein Bronn, dessen klares Wasser die Wallfahrer tranken. Das ist die Stelle, wo er versunken war. – Man wußte, als damals der ganze Bau vollendet, nicht, wie man das Kloster nennen solle. Der Herzog frug aber die Nonnen, ob sie sonst noch etwas bedürften und sie antworteten *Trzebá nis*, es bedarf nichts; worauf er versetzte: So soll es Trzebanis heißen.

Der heilige Czeslaus war damals Prior bei den Breslauer Dominikanern, ein frommer und Gott und Menschen wohlgefälliger Mann.

Einst wurde er zu einem Kranken nach Scheitnig gerufen, um ihm die letzte Ölung zu reichen. Da fand er kein Schiff, welches ihn hätte über die Oder fahren können. Er gedachte aber der großen Not des Sterbenden, flehte daher Gott an, diese Seele zu retten, zog sein Oberkleid aus, legte es auf die Wellen und stellte sich gläubig darauf. Und siehe! Die Gewässer führten den Mantel gleich einem Kahn, also daß dem Prior auch nicht ein Fuß naß wurde, und selbst das Gewand, als er es aufhob, trocken war. Der Kranke empfing die heilige Sühnung und genas von Stund an. – Ähnlich ging 1501 bei Hochwasser zu Glatz ein Mönch zur Baderpforte hinein über das Wasser nach Lebensmitteln. Da dies ein Bauer inne worden, ist er mit seinem Wagen und Pferden über die Fluten ihm nachgefahren. – Von oben gedachtem Czeslaus melden die Chroniken weiter, daß, als die Tatern Breslau belagerten und die Breslauer die Stadt selbst angezündet und auf den Dom geflohen, er zu Gott emsig und ängstlich geschrien und andächtig gerufen habe. Da ist ein helles Licht, feurige Säule oder Feuerzeichen am Himmel erschienen, davon es weit und fern licht geworden, darob die Tatern (gleichwie vor Zeiten etwa der Hunnenkönig vor Orleans vor Donner und Blitz) sehr erschrocken, und von Stund an ohne einigen Verzug aufgebrochen seien. Etliche schreiben, daß Feuerfunken und Flammen vom Himmel herabgefallen, die unter den Tatern herumgelaufen, sie versengt, gebrennet, erschreckt und vertrieben haben.

Die Tatern

Im Morgenlande hauste um das Jahr 1240 ein reicher tatarischer Kaiser, Batu Khan geheißen. Seine Gemahlin hatte von den Sitten und Gewohnheiten im Christenlande gehört, wie alles dort lieblich und ehrlich zuginge. Da entbrannte in ihrem Herzen eine heftige Begierde, mit eigenen Augen die löblichen Sitten und Gewohnheiten der Christen und ihre Städte und Ritter zu sehen. Sie bat also ihren Gemahl, ihr die Reise dorthin zu erlauben, und endlich gab der Fürst seine Einwilligung. Er versorgte seine Gemahlin mit einem mächtigen Gefolge von Fürsten und Edelleuten, gab ihr auch Gold, Silber und Edelsteine im Überflusse mit, sowie eine Menge von Geleitbriefen. So zog sie nun aus und ward überall gut aufgenommen. Endlich kam sie auch nach Neumarkt. Als aber die dortigen Bürger sahen, welche ungeheuern Schätze die Kaiserin mit sich führte, hielten sie untereinander einen Rat und meinten, es sei doch unziemlich, daß eine ungläubige Frau mit so großen Schätzen ihnen entrinnen solle; sie wollten sie also mit ihrem Gefolge überfallen und erschlagen und ihre Schätze unter sich teilen. Solchen bösen und unbedachten Rat führten die Bürger auch wirklich aus und erschlugen die Kaiserin mit ihrem Gefolge und teilten sich in die Schätze. Zwei Jungfrauen aber, die sich in einem Keller verborgen hatten, kamen mit dem Leben davon. Sie wußten sich heimlich zu retten und langten nach vielen Beschwerden glücklich wieder in ihrem Vaterlande an. Dort erzählten sie dem Kaiser unter Weinen und Wehklagen, was geschehen. Darob ergrimmte dieser in schrecklichem Zorne und verschwur sich hoch und teuer, er wolle sein Haupt nicht eher zur Ruhe legen, als bis er solchen Mord seiner Gemahlin und seiner Getreuen an der ganzen Christenheit gerächt und ihr Land von Grund aus verwüstet habe. Drei Jahre lang ließ er in seinem Lande alle streitbaren Männer aufrufen und es versammelten sich fünfhunderttausend. Dieses Heer schlug die Christen bei Liegnitz und zog dann gegen Neumarkt.

Als die Bürger zu Neumarkt dies hörten, hielten sie einen Rat und geboten ihren Frauen und Töchtern: Ihr habt gehört, wie die grausamen Tataren alles verheeren, morden und brennen und Frauen und Jungfrauen schwächen. Nun können wir ihrer Macht nicht widerstehen, darum haben wir eine List ersonnen. Wir wollen uns verbergen in unseren Kellern mit Harnisch und Waffen, und wenn die Feinde kommen, so geht ihnen entgegen und nehmt sie scheinbar mit gutem Willen und Freuden auf und sagt, wir seien alle aus Furcht geflohen. Pflegt sie wohl und bewirtet sie mit den köstlichsten Speisen und Getränken, und wenn ihr sehen werdet, daß sie trunken und ihre Waffen abgelegt und sich zur Ruhe begeben haben, so gebt uns ein Zeichen mit der Rathausglocke, dann wollen wir auf sein und sie alle überfallen und erschlagen. – Diesem Rate sind ihre Weiber und Töchter getreulich gefolgt, und als sie mit der Glocke geläutet, sind ihre Männer und Brüder herbeigekommen und haben unzählige Tataren erschlagen, so daß gleichsam ein kleiner Bach von dem Blute der Ungläubigen geflossen ist.

Was die Tatarenschlacht selbst anbelangt, so hatte die heilige Hedwig ihren Sohn (Herzog Heinrich II.), obwohl sie seinen und seines Heeres Untergang voraussah, zum Kampfe doch angespornt. Als er ausritt und das Ende des Gottesdienstes in der Marienkirche nicht mehr abwarten mochte, fiel ein Dachziegel vom Turme, der ihm beinahe den Schädel gespalten hätte. Da rieten einige, er solle ob dieser schlimmen Vorbedeutung umkehren; der Herzog ließ sich jedoch nicht bereden, sondern zog mutig los. Es waren aber die Oberschlesier, der Ritterorden und die Goldberger Knappen bei seinem Heere. Als durch verräterisches Kriegsgeschrei die Polen schon wankten, vermochte der Herzog mit dem Deutschordensmeister die Schlacht doch zu erneuen. Aber wie sie den letzten Haufen der Tatern bereits bedrängten, da schwenkte plötzlich der Fähnrich des Haufens eine Fahne, in deren Mitte ein × sich gemalt befand (nach Schickfus der griechische Buchstabe χ). An der Spitze der Fahne war ein greulich schwarzes Menschenhaupt mit einem Barte sichtbar, aus welchem ein so betäubender Gestank hervorquoll, daß die verfolgenden Christen davon wie in einen dichten giftigen Nebel eingehüllt, den Feind nicht mehr zu sehen vermochten und entkräftet niedersanken. Die Tatern schrien einander zu, wandten sich um und griffen von neuem an. Die Reihen wurden durchbrochen und ein gräßliches Blutbad erfolgte. Dem frommen Herzog rannte ein Tatar einen Spieß durch den Leib und hieb ihm den Kopf ab. Den steckten sie dann auf einen Spieß und zogen damit vor Liegnitz. Als aber die Liegnitzer die Übergabe weigerten, warfen sie ihn in den Koischwitzer See. Dann zogen sie ab. Die Herzogin Anna suchte den Leichnam des Gemahls; sie fand ihn endlich, kenntlich durch die sechs Zehen des linken Fußes. – Um noch einmal auf das höllische Feuerwerk zu sprechen zu kommen, so sagen etliche auch, es seien scheußliche Köpfe auf Stangen getragen und mächtige Schlangen in ihrer Mitte gewesen, die weit hinaus unlöschliche Feuer und Gift aus ihren Rachen gespien. In den Liegnitzer Dörfern aber redet man heute noch davon, es sei eine Maschine gewesen, vorn wie ein Menschenhaupt; auf Rädern hätten die Tatern sie in die Schlacht geschoben. Daß sie, die Tatern, mit zauberischen Dingen Bescheid gewußt, geht ja bereits daraus hervor, daß sie vorm Treffen gefangene Christenkinder als Opfer geschlachtet haben. – Nach dieser Schlacht schnitten die Feinde allen gefallenen Christen das rechte Ohr ab und haben neun Säcke damit gefüllt und ihrem Khan Batu übersandt, die große Niederlage der Christen so anzudeuten. Jedes Jahr wird am 9. April in Wahlstatt darum das Ohrenfest gefeiert. Der Boden des Ortes aber ist vom vergossenen Blute fruchtbar und reich geworden. – (Auch Heidersdorf am Zobten brandschatzten sie. Die Leute wurden auf einer Wiese am Geiersberg zusammengetrieben. Dort konnte man am nächsten Tag drei bis vier Säcke voll abgeschnittener Nasen und Ohren sammeln.)

Über ganz Schlesien finden sich Taternsagen. An manche verborgene Schanze knüpft sich ihr Name. Die Habelschwerdter haben, als sie schon ihre Mauer erstiegen, den Kirchturm untergraben und über sie gestürzt. Der Kynast war damals kahl und nicht mit Bäumen bewachsen; deswegen wollten sie ihn erstürmen. Die Belagerten aber schickten ihnen große steinerne und eiserne Walzen und Balken entgegen, die sie von der Lehne wegmähten und vielen das Leben kosteten. Der unweit an dessen Fuß liegende, ehemals größere Frauenteich hat die Kadaver ihrer Pferde aufgenommen, und noch heutigen Tages findet man dort Tatarenhufeisen. Im Herbst soll es dort nicht geheuer sein: Rossegetrappel, Pferdegewieher und unheimliches Gejohle schallt zum Kynast empor. – Noch listiger retteten die Radliner Bauern die Grodziskoburg bei Loslau, deren Belagerer sämtlich auf Hengsten ritten. Die Bauern stellten sich mit all ihren Stuten jenseits des die Burg umschließenden Sumpfes zu einer Zeit auf, da der Luftzug den Hengsten der Belagerer den Geruch der Stuten zutrug. Diese spürend, setzten die Hengste mit ihren Reitern unaufhaltsam in die Teiche, um zu den Stuten hinüber zu gelangen und versanken im Sumpfe. Der Rest der Feinde zog ab. Die Radliner Bauern aber wurden für diese Tat geadelt und erhielten das Recht, rote Westen zu tragen.

Die meisten Taternsagen haften an Goldberg. Es heißt, daß immer der fünfte Mann unter den Bergknappen ausgehoben wurde, und daß infolgedessen 500 mitfochten. Unter dem großen Stein vor Koppatsch versteckten sie ihr Gezähe. Die Schächte hatte der Herzog, um sie den Tatern zu verbergen, mit Tafeln verdecken lassen; später sind sie, da alles verwüstet und niedergebrannt ward, verdeckt geblieben und so endlich verschollen. Eine große Zahl der Goldberger Bergleute wurden gefangen genommen und in das Innere Asiens verschleppt. Hier sollen sie die Bergwerke in Sibirien entdeckt und die Begründer des dortigen Bergbaues gewesen sein. 1253 hat sie der Mönch Ruisbroek ostwärts vom Kaspischen Meere gesucht, aber nicht mehr gefunden, weil man sie dreißig Tagereisen weiter nach Osten gebracht. Die letzten der in der Schlacht versprengten Bergleute sammelten sich bei Bolkenhain und schlugen dort an der Schädelhöhe auf einer Wiese die sie verfolgenden Scharen.

Die Goldberger Burg jedoch sollen die Tatern vorher erobert haben. Die tapfere Besatzung fiel bis auf sieben Mann, die überwältigt und zum Hungertode in einem geheimen Gemach des Turmes der Stadtkirche verdammt wurden. Als zwei Jahrhunderte danach Hussiten nahten, wollten die Bürger wie ehemals in das Gotteshaus flüchten. Bei der Untersuchung über dessen Verteidigungsfähigkeit entdeckte man das vermauerte Gewölbe und darin die Ritter in tiefem Schlafe. Als sie erwachten und ihr wunderbares Schicksal offenbar wurde, dankten sie Gott und – verschieden. Der Ort, wo sich das zugetragen, heißt heute noch „die Kammer der Siebenschläfer".

Peter Wlast

Am Eingang der schlesischen Geschichte steht Peter Wlast, den die Sage zu einem dänischen Edelmanne machte, der unter Herzog Boleslaus Statthalter in Schlesien wurde. Sein Vater hatte den Schatz des ermordeten dänischen Königs versteckt und Boleslaus III. unternahm einen Zug nach dem Norden, um diesen Schatz in des Grafen Peter Wlast Eigentum zu bringen. Von diesem Schatze wurden durch den Vater Peters ein Schloß auf dem Zobten und im Lande eine Anzahl Kirchen, man sagt 77, gebaut. Doch weiß man noch eine andere Sage über die Herkunft dieses Geldes: Peter streifte im Walde und legte sich dann ermüdet an einem Bache zum Schlafe. Sein Schwert warf er quer über den Graben. Niemand bewachte ihn als sein Diener. Nachdem der Graf ausgeruht, erzählte er diesem: Mir hat geträumt, es liefe eine Maus über eine eiserne Brücke und schlüpfte in einen Baum, der einen unsäglichen Schatz verbarg. Herr, sprach der Knecht, ich sah, als ihr schlieft, daß eine Maus über euer Schwert lief und sich in jenem Baum dort verkroch. Peter begriff, daß sein Schwert die eiserne Brücke sei, ging zu dem Baume und fand einen großen Schatz.

Pan Peter ritt mit dem König einst auf die Jagd; da aber die Nacht sie überfiel, mußten sie diese im Walde auf einem geringen Lager zubringen. Der König kurzweilte mit Pan Petern, sprach: Dein Weib wird heut eine viel bessere Lagerstatt beim Abt zu Schrin haben, denn du sie hast. Peter gedachte dem König wieder eine Klette zuzuwerfen, antwortete: Herr, vielleicht schläft Eure Frau auch in weicheren Flaumfedern beim Tobiesse. Dieser Tobias war ein Deutscher, den Polen nicht günstig, und es ward verargwöhnt, daß er mit der Königin buhle, die eben auch deutsch war. Der König fraß solchen Vorwurf in sich und schwieg still. Da er aber nachmals dies seinem Gemahl vertraute, entzündete sie sich mit Haß und suchte Gelegenheit, Pan Peter aus den Augen zu räumen, überredete endlich den

König und brachte zuwege, daß er anno 1144 ihn fangen, die Zunge ausschneiden und die Augen ausstechen ließ. Doch durch ein Wunder erhielt der Gestürzte nach einiger Frist sein Augenlicht zurück.

Herzöge, Junker und Pfaffen

Herzog Hans I. von Sagan war ein gar wüster und grausamer Gesell. Der Abt des Augustinerklosters trat einmal vor ihn und hielt ihm eine scharfe Bußpredigt. Herzog Hans aber lachte, wies auf den neuen Turm und sagte: Pfaffe, wenn der Kirchturm einfällt oder eine wilde Gans allein fliegen wird, will ich dir glauben. Danach ließ er ihn blenden. Es geschah kurz darauf am 12. Februar 1439, daß der feste Kirchturm ohne Ursache und Anlaß zusammenstürzte, niemand aber verletzte als den Wächter, der einen lahmen Fuß davontrug. Der humpelte eilig zum Herzog und verkündete ihm das Unglück. Der Herzog geriet in große Angst und befahl, seinen Wagen anzuspannen, um wegzufahren. Als er noch einmal zum Fenster herausrief, daß man eilen solle, sah er eine wilde Gans fliegen, worüber er noch heftiger erschrak. Furcht und Angst machten ihn krank; der Pater Martin besuchte ihn und vollendete, was der Turm angefangen hatte. Bittere Tränen vergoß der Herzog um seine Taten, und da erschien der Satan und sagte zu ihm: Sieh, du Zanner, hast du dich losgemacht mit deinem Weinen? – Sonntag nach Ostern starb er und ward in der Saganer Klosterkirche begraben und zwar nach seinem Begehren in der Mitte der Kirche, damit die Geistlichen, die er im Leben so sehr beleidigt hatte, ihn mit den Füßen treten möchten. Sein Land fiel an die Söhne. Dieselben ergriffen Partei, Hans II. für, Balthasar gegen Georg Podiebrad, der letztere im Bunde mit Breslau. Einmal überfiel Herzog Hans II. die Breslauer unter seinem Bruder, erschlug viel, entkleidete die übrigen und schickte sie nackend und bloß wieder heim. Dieser Streich tat besonders dem Bischof weh, der Herzog Hans den Kirchenbann ankündigte; dieser aber trieb damit nur Gespött, wie er mit den Glogauer Domherren seinen Spott hatte, als aller Gesang und Gottesdienst in den Kirchen einmal von ihnen gestillt worden war. Der Herzog ließ die Domherren bitten, weil sie auf sein Schloß, als eines verbannten Mannes, nicht kommen würden, sollten sie auf die Brücke kommen, auf ein Gespräch. Die Domherren folgten ihm, und kamen an den genannten Ort; allda war der Herzog mit einem großen Hofgesinde auch zur Stelle. Wie nun die Geistlichen mitten auf den Brücken stehen, brachen die Fischer auf Befehl des Herzogs von hinten die Tramen und Brückendielen ab. Nach diesem schrie sie der Herzog an und spricht: Liebe Väter, bedenkt euch wohl, ob ihr hinfort singen oder springen wollt. Die guten Herren sahen nichts denn Wasser und schrien derhalben aus Erschrecknis: Herre, wir wollen singen. Darauf entließ er sie.

Als Herzog Hans II. von Priebus mit seinem Bruder Balthasar, dem Herzog von Sagan, im Sommer des Jahres 1472 im Felde lag und ihn zur Unterwerfung gezwungen hatte, ließ er ihn zu Priebus im Turm gefangen setzen. Der Burgvogt, ein gewisser Busch, ließ dem unglücklichen Balthasar, da er ihn haßte, allmählich Speise und Trank entziehen und soll sogar den Schlüssel zu der eisernen Tür in den Wald geworfen haben. Unterdes hielt sich Herzog Hans zu Sagan auf. Als er sich eines Tages zu Tisch gesetzt hatte, überfiel ihn eine unheimliche Bangigkeit, er gedachte seines unglücklichen Bruders. Sogleich sprang er auf, ließ sich ein Pferd satteln und ritt eilends nach Priebus, um Balthasar in Freiheit zu setzen. Unterwegs stürzte sein Pferd in Hartmannsdorf, aber obgleich er rasch ein anderes bestieg und spornstreichs weiter jagte, kam er zu spät. Als man die Tür des Gefängnisses gesprengt, bot sich ihm ein entsetzlicher Anblick. Sein Bruder lag tot am Boden, das Fleisch war von den Armen gerissen, und an der Wand stand mit Blut geschrieben: Der Durst quälte mich mehr denn der Hunger. – Herzog Hans aber kam von Leut und Land. Er ist einsam, der Alchimie ergeben, zu Wohlau hingealtert. In der Breslauer Stadtbibliothek befinden sich noch Anweisungen „*Duci Johanni transmissa*“, die irgend ein Wale oder Alchimist für ihn geschrieben, der sie vom Meister Bartholomäus hatte, einem „Erwirdigen geystlichen hern“. „In dem Namen unsers Hrn Jesu Cristi wil ich begynnen zu sagin von der zusampen Fugunge und Voreynunge Goldis und Silbers und machen eyne Vormischunge der weysheit, dorvon aussprissen fruchte der notzbarkeit und wirt doraus eyne Ertzteie vor alle krankheite der unreinen Leyhename der metelle und auch menschlicher Natur zu enthaldunge der gesundheit.“

Diesem tollen Hans scheint Hans von Tschirn nachgeeifert zu haben, welchen die Breslauer in seinem festen Schloß Prieborn, das sie erobert, mit seinem eigenen Schwert erstachen, und der einst mit dem Teufel, dem er sich auf bestimmte Frist verschrieben, vom Rummelsberg bei Strehlen bis nach Siebenhufen hinab um die Errettung seiner Seele Kegel geschoben. Der Teufel warf auf der krummen Bahn acht;

in seiner Verzweiflung aber hatte der Ritter den Eckstein des Tores erfaßt und alle neun umgeworfen. Heulend und fluchend fuhr jener in die Nacht; der Ritter jedoch gelobte ein besseres Leben.

Ein furchtbares Ende unter den schlesischen Fürsten nahm Nikolaus von Oppeln. Zu Neiße argwöhnte der Herzog an einem Fürstentage, daß Böses gegen ihn unternommen werden solle, und um den Plänen der Feinde zuvorzukommen, stürzte er sich auf den Bischof, ihn zu ermorden. Obwohl er danach in eine Kirche floh, wurde er aufgegriffen und durch die Stadtschöffen zum Tode verurteilt und enthauptet. Man schreibt, Gott habe ein Exempel seines göttlichen Zorns an diesem Fürsten erzeigt. Denn weil er, wie es zur selben Zeit gebräuchlich war, kein Beingewand anhatte, und der Leib über sich auf den Rücken fiel, hat man gesehen, daß ihm, als er schon tot, die Scham entblößt und erstarrt war. Denn er war ein unzüchtiger Mensch, also daß auch züchtige und fürnehme Jungfrauen vor ihm nicht sicher. So sagt man auch, er sei mit seiner Mutter seltsam umgegangen.

Wenn die Chronisten von Blutschuld und bösen, entsetzlichen Dingen so viel zu sagen wissen, haben sie doch auch nicht vergessen, daß damals lustige Dinge geschehen sind: Torheiten und Streiche und Eulenspiegeleien. Freilich war es nur ein Betrug, den der Chronist Cureus von dem Goldberger Buttenträger weiß, und heute erst können wir drüber lachen. Boleslaus Calvus verfügte nämlich einst, man sollte einen enthaupten, der es nicht verdient hatte. Die Freundschaft schaffte denselben beiseite und man gab vor, er sei gerichtet. Danach kommt derselbe (mit einer Butte auf dem Rücken) dem Herzoge in der Stadt wieder zu Gesicht. Da überreden ihn seine Hofleute, daß viel Verstorbene sich auf das Goldbergische Gebirg zu begeben pflegten; Geistererscheinungen seien in der Stadt durch die häufig spukenden Bergmännchen etwas so Gewöhnliches, daß sie weiter keine besondere Furcht erregten. Der Herzog erschrak jedoch fast mehr als der Buttenträger, der einen zweiten Tod befürchtete, jagte aus der Stadt und soll sie bis kurz vor seinem Tode nicht mehr betreten haben.

Zu jener Zeit stand das Steinauer Gebräu im großen Rufe weit umher, und Herzog Konrad von Steinau, seines Buckels halber auch Herzog Köberlein genannt, ein frommer Mann und Domherr wie Domprobst in Breslau, hielt viel davon. Im Jahre 1303 ward er auf fleißig Anhalten seines Bruders zum Erzbischof von Salzburg erwählt; sein Bruder nahm sein Land an sich. Aber der gute, einfältige, schlesische Herzog Konrad, als er bis gen Wien kam und das Steinauische Bier (das er sich vorsichtshalber mitgenommen) aus war, begehrt er ander Bier zu trinken. Als zu Wien keins vorhanden und man ihm auch sagte, daß zu Salzburg eitel herrliche und mancherlei welsche Weine, aber kein Bier in Brauch, war es ihm ungelegen, seines Vaters Fäßlein zu übergeben, sondern sagte öffentlich an, er wollte lieber das Bistum als das Bier fahren lassen! und kehrte heim zu seinem Steinauischen Biere. Das aber verdroß seinen Bruder Heinrich zu Glogau so übel, daß er Konrad als einen wahnsinnigen Menschen in einen Turm werfen ließ und darin eine Zeitlang gefangen hielt.

Wir werden noch einmal hören, daß man in Schlesien einen tiefen Trunk schätzte, aber auch sonst verstand man gut zu leben. Als die Ungarin (des Herzogs Ludwig von Liegnitz Weib) starb, ist dieser wieder an Kaiser Sigismunds Hof geritten. Dort wollte er sich auch fürstlich erzeigen und bat den Kaiser und alle Kurfürsten zu Gaste. Aber solche Mildigkeit ist dem Kaiser ganz zuwider gewesen; darum verlangte er, daß Herzog Ludwig die Kurfürsten nicht einlade, sondern mit ihnen an den Hof zu Tische käme. Das wollte Ludwig auf keinen Fall tun. Da aber gebot der Kaiser bei großer Strafe, daß niemand Ludwig Holz verkaufe, in Meinung, auf diese Weise das Gastmahl zu verhindern. Als der Tag kam, das man für die Gäste kochen sollte, ist der Küchenmeister zu dem Fürsten gekommen, daß der Kaiser verboten hätte, ihm Holz zu verkaufen. Weil aber am selben Tage etliche Wagen mit welschen Nüssen feil gehalten wurden, hat der Fürst befohlen, die Nüsse zu kaufen, ein groß Feuer auf dem Platz zu machen und daran mit welschen Nüssen gekocht und gebraten. Viele Leute haben gesagt, daß sie bessere Speisen nie gegessen als die, die bei den Nüssen gekocht worden waren.

Wenig höflich war Herzog Johann von Görlitz, welchen die Bürger, weil er ein zügelloses Leben geführt und ihren Frauen und Jungfrauen nachstellte, verjagten. Er floh in sein Jägerhaus nach Ebersbach. Auf dem Wege, auf einem mäßigen Hügel, steht ein einsamer Stein, von wo aus man die ganze Stadt übersehen kann. Dort soll der Herzog von seiner atemlosen Flucht ausgeruht und die kurze Rast dazu benützt haben, der Stadt noch einmal sein Antlitz zu zeigen, aber nicht sein vorderes, und einen einladenden Wunsch dazu ausgesprochen haben.

Ein schimpflicher (lustiger) Herzog war jener Herzog Boleslaus, der zu Breslau auf dem Neumarkt hat alle Milch aufkaufen und in eine große Bütte vor seiner Herberge gießen lassen, doch keinen Kauf mit den Milchweibern geschlossen hat. Da nun keine Milch mehr vorhanden, läßt er den Weibern melden, er bedürfe die Milch nicht, eine jede möchte sich die ihrige wiedernehmen. Als sie dies hörten, will eine jede die erste sein; da nehmen etliche mehr denn sie gebracht hatten, drängen und zwängen sich darum, zerstoßen und zerbrechen einander die Gefäße. Da erhebt sich ein Raufen und Schlagen und stürzen einander in die Bütte hinein. Dieser Komödie sieht der Fürst mit etlichen Bürgern und Bürgerinnen mit Lust zu. Zuletzt, da sie sich aneinander müde gearbeitet, läßt sie der Fürst zu sich fordern, mit den blutigen Mäulern und Nasen und gehuschten Köpfen, und bezahlt einer jeglichen zu Genüge ihre Milch, daß sie danach der Narrheit selbst haben lachen müssen.

Nicht selten wohnte Schimpf und blutiger Ernst dicht aneinander. So derb die Zeit gewesen, so gern man lachte und fröhlich war, so hart und grausam büßte man seine Fehler. So wird erzählt, daß im Hungerturm auf der Bolkoburg eine Prinzessin ist eingemauert worden, welche mit einem Hunde Umgang gepflogen und von ihm geschwängert worden ist. Die Knochen von beiden fand man vor Jahren und zeigt noch heute die Mauerblende. – Und ebenso mußte im Liegnitzer Turm ein Page sein Leben enden, der einem Gefangenen, den er besorgte, das Brot ausgehöhlt und mit Unrat gefüllt, so daß der Arme vor Ekel starb. Noch immer läßt sich der Geist des Pagen sehen.

Anno 1510 hat im Schweidnitzer Weichbild eine Edelfrau neun Knäblein geboren, die man die Hunde nannte; denn als diese Edelfrau aus Unbarmherzigkeit und Kargheit einer armen Bäuerin, welche zwei Kinder geboren und sie um Speise und anderes ansprach, alle Hilfe versagt und sie gescholten: sie hätte wie eine unzüchtige Hündin getragen, hat Gott die Edelfrau gesegnet und ihr in Abwesenheit ihres Herrn neun Söhne beschert. Darüber ist sie heftig erschrocken, hat acht Kinder in ein Köberlein getan und einer Vettel zu ersäufen befohlen und nur eins behalten. Aber im Hinaustragen begegnet der alten Vettel ihr Herr und fragt, was sie da trage? Sie sagte: Junge Hunde. Zuletzt dringt er scharf auf sie ein, bis sie bekennt. Der Herr schwieg still, verbot auch der alten Vettel zu sprechen, nahm die Söhne und ließ sie heimlich im Dorfe aufziehen. Wie sie erwachsen, fordert er die Söhne und des Weibes Freundschaft zu sich, bestellt die Knaben in einer Farbe gekleidet und fragt, was eine Mutter, die ihr Kind umbringt, wert sei? Danach läßt er die Kinder hereintreten und klagt die Mutter an. Aber das Weib und ihre Freundschaft baten um

Gottes willen um Verzeihung, die ward zu Gnaden gewährt, die Kinder wurden erzogen und nachher das Geschlecht der Hunde genannt.

Ein Ritter bei Tharnau, dem seine Gemahlin mehrere Kinder gebar, übergab diese seinem Diener mit den Worten: Verscharre sie wie Hündlein! Der Diener tat das und meldete bald: Das Hündlein ist verscharrt, gnädiger Herr! Gottes Gericht ließ aber nicht lange auf sich warten. Ritter und Diener verirrten sich einst auf der Jagd. Schließlich kamen beide an die Stelle, wo die Kinder verscharrt lagen; da lachte der Herr höhnisch und rief: Hier liegen meine kleinen Hunde! Im selben Augenblicke winselte es leise und ein Hündchen fuhr mit Schnappen nach seinem Fuß. Fluchend ritt er nach Hause, verfiel in Tollwut und starb unter furchtbaren Schmerzen.

Als Trinker waren berühmt die Herren von Schweinichen. Von Hans von Schweinichen meldet der Chronist: Er sei niemals zu Fall gebracht worden, weder durch eine Lanzenspitze, noch durch eine Schwertesschneide, weder durch die Achterklärung eines Fürsten, noch durch eines heidnischen Pfaffen Strafpredigt; es sei dieses nur den *patribus* Kellermeistern zu Liebau und Grüssau durch unverdrossene Anwendung ihrer edelsten und kostbarsten Kräfte bisweilen gelungen. Schwieriger gestaltete sich die Befriedigung des Durstes für einen zweiten Hans von Schweinichen. Seine gestrenge Hausehre Barbara reichte ihm den Nachttrunk nicht eher, als bis er ein Stück des Katechismus von Dr. Martin Luther und später ein neues Sprüchlein aus der Bibel ohne Anstoß aufsagen konnte. – Georg Wilhelm von Schweinitz saß einst mit vielen Gästen zu Tisch. Nach vierstündigem tüchtigen Zechen soll einer der Anwesenden, ein Pole, sich prahlerisch vermessen haben, jeden Deutschen unter den Tisch zu trinken. Schweinichen setzte 1000 Dukaten gegen dessen Equipage und trank ihm 20 Flaschen Ungarwein vor, der Pole tat es ihm mit vielem Gleichmut nach. Da ließ der Hausherr einen Pferdeeimer holen, füllte ihn bis zum Rande mit altem Rheinwein und goß ihn ohne Pause bis auf den letzten Tropfen in den Magen hinunter. Ja, noch mehr, er erhob sich völlig nüchtern, näherte sich mit festem Schritte seinem Gegner und bot ihm mit zierlichen Worten den aufs neue gefüllten Eimer an. Da erbleichte der Pole, bekreuzte sich und entfernte sich ohne Abschied aus dem Schlosse und dem Hofe. Lächelnd aber folgte ihm der Sieger, den Eimer im Arme, bis zum Tore; die schöne, mit sechs Schimmeln bespannte Equipage war sein wohlverdienter Kampfpreis. Vielleicht liegt's im Geschlecht, denn jener Hans von

Görlitz. Kupferstich aus Daniel Meisner, Politisches Schatzkästlein. I. Buch, 1. Teil. Frankfurt a. M. 1625

Schweinichen, der mit dem sich durch das ganze heilige römische Reich pumpenden Herzog Friedrich III. von Liegnitz als Marschall zog, geht heute noch um. Sie scheinen alle keine Philister gewesen zu sein. Ähnlich fest war auch der Ritter auf der Ruine Liebenau bei Schwarzwaldau, der viermal mehr vertrug als der Grüssauer Kellermeister.

In Schlesien gibt es kaum eine Stadt, wo nicht der Weizen- und Gerstentrank Stoff zu endlosen Zwisten geboten. Die Görlitzer zogen einmal bewaffnet aus, eroberten eine Ladung Zittauisch Bier und ließen es dort, wo heute die Bierpfütze noch gezeigt werden kann, auf die Straße laufen. Pech hatten in einem ähnlichen Falle die Wohlauer. Ein Dörfler aus Krummwohlau, der Bier aus der Burgbrauerei statt aus der Stadt gekauft, wurde von ihnen überfallen. Doch hatte er noch zur rechten Zeit davon Nachricht erhalten. Er füllte das Bier aus dem Fäßchen, verwahrte es sicher, und goß dafür rein Wasser hinein. Das war das Wunder von Krummwohlau: Bier wurde in Wasser umgewandelt. –

Auch in den Klöstern wußte man zu leben. Als man bei Liegnitz einst Urnen ausgrub, hieß es, das seien die verbotenen Fleischtöpfe der ehemaligen Karthäusermönche, die ihre Lüsternheit nach Fleisch gebüßt und dann die Töpfe mit den Knochen in die Erde verscharrt hätten. Auch in dem Schmottseiffener Frauenkloster nördlich der Märzdorfer Straße, auf dem jetzt zur Mittelmühle gehörigen Acker, soll sich die Zucht im Laufe der Zeit sehr gelockert haben; es wird erzählt, daß sich die Nonnen am Sonntagvormittag während des Gottesdienstes dem Tanze hingegeben hätten. Andere wollen wissen, daß in der Seifenwiese an der Lähner Straße ein Mönchskloster gestanden habe und zwischen den Bewohnern beider Klöster unerlaubte Beziehungen entstanden seien. Zur Strafe hierfür seien beide Klöster plötzlich untergegangen.

Zur Fastenzeit unternahm es Herzog Boleslaus, 13 junge Hühner auf einmal zu verzehren. Da befiel ihn eine schwere Krankheit, so daß er zu sterben meinte und eilig in seiner Angst nach dem Abt im Kloster Leubus schickte, auf daß er von diesem die letzte Ölung erhalten möge. Der Pfaffe aber war ein schlauer Mann; er weigerte sich, dem Kranken die Absolution zu erteilen, bevor er nicht zwei im Fürstentum Brieg belegene Dörfer, Langenölse und Heidersdorf mit Namen, über welche das Kloster schon lange mit dem Herzoge in Streit gelegen, dem Stift schenke und verschriebe. Der Herzog, von Todesnot gepeinigt, tat dies endlich, wiewohl nach langem Feilschen und unter der Bedingung, daß er dafür im Kloster begraben werden und man über seinem Grabe fortwährend eine ewige Lampe brennen lassen solle. Wenn aber einer seiner Nachfolger in die Kirche kommen und die Lampe nicht brennend finden würde, der solle das Recht haben, das Testament sofort umzustoßen und jene Güter einzuziehen. Darauf ist jedoch der Herzog wieder gesund geworden und hat sich sehr geärgert, daß die Pfaffen ihn so überlistet, hat jedoch nichtsdestoweniger sein Wort halten müssen. Seine Nachkommen aber, die Herzöge von Liegnitz und Brieg, haben den Abt oft zur Kurzweil überfallen und manche List versucht; die Geistlichen aber haben die Lampe immer brennend erhalten, bis daß die herzogliche Linie ausgestorben ist. – Boleslaus hat aber vorher Martin Busewoy widerrechtlich Langenölsdorf und Heidersdorf genommen, die er ihm nicht zurückgegeben, sondern an Leubus für jene ewige Lampe testiert hat. Als Busewoy nun sterben wollte, befahl er in seinem letzten Willen, daß man ihn nach seinem Tode zu Leubus vor des Fürsten Kapellentür legen und begraben solle mit einem Küraß, Helm und Schwert; allda wolle er warten bis zur Auferstehung und dem Gericht Gottes. Dann wollte er den Fürsten vor Gericht führen und seine Sache mit ihm ausmachen, was er ihm getan hätte. Und so ist er begraben worden.

Aus schlesischen Städten

Der Glatzer Chronist Aelurius erzählt: Ich erinnere mich, daß einstmals der Kriegshauptmann Stengel von dem heidnischen Turm also redete: er wäre der Meinung wie andere Leut, daß gemeldeter Turm sehr alt sei und daß er noch im Heidentum wär' gebaut worden, ja daß er überaus starke Mauern hätte und wie er's erkennte, wär' der Kalk daran mit eitel Wein bereitet. – Von anderem alten Gemäuer sagt man, der Kalk sei mit Eiweiß oder Milch eingemacht worden. Ist dann die Festigkeit solcher Gebäude zu verwundern? Manches Haus stand so fest, daß bei dessem Abbruch, wie bei der Landeskrone, der Werkmeister den Kalk und die Steine, die er den ganzen Tag abschlagen und abgebrochen hatte, am Abend im Schurzfelle auf einmal mit sich wegtragen konnte.

Doch auch durch Opfer suchte man solchem Bau Festigkeit zu verschaffen.

In Ujest sollte an der Stelle eines ehemaligen Klosters ein Armenhaus gebaut werden, aber was am Tage gearbeitet worden war, wurde nachts von unsichtbarer Hand zerstört. Einige Burschen gaben um Mitternacht acht und sahen einen Wagen mit schwarzen Pferden vorfahren, worin eine schwarzverhüllte Dame saß. Mit dem Kreuzzeichen wurden die Pferde aufgehalten, und die Dame gab auf die Fragen der Burschen die Antwort: Wenn das Haus stehen bleiben solle, so müsse eine Mutter ihr kleines Kind lebendig einmauern lassen. Lange fand sich niemand. Endlich gab eine Magd namens Janetzkie ihr einige Monate altes Kind gegen eine hohe Geldsumme her.

Als die Füßchen schon eingemauert waren, fing das Kind an zu reden und fragte: Was ist weicher als Flaum? was ist süßer als Zucker? Und was ist härter als Stein? – Es gab sich selbst die Antwort: Weicher als Flaum ist der Mutter Schoß. Süßer als Zucker ist der Mutter Brust. Und härter als Stein ist meiner Mutter Herz.

Seltsame Zufälle betrafen auch einen Bau im Werden. So fiel beim Bau der Peterskirche in Görlitz einer der Zimmerleute vom Dach, hieb aber mitten im Fallen die Axt, welche er trug, so tief in einen Balken, daß er sich daran halten konnte, bis Hilfe kam. In Schleife behaupten die Leute dagegen, daß sie zwar unter der Kirche Betten ausbreiteten, er aber zu kurz sprang und auf dem Pflaster tot liegen blieb. In Eisenberg im Liegnitzer Kreise steckt noch die Axt im Turm von damals, als dort dem Zimmermann dasselbe widerfuhr.

Inniger hängt der Meister selbst mit seinem Gebild zusammen. Und so ist es erklärlich, daß dessen Mißlingen ihn schwer bedrückt. Der Baumeister, der 1818 den Strehlener Ratsturm errichtete, nahm sich aus Ärger darüber, daß dieser sich nach Nordosten neigte, das Leben. Und das tat auch der Bildhauer, welcher das Denkmal des alten Fritz auf dem Breslauer Ringe goß, und der dabei die Sporen vergessen hatte.

Von dreisten Lehrjungen gehn ebenso manche Sagen. Allen armen Sündern zu Breslau wird, wenn sie vom Rathaus herunterkommen, mit der St. Maria Magdalenen großen Glocke geläutet und soll es daher kommen: Nachdem der Gießer diese Glocke gießen sollte, ist er zuvor zum Essen gangen, dem Lehrjungen aber bei Leib und Leben verboten, den Hahnen am Schmelzofen mit anzuziehen. Dieser aber aus Vorwitz hats probieren wollen, wie es aussehe, und ist wider Willen ihm der Hahn ganz herausgefallen und das Metall eben in die zubereitete Glockenform geflossen. Der Lehrjung, höchst bestürzt, weiß nicht, was er tun soll, wagt's doch endlich und geht weinend in die Stuben, erkennt seine Übeltat, und sagt's dem Meister, solcher aber voller Zorn ersticht den Lehrjungen auf der Stell'. Als nun der Mann voll Jammers hinauskommt und nach der Kühlung abräumt, befindet er die Glocke ganz perfekt, kehrt darum mit Frieden wieder in die Stuben. Da findet er erst, was er vor Übel getan, weil der Lehrjunge gestorben, worüber der Meister eingezogen und nach etlicher Zeit zum Schwert verdammt worden. Weil nun eben diese Glocke ist aufgezogen worden, hat er gebeten, er möchte ihren Klang auch wohl hören, daß man sie ihm zu Gefallen noch vor seinem End läuten wollte, welches ihm auch willfahrt worden. Und soll also nach Dato allen Malefizpersonen sein geläutet worden.

In Dorum im Lande Wursten an der Wesermündung heißt es dazu: Aus Breslau haben die „Miselwarder“ die große Glocke. Sie ist größer als alle anderen Glocken im Lande Wursten, und deshalb geht sie immer: de ar–me Lihrjung, – de ar–me Lihrjung!

Auch bei dem Gusse des Breslauer Geschützes „die Sau“ hielt sich der Meister Michael Hilliger zu lange beim Weine auf und der Lehrjunge stieß in der Zeit den Zapfen aus. Der Meister erstach ihn. Doch zur Erinnerung an die Tat meißelte man in das Stück: Hilf Gott aus Not, der Jung ist tot.

Lange sah man am Rathause zu Schweidnitz einen steinernen Kopf als Denkmal einer schrecklichen Strafe. Es war ein bejahrter Ratsmann allda, vom Teufel des Geizes besessen, der hatte eine Dohle, die richtete er ab, daß sie aus seinem Fenster hinüber durch eine ausgebrochene Glasscheibe in die Ratskämmerei flog und Geld herüber ihm zutrug, welches in dem wohlverwahrten Zimmer auf dem Tische unverschlossen liegen geblieben. Lange nahm man den Raub nicht wahr, endlich, da fort und fort Geld fehlte, wurde der Räuber entdeckt. Hierauf wurde gezeichnetes Geld hingelegt und auch dieses holte die Dohle. Damit ward denn der Ratsmann leicht überführt. In seiner Gegenwart fragte man, was einem geschehen müsse, der das gemeine Wesen beraube, und er gab folgende Meinung: Der solle auf den hohen Kranz des Rathausturmes gebracht werden und da heruntersteigen, oder so er dies nicht vermöge, droben bleiben und dort verhungern. Indessen schickte man Gerichtspersonen in seine Wohnung, wo man die Dohle und auch das Geld gefunden. Er räumte seine Verschuldung ein und unterwarf sich willig der Strafe. Mit Angst und Zittern stieg er hinauf und begann den gefährlichen Rückweg; das gelang aber nur eine geringe Strecke abwärts, da kam er zu einem steinernen Geländer und konnte nicht weiter, weder vorwärts noch rückwärts und blieb allda stehen, und hatte nicht Obdach, nicht Trank noch Speise, nagte vor wütendem Hunger das eigene Fleisch und stand zehn Tage und zehn Nächte, bis der Tod sich seiner erbarmte; denn die Menschen erbarmten sich seiner nicht.

Zu einem Gedächtnis der Muttertreue aber ist jenes Bild an der Pfarrkirche von Schmiedeberg aufgerichtet worden, das eine Frau und einen Löwen darstellt. Im Jahre 1225 ereignete es sich in Schmiedeberg nämlich, daß ein Weib an der Stelle, wo jetzt das Rathaus steht, ihrem Kinde die Brust reichte und es tränkte. Da ist aus dem Gebirge ein Wolf geschlichen, der ihr das Kind aus dem Schoße riß. Die Mutter lief ihm mit Schreien nach und jagte dem Tier ihr Kind unversehrt wieder ab. – Um die zweite Historie anzuschließen, sei noch erzählt, daß in dem großen Walde bei Königshain vor alten Zeiten viel Wölfe gewesen und man darum Wolfsgruben legte. Sie haben Ziegen und Hunde den Leuten weggenommen, Winterszeit ein groß Geheul getrieben und sind haufenweise beisammen gewesen. Sie sind aber einmal verbannt worden und seither sind sie verschwunden. In der kleinen Grube hatte sich mal ein Wolf gefangen. Ein Musikant, der von Hillesdorf nach Königshain geht, verirrt sich und fällt in die Grube, wo der Wolf lag. Da will der Wolf den Musikanten anpacken und stößt an die Geige. Wie es klingt, springt er zurück. Der Spielmann denkt: Ists um die Zeit? und fängt an zu geigen. So hat sich der Wolf gefürchtet und hat der Spielmann die ganze Nacht bis an den

Die Kreuzkirche in Breslau. Stahlstich von Joh. Poppel, nach einer Zeichnung von C. Würbs

lichten Morgen müssen geigen und bei allem Geigen hat er müssen aus der Grube steigen, ist nach Hause gegangen und hat solches gemeldet. Da gehen die Leute hinaus mit Spießen und Stangen, den Wolf zu töten. Auch geht eines Bauern Tochter, Simon Jungens, mit, solches anzusehen, geht ein wenig nahe an die Grube und fällt hinein. Da greift der Wolf gleich zu und beißt ihr ein Ohr ab. Da haben die Leute müssen gewaltig zuschlagen, daß sie das Mädchen erretteten. – Im Riesengebirge hat in der oberhalb der Bretterhäuser ohnweit Bormannen gelegenen Wolfsgrube ein Spielmann auf nämliche Art sich geholfen.

Streng richtete man jedes Vergehen und schon ist von entsetzlichen Strafen berichtet worden. Wurden doch Tiere selbst vor Gericht gezogen.

Der Bruder des schwarzen Kluge in Landeshut und der Sohn des Bürgermeisters, einst Freunde, gerieten in Streit, und von dem Bürgermeisterssohn herausgefordert, erstach ihn Kluge im Zweikampfe. Dieser floh nun nach Landeshut zu seinem Bruder, der ihm auf einem Pferde edler Rasse, das nur mit spanischem Wein getränkt und mit Rosinen gefüttert worden war, forthalf. Auf dieser Flucht ist er verschollen; niemand weiß, wohin er geflohen ist, und niemand hat je wieder von ihm gehört. Der schwarze Kluge wurde zu einem Verhör geladen; er aber verschloß sich und verteidigte sein Haus. Mit Mühe holte man ihn heraus und hat ihn auf dem Ringe dann hingerichtet. Einige Zeit darauf soll der schwarze Kluge, der seinen Kopf unter dem Arme trug, nachts um 12 auf dem Markte gesehen worden sein.

Außergewöhnliche Zeiten trafen nicht nur den oder jenen; im Guten und Schlimmen mußte die ganze Stadt herhalten. Vielleicht nach einem verborgenen Gesetz, das waltet. Denn schließlich läßt eine Nachricht aus Lauban sich doch nur so erklären. So oft die Stadt nämlich abgebrannt ist, blieb immer ein altes, großes, steinernes Haus verschont, dessen Besitzer jedesmal Ziehpantz hieß. Die Leute behaupten, dies sei zugleich das älteste Haus der Stadt. Welches es aber ist, kann niemand sagen.

Aus schweren Zeiten stammt auch die Sitte der Goldberger Weihnacht-Feier. Alljährlich sang man um Mitternacht auf dem Markt fromme Lieder, und das Notgeld der Stadt erinnert noch an die Sage. Nach einem alten steinernen und fast unleserlich gewordenen Monumente in der Mauer der großen Pfarrkirche ist Goldberg 1553 durch eine tötende Pestilenz verstorben und über 2500 Menschen umgekommen. Nach der mündlichen Überlieferung sind nur 25 Wirte übrig geblieben und alle Häuser verschlossen gewesen, so daß die Übriggebliebenen nichts voneinander gewußt haben. Auf den Plätzen ist Gras gewachsen gewesen. Ein Inwohner nun, der von der Pest verschont geblieben, ging in der Christnacht um zwei Uhr auf den Niederring und stimmte daselbst ein Weihnachtslied an, um diejenigen, welche von der Pest, die der Kälte wegen nachgelassen, noch übrig sein mochten, aufzumuntern, sich zur Feier mit ihm zu vereinigen. Es fanden sich wirklich einige zu ihm, und nachdem sie noch ein Lied gesungen, verfügten sie sich auf den Oberring, um die da herum noch Lebenden gleichfalls aufzumuntern, in ihren Lobgesang einzustimmen. Dem Andenken dieses Auftritts nun soll die jetzige Christnachtfeier ihre Entstehung zu verdanken haben.

Aber auch lustige Stückel geschahen zwischen den Mauern der schlesischen Städte. Die Neisser befehdeten einmal Münsterberg. Als sie den Münsterbergern vor deren Stadttor nur ein Mäßel voll Pulver zeigten, ergaben sich die freiwillig. Den Löwen, der über dem Stadttor lag, brachten die Sieger mit heim und setzten ihn über das eigene Tor. Bei dieser Gelegenheit entstand das Wort: Er gibt sich wie Münsterberg.

Den Glatzern passierte auch eine Löwengeschichte. Ottokar II. von Böhmen verlieh der Stadt als eigenes Wappen um ihrer oft bewiesenen Stärke willen den Löwen, und sein Hofmaler fertigte ihnen das Wappen an. Aber als es in Glatz ankam, hatte der Löwe keinen Schwanz. Ein schwanzloser Löwe konnte doch für die Stadt keine Ehre sein.

Nun war diese Verunstaltung gar nicht Absicht des königlichen Herrn gewesen; dem Löwen war vielmehr beim Transport der Schwanz abgerieben worden. Der Bitte der Stadt, den Schwanz neu malen lassen zu dürfen, fügte der König sogar in überschwenglicher Gnade den Befehl zu, daß zum Ersatz der Glatzer Löwe nunmehr zwei Schwänze erhalten solle. Was auch geschah.

Nahe bei Glatz liegt Reichenstein. Dessen Bürger haben am Sonntag Palmarum 1572 unter der Predigt einen Hasen, der sich in einem Loch verborgen und ein Geräusche getrieben und den sie für einen Bären gehalten, mit Büchsen und Spießen umgebracht. Der Herr Kirchbauer war bei der Jagd sogar dabei.

Noch schlimmer wurden die Sprottauer einmal angeführt. Es sollte ein armer Sünder abgeurteilt werden. Da aber die Hinrichtung zur Sommerszeit getroffen hätte, wo das Getreide noch auf dem Felde stand, so verschob man sie bis nach der Ernte, damit das Korn um den Richtplatz von den Zuschauern nicht zertrampelt werden möge. Dieser Aufschub jedoch verursachte wieder neue Kosten, denn der Delinquent mußte bis dahin verpflegt werden. Um diese Ausgaben zu ersparen, kam man auf den Einfall, den armen Sünder vorzurufen und ihm das Versprechen abzunehmen, daß, wenn er auf freien Fuß gestellt würde, er zu einer bestimmten Zeit nach der Ernte sich wieder einstellen und seine Strafe erleiden wolle. Dieses Versprechen wurde von dem Delinquenten mit Freuden gegeben und er ward frei. Als der bestimmte Tag des Wiedererscheinens herangekommen war und seine Hinrichtung vor sich gehen sollte, hatte diese Runde viel neugierige Zuschauer aus der Umgegend auf den Weg gelockt, um bei der Hinrichtung gegenwärtig zu sein, und auch der arme Sünder hatte, seinem Versprechen gemäß, die Reise nach der Stadt Sprottau angetreten und des Morgens sehr frühe sich unter die Zuschauer gemischt. Als er bemerkt, daß sie schnell laufen, sagt er zu ihnen: Eilt doch nicht so sehr! Wenn ich nicht dabei bin, wird aus der ganzen Sache nichts. – Dann setzt er seinen Weg bis zu einem der Sprottauer Tore fort und findet es bei seiner Ankunft noch verschlossen. Er zieht die Klingel, um den Wächter auf dem Torturm aufmerksam zu machen, er möge das Tor aufschließen; und als dieser zum Fenster herunterfragt, wer da ist, gibt er zur Antwort: Der arme Sünder von der Sprotte! Worauf der Wächter sogleich herunterkommt, um das Tor zu öffnen, aber beim Herabkommen den Angemeldeten nicht mehr trifft. Durch dieses Erscheinen und Anmelden hatte der Delinquent ja das gegebene Wort bereits gelöst.

Auf einen klügeren Gedanken verfielen die Einwohner von Winzig. Denn als zur Weinlese eines Nachts sämtliche Trauben die Beute eines lüsternen Fuchses geworden waren, mußte derselbe daran verenden. Das brachte auf den Gedanken, beim Rat die Abschaffung des Galgens zu verlangen; statt einen zu hängen, sei es besser, ihm ein Glas Winziger Wein zu geben, das töte ihn sicher. –

Viel besser mag aber das Grottkauer Bier auch nicht gewesen sein. Die Wansener nennen es Schächerbier. Ein Wansener war nämlich in Grottkau zum Jahrmarkt und hatte dort viel getrunken; davon bekam er Leibschneiden und machte sich auf den Rückweg. Kaum aber war er zur Stadt hinaus, so ward das Schneiden so heftig, daß er sich zur Erleichterung auf einen Rasenfleck bäuchlings hinwarf. Wimmernd hob er sein Haupt in die Höhe und sah just drei Kruzifixe vor sich stehn, Christus mit den zwei Schächern. Diese drei Gestalten betrachtete er näher, und da fiel ihm das gräßlich verzerrte Gesicht des sogenannten verworfenen Schächers auf. Armer Schelm, rief er aus, du hast gewiß Grottkauer Bier getrunken.

Auf den Dörfern

Nirgends ist Spottlust und Freude an einem gehörigen Schabernack schärfer ausgeprägt als in den schlesischen Dörfern. Schon zwischen den Kindern gab es von Jahr zu Jahr fortgepflanzte Erbfeindschaften gegen den oder jenen Ort; auf den Tanzböden dauern sie fort und enden gewöhnlich in einer Spottsage, welche die Nachbarn zu äußerster Wut reizen kann. Wehe, wer etwa im Jeschkengebirge einen aus P. Mondlöscher nennt! Die P . . .er sollen, so heißt es nämlich, bei aufgehendem, rötlich leuchtendem Vollmond mit der Spritze ausgerückt sein, um den vermeintlichen Brand zu löschen. In H . . ., erzählen zur Rache die P . . .er, wird aber der Bürgermeister mit Kümmel ausgeschossen, das heißt, man hatte einmal das Ergebnis der Bürgermeisterwahl mit Böllern bekannt geben wollen, aber irrtümlicherweise statt mit Pulver drei Böller mit Kümmel geladen und dann zu schießen versucht.

Auch die gefallenen Mädchen bekamen ihr redlich Teil zugemessen. So heißt es, waren einmal soviel gefallene Jungfern in Berzdorf unweit Friedland, daß sie den Jungfernteich ausgraben konnten. Da klingt die folgende Sage doch noch entschuldigend: Bei Grottkau heißt eine Stelle nämlich „Wogs Madel". Zwei junge Leute hatten hier einst ein Stelldichein, das aber nicht ohne Folgen blieb. Als mildernden Umstand führte das Mädchen an, es sei ein Vogel vorübergeflogen, der habe gerufen: Wogs Madel. Und darum habe sie es gewagt.

Nicht immer waren die Zeiten so „kindisch". Fronen und Unrecht drückten sehr. So hat zur Erbuntertänigkeitszeit in Odersch ein Fronvogt Geßler übel gehaust; er ließ das Volk mißhandeln und lästerte Gott. Eine uralte Bildsäule, welche am Teiche des Gutshofes stand, ließ er umwerfen. Was ihn dafür betroffen, weiß man nicht mehr. Wahrscheinlich war sein Geschick nicht viel besser als das des Oberförsters Kratzer, der auch ein Schinder war und Graseweiber und Busch- und Pilzmuttern quälte. Als der den Hals gebrochen und die Blutschöppen in sein Haus kamen, das Inventar aufzunehmen, ist es mit Sicheln, die er den Graseweibern genommen, wie tapeziert gewesen. Ihn aber litts nicht im Grabe und es ist dann noch zu erzählen, wie er gebannt worden ist.

Unter dergleichen Schindern war es sehr gut, wenn etwa ein Mann wie der Rehhans vom Schneeberg aufstand. Der Rehhans war ein gar starker Mann, der in Thanndorf gelebt haben soll. Auf einer Jagd, wo er Treiber war, hatte Graf Althan einen Rehbock gefehlt und dieser floh in der Richtung, in welcher Hans stand. Der ergriff den Bock in vollem Laufe und brachte ihn dem Grafen mit den Worten: Der Herr Graf hat doch getroffen. Der lebende Rehbock wurde in den Schloßpark nach Wölfelsdorf geschafft und der Hans seitdem der Rehhans vom Schneeberge genannt. – Ein Riese, der sich in Wien zeigte, wurde vom Mittelwalder Graf nach Wölfelsdorf bestellt, damit Rehhans mit ihm ringe. Rehhans hatte sich vorher durch eine stramme Mahlzeit gestärkt; er hatte ein Viertel Rind verspeist und einen Eimer Bier getrunken. Der Riese legte, als der Kampf begann, großsprecherisch seine Kampfesart dar, dann stürmte er auf den ruhig dreinschauenden Rehhans los und der Schloßhof erdröhnte unter dem Anprall. Rehhans hatte den Fremden mit offenen Armen empfangen und an die Brust gedrückt. So blieb er stehen und hielt den Riesen fest. Als jedoch der Graf den Fortgang des Kampfes befahl, da öffnete der starke Mann seine Arme und der Riese fiel tot zur Erde. – Einst kam ein Junker auf schnaubendem Rosse von dem Bärberg herabgesprengt und ihm entgegen kam Rehhans mit seinen Kühen gefahren. Auf dem schmalen Wege war an ein Ausweichen gar nicht zu denken. Der Junker tobte aber und verlangte, der Rehhans solle seinen beladenen Wagen aus dem Wege schaffen. Rehhans sagte jedoch, der Junker sei leichter zu regieren als sein Fuder Dünger, ergriff denselben samt dem Rosse und setzte ihn über die Wegeinfriedung hinüber. Kleinlaut ritt der Junker von dannen. Rehhans aber spannte lachend seine Kühe aus und zog das Fuder Dung auf den Bärberg hinauf. – (Von solchen starken „Hänsen" wissen die schlesischen Wenden auch manches zu erzählen.)

War es nicht manchmal gut, daß sich die Bauern der Stärke in ihren Händen erinnerten und wehrhaft wurden? Die Horkaer Bauern wenigstens sind ein mannhaft Geschlecht gewesen. Zweiundsiebzig von ihnen erbauten die Kirchhofsmauer mit 72 Zinnen und haben sie dann verteidigt.

Raubgesindel

Von Räubern gibt es natürlich viele Geschichten. Einer namens Hammerschlag hauste am Zobten; ein anderer, der einen eisernen Dreschflegel führte, bei Döberney in den Glazter Bergen. Auch auf dem Barzdorfer Raubschloß saßen sie und nahe demselben, in einer düsteren Schlucht, liegt die Menschenmarter. Das war damals ein Teich, durch welchen die Opfer fort und fort gejagt wurden, wobei ein Spielmann, den sie gefangen, aufspielen mußte.

Später werde ich noch von manchem Schatz erzählen, der von den Räubern gesammelt und versteckt worden ist. Solch Topf oder Krug voll Talern steckt da oder dort unter Steinen. Denn zu dem Zöllneyer, der in der Strafkompagnie war, sagte ein Räuber aus der Umgebung von Grulich, den man gefaßt und auf die Festung getan: Wenn ich nur noch ein einziges Mal herauskönnte; im Ullersdorfer Berge habe ich alles Geld, das ich geraubt und gestohlen habe, vergraben. Schon mancher hat dort gesucht, aber noch keiner fand den Schatz. – Auch Räuberhauptmann Schmidt versprach dem Braunauer Abte, wenn man ihn wieder frei ließe, eine Straße von Braunau übers Gebirge nach Politz zu bauen und sie mit blanken Talern pflastern zu lassen. Allein es nützte ihm alles nichts; er wurde nach Königgrätz ausgeliefert und hingerichtet.

In unzugänglichen Gründen, im tiefsten Walde, draußen, wo sie die Schätze verbargen, hatten sie auch meist im Steingeklüft ihre Höhle. Mitunter raubte ein Räuber ein Mädchen und nahm es mit hinaus. Dort machte der Einsame sie zu seiner Frau, die ihm treu war, bis ein Verlangen nach Vater und Mutter sie überkam. Er ließ sie heim, als sie ihm schwur, die Höhle nicht zu verraten. Aber der Bruder gab ihr ein Säcklein Mehl, das er heimlich aufschlitzte und dessen Spur er folgte. So wurde der Jungfrauräuber auf dem Kesselschloß aufgespürt. – Oder sie streute sich selbst den Weg mit Erbsen und flüsterte während des Gottesdienstes in der Kirche ihr Geheimnis vor sich hin. Auf dieser Art ward man des schwarzen Friedrich von Liegnitz mächtig.

Einmal kamen zween als Herrn verkleidete Burschen in die Schenke zu Quitzdorf in der Lausitz, kosten dort mit der Schänkerin und einem andern artigen Mädchen und verabredeten mit ihnen, sie wollten Sonntags mit ihnen tanzen. Die Mädchen sollten ihnen nur entgegenkommen bis an die Rothenburger Brücke, dort möchten sie warten. Die Mädchen kamen auch zur verabredeten Stunde, weil aber ihre Ritter auf sich warten ließen, versteckten sie sich, von weiblicher

Neugier getrieben, einstweilen unter der Brücke, um zu hören, was letztere von ihnen sprechen würden. Nicht lange, da kamen die Kerle, und da sie die Mädchen nicht vorfanden, unterhielten sie sich ohne Argwohn miteinander. Da kam es dann heraus, daß sie Räuber waren, die in einem nahe gelegenen Schlosse hausten, und daß sie ihre Pferde verkehrt beschlugen, um nicht entdeckt zu werden. Dann kam das Gespräch auf die Mädchen und sie sagten ganz unverhohlen, daß, wenn sie nur erst kämen, so wollten sie sie gleich festhalten und auf ihr Schloß mitnehmen, ihre Lust an ihnen haben, und damit nichts verraten würde, sie schließlich in heißem Öl sieden. Die Mädchen zitterten, hielten sich still und schlichen am Abend heim. Die Geschichte ward nach Görlitz berichtet und die Görlitzer schickten Kriegsvolk aus, um die Vögel zu fangen. Als diese an der Schmiede zu Torge vorüberritten, sahen sie dort etliche Pferde, gingen nahe hinzu und fanden, daß dieselben verkehrt beschlagen waren. Daran erkannten sie die Räuber, die in der Schmiede saßen und sorglos zechten. Es setzte einen heißen Kampf, aber endlich wurde das Gesindel gefangen genommen.

Burg Liebenau war aus den Händen Georges Czettritz an Raubgesellen gekommen, die eine Bauersmagd mit Lebensmitteln auf die Burg lockten, dieselbe nach reichlich genossenem Getränk nackend auszogen und auf eine Bank spannten. Glücklicherweise hatte sie ihren Gang dem Schulzen mitgeteilt, der ihr anriet, unauffällig ein Fenster zu öffnen und wenn ihr irgendwas drohen sollte, laut zu rufen: Bleibt nicht zu lange, bleibt nicht zu lange! – Als sie nun wehrlos auf der Bank lag und sehen mußte, wie ein Mensch neben ihr ein Messer schleifte, während die andern höhnisch lachend herumstanden, schrie sie die abgemachten Worte. Nach kurzer Zeit stiegen die Bauern in die Burg und nahmen die Knappen gefangen.

Vielleicht versuchten sie, durch solche und ähnliche Zaubereien sich gegen Verfolgungen zu schützen. Denn aus den Verhandlungen gegen die Bande des Weinhans und Wampejörges erfahren wir, daß Georg Wilde, ein Mitglied der Bande, als sie zu Groß-Bargen mausten, von kleinen Kindern die Finger angezündet. Oft haben sie Mädchen stupriert und ihnen die Herzen danach herausgeschnitten, die sie gepulvert und in das Bier geschüttet, davon gesoffen, auch andern Leuten zu trinken gegeben, daß sie sollten beherzt nicht gestehen noch ertappt werden, andere Leute aber sollten ihnen nachkommen, daß sie dieselben ermorden konnten. Weinhans hat sein soeben gebornes Kind auf einem Tisch geschlachtet, den Leib samt dem Herzen gekocht und mit der Mutter des Kindes und andern gefressen; die Händlein hat Wampe zur Hexerei gebraucht. Ja, Hansens Sohn, der etwa 14 bis 15 Jahre gewesen, hat sich mit seiner Mutter vergangen und dann das auf die Welt geborene Kind mit ihr gefressen. Auch ein Breslauer Räuber soll Herzen, Brüste und Scham in einem schwarzen Sode getrunken haben. Und von dem böhmischen Mörder berichtete E. Francisci, daß an die Stelle der Frucht einer Frau er einen lebendigen Hund eingenäht.

Aber auch sie, die Ausgestoßenen, tapfer und kühn und doch verfehmt, sind überlistet worden. Räuber Schmidt hatte einst einen Fleischergesellen gezwungen, ihm seine Barschaft auf einen Baumstock aufzuzählen. Niemand, so jammerte dieser, wird mir glauben, daß ich beraubt wurde. Mein Meister wird denken, ich habe ihn bestohlen. Zum Zeichen, daß ich euch wirklich das Geld geben mußte, hackt mir mit euerm Säbel den kleinen Finger ab. Und er legte die Hand neben das aufgezählte Geld. Den Gefallen will ich euch tun, rief Schmidt, hob seinen Säbel und ließ ihn sausend auf den Stumpf niederfallen. Aber blitzschnell zog der Fleischer die Hand weg, riß aus dem Stiefelschaft sein Messer und zückte es gegen den Räuber, der sich vergeblich mühte, seinen Säbel aus dem Baumstumpf zu ziehen. Ein Handgemenge entspann sich und mit verzweifelten Kräften rang der Geselle den Räuber nieder.

Auch manche Magd hat ihren Mut bewiesen, so jene, die sich beim Spinnen rühmte, auf die Schellenburg zu gehen und von dem Burgwall ein Erlenbäumchen mitzubringen. Doch das Gepolter der fallenden Steine verriet die Dreiste. Sie kommt zu einem Einsiedler, der sie hinter dem Altarbild der Gottesgebärerin mit den sieben Schwertern verbirgt, wo die durch die Fußspur hingeleiteten Räuber sie nicht zu finden vermögen. Dann gibt der Einsiedler ihr Schuhe, viereckig, aus Ruten geflochten, daß niemand erkennen kann, wohin die Fliehende ging. An der Oppabrücke wartet ein Räuber, der sein Pferd an den Baum angebunden hat. Sie sitzt auf und reitet so durch den Fluß. Aber der Räuber hat sie bemerkt und ruft: Schimmerle, steh! Und sie: Schimmerle, geh! So rufend, kommt sie zurück.

Einer Magd aus dem schwarzen Hause in Brieg geschah Ähnliches. Einige Tage nachher, gerade an einem Sonntage, als alle Einwohner des Hauses sich in der Kirche befanden, traten zwei reichgekleidete Herren in die Stube und forderten Wein. Die Magd, der eine dunkle Ahnung sagte, daß wohl einer dieser Herren ihr Verfolger von neulich sei, stieg in den Keller hinab, um den verlangten Wein zu holen. Auf einmal hörte sie Fußtritte hinter sich. Es waren die Fremden, welche ihr in dem Augenblicke im rauhen Baßtone die Worte zuriefen: Halt, Kanaille, empfange den Lohn deines an uns begangenen Raubes! Kaum vernahm sie die ersten Silben dieses Zurufs, als sie schon das Licht ausblies, durch das ihr genau bekannte Kellergewölbe auf die Straße entschlüpfte, alle Zugänge des Kellers sorgfältig verrammelte und nun spornstreichs zum Rathause sprang, wo sie den ganzen Hergang der Sache erzählte. Die Räuber wurden festgenommen, verhaftet und genötigt, ihre Mitschuldigen anzugeben, und die ganze Bande wurde hingerichtet.

Raubrittersagen gibt es in Schlesien wenig. Oder sie haben sich mit den Räubersagen vermengt, wie etwa die vom Ritter Schnabel. Zwischen Lüben und Koslitz in einer feuchten Waldsenke hat einst sein Schloß gestanden. Er wohnte, ein grausamer Unhold, dort. Als einst ein Weib nach Mlitsch wanderte, soll er sie überfallen und die Herausgabe ihrer Habe gefordert haben. Weil er bei ihr nun nichts als ein paar Schuhzwecken fand, hat er der Ärmsten die Nägel in ihre bloßen Sohlen geschlagen. Für seine Taten wurde er schwer bestraft: sein Schloß versank und er spukt heute noch dort.

Allein an die historische Person des schwarzen Christoph knüpft sich ein reicher Sagenkranz. Im Goldberger Kreise, eine halbe Meile nördlich vom Gröditzberge, im Dorfe Nieder-Alzenau, hatte der schwarze Christoph seine Burg. Er war aus dem Geschlecht von Reisewitz; den Übernamen verdankte er seinen schwarzen Haaren. Mit seinem Namen scheuchten die Mütter die Kinder, denn er war ein in Schlesien gefürchteter Raubritter. Besonders diente ihm der der Stadt Goldberg gehörige Hainwald zum Aufenthalt. Hier überfiel er die Kaufleute. Große Achtung hatte er allein vor Gelehrten. Er verschonte sie fast immer, jedoch mußten sie sich ihm als solche erst ausweisen, indem sie eine Feder schnitten oder eine Zeile schrieben. – Viele Edelleute hielten zu ihm und auch der Herzog Friedrich II. von Liegnitz nahm über die Zeit Rücksicht, bis ihn die Goldberger Bürger in seiner Burg während eines nächtlichen Festes überfielen, nach blutigem Kampfe banden und einlieferten. Der Herzog verurteilte ihn schließlich und man hing ihn und einen Knecht, beide in weißen Hemden, den Herr zum Unterschied mit Sporen an den Stiefeln, in Liegnitz an den Galgen. Wie er zur Richtstätte geführt ward, sagte er: Hätte ich daran gedacht, was David im Psalter sagt: verlaßt euch nicht auf Fürsten, sie sind Menschen und können nicht helfen, so ständen meine Sachen besser. Als man seinen Knecht, einen anstelligen Menschen henken wollte, bat dieser: Liebe Herren, schont doch meiner. Ich will euer treuer Diener sein, auch fleißig arbeiten, und wo mir dieses nicht helfen sollte, will ich sogar ein Weib nehmen. Denn das hielt er für eine schwerere Arbeit als Holz hauen und Steine tragen. Aber alles nützte ihm nichts, er mußte an den Galgen. – Das Angedenken des Ritters ist heute noch lebendig. Du leugst wie der schwarze Christoph! hieß es von einem argen Lügner. – Sein Raubschloß in Alzenau ist versunken; ein Erlicht bezeichnet die Stelle, an der es stand; noch heut ist es dort nicht geheuer. In der Sternburg bei Bunzlau, deren Stille kein Vogel stören darf, konnte man noch in den 60er Jahren das aufrecht stehende Denkmal eines Ritters erblicken, in welchem das Volk den schwarzen Christoph erkennen wollte.

Bis noch vor etwa 50 Jahren raubschützte jeder Mann auf der Iser. Meist taten sich drei oder vier zusammen und gingen nach Böhmen. Drei waren einmal im Harrachschen Tiergarten und wurden von Förstern überrascht. Sie flohen. Die Jäger schossen den einen an. Die beiden andern trugen ihn bis zum Zaun immer abwechselnd. Da konnten sie nicht mehr und die Jäger waren ganz nahe. Da sagte der eine zum andern: Geh ock vorn' weg, ich komme gleich nach. Der erste ging auch. Nach einem kleinen Bissel kam der zweite und sagte: Der verrät uns nicht mehr! – Was hast du denn gemacht? – Ach, nichts! – Aber er hatte dem Angeschossenen schnell den Kopf abgeschnitten, daß niemand ihn erst erkennen sollte. Das hat der eine der beiden mir selbst erzählt.

Raubschützen gingen unter der grünen Koppe mal auf den Hirsch. Weil er noch lebte, lief einer hin, kniete auf und wollte ihn erwürgen. Plötzlich sprang der Hirsch auf, Aschpel-Männich, der ihn abtun wollte, kriegt ihn noch bei den Hörnern zu packen, kommt oben drauf und es geht los. Der Hirsch macht Sätze, zehn Ellen weit, immer fort in die dicksten Fichtel. Es dauerte nicht lange, war er nicht mehr zu sehen. Endlich hörte der erste, der seiner Fährte nachging, Männich irgendwo stöhnen und jammern. Er blutete aus vielen Rissen und hatte kein ganzes Stück mehr am Leibe. Den Hirsch fanden sie erst am Schindelhüttenrand, wohin er bis aus den Queiszwieseln gerannt war. – Noch schlimmer erging es Plaschke-Karl, dem Schreiberhauer, der auf den Hirsch zu sitzen kam; denn der trug ihn bis in die große Teufe beim schwarzen Wog im Zacken, wo er mit ihm im Kreise ging. Sein Kamerad kam ihm nach und hat den Hirsch mit der Axt erschlagen. Aber es war auch Zeit, denn Plaschke-Karl hatte es bereits satt. Den Hirsch, den sie dann aus der Jauche fischten, mußten sie liegen lassen, so dürr ist er gewesen.

Von dem erbitterten Kampf zwischen Förster und Wildschützen munkelt man allerlei. Um allen Scherereien mit dem Gericht zu entgehen, machten die Förster kurzen Prozeß. Sender steckte sie in ein paar Meter Holz im Busche, die brannten weg wie nichts – und der Kerl mit. Die an der russischen Grenze sollen sie gar den Säuen vorgeworfen haben, daß nicht ein Knöchelchen übrig blieb.

Um alles lichtscheue Gesindel zu erwähnen, dürfen wir die Zigeuner und Pascher nicht übersehen. Doch kann ich mich hier kurz fassen, um später in anderem Zusammenhang auf sie zurückzukommen. Nur das sei noch erwähnt, was man im Liegnitzischen von den Zigeunern wußte.

Als Herzog Friedrich 1510 zum heiligen Grabe pilgerte, stand unter dem Tore der Stadt Jerusalem eine Zigeunerin, die den Herzog in seinen Pilgrimskleidern erkannt haben soll. Da hat er der Zigeunerin und ihrem Mann eine besondere Freiheit schriftlich und mündlich gegeben, daß ihre Leute drei Tage und drei Nächte freien Aufenthalt in seinem Fürstentum haben sollten, damit ihn nur das Weib nicht verriet.

Die Juden

In Sprottau hatte ein Jude ein Christenmädchen ins Haus (Judengasse Eckhaus Nr. 56) gelockt und in den Keller eingesperrt. Da hat sich's zugetragen, daß seine Mutter am Hause vorbeigegangen ist und ein Gebund Schlüssel in der Hand hielt. Am Kellerloch entfielen sie ihr zufällig und glitten bis in den Keller, wo ihr Kind saß. Das Kind erkannte sofort die Schlüssel und rief: Das sind meiner Mutter ihre Schlüssel! Das hörte die Mutter und machte der Obrigkeit Anzeige; so wurde das Kind gerettet. Darauf vertrieb man alle Juden aus Sprottau. – Von der Laokoongruppe im Scheitniger Park hieß es im ähnlichen Sinne, daß dieser Mensch ein Jude gewesen, welcher mit seinen beiden Söhnen nicht weit von Breslau einige Reisende grausam erschlagen, ihre Eingeweide herausgenommen und sie mit einigen andern Feinden der Christenheit verzehrt haben soll. Dafür hat man ihn denn in eine tiefe Grube voll Schlangen und Ottern geworfen, welche in alten Zeiten auf diesem Platz gewesen, darin hat er umkommen müssen.

Daß diese Gerüchte der Feindschaft jahrhundertealt sind, ist längst bekannt: Der große Alexander hat eine Menge von Juden einst fortgeführt, um sie in die Gebirge am kaspischen See einzuschließen. Durch ein Wunder vereinigte Gott auf das Gebet Alexanders die Felsen, daß die Juden wie in einen Kessel eingesperrt waren. Ein neues Wunder öffnete ihr Gefängnis; ihre Abkömmlinge waren die Tartaren, welche 1241 Schlesien bedrängten. Sie selbst, so heißt es, glaubten an diese Verwandtschaft und sollen ihren vermeintlichen Glaubensbrüdern Waffen haben zuführen wollen, wofür sie eine schreckliche Verfolgung ausstehen mußten.

Die Schweidnitzer Juden sind mit dem Fronleichnam boshaftig umgegangen, wie die Breslauer, welche die heilige Hostie mit Pfriemen und Messern durchstachen, daß das klare Blut auf dem Tisch herumgeronnen ist. Eine getaufte Jüdin wußte sich dessen zu erinnern, was sie als sechsjähriges Mädchen miterlebte. Die Juden hatten sich um ein Feuer geschart und warfen eine gestohlene Hostie hinein, ohne daß sie versehrte. Frevel und Wunder wiederholten sich; darauf sank eine alte Frau, vom Anblick überwältigt, auf ihre Knie und betete die Hostie an. Die Juden aber fielen erbittert über die Abtrünnige her, erschlugen sie und verscharrten sie in einem Winkel des Hauses. Auch einen Knaben hatten sie gestohlen und nachdem sie demselben lange Zeit das beste Essen gegeben, haben sie ihn dann qualvoll umgebracht und sein Blut geopfert. Sie gab den Ort an, wo man den Leichnam begraben und Capistrano, der diese Judenverfolgung begann, konnte noch seine Gebeine in Händen halten. – In Glatz bezeigte die Hostie einen hellen Schein. Die von den Juden bestochene Hostienräuberin verlor auf dem Heimweg vom Abendmahl dieselbe, die hell zu strahlen begann und vor der eine Herde Lämmer, welche die Straße zog, in die Knie sank und sich erst erhob, als die Dompriester das heilige Gut aufnahmen, um es zur Kirche zurückzutragen.

War es ein Wunder, daß aller Haß, der aus dergleichen Sagen entstand, die Armen bedrückte und daß sie begierig Hilfe ersehnten. 1535 am Tage Ägidi erschreckte ein unerhörtes Wetter die Stadt Öls. „Der Hausmann auf dem Ratturm hat am Himmel ein erschrecklich Gesicht gesehen, daß er sagte, es sei ihm unmöglich, davon zu reden, denn sobald er davon reden wollte, erzitterten ihm alle seine Glieder. Die Juden jedoch haben im Anfang dieses Wetters ihre Türen und Fenster aufgesperrt und, wie sie pflegen, ihren Messiam erwartet."

Gelehrte

Verwunderlich wie die Juden mit ihrer Geheimnistuerei waren auch die Gelehrten. Was wußten sie alles von den Dingen, die sonst den andern verborgen blieben. Als 1577 ein Komet über Görlitz erschien, forschte man nach Scultetus, ihres Ratschreibers und Bürgermeisters Meinung und bald ging es von Mund zu Mund: Der Stern werde zur Nacht vom Himmel fallen und in der Büttnergasse sich ausstrecken. Da trugen Besorgte Wasser herzu, um einen etwa entstehenden Brand gleich zu löschen. Die Bürger aber wandten sich an Scultetus Schneider und ließen durch diesen fragen, ob wirklich Gefahr vorhanden sei.

Von Weisen jedoch, die mehr als die andern wußten, glaubte man, daß sie auf übernatürliche Weise zu ihrem Wissen gekommen seien. Der Doktor Theophrast Paracelsus war in Schlesien. Noch heute sind unter den Leuten Abschriften seiner Bücher. Es heißt, daß er in einer Flasche einst einen Spiritus gefunden, von ihm für seine Befreiung das Kraut des Lebens erhalten habe, aber ihn wieder durch List in seine Flasche gebracht und fortgegangen wäre. Theophrast sammelte das Kraut des Lebens und heilte alle Krankheiten. Das weckte den Neid der Ärzte. Es kam soweit, daß sie ihn vergifteten und zwar mit einem Gifte, dessen Wirkung durch das Kraut des Lebens nicht vernichtet werden konnte. Als das Ende seines Lebens herannahte, rief er seinen Diener zu sich und sprach: Ich fühle, daß ich in kurzer Zeit sterben werde. Höre und achte auf meine Worte. Packe meine Bücher zusammen und wirf sie ins Wasser. Verschone kein einziges Stück und nimm nichts für dich! Der Diener ging, packte die Bücher zusammen und trug sie fort. Unterwegs aber tat es ihm leid, eine so wichtige Sammlung von verborgenen Geheimnissen ins Wasser zu werfen. Er beschloß, die Bücher für sich zu behalten, um womöglich daraus Nutzen zu ziehen. Als er zurückkam, fragte ihn Theophrastus: Hast du meinen Befehl vollzogen? Ja, sagte der Diener. So berichte mir, sprach Theophrastus, was du an dem Wasser wahrgenommen hast. Der Diener antwortete: Nichts! So hast du nicht getan, was ich dir befohlen habe, fuhr Theophrastus ihn an. Geh und vollzieh meinen Auftrag. Du kannst mich nicht täuschen. Aus deinem Berichte werde ich erkennen, ob du die Wahrheit sprichst. Wenn es denn sein muß, dachte der Diener, so will ich gehorchen. Er ging und warf die Bücher in die Flut. Kaum war das geschehen, so bekam das Wasser an dieser Stelle eine gelbe Farbe wie Gold. Verwundert hierüber ging er nach Hause und berichtete seinem Herrn, was er gesehen habe. Nun gab ihm Theophrastus noch folgende Weisung: Sobald ich gestorben sein werde, träufle etwas von dem Balsam, den ich dir hier übergebe, auf meinen Leichnam und zerhacke diesen in lauter Brei; gib jedoch acht, daß nicht das kleinste Teilchen verloren geht. Dann spünde ihn in ein Faß, daß keine Luft eindringen kann, und verwahre das Faß an einem verborgenen Ort 7 Jahre lang. Wenn die Zeit um ist, kein Tag weniger und keiner mehr, dann öffne das Faß, und du wirst ein merkwürdiges Wunder sehen. Kurz darauf starb Theophrastus. Der Diener entkleidete die Leiche und vorfuhr genau so, wie ihm geheißen worden. Nach langer Zeit fiel ihm ein, daß die sieben Jahre um sein könnten, und erschrocken darüber, daß es vielleicht schon zu spät sei, eilte er an den verborgenen Ort und fing an, das Faß zu öffnen. Da sah er den vollständigen Körper des Theophrastus darin in kniender Stellung, aber ohne Leben. In dem nämlichen Augenblicke jedoch zerfiel dieser durch die eindringende Luft zu Staub. Jetzt erst nahm sich der Diener die Mühe, genau die Zeit vom Sterbetage an zu berechnen, und siehe! es fehlte noch ein Vierteljahr. Dadurch ward die Wiederauflebung des Theophrast vereitelt.

Hätten die Görlitzer Luftfahrer (statt 1718) zweihundert Jahre vorher ihre Erfindungen vorgeführt, so würde man sie des Teufelsbündnisses verdächtigt haben. So aber ist ihre Geschichte nichts als der törichte Traum eines Schulmeisterchens, der statt von Haugsdorf bis Penzig nur in die Mistpfütze unter seinem Hause gefahren ist.

Die Reformation – Sektierer

Der Boden war nicht ganz unvorbereitet, auf welchem in Schlesien die Reformation aufgehen sollte, und jener böhmische Reformator, Johannes Hus, hat in Schlesien Freunde besessen, wie Sigismund Zedlitz, der selbst ein eifriger Hussist gewesen und der den Klose, Schnabel und Wittwer, vertriebenen Böhmen, in Neukirch ein Asyl gegönnt, der die katholischen Priester, die ihn gebannt, in Neukirch gefangen hielt, wenn er es auch nicht so weit trieb wie jener von Köckeritz, welcher viele von ihnen kastrieren ließ. Dieser von Zedlitz führte als Spruch und schrieb allerorts an: Gottes Freund, des Bischofs von Breslau und aller Pfaffen Feind.

Von den hussitischen Kriegen werde ich noch erzählen. Jetzt aber will ich erwähnen, daß man in Schlesien auf jenes Wort Hussens vertraute, das er in Konstanz vorbrachte: Nach hundert Jahren komme ein Schwan, den würden sie wohl ungebraten lassen, wie sie dieser armen Gans getan. Hiermit zielte er auf sich selbst, indem Hus nach der slavischen Sprache eine Gans heißt.

Um nun von Luther selbst zu erzählen, der ja auf sich auch dieses Wort anzog, so muß zugestanden werden, daß ihn Cochläus, Canonicus am Breslauer Dom, von einem Kobold abstammen läßt. Und schließlich erzählt die Gleiwitzer Sage nichts anderes, wenn es heißt, daß ein Bauernmädchen aus Zabrze einen Schmied geheiratet hatte. Nachdem die beiden sechs Jahre glücklich zusammen gelebt, nahm die Frau einst, als ihr Mann gerade mit dem kleinen Sohn spielte, wahr, daß er Hufe hatte. Sie ging darob zum Pfarrer und erzählte ihm ihre Beobachtung. Der sagte, sie solle in Abwesenheit ihres Mannes wiederkommen. Das tat sie, und nun riet ihr der Geistliche, mit geweihter Kreide einen Kreis um das Haus zu ziehen. Diesen nahm der Schmied, wie er heimkehrte, sogleich wahr und konnte nicht hinüber. Da warf er noch einen Geldsack über den Kreis und rief: Laß den Jungen geistlich werden! Dann verschwand er. Von dem Gelde ließ man wirklich den Knaben studieren und Pfarrer werden. Und das war Luther.

In Deutsch-Piekar (O. S.) aber hat Luther eine Gans gestohlen.

Der erste Ort, wo in Schlesien die neue Lehre Fuß faßte, soll Neukirch gewesen sein. Ein Nachkomme jenes Sigismund, Georg v. Zedlitz, sandte zwei Männer aus Neukirch, von denen der eine Wittwer hieß, 1518 nach Wittenberg und ließ Luther fragen, ob er der Schwan wäre, von dem Hus geweissagt habe. Luther ließ ihm antworten: Die Zeit wird erst lehren, was Gott aus mir machen wird. Dagegen war Christoph von Gersdorf auf See anfangs ein großer Eiferer gegen Luther; er hat dessen Namen gar sehr beschimpft und geschändet und immerfort behauptet, der Erzketzer müsse durchaus verbrannt werden und er selbst wolle das Holz dazu nach Wittenberg liefern. Da ist er dann eines Tages mit seinem Förster in den Wald gegangen und hat das Holz zu Dr. Luthers Scheiterhaufen anzeichnen lassen. Aber was geschieht? Wie der erste Baum angeschlagen wird, zieht plötzlich ein grausames Wetter herauf mit Donnern und Blitzen und schlägt immer rechts und links über ihnen ein, so daß sie ganz und gar im Feuer stehen.

Darüber erschreckt der Förster gar sehr und spricht zu dem Herrn: Gestrenger Herr Ritter, haltet zu Gnaden, ich meine, der Weg ist wohl nicht gut, den wir heute gehen. Da ist es dem Christoph v. Gersdorf

Ansicht von Erdmannsdorf. Lithographie von Lütke

Der Zobtenberg. Stahlstich von Grünewald und Cooke, nach einer Zeichnung von L. Richter

durchs Herz gegangen und ist niedergefallen auf seine Knie, hat den Helm neben sich gelegt und den lieben Gott wegen seines Gebarens demütig um Vergebung und Gnade gebeten.

Von einem katholischen Geistlichen, dem Prälaten des Matthiasstifts, Erhard Scultetus, hieß es, er habe die Kirche zu St. Elisabeth, in welcher Moiban, einer der ersten Anhänger Luthers, predigte, gegen den Wert einer goldenen Kette an den breslauischen Ratsmann Ribisch verspielt. Das war derselbe Ribisch, welcher als Stadtschreiber in Prag die Ausweisung der Bernhardiner aus Breslau betrieb. Im königlichen Rate wurde beschlossen, daß Ribisch von der Brücke zu Prag sollte gestürzt werden. Und es wäre geschehen, wenn nicht Markgraf Georg v. Jägerndorf vor allen andern Herrn aus dem Rate wäre aufgebrochen und über die Brücke in seine Herberge gezogen. Als ihm nun auf derselben Ribisch (der eben nach Prag kam), begegnete, redete der Markgraf zu einem Stein auf der Brücke: Stein, ich sage dir, das itzt ernstlich im königlichen Rat beschlossen und befohlen ist, daß man Ribischen, wenn man ihn auf der Brücke ergreift, bald ins Wasser stürzen und nach Fischen schicken soll. Darnach habe sich zu richten, wen es angehet. – Als das Ribisch gehört, packte er sich und hielt sich in der Herberge, bis besser Wetter wurde.

Anfänglich schien es, als dauerten unter dem neuen Glauben die alten, fröhlichen Zeiten fort. Da konnte es noch geschehen, daß Pastor Luther aus Lissa bei Görlitz, welcher am Ostersonnabend sein ganzes Geld verspielt, und unter der einen Bedingung beim „Osteropfer" von seinen Kumpanen es wieder erhalten sollte, wenn er das Wort „Trumpf" auf der Kanzel sage, seine Predigt begann: Trumpf aus! Trumpf aus! und abermals Trumpf aus! spricht die gottlose Welt, aber wir erlösten Christen rufen heut: Triumph Viktoria! Christus ist auferstanden von den Toten. – Doch dann setzte ein ander Regiment ein. So dauerte in der Sechsstadt Görlitz das Amt von 11–15 und 15–20 und daran schloß sich noch eine Predigt von 21–24. Das waren zwölf Stunden Gottesdienst. Ja, als man 1584 in Görlitz den gregorianischen Kalender einführte und nach dem 6. sogleich den 17. Januar zählte, also zwei Sonntage ausgelassen wurden, holte man die verlornen Predigten ein, indem man den folgenden Sonntag drei halten ließ. Das war dieselbe Lehrweise, nach der, ein wenig derber, Herr Pastor Arndt aus Marklissa verfahren, der manchen Sonntag mit einer großen Peitsche seine Gemeinde aus den Bierhäusern ins Gotteshaus leitete.

Manche Sektierer erzeugte das 16. Jahrhundert. Nachhaltig berührte die Lehre Caspar von Schwenkfelds das Land. Er war ein Gegner der Abendmahlslehre Luthers und die von Wittenberg ausgehende Abwehrbewegung hat ihn dann übermannt. Zwar heißt es, daß, ehe er starb, er eine Stimme gehört haben soll: Auf, auf in den Himmel! Aber doch sagt man auch, Fabian Eckel, sein Jünger, welcher in Glatz Schwenkfelds Lehrsätze predigte und das Abendmahl nur einen Schaum von Brot genannt, welchem die Leute nachliefen wie Hunde einem Stück Fleisch, dieser Eckel ist auf der Kanzel erkrankt und stumm geworden, so daß man ihn hat im Backtroge heimtragen müssen. Das sprach freilich gegen Schwenkfelds aus Ossig Lehre und schien ein gültiges Urteil zu sein. Aus solcher Abneigung entstand wohl auch die Erklärung, warum um den Propsthainer Spitzberg so viele Schwenkfelder wohnen. Als nämlich der Teufel mit einem Sack voll Schwenkfelder durch die Luft gefahren, hat er dabei unversehens an dem Spitzberg ein Loch in den Sack gestoßen, durch welches eine Menge von Schwenkfeldern herausgefallen und sich um den Berg angesiedelt haben.

Einige Jahre später ließ der Kurfürst Johann Georg den Ezechiel Metth aus der Lausitz einziehen, weil er sich für den Großfürsten Michael und das lebendige Wort Gottes ausgegeben und sich Gottes Sohn genannt habe.

Der Prophet wurde enthauptet und sein Leichnam mußte drei Tage liegen bleiben, wobei man ihn bewachte, ob er doch auf den dritten Tag aufstehen würde.

Glaubenskriege

Die Kämpfe aus der Hussitenzeit haben Schlesien furchtbar getroffen. Balbinus schrieb: Meißen und Sachsen verderbt, Schlesien und Lausnitz zerscherbt, Bayern ausgeleert, Österreich verheert, Mähren verzehrt, Böhmen umgekehrt. – Lustig ist es – und das wohl nur, weil es sich um die Heldentat eines Streiftrupps handelte – in Bunzlau zugegangen; denn dieser Trupp hatte sich wegen des Bieres vom Heere abgesondert. Da haben ihnen Küchen und Keller müssen offenstehen und was zu ihnen gehalten, das hat genug zu saufen bekommen. Darum auch eine alte Vettel gesagt: O ihr lieben Böhmaken, Gott bezahle es euch, daß ihr uns bisweilen besucht, denn so bekommt ein Armes auch einen Labetrunk. So kreuzgemütlich verlief der Krieg aber nicht überall.

Noch heute sagen die deutschen Böhmen, es habe sich nicht um einen Religionskrieg, sondern um einen Vernichtungszug gegen die Deutschen gehandelt. Und manches daran mag stimmen. So hat Hagec, der böhmische Chronist, erzählt: 1359 hat sich in der Stadt Braun, da man zween Priester, einen böhmischen und einen deutschen hielt, begeben, daß etliche Deutsche zu dem böhmischen Priester gingen und ihn baten, daß er ihnen vermöge seines priesterlichen Amtes ein Kind taufen wolle. Er gab ihnen diese Antwort: Habt ihr doch euern Seelsorger, warum soll es nicht derselbe bestellen? Sie aber zeigten an, er wäre nicht zu Hause. Derwegen baten sie ihn fleißig, daß ers unverzüglich tun wollte, damit das Kind nicht ungetauft stürbe. Der Pfarrherr ließ sich ihre Bitt einnehmen und ging mit ihnen unverzüglich. Und als man in die Kirche kam, stand ein großer Haufen deutscher Bürger um den Taufstein. Der Priester wollte das Kind taufen und wurde gewahr, daß es ein Hund war. Die Deutschen lachten dessen allesamt und warfen den Hund in den Taufstein. Die Böhmen aber vertrieben sie darum aus der Stadt.

In Schlesien nahm Unheil überhand.

Die Goldberger hatten sich in ihre Stadtpfarrkirche geflüchtet und sich auf lange Zeit mit Lebensmitteln versorgt. Sie hatten auf dem Gewölbe der Kirche nicht nur einen Backofen gebaut, sondern auch eine Mühle. Ferner soll sich in der Kirche ein Brunnen befunden haben, deß Wasser man in einer Röhre an einem Pfeiler hinauf bis auf das Gewölbe leitete. Die Hussiten wollten anfangs die in der Kirche eingeschlossenen Goldberger durch Hunger zur Übergabe zwingen, da warfen diese eine gebratene Katze und warme Semmeln hinab; die Feinde vermuteten noch große Vorräte und zogen ab.

Die Rotte, welche gegen die Alt-Wilmsdorfer Kirche zog und vorher auf einer Anhöhe rastete, von welcher man unten das Gotteshaus liegen sah, wurde, als sie kaum ihren Blick auf dasselbe gerichtet hatte, von einem Schwarm häßlicher Fliegen überfallen und so zerstochen, daß alle erblindeten. Unter Fluchen und Heulen kamen sie mühsam zu ihren Gesellen zurück.

In das Schloß Friedland hatte sich ein hussitischer Spion in Priestergewandung eingeschlichen. Aber man schöpfte Verdacht und forderte, daß er durch eine Predigt sein Priestertum beweise. Nun trat er auf einen aus der Mauer hervorragenden Stein und begann. Kaum hatte er aber den Namen Gottes gesprochen, so stürzte er auch mit einem Jammerschrei zu Boden. Gleichzeitig sah man eine schwarze Schlange entweichen, die ihn mit ihrem Biß verwundet hatte. Natürlich war alle Hilfe umsonst; unter schmerzhaften Zuckungen gab der Spion seinen Geist auf.

Freilich fanden sich unter den Schlesiern auch mutige Gesellen, die sich nicht nur allein auf Wunder verließen. So ist der Propst des Glatzer Domstiftes, Heinrich von Fotisdorf, Tag und Nacht im Harnisch mit auf dem Wall gewesen. An seiner Rüstung sind aber auch alle Geschosse abgeprallt. Er soll vorausgesagt haben, daß Glatz die einzige Festung sei, welche den Feinden nicht in die Hände fallen werde, und das ist wirklich eingetroffen.

In einer handschriftlichen Chronik heißt es von der Hussitenzeit: Es hat der Schrecken nicht balde können vergessen werden, sondern wenn die Hirten auf dem Felde einander eine Furcht einjagen wollten, hat einer zu dem andern gesagt: Der Herr von Tabor kommt! oder: Tziska kommt! Denn mit dem Namen bezeichnete man alles Schreckliche, was man nur wußte. Viele Geschichten gehen von ihm. Die Herren vom Gröditzberg waren wie die Zedlitze Hussitenfreunde; zur Nachtzeit feierten sie Schischka und später sein Angedenken; der Schlußstein im Saale des Schlosses stellt ihn, einäugig, dar. – In Tschischkowitz oder Haselberg, wo in den Felsen das Rüttelweibel hauste, ließ sich Tschischko mit seinen Scharen auch sehen. Tschischko wollte noch über Napoleon sein; dessen Größe wollte er mit seinen Taten weit überstrahlen. Das Rüttelweibel wurde nicht nur von Tschischko, sondern auch von dessen Soldaten verfolgt. Als Schutzgeist der Gegend forderte es den Heerführer auf, das Gebiet zu verlassen, widrigenfalls es ihm mit seinen Truppen schlecht gehen werde. Tschischko trotzte, doch zwang ihn Nahrungsmangel, nach Skal zu weichen, und in der Folge erfüllte das Rüttelweibels Spruch an Tschischko und seinem Gefolge sich ganz und gar.

In Dalleschitz hatte der blinde Heerführer (Tschischkke) beim Glöckelbauer seine Kriegskasse eingelagert. Der Posten, der dabei stand, ward aber ermordet, die Kasse ausgeraubt. Tschischkke erschien nun selbst an Ort und Stelle, ließ, da man keine Spur eines Täters sonst entdecken konnte, den Hauswirt binden und nahm ihn mit; was dann aus ihm geworden, das weiß niemand. Aber im Hause nejste (spukte) es nun. Da es im Stall am meisten schejchte, nahm man dort Grabungen vor und fand Menschenknochen. Zwei Scharfrichter hatten mit ihren Sprüchen dem Geist nichts an. Nicht früher, weissagten sie, wird Ruhe im Hause werden, bis drei Wirte abgestorben und der letzte einen Jungen mit einem weißhaarigen Kopfe haben wird; erst dieser wird den Geist erlösen. Aber der Junge ist ausgeblieben, und darum ist es noch heut in jenem Hause nicht sicher.

Die Sage behauptet, daß er selbst Friedland belagert habe. Als jedoch die Belagerung über die Zeit lange dauerte, ließ sich der blinde Ritter bis an den Felsen führen, auf dem das Schloß sich erhebt. Hier klopfte er mit dem Stabe an das Gestein und sprach: Kinder, dieses Schloß ist nicht von Menschenhänden erbaut worden und wird auch nicht von Menschenhand zerstört werden. Wir heben die Belagerung auf. Und darauf zogen die Feinde ab.

Die seltsamste Sage aber knüpft sich an seinen Tod; es ist die von der Ziskatrommel. Schon Aeneas Sylvius und Hagec kannten sie. Die Trommel, die man aus Schischkas Haut hergestellt hatte, ist lange in Glatz gewesen. In einem Schreiben des Generals Fouqué vom 1. Oktober 1743 heißt es, er übersende auf des Königs Befehl „die in Glatz von so vielen *seculis* her verwahrlich aufbehaltene und durch ihre wunderwirkende Kraft berüchtigte Trommel des alten weltberühmten Generals der Hussiten, Ziska, nebst dem Bogen der wegen ihrer besonderen Kunst und Zauberei bekannten ehemaligen Beherrscherin der Grafschaft Glatz, Namens Valaska“ (= die Heidenjungfrau). Unter den beigegebenen Dokumenten, die er mit vieler Mühe aus Mähren, Böhmen und Schlesien zusammengebracht habe, befindet sich auch eine „kurzgefaßte historische Nachricht von der sogenannten Trommel des Ziska“, die zunächst versichert, daß die Trommel mit der Haut des Johann von Trosnowa oder Trautenau, mit Beinamen Ziska, bezogen sei. Eine alte Handschrift besage darüber an den noch leserlichen Stellen folgendes. Ziska habe aus langer Erfahrung gewußt, wie oft die Entscheidung von der bloßen Gegenwart eines unerschrockenen Feldherrn abhänge. Deshalb hätte er auch in seinem Alter noch das unruhige Leben im Felde fortführen müssen. Beim Herannahen seines Todes sann er auf Mittel, diese auf sinnliche Vorstellungen gegründete Herzhaftigkeit seiner Soldaten auch nach seinem Tode zu erhalten. Und er befahl deshalb, seine Haut abzuziehen und über eine Trommel zu spannen, und versicherte, das bloße Getöse derselben werde die Feinde in die Flucht treiben. Nach seinem Tode am 11. Oktober 1424 hätten die Vornehmsten seines Heeres erst nicht danach verfahren wollen, schließlich aber, da sie Ziskas Absicht erkannten, es doch getan, um nicht zu bewirken, daß das Vertrauen des gemeinen Mannes auf ein so kräftiges Vermächtnis und ketzerdämpfendes Mittel verlorengehen würde. Die Vollziehung sei dem damals sehr berühmten Arzt Franciscus de Pira mit Zuziehung seines Feldmedici Jakob Torsa und Stabschirurgen Ignatz Weymann aufgetragen. Auch die Saite unterhalb der Trommel sei aus seinen Gedärmen genommen. – Ja, es hätte der rasende Ziska („der Autor schreibt dieses als ein Römisch-Catholischer und Hussiterfeind" bemerkt Fouqué) auch in seiner bloßen Haut und nach seinem Tode die Feinde angebrüllt. – Prokop hätte die Trommel mehrfach mit Glück gebraucht und die Prophezeiung an ihr wahr befunden. Als er 1429 Glatz belagerte, sei die Trommel durch Verrat bei einem Ausfall in die Hände der Glatzer gefallen, die sie als unschätzbares Kleinod bewahrten.

Das 17. Jahrhundert brachte den andern Glaubenskrieg. Viele der schlesischen Sagen aus dieser Zeit haben zum Mittelpunkt Wallenstein. Es heißt: Auf der Goldberger Schule hat er nebst andern böhmischen Edelleuten unter Daniel Vechner und dessen Bruder Georg studiert. Nun trug es sich zu, daß er mit einigen Kompagnien seiner Soldaten nach Goldberg kam und daselbst mit den Leuten ziemlich hart umging. Er erinnerte sich aber damals seiner Jugend und fragte nach den Lehrern, ob noch einige davon vorhanden wären. Da man ihm nun beibrachte, daß nur noch Georgius Vechner lebte, ließ er selbigen bald zu sich rufen und indessen sein Haus mit einer Wache versehen. Der alte Vechner nahm den Boten, der ihm des Generals Befehl brachte, für einen Vorboten des Todes an, indem er sich erinnerte, daß er mit Wallenstein in seiner Jugend etwas scharf umgegangen wäre, nahm also von den Seinigen Abschied und ging darauf in Gottes Namen zu dem General, der ihn auch gleich mit seiner Anrede erschreckte: Wißt ihr wohl, wie ihr mit mir umgegangen seid? Vechner gestand sein Schulregiment, bat aber den General, wo er etwa im Eifer zu viel möchte getan haben, solches gnädig zu übersehen. Darauf der General ihn bald getrost machte: Mein lieber Vechner, ihr habt nicht zu viel getan, meine damalige harte Natur machte eine harte Erziehung nötig; ich sehe, daß ihr voller Furcht seid. Ihr dürft euch von mir nichts übels versehen; ihr habt es gut gemeint, es ist euch auch gut geraten. Euch soll von meinen Soldaten kein Leid widerfahren, deswegen ich eure Wohnung mit einer Wache habe versehen lassen, sondern euch soll zum Andenken auch dieses geschenkt sein. Dabei überreichte er ihm einen Beutel mit 200 Rtl., mit welchem der vorhin halbtote Vechner vergnügt nach Hause ging, wo man ihn schon beklagt und beweint hatte.

Wallensteins Glück und Unglück erlebte mit ihm Hans Ulrich Schaffgotsch. Man machte auch ihm den Prozeß und 1635 fiel in Regensburg sein Haupt. Zur Richtstätte fuhr man ihn in einem Schimmelgespann. Wahrscheinlich ist es darum, daß heut die Schaffgotsche noch nicht mit Schimmeln fahren mögen. – Von diesem Hans Ulrich geht folgende Sage: Zu seiner Zeit lebte zu Ober-Giersdorf unter dem Kynast als evangelischer Prediger Johann Andreas Thiele, der mit dem Burgherrn vielfach befreundet und oft in seiner Nähe war. Besagter Thiele aber hatte den Ruf, er verstände nach der Konstellation der Gestirne jedem Menschen sein Schicksal vorherzusagen, sofern er nur genau Tag und Stunde seiner Geburt wisse. Der Freiherr gab nicht viel auf den Ruf und verspottete den Glauben daran. Einstmals, am 2. Mai 1633, hielt er ein großes Gastgelag auf Burg Kynast zur Feier seines Geburtstages, und unter den Anwesenden befand sich auch Thiele. Im Lauf des Gespräches kam die Rede auf die Kunst des Geistlichen, und der Burgherr forderte diesen auf, sein Horoskop zu stellen und ihm sein künftiges Schicksal zu weissagen. Thiele machte seine Berechnungen, weigerte sich aber hartnäckig, das Ergebnis dem Freiherrn und seinen Gästen mitzuteilen. Erst auf vieles Drängen erklärte er, daß ein kaltes Eisen dem Leben des Generals ein Ende machen werde. Schaffgotsch lachte dazu, und um die Weissagung des Geistlichen zu verspotten, wies er ihm ein säugend Lamm, das im Burggarten weidete, und erklärte, wenn Thiele dessen Ende voraussagen könne, wolle er auch an seine Prophezeiungen glauben. Der Prediger verstand sich hierzu, und alsbald wurde der Schäfer herbeigeholt und von diesem die Stunde der Geburt des Lammes erforscht. Thiele behauptete nach angestellter Berechnung, das Lamm würde vom Wolfe gefressen werden; der Freiherr aber, um seine Prophezeiung zu Schanden zu machen, befahl lachend, das Lamm sofort zu schlachten und zum Mittagsmahl zu bereiten. Solches geschah alsbald. Bei Tafel erinnerten der Graf und seine Gäste sich wieder des Lammes. Ein Gang nach dem andern wurde aufgetragen, ohne daß der Lammbraten erschien. Da befahl der Freiherr ungeduldig, ihn endlich zur Tafel zu bringen; statt seiner aber erschien der Koch mit ängstlicher Gebärde und berichtete, daß das Lamm, schon am Spieße steckend, von einem zahmen Wolfe aufgefressen worden sei, der auf dem Kynast gehalten wurde und zum Drehen des Bratspießes abgerichtet war. Noch nie hatte das Tier bisher sich eines solchen Raubes schuldig gemacht, und der Koch auch nur auf wenige Augenblicke die Küche verlassen. Alle Gäste verstummten auf diese unerwartete Kunde. Der Freiherr selbst erbleichte und legte sein Messer auf den Tisch. Doch sprach er gefaßt: Des Herrn Wille geschehe! Ich bin mir bewußt, dem Kaiser, meinem Herrn, allzeit redlich gedient und das Beste des Landes gewollt zu haben. Herr, du wirst meine Unschuld sicher zu Tage bringen. Darauf hob er die Tafel auf, begab sich in sein Gemach und legte sich zu Bett, weil er sich unwohl und angegriffen fühlte. Die Gäste aber gingen bestürzt, in banger Ahnung, auseinander, ohne daß doch jemand das nahe bevorstehende Unglück glaubte; denn der Freiherr ward von Freund und Feind hoch geehrt und geliebt seiner Rechtschaffenheit halber. Wie aber der Prediger Thiele vorausgesagt, so ging es in Erfüllung. Noch ehe ein Jahr vergangen, wurde der edle Freiherr verhaftet, des Hochverrats fälschlich und ohne Beweise beschuldigt, und fiel sein Haupt unter dem kalten Eisen des Henkers zu Regensburg am 23. Juli 1635.

Dann kamen die Schweden herein. Die Furcht der Schlesier war grenzenlos. Man wußte noch dunkel von den Tatern; die Überlieferung von den Greueln der Böhmischen war noch wach: kein Wunder, daß man ganz ratlos war.

Die Schmiedeberger verließen die Stadt und bauten am Ochsenberg im Walde ihre Buschhäuser; unfern des Bolzenschlosses versteckten sich Bauern der Jannowitzer Gegend; nur Seiffersdorf, unweit Jauernig, hielt es mit den Schweden und soll dafür den Namen „ungetreu Seiffersdorf" erhalten haben. Der deutsche Ordensmeister von Freudenthal, Georg Wilhelm v. Elkershausen, genannt Klippel, ergriff die Flucht und ließ, um die Feinde irre zu leiten, seinem Pferde die Hufeisen verkehrt aufschlagen. Drei Jungfrauen vom Schloß zu Guhlau haben sich in einem der doppelt übereinanderliegenden Keller verstecken lassen. Der Feind aber schleppte den treuen Diener bis in die Gegend von Grottkau mit und als er zurückkehrte, fand er seine Schützlinge verhungert. In Odrau verlangten die Ketzer (die Siebenbürger) Jungfrauen zum Schlafen und einer wollte sogar die Bürgermeisterin haben.

Oberhalb Laßwitz bei Neustadt in Oberschlesien liegt die Schwedenschanze. Zu der haben die Schweden, wie sie bei uns gehaust, die Erde in Hüten zusammengetragen, ein jeder einen Hut voll – und es mögen ein schön paar gewesen sein, denn es ist ein hoher Berg daraus geworden. Obendrauf sollen sie ein einziges Birnbäumchen gesetzt und den Leuten gedroht haben, daß sie wiederkämen, wenn das Bäumchen die ersten Birnen trüge.

War aber die Not am höchsten, dann halfen die Himmlischen aus. So sprengte, als schon die Schweden fünf Wochen Neiße belagert, der Schutzpatron der Stadt, Jakobus der Ältere, auf einem weißen Rosse durch dieselbe. Die Schweden zogen hierauf, in Furcht und Schrecken versetzt, ab. Ähnliches hören wir aus dem oberlausitzischen Städtchen Wittichenau und aus Gleiwitz; beide Orte wurden durch die Jungfrau Maria gerettet und beschützt. Davon berichtet ein alter Gleiwitzer:

„Wie mir meine alten Großeltern erzählten, wurde Gleiwitz damals durch eine List gerettet, welche eine Bürgersfrau mit Hilfe ihrer Nachbarn ausführte. Als die Truppen Mansfelds vor Gleiwitz ankamen, waren beide Tore verschlossen, mit Balken verrammt und mit Dünger stark von innen belegt, damit die Kugeln nicht durchdrängen. Als nun die Feinde einen Boten in die Stadt schickten, sah dieser auf dem Wege zum Rathause in jedem Hausflur einige Tonnen mit Hirse stehen – in Wirklichkeit waren es aber nur umgestürzte Krautfässer, auf deren Boden Hirse gestreut war –, auf dem Ringe aber bewaffnete Bürger, welche dem Bürgermeister in Gegenwart des feindlichen Gesandten erklärten, daß sie sich nie ergeben würden, da sie Lebensmittel genug hätten und die heilige Jungfrau durch ihre Fürbitte die Stadt beschützen werde. Nun begann der Angriff, den die Gleiwitzer Weiber in Ermanglung des Pulvers mit gekochter Hirse abwehrten. Vom Tor herab hat ein Bürger den Hauptmann der Schweden mit einem silbernen Knopf erschossen; der Schütze soll Haiok geheißen haben. Nach drei Tagen zogen die Feinde wieder ab. Nachher hörten die Bürger von versprengten Landsleuten, die Mansfelder hätten erzählt: Über Gleiwitz hätten sie in einer Lichtwolke die heilige Jungfrau gesehen, die über die Stadt ihren großen Mantel ausbreitete. Als sie aber im Sturme auf die Belagerten schossen, wäre Maria auf der Mauer erschienen und hätte die Verteidiger mit ihrem Mantel gedeckt, so daß keiner hätte getroffen werden können."

Die Schweden kamen im Dreißigjährigen Kriege auf ihren Streifzügen auch nach Jauernig und plünderten die Stadt, wurden aber von einem heranrückenden Heere geschlagen; viele wurden gefangen, noch mehr fielen. Vom Blute der Niedergemetzelten soll das Wasser des zwischen den zwei Bergen fließenden Bächleins ganz rot gewesen sein; es heißt noch jetzt das rote Wasser. Die Toten warf man über einen Haufen und bedeckte sie mit Erde und Steinen, wodurch ein mäßiger Hügel entstand, der noch jetzt der Totenhügel oder die Totenkoppe heißt. – Nach dieser Schlacht sollen sieben Fürsten,

Anführer des geschlagenen Schwedenheeres, mit der geringen übrig gebliebenen Mannschaft in die nahen Berge geflohen sein. Auf der Hirschkoppe beschlossen sie, nach einem üppigen Gastmahl einander zu ermorden, um so der Gefangenschaft zu entgehen. Einer stach den andern tot, der letzte sich selbst. Als die Soldaten auf diesen Platz kamen, begruben sie ihre Führer und setzten auf das Grab eines jeden ein roh gearbeitetes, steinernes Kreuz. Später ließ der Fürstbischof von Breslau die Kreuze auf die Kirchtürme der nächsten Ortschaften Weißbach, Gostitz, Jauernig usw. setzen. Sechs davon blieben auf den neuen Standorten stehen, das siebente war am andern Morgen auf seinen alten Platz zurückgeführt und kam, so oft und so weit es auch versetzt ward, immer wieder auf seine Stelle zurück. Es soll auf dem Grab desjenigen sich befinden, der sich selbst ermordete. Die Leute meiden den Platz, denn sie glauben, wenn man an dem jetzt halb versunkenen Kreuze vorüberkomme, so gehe man irre. Vogelsteller und Holzsäger wurden dort verschiedentlich geäfft. – Unweit der „sieben Kreuze" ist eine Stelle, auf der die Fußtritte ganz hohl klingen. Daraus entstand beim Volk die Sage, daß unter jenem Platze die Hölle sei.

Die Gegenreformation

Der oft gewaltsamen Reformation des 16. Jahrhunderts und dem großen Kriege folgte die Gegenreformation. Sie wurde mit Härte und Grausamkeit betrieben. Graf Oppersdorf rühmte sich, als er die Grünberger „bekehrt", Petrus hat dreihundert Seelen durch seine Predigt, ich aber ohne Predigt viel tausendmal mehr bekehrt. Beide Parteien nahmen Wunder und Zeichen für sich in Anspruch. Das Haus, in welchem zu Jauer die Lichtensteinische Kommission geratschlagt, war abends von neun bis nachts um zwei Uhr von einem lichten Scheine umgeben, so daß die meisten gemeint, es stünde in voller Flamme. Als in der vorher evangelischen Kirche zu Greiffenberg der Breslauer Dompropst Rostock die Einweihung gehalten, löschte sein Altardiener die Kerzen sauber aus, ging und verschloß die Kirche. Abends um fünf stieg aber der Seigersteller da auf den Turm und sah eine Kerze auf dem Altar der Kirche brennen. Das deutete er dem Bürgermeister an, der unverzüglich etliche gewissenhafte Personen bestimmte, die auf die brennende Kerze genau Obacht geben mußten. Nachdem sie aber noch eine Zeit gebrannt, löschte sie selbst vor ihren Augen aus. –

Doch wußte auch die katholische Kirche Wunder und Zeichen anzuführen. So hat sich 1622 eine höchst merkwürdige Bekehrung an einer Lutheranerin in Breslau ereignet. Dieselbe glaubte sich von einem fürchterlichen Gespenst durch finstere und steile Gegenden geführt und beunruhigte durch ihr Angstgeschrei die Hausgenossen. Da erschien ihr im Traume ein Mann von würdigem Aussehen und sprach: Du gehst, meine Tochter, nicht auf dem Wege des rechten Glaubens. Besuche eine katholische Kirche, da wirst du Rettung und Seelenfrieden finden. Trotzdem ging die Frau am nächsten Morgen in die lutherische Magdalenenkirche; da hörte sie den Prediger auf der Kanzel nicht und sah keinen Menschen, obgleich das Gotteshaus dicht voll Zuhörer war. Erschreckt ging sie nun in das Jesuitenkollegium und meldete sich zum Übertritt.

Nützten alle Wunder nichts, dann gab es immer noch andere Mittel, die Widerspenstigen recht glauben zu machen. Eine Breslauer Sage ging: Als der König von Preußen Breslau eroberte und sich seine Soldaten allenthalben verstreuten, so hörte unter anderen einer unweit des Jesuiten-Kollegiums in einem abgelegenen Winkel den dumpfen Ton eines Elenden durch die Mauern ertönen. Der Preuße sagte dies seinem Offizier. Man fragte nach der Ursache und niemand wollte antworten. Man befahl die Mauern einzuschlagen und fand in dem nächsten Behältnisse einen alten eisgrauen Mann eingemauert, halb in seinem eigenen Kote verfault. Vor ihm lag ein Krumpen Brot und neben ihm stand ein Wasserkrug, welchen man ihm durch eine kleine Öffnung von oben alle drei Tage reichte. Man fragte ihn, wer er wäre. Ich bin ein Prediger unweit Liegnitz, Jakob Sturm ist mein Name. Ich habe wider die Jesuiten ein paar Traktätchen geschrieben, und ihre Rache brachte mich hierher. Sehen Sie, eins, zwei, drei, fünf, zehn, ach sechsundzwanzig unglückliche Jahre habe ich mit meinen Fingern in die Mauer gekratzt. Die Preußen nahmen ihn in Verwahrung und verpflegten ihn mit Sorgfalt. Er lebte aber nicht länger mehr als zehn Tage und starb mit dem Engelantlitz eines Stephanus.

Solche und ähnliche Geschichten gehen in den rein evangelischen Landesteilen noch heut von den Jesuiten; jede Gemeinheit und Niedertracht wird ihnen nachgesagt, heute wie vor 250 Jahren, als Lucae die Sage vom Oppelnschen Teiche aufschrieb. Es heißt, die Jesuiten hätten den Kaiser in Wien einst gebeten: Ihro Majestät habe eine kleine Lache oder Pfütze bei Oppeln, sie möchten doch mit derselbigen die Küche ihres Collegii begnadigen. Der Fürst von Lobkowitz aber kannte die Lache und sprach: Wenn sich die Herren Patres getrauen, die Pfütze oder Lache in 3 Tagen abzulassen und in 8 Tagen die darin befindlichen Fische zu verzehren, so werde sie ihre Majestät damit begnadigen. Als aber die Herren Patres diese Bedingung unmöglich sich einzugehen getrauten, ging destoweniger der Kaiser auf ihre Bitte ein.

Die Türkenzeit

Zur selben Zeit ängstete ein Türkeneinfall das Land. In Breslau sah man ein Luftgesicht: eine türkische Galeere voll Volk und Rüstung, unten drei feurige Räder, darüber feurige Regenbogen stunden. Ein Edelmann weissagte in Schweidnitz 1652, daß innerhalb zweier Jahre soviel Türken und Tataren als Christen in Ober- und Niederschlesien wohnen würden. Und 1675 hörte man gar zu Liegnitz ein Kind im Mutterleibe weinen. –

Ein Teil des Adels nahm an den Kriegen in Ungarn ja teil. Graf Heinrich Johann von Dünnewald erbaute sein Schloß Saabor von 9 Viertel Dukaten, die ihm ein türkischer Pascha als Lösung nach und nach zahlte. Er hat ihn bei langsam milder werdender Haft solange im Keller seines Schlosses gefangen gehalten. Man erzählt, daß dieser Graf Dünnewald, ein Heerführer, zu Anfang jeder Schlacht heftig vomierte, weil er im voraus schon ergrimmte. – Ein anderer Feldherr, Graf Anton von Spork auf Kukus bei Königinhof, betete vor der Schlacht bei Gotthardt: Du allergnädigster Generalissimus im Himmel droben! Gib uns gnädig deinen Segen! Doch willst du uns nicht beistehen, so hilf du diesen Türkenhunden nicht und du wirst deinen Spaß erleben!

Friedrich der Große

Im März 1740 erzählte man, hundert Prager Studenten hätten sich verschworen, den König zu ermorden. Ein in Schweidnitz verhafteter Mensch soll Aussagen darauf gemacht haben. Der König von England aber sagte, das Ganze sei nicht gut denkbar, weil ja der Gemahl

Maria Theresias ebenso wie Friedrich Freimaurer wäre, von denen doch nicht ein Bruder dem anderen nach dem Leben trachten würde.

Als vor der Schlacht bei Mollwitz dem König vom Feinde aufgelauert wurde, versteckte der Bauer Margner ihn in der Weise, daß einer der Offiziere in den Keller geschafft und über den Eingang Holz aufgeschichtet wurde; der König und der andere Begleiter haben sich ins Bett legen müssen, worauf Margner durch Anzünden übelriechender Stoffe die Schlafkammer mit einem durchdringenden Geruch erfüllte. In der Tat erschienen bald Österreicher. Als Margner aber erklärte, daß in der Kammer seine Eltern an einer ansteckenden Krankheit niederlägen, haben sie dort nachzusuchen sich gescheut und ebensowenig das Versteck im Keller aufgefunden. Dann hat sich Margner vom Pfarrer einen Priesterrock geliehen, denselben dem Begleiter des Königs angelegt und diesen selbst den Küster darstellen lassen. So ist er kühn mit seinem Wagen zum Dorfe hinausgefahren und hat den Patrouillen, die ihn anhielten, gesagt, der Pfarrer fahre, um einen todkranken Edelmann in der Nähe das Abendmahl zu reichen. – Aber auch nach der Schlacht entwischte der König nur durch einen Zufall. Als er durch General Schwerin vom Schlachtfelde entfernt worden war, irrte er durch die Gegend, geriet nach Oppeln, in dem noch Feinde steckten und wurde von einem alten Weibe unter einer Maischhütte verborgen, bis er in Schifferskleidung gerettet werden konnte.

Noch einmal geriet der König dicht bei Kamenz den Feinden fast in die Hände. Ein alter Kamenzer Mönch hat diese Geschichte aufgezeichnet: Die kaiserlichen Truppen standen in Wartha, als wir plötzlich an einem Abende zu einer ungewöhnlichen Stunde durch die Glocke und den Laienbruder ins Chor gerufen wurden; der Abt (Tobias Stusche) erschien mit einem Fremden, beide im Chorkleide, es wurden Komplet und Metten gehalten, was sonst nie war. Kaum hatten wir angefangen zu beten, als im Kloster großer Lärm entstand und wir von angekommenen österreichischen Truppen hörten, die sich auch in der Kirche zeigten. Nach geendigten Metten hörten wir, daß diese den König Friedrich im Kloster gesucht, aber nur seinen Adjutanten gefunden und gefangen fortgeführt hätten. – So hat Tobias Stusche vom Kloster Kamenz den König retten können und ist von diesem aus Dankbarkeit zum Abt von Leubus gemacht worden.

Auch aus der späten Zeit Friedrichs des Großen haben sich Sagen überliefert. In Neiße geschah es, daß einer der schönsten Soldaten das Neißer Madonnenbild bestahl und deshalb hängen sollte. Der König fragte die Geistlichkeit, ob es wohl möglich sei, daß die Madonna ihm ihren Schmuck geschenkt haben könnte, wie der Soldat behauptete. Die Geistlichkeit bejahte, und nun begnadigte Friedrich den Soldaten, gebot ihm aber bei Todesstrafe, künftig keine Gaben mehr von Maria anzunehmen.

Von der Madonna bewahrt wurde auch jener Hennersdorfer, der 1745 vor dem Gefecht bei Katholisch-Hennersdorf die Stellung verraten haben sollte. Er wurde eingesperrt und sollte in Lauban gehängt werden. Am Abend vor der Hinrichtung gelobte er der Mutter Gottes, ihr ein Steinbild zu setzen, wenn er das Leben retten könne. In den Morgenstunden fiel durch das Fenster Seil und Feile herab und er konnte fliehen. Das Kreuz steht im Niederdorf und trägt die Jahreszahl 1765.

Zuletzt verwischte sich ganz das Bild des kriegerischen Herrn und übrig blieb jener „alte" Fritz, zu dem die Bauern wie etwa zu einem patriarchalischen Gutsbesitzer vertraulich getan haben wollten. Ein Ackersmann, der am Grabenrand aus dem Hut gefrühstückt, wird von dem König angehalten: Ist das Brot? – Höher nuff! spricht der Mann. Nun, etwa Kuchen? – Ja, freilich Kucha! Meine Ale hot gebacka und do hoa ich Kucha. Nach einer Weile fragt der König, wofür er ihn halte. Nun, du werscht wull a obgedankter Suldoate sein! – Höher nuff! spricht der König. – Na, best de goar a Untruffzier? Ader sellst de ernt a Uffzier sein? – Höher nuff! spricht der König. Und nun ist der Bauer immer höher gegangen und jedesmal war die Antwort „Höher nuff!" Da glaubte er schon, der andere wolle seinen Spaß mit ihm machen und scherzweise sagte er: So beste verleichte goar der Keenig salber? – Der bin ich, sagte der Reiter und ritt davon. Allmählich ging's jetzt dem Bauer auf, daß er wirklich mit dem alten Fritzen geredet hatte.

Auch einem Bauernknaben ist er einmal begegnet. Den frug er, wo er mit seinem Sack hingehe? – Das Korn auf die Mühle trag ich, das wir im vorigen Jahr gegessen haben. – Was das bedeuten solle? – Sie hätten vor der Ernte sich Mehl geliehen und wollten es jetzt heimzahlen. Das Rätsel gab hinterher der König seinen Ministern auf, aber die konnten es nicht erraten.

Napoleon

Im Jahre 1811, nachts 12 Uhr, hing am Himmel gegen Osten hin ein feuriges Kreuz. Dem Kreuz folgte ein feuriges Durcheinander, als wimmelten Menschen. Es soll den großen Feldzug nach Rußland vorbedeutet haben. Der Urgroßvater hat es gesehen und gesagt: Woas wurd ock nu wieder kumm.

Welches Elend wird wieder kommen? Ein Elend bedeutete es ja auf alle Fälle. Fielen die Würfel, wie immer sie mochten, der Bauer mußte es tragen und ruhig sein. Selten wußte man sich *den* Rat, den damals die Modelsdorfer wußten. Bei denen heißt es: in Quegber-Bauers Hohle (Hohlweg) soll's nicht geheuer sein, dort haben sie einmal Sträucher ausgehackt und soviel Knochen gefunden. Die haben sie wohl dem Lumpenmann verkauft. Aber der hat sie wieder gebracht, weil er keine Ruhe mehr hatte, und man hat sie halt wieder dorthin vergraben müssen. – Beim Bauer in einer Kammer war's auch nicht geheuer, die war immer jahraus, jahrein fest verschlossen und niemand kam rein. Und da hatte der letzte Besitzer, den ich kannte, geheiratet und seiner Frau verboten, sie solle ja nicht in diese Kammer gehen. Die Frau aber war neugierig und wie er einmal abends nicht zu Hause ist, geht sie rein und sieht, was los ist. Sie haben die Frau bei der Türe bewußtlos gefunden, haben sie aufgehoben und sie ist von da an gelähmt gewesen. Was alles sie gesehen hat, weiß niemand; in der Kammer hingen nur Halfter und Rüstzeug und Sattelzeug von Soldaten. – Die Modelsdorfer Bauern sollen nämlich alle deshalb so reich sein, weil 1813 eine Menge französischer Soldaten aus Modelsdorf nicht mehr rausgefunden haben. Die Knochen und ihr Zeug liegen dort noch so rum oder sind dort vergraben.

Wieder in Gröditz bei Bleueln kommt abends an den Hofbrunnen ein Soldat und wäscht sich; dabei hat man ihn verschiedene Male gesehen. Aber es heißt, alle Leute sehen das nicht, bloß solche, die in der zwölften Stunde geboren sind. Da ist ein Kuhmädel gewesen, die hat ihn oft gesehen, wenn sich am Sonnabend die Mädel gewaschen und reine Hemden angezogen haben. Da hat das Mädel oft gesagt: Siehst du denn nicht, jetzt bückt er sich, jetzt wäscht er sich; nu, sieh doch! – Ich sehe nichts. – Eins sieht es eben und das andere nicht. (Manche sagen auch, daß einer gekommen ist und hat ihn mit dem Beil erschlagen.)

Auch auf die Iser hatten sich die französischen Marodeure verlaufen und als sie erst eine Kuh ergattert, brieten sie die und feierten auf dem

Tanzfleckel diesen Schmaus. Aber die Iserleute verstanden nicht soviel Spaß; die haben sie alle kalt gemacht. – Doch nach dem schlicht-graden Gefühl der Leute haben sie es am schlimmsten in der Stadt Frankenstein angestellt, wo 1806 Jerôme täglich in Wein sich badete. War es ein Wunder, daß Haß und Verbitterung täglich wuchsen, und daß andere Sagen als solche von der Ermordung der Marodeure selten sind?

Viel weniger Haß wurde in Oberschlesien Napoleon entgegengebracht. Hier haben sich Sagen von der Aufhebung der Erbuntertänigkeit an ihn geknüpft. Es heißt: Einst nahm ein Bauer, der seinem Gutsherrn zu vieler Arbeit verpflichtet war, einen Knecht in Dienst. Dabei sagte er ihm, daß er ja früh aufstehen solle, da sie ganz zeitig auf der herrschaftlichen Arbeit sein müßten. Der Knecht aber verschlief die Zeit. Sie kamen zu spät und der Vogt fuhr den Bauern und seinen Knecht heftig an. Dann ließ er eine Schütte Stroh bringen, der Bauer mußte sich hinlegen, und nun gab's mit dem Kantschuh eine Tracht Prügel. Dann kam der Knecht auch dran. Der ließ sich zuerst die Schläge ruhig gefallen; aber auf einmal sprang er auf und riß seinen Rock auseinander. Da glänzte auf seiner Brust ein Orden. Es war Napoleon. Er rief: Von nun an sollt ihr frei sein! Den Vogt aber befahl er zu greifen und zu binden. Als dieser ihn jedoch herzzerreißend um Gnade bat, verzieh er ihm.

Den deutschsprechenden Schlesiern wurde erst 1812 Napoleon eine Sagengestalt. Zwar hatte schon 1806 der General von Sanitz in Frankenstein, ehe er auszog, den Sturz des Franzosen aus der geheimen Offenbarung Johannes geweissagt, während der mehr als 80jährige Schmiedemeister Mischker behauptete, die prahlenden, siegesgewissen Heerführer würden kleinlaut und vereinzelt heimkehren, womit er gegen den General auch recht behielt. Aber dann wandte sich das Geschick selbst gegen den Bösen. Beim Feuerwerk an des Kaisers Geburtstag am 10. August, wollte in Glogau Napoleons Stern durchaus nicht leuchten. – Und als Napoleon in Löwenberg die erste Nachricht vom Beitritt Österreichs zur heiligen Allianz erhielt, ließ er, davon betroffen, sein Trinkglas zur Erde fallen. Das Glas blieb ganz und nur das eingeschnittene *N* mit der Kaiserkrone brach heraus.

Nahe bei Löwenberg, an der Katzbach, erfolgte die Schlacht, welche die Fremden endgültig aus der Provinz vertrieb. Auf den Helleiden bei Märzdorf a. Bober sollen vom Artilleriekampf her französische Soldaten beerdigt worden sein. Des Nachts sieht man sie dort vorbeimarschieren. Der Held dieser Kämpfe aber, der alte

Blücher, führte die schlesische Landwehr bis nach Paris und er soll dort dem König den Säbel vor die Füße geworfen haben, weil er seinen Soldaten den „goldenen Turm“ nicht hat preisgeben dürfen.

1870 und 1914

In Reinerz sah man 1870 die Sonne zur Mittagszeit zwischen zwei Kirchhofspappeln zwei Stunden lang stillstehen; man war deshalb auch auf den Krieg gefaßt. In Erdmannsdorf erschien dem Nachtwächter zwischen 11 und 12 Uhr nachts das graue Männchen und verlangte, daß er 12 pfeife. Als er sich jedoch weigerte, da die Uhr noch nicht Mitternacht geschlagen, verschwand es und der Nachtwächter bat am Morgen den Pastor um eine Verhaltungsmaßregel. Er erhielt den Befehl, falls das graue Männchen wieder erscheine, zu tun, was es verlange. Zur selben Stunde in nächster Nacht kam es wieder und der Nachtwächter tat, was ihm befohlen und pfiff 12 Uhr. Darauf hieß ihn das graue Männchen zum Himmel sehen und er gewahrte statt Sternen Kriegsvolk und als er wieder zur Erde blickte, schwamm diese in Blut. Das graue Männchen bedeutete dem Wächter, daß noch in diesem Jahre, es war 1870, ein großer Krieg ausbrechen und viel Blut fließen werde, befahl jedoch, vorläufig nichts davon auszuplappern, und verschwand. Der Wächter konnte jedoch seinen Mund nicht halten; er ging zum Pastor und erzählte dem, was er wußte. Darauf erschien das Männchen ihm in der nächsten Nacht noch einmal und strafte ihn für sein Plaudern; er wurde stumm und konnte mit keinem Wort sich verteidigen. Das graue Männchen aber verschwand.

Ähnlichen Zuschnitt hatten die Prophezeiungen von 1914. In meiner Jugend hieß es bereits, ein altes Zigeunerweib habe Wilhelm I. prophezeit: erstens: sein Kaisertum, zweitens: in einem Jahre würden drei Kaiser regieren, und endlich: 1913 könne der deutsche Kaiser seine Getreuen unter einer Eiche sammeln. – In Petersdorf i. R. wußte man, daß in Warmbrunn ein Mädchen im Juli 1914 den Krieg genau vorausgesagt hätte, auf die Frage aber, wann er enden werde, habe sie mit Tränen geantwortet, das werde sie nicht erleben. Und ebenso im Steinauer Kreise wie in Mertschütz bei Liegnitz fanden sich 1913 und wieder jetzt 1923 rostrote Zeichen wie ein *B*, das aber bedeutet Blut.

In Warschau hat man bis Olkusz, Miechow und Kielcze vorgedrungene russische Soldaten gefragt, warum sie 1914 nicht weiter marschiert und in Schlesien eingedrungen wären. Sie haben geantwortet: Eine Frau habe sie zurückgeschickt. Nähere Angaben über diese Frau konnten sie nicht machen. Als man ihnen Marienbilder vorlegte, hätten sie erklärt, diese sei es nicht gewesen, die Mutter Gottes von Jasna gora wäre ihnen bekannt. Als man ihnen dann andere Heiligenbilder vorlegte, darunter das der hl. Hedwig, sagten sie, diese sei es gewesen. – Und oberschlesische Bergleute erzählten: Die heilige Hedwig habe einen russischen Flieger, der über Oberschlesien fuhr, getäuscht, indem sie ihm auf der Erde ein großes Volksgewimmel zeigte. Der Flieger habe dies für Soldaten gehalten und zurückgemeldet, daß ganz Oberschlesien voller Truppen sei. So sei die hl. Hedwig die Retterin des Landes geworden.

Der Kreis ist geschlossen. Jene heilige Frau, welche am Anfang der schlesischen Sage stand, steht am Ende, wenn man die Gegenwart als das Ende bezeichnen will. Ein ganzes Jahrtausend in Leiden und Glück liegt zwischen den Seiten, auf welchen das erste Mal dieser Name stand, auf denen er heute steht.

Breslau. Kupferstich aus Daniel Meisner, Politisches Schatzkästlein. I. Buch, 2. Teil. Frankfurt a. M. 1625

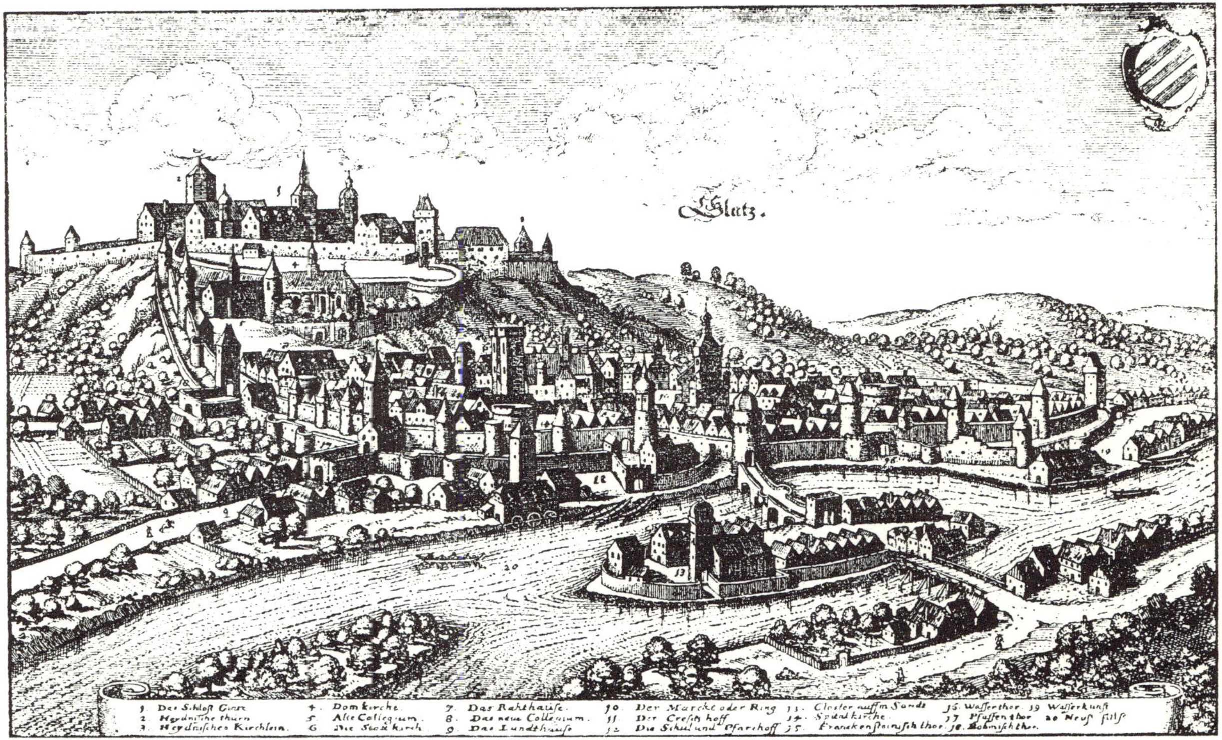

Ansicht von Glatz. Kupferstich aus Zeiller-Merian, Topographie von Böhmen und Schlesien

Belagerung von Liegnitz. Miniatur aus der Schlackenwerther Handschrift der Hedwigslegende

Liegnitz. Kupferstich aus Daniel Meisner, Politisches Schatzkästlein. I. Buch, 8. Teil. Frankfurt a. M. 1626

Die Dinge der Zukunft

Alte Leute wollen dem umgehenden Juden begegnet sein. So hieß es vor wenigen Jahren: Dar ümgiehnige Jude ihs zu Leschwitz, – und viele machten sich auf, ihn zu sehen. – Einst kam der ewige Jude in eine christliche Kirche, niemand aber sah ihn als nur ein frommer Student, der Geistlicher werden wollte. Am zweiten Tage sah er ihn wieder. Da gab man ihm den Rat, falls er ihn zum dritten Mal sähe, ihn zu fragen, wer er denn eigentlich sei, denn der Student wußte es anfangs nicht. Am dritten Tage ist er wieder da, und als ihn der Student befragt, erzählt er ihm seine ganze Lebensgeschichte: wie er dem kreuztragenden Heiland keine Rast an seinem Hause gegönnt und ihn dieser zu immerwährendem Umherwandeln bis zum jüngsten Tage verdammt habe. Nach der Zerstörung Jerusalems sei er wieder einmal in seiner Vaterstadt gewesen, habe jedoch die Stelle, wo sein Haus gestanden, nicht gefunden. Gern leide er die gerechte Strafe, wenn er nur auch am jüngsten Tage erlöst und in den Himmel kommen werde.

1648 ist er in Habelschwerdt gewesen. In allen Häusern der Stadt, wo er um Obdach bat, wurde er abgewiesen. Erst am Ende der Stadt in der Weißgerbergasse fand er bei armen Leuten eine Schlafstelle und hier hat er prophezeit, es werde der Stadt ein Unglück widerfahren. Einige Jahre darauf wütete in der Tat ein großes Feuer; nur die Weißgerbergasse blieb verschont.

Aber Burg Ballenstein im böhmischen Riesengebirge, wo er von dem hartherzigen, rohen Ritter ein Almosen erbat, wofür ihn dieser mit Hunden hinaushetzen ließ, wurde von ihm verwünscht. Als er den Fluch aussprach, ertönte ein furchtbarer Krach, und statt der Burg stand nur ein kahler Felsen vor dem von Alter gebeugten Bettler, der seinen Stab weitersetzte, um seine schon jahrhundertelang dauernde Reise ins Endlose fortzutreiben. Der Fluch aber lastet noch heute auf dem Schlosse und wird andauern, bis ein sündloser Mensch Erlösung bringt. Immer nach hundert Jahren geht der unheimliche Bettler am Felsen vorüber und betrachtet wehmütig die Folge jenes Fluches, den er getan. Während der ewige Jude wandern und wandern muß, erwarten andere, in den Berg entrückt, die endlichen Dinge.

Im 16. Jahrhundert lebte in Schweidnitz ein Theosoph, Johannes Beer genannt, der vorgab, von Gott mit einer außerordentlichen Gewalt und Gnade ausgerüstet zu sein, den in den unterirdischen Höhlen eingeschlossenen Geistern zu predigen. Im Jahre 1570, als er seiner Gewohnheit nach auf den Zottenberg ging und über die wunderbaren Wirkungen des Geistes Gottes in der Natur emsig nachdachte, bemerkte er eine Öffnung, aus der ein gewaltiger Wind ihm entgegenwehte. Erschrocken ging er zurück, bald darauf aber, am Sonntag Quasimodogeniti (er hatte sich in der Osterzeit mit des Herrn wahrem Leib und Blut gestärkt), beschloß er von neuem, die Höhle zu untersuchen. Er kam in einen engen, geraden Felsengang, ging einem fernschimmernden Lichtstrahl nach und gelangte zu einer verschlossenen Tür, in der eine Glasscheibe war, die jenes wundersame Licht warf. Auf dreimaliges Anklopfen ward ihm geöffnet, und er sah in der Höhle an einem runden Tische drei abgemergelte Männer in alter Tracht sitzen, betrübte und zitternde. Vor ihnen lag ein schwarzsamtenes, mit Gold beschlagenes Buch. Hierauf redete er sie mit: *pax vobis!* an und bekam zur Antwort: *hic nulla pax!* Weiter vorschreitend rief er nochmals: *pax vobis in nomine domini!* Erzitternd mit kleiner Stimme versetzten sie: *hic non pax!* Indem er vor den Tisch kam, wiederholte er: *pax vobis in nomine domini nostri Jesu Christi!* worauf sie verstummten und ihm jenes Buch vorlegten, welches geöffnet den Titel hatte: *liber obedientiae.* Auf Beers Frage: Wer sie wären? gaben sie zur Antwort: Sie kennten sich selber nicht. Was sie hier machten? Sie erwarteten im Schrecken das jüngste Gericht und den Lohn ihrer Taten. Was sie bei Leibesleben getrieben? Hier zeigten sie auf den Vorhang, hinter dem allerlei Mordgewehre hingen, Menschengerippe und Hirnschädel. Ob sie sich zu diesen bösen Werken bekennten? – Ja! – Ob es gute oder böse? – Böse. – Ob sie ihnen leid wären? Hierauf schwiegen sie still, aber erzitterten: Sie wüßten's nicht! – Darauf hat Beer ihnen zugeredet und an der Höllenfahrt und Auferstehung des Herrn ihnen den Weg Gottes recht gezeigt, mit dem Versprechen: er wolle über acht Tage wieder zu ihnen kommen, wenn es dem Herrn, seinem Gott, gefällig.

Ob er dann aber gegangen, hat Johann Springer, der das berichtete, nicht erfahren. Nur das ward von Beers Witwe einmal erzählt, daß in der Höhle ein schönes Positiv mit silbernen und vergoldeten Klaviaturen gestanden, auf dem Johannes Beer (vielleicht die Geister zum Lobe Gottes und der Erkenntnis ihrer selbst zu erwecken) oftmals gespielt.

Das Raubschloß vom Helfenstein auf dem Riesengebirge ist versunken und niemand weiß, wo die Menschen, die darin lebten, hingekommen sind. Man sagte: Im Jahre 1614 gingen viehhütende Kinder aus Marschendorf hinauf, ob sie ihn offen finden und etwa das große Weinfaß zu sehen vermöchten. Der Felsen war aufgetan; in einem Gemach lag neben Hausrat ein groß zehneimriges Faß Wein, davon die meisten Dauben abgefallen, allein es hatte sich eine fingerdicke Haut angesetzt, so daß der Wein nicht herauslaufen konnte. Als sie mit Händen angriffen, schlotterte es und gab nach, wie ein Ei mit noch weichen Schalen. Indem kommt ein geputzter Herr aus einer schönen Stube, mit rotem Federbusch auf dem Hute, in der Hand eine große zinnerne Kanne, Wein zu holen. Beim Türaufmachen sahen sie, wie's in der Stube lustig hergeht, an zwei Tischen schöne Manns- und Weibsbilder, haben Musik und sind fröhlich. Der aber den Wein zapft, heißt sie willkommen und in die Stube gehen. Sie erschrecken; doch spricht die eine, sie wären zu unsauber, zu wohlgeputzten Leuten zu gehen. Er bietet ihnen dennoch Trinken an und reicht die Kanne. Wie sie sich entschuldigen, heißt er sie warten, bis er für sie eine andere Kanne geholt. Als er nun weg ist, spricht die Älteste: Laßt uns hinausgehen, es möchte nicht gut werden; man sagt, die Leute in den Bergen seien verfallen! Da gehen sie eilends heraus; hinter sich hören sie bald ein Knallen und Fallen, daß sie heftig erschrecken. – Nach einer Stunde sagt die Älteste wieder: Laßt uns noch einmal hin und sehen, was das gewesen ist, das so gekracht. Sie fanden aber weder Eingang noch eiserne Tür, der Fels war zu.

Die Sibylla oder Sibylle ist eine große Prophetin gewesen, die in einem alten Turm ihre Sünden abbüßt. In diesem Turm sind die greulichsten Ungeheuer, Schlangen, Eidechsen, Molche, Schildkröten (die man sich als geflügelte Ungetüme denkt) und allerlei Ungeziefer. Sibylla sitzt nun in diesem Turme und näht ihr Sterbehemd. Sie ist bis zum jüngsten Tage hierher verbannt. Alle hundert Jahre macht sie einen Stich, und meine Mutter, erzählt Philo vom Walde, wollte wissen, daß sie jetzt nur noch den „Spätlich“ zu nähen habe. Sobald das Hemd erst fertig ist, geschieht der jüngste Tag. Es waren schon viele Ritter im Turme, um die Prophetin verschiedentlich zu befragen. Jedem gab sie ausführliche Auskunft – aber kein einziger kam zurück, alle fanden durch jene Ungeheuer den Tod. Nur dem Fürst Lichtenstein glückte es. Er ließ sich nachts an einem Seile vom obersten Turmfenster, während die Ungetüme schliefen, herab. Auf windschnellem Rosse jagte er fort – und alle zehn Meilen hatte er schon ein anderes stehen; das frühere fiel tot nieder. Auf diese Weise kam er bis über die Grenze ihres Gebietes. Da ist noch eine Schildkröte ihm nachgeflogen, ihn zu zerreißen; doch hatte sie keine Macht mehr über ihn, weil ja die Grenze schon überschritten war. Müde setzte sie sich auf seine Schulter, als Wahrzeichen brachte er sie nach Hause. – Links von der Straße Leobschütz – Wernersdorf ist ein alter Trümmerhaufen, auf dem ein einsamer Baumstumpf stand. Das ist der Rest des Schlosses, wo die Sibylle mit ihren Schwestern, von denen eine die Melusine war, wohnte.

Die polnischen Oberschlesier behaupten, daß die Subella jede Nacht einen Stich an ihrem Totenhemde nähe, daß aber die Dienerinnen am Tage alles wieder auftrennen. Ist das Gewand erst fertig, dann ist der jüngste Tag auch da. – Die Jungfrau in der Heuscheuer arbeitet nun schon am letzten Ärmel; das hat ein junger Mensch aus dem Leierdörfel gesehen, der in der Christnacht, in der sie jedes Jahr einen Stich tut, in die Heuscheuersäle drang. Auch in der Barzdorfer Ringelkoppe näht eine verzauberte Jungfrau den letzten Ärmel ihres Erlösungshemdes.

Ganz Schlesien kennt die Sage vom schlafenden Heer. Da sind nicht bloß drei Männer oder die Jungfrau tief in den Berg vertan, da wartet ein ganzes Heer zukünftiger Dinge. Unter der Trebnitzer Kirche, bei Beuthen, bei Lassowitz in den Tarnowitzer Bergen glaubt man die heilige Hedwig mit ihrem Heer schlafen. Auch Schönwald, ein deutsches Dorf mitten im polnischen Kreise Gleiwitz, weiß das. Nach der Mongolenschlacht ist sie dorthin gekommen und mit ihrem Gefolge vom Schlaf überfallen worden. Im Walde kann man zuweilen die tiefen Atemzüge der Schlummernden hören. Wenn einst das Land in großer Not vor den Heiden sein wird, wird sie erwachen und Schlesien retten. Schon 1848 hat man seltsame Gestalten gesehen und Stimmen und Waffengeklirr vernommen. – Zwischen Kamin und Roßberg ist ein Sandhügel. Da soll vor ungefähr 200 Jahren ein Hirtenknabe den Eingang gefunden haben. Er sah in einer Höhle eine Reihe gesattelter Pferde, bei jedem einen gepanzerten Mann, mit einem Fuß im Steigbügel stehend. Beim Eintritt des Knaben wollten die Reiter den Fuß übers Pferd und sich selbst in den Sattel schwingen, doch eine laute Stimme rief: Noch nicht, die Türken sind noch nicht da! Der Hirt verließ den Hügel. Es wird erzählt, daß dieser Hügel alljährlich immer niedriger werde.

Nach einer polnischen Sage verwandelte auf die Bitte der Heiligen Maria die bei Wahlstatt gefallenen Deutschen in Schlafende. So liegen sie unter der Kirche in Trebnitz. Der Führer allein sitzt auf einem Stein und betet den Rosenkranz. Ein Mädchen gelangte einmal in diese Höhle. Der Führer erlaubte ihr, weiter in die Grotte hineinzugehen, gebot jedoch, die Glocke am Eingang nicht zu berühren. Als aber das Mädchen das tat, erwachten die Schlafenden und rüsteten sich. Erzürnt, begab sich der Führer mit seiner Schar noch tiefer hinab, so daß man sie bis jetzt nicht wiederentdeckte. Mittags um 12 Uhr und Mitternacht läutet es unter der Kirche.

Im ganzen Lande finden sich Heere verteilt: so stecken im Zobten die Siebenschläfer, das Roß am Zügel, den einen Fuß schon im Steigbügel; wenn sie aufsitzen, dann ist das Ende der Welt gekommen. Und in der Landeskrone bei Görlitz, in halber Höhe ist eine Höhle, in der ein Mädchen, das einem verlaufenen Schwein nachging, einen Pferdestall fand, da standen viel Rosse gesattelt und gezäumt und Krieger in Waffen saßen dabei. Sie waren sehr barsch und sagten dem Mädchen, sie hätte hier nichts zu suchen, ihr Schwein würde sie schon bekommen. Als sie's zu Hause dem Bauer erzählte, sprach der: Laß gut sein, das Schwein kommt schon wieder. Aber wenn in der Landeskrone die Reiter wieder rumoren, da wird Krieg werden. – Am Karlsberge bei Gablonz, an einem Kreuz, welches ein Bürger für seinen Freund, einen gefallenen Soldaten setzen ließ, sollen jedes Jahr am Allerseelentage die Himmelssoldaten erscheinen, ein Feuer anzünden und Fleisch an einem Spieß dabei braten. Endlich setzen sie sich ums Feuer, verzehren das Fleisch, zerstören das Feuer und sind verschwunden.

Die Reiter im Zobten kommen am Ende der Welt; so haben ursprünglich wohl alle Sagen gelautet. Dann aber, nach den qualvollen Kriegen, die Schlesien immer und immer wieder verheerten, hoffte man auf den Beistand des schlafenden Heeres in einer endlichen Schlacht. Ebenso wie man prophezeite, zu dieser und dieser Zeit kommen die Tatern, die Türken, die Schweden noch einmal wieder, rechnete man auf die übermenschliche Hilfe. (Glaubten doch auch die Wenden, daß Böhmen in den Plonizka-Berg bei Prag entrückt seien und daß die Preußen von Glück sagen dürften, 1866 nicht bis dorthin gekommen zu sein, sonst wäre es aus mit ihren Siegen gewesen.)

Von dieser zukünftigen Schlacht heißt es, daß sie beginne, und daß die Mongolen und Tatern dann wiederkommen, wenn Schloß Camenz einmal ganz ausgebaut sein würde. Im Koischwitzer See werden sie ihre Pferde tränken und ihre Rosse den See ausschlürfen, dann wird das unversehrte Haupt Heinrichs des Frommen sich wieder zeigen. Vom Ausgange der Schlacht sagt man, daß jenes Heer bis zu den Dreigräben vordringen werde; dort bindet der Sultan sein Pferd an eine goldene Haspe, die sich in einer Kiefer zeigt, nachdem es aus dem Taufbecken der Kirche zu Winzig seinen Hafer gefressen hat. Dort aber wird er im Schlafe von einem Weibe erschlagen werden. – Wenn nach der Schlacht der letzte Türke sein Pferd an eine Weide am Seeborn oder Goldbirndl bei Kolbnitz (Jauer) bindet, wäscht er sein Schwert im Born; dann ist die böse Zeit vorbei. Oder es heißt: daß nahe dem Schlosse Camenz eine uralte Eiche stehe. Unter ihr wird der sieghafte Fürst mit seinen Getreuen halten und harrend und hoffend dem Anbeginn der glücklichen neuen Zeit entgegensehen.

Wie gerade die letzte Sage Einfluß gewonnen zu haben scheint auf die vom alten Kaiser berichtete Prophezeiung, so weisen andererseits viele der Sagen aufs Ende der Dinge, aufs letzte Gericht, das nach dem Kampfe einbrechen wird. Wohl werden die auf die Schlacht folgenden Jahre glücklich sein, aber es ist nicht mehr das alte Glück. Breslau wird vom Erdboden verschwinden, man wird nichts weiter als eine Bodenerhebung dort sehen. Der Postillon, der vorüberfährt, wird mit der Peitsche knallen und seinen Reisenden sagen, hier habe die Stadt gestanden. – Auch Liegnitz ist einst nicht mehr. Es heißt: vor vielen Jahren wurde im Schloßgraben ein Karpfen gefangen, der einen goldenen Ring im Leibe hatte, mit seltsamen und unkenntlichen Charakteren bezeichnet. Den Ring hat der damalige Herzog, der in geheimen Wissenschaften erfahren, wieder in jenen Graben werfen lassen und prophezeit, daß, wenn der Ring dreimal wieder in einem Karpfen gefunden würde, müsse die Stadt versinken. Nach der Zeit soll ein Karpfen mit eben demselben Ring wieder gefangen worden sein, aber man hat ihn zum anderen Male versenkt. Nun ist die Furcht, sofern man den Ring noch einmal fange, müsse die Stadt untergehen. – Um Liegnitz erwartete man 1835 schon, als der Komet Halley kam, den Heiland zum jüngsten Gericht, während man im gebirgigen Oberschlesien annimmt, daß mit dem Jahre 6000 der jüngste Tag kommen werde.

Ehe Christus erscheint, muß erst der Antichrist auftreten. Das wird geschehen, wenn 30 Jahre nur Mädchen und darauf 30 Jahre nur Knaben geboren werden. Der erste Knabe von diesen – seine Mutter würde ein lediges Judenmädchen sein – ist der Antichrist. Sobald er 30 Jahre ist, kommen wieder abwechselnd Knaben und Mädchen zur Welt. Er aber wird im Lande herumfahren mit schwarzen Rossen und aus dem Wagen lauter Goldstücke unter die Leute werfen. Wer ein

Goldstück aufhebt, gehört dann schon dem Teufel an. Henoch, der jetzt hinter der Mauer des alten Paradieses schlummert, und Elias werden durch ihre Predigten zwar viele bekehren – die Mehrzahl aber wird doch dem Antichrist, der sie durch Gold zu blenden sucht, anhangen. In Beuthen glaubt man, daß dies geschieht, wenn alle Menschen zu Christus bekehrt sein werden. – Bei Braunau befindet sich an der Tür der Klosterkirche ein Kruzifix. Der Heiland daran senkt alle Jahre ein wenig sein Haupt. Wenn er es einmal ganz auf die Brust neigen wird, ist der jüngste Tag und das letzte Gericht vor der Tür.

Einzelne Weissagungen sprachen von ganz bestimmten Daten. Propheten standen im Lande des Petrus Heißler auf. So hat sich 1590 ein Bauernprediger zu Harpersdorf im Goldbergischen zu predigen unterfangen. Er und noch andere lehrten: es stehe ein Baum in der Hölle, der senke sich täglich, daran hange allerlei Hoffart, große Kragen, seidene Hauben, und wäre noch ein klein Ästlein am Baum, so unbehangen, wenn das geschehe, dann werde der Baum versinken und der jüngste Tag komme dann. Sie gaben vor, daß sie die Menschen im Himmel und in der Hölle sehen; manche stünden drin auf dem Kopfe, andere bis an die Knie, welche bis über den Kopf. Wie sie denn etliche vom Adel darin gesehen. Die Pfaffen, Herrschaften, Schreiber, Spielleute lägen zusammengekoppelt wie des Teufels Leithunde. Die Hölle selbst sei mit lauter Pfaffen gedielt und gepflastert. Wenn sie ein Hühnlein sahen oder einen Hahn krähen hörten, so hielten sie es dafür, es sei der Teufel. Sichtiglich hat man ihn gesehen aus ihrem Hause reiten. Wenn's Abend wird, weisen sie einen Stern und sagen: durch diesen müssen wir eingehen ins ewige Leben. Nachts leuchten in ihrer Versammlung zwei Lichter unter der Bank und entspringe ein Brünnlein, draus labten sie sich. So sei auch unser Herrgott zwo Nächt nacheinander zu ihnen kommen. Sie sagten von einem Berg in einem Lande, daraus wären zwei Personen ausgegangen, die hätten 5000 Menschen schon zu ihrem Glauben bekehrt.

Die Mehrzahl der Prophezeiungen, welche bei Glatz umlaufen, stammen vom braun'schen Michel (Michel Tölsch, geb. ca. 1730 zu Schönau bei Braunau). Nach seiner Voraussage wurde der Antichrist, dessen Herrschaft drei Jahre dauert, 1886 geboren. Vor dem Weltende wird das römische Reich noch eine 200jährige Blüte erleben, die Türkei den christlichen Glauben annehmen und Nazareth eine Stadt von vier Meilen Umfang werden. Dann wird eine Rehkuh zum Braunauer Obertor bis in die Stadt hereinkommen, dort aus der

Röhrbütte trinken und in einem Hause gefangen werden. Das Glatzer Ländchen wird eines Nachts ganz mit Spuren von Pferdehufen bedeckt werden. Eines Morgens wird man alles voll fremden Kriegsvolks finden und wird nicht wissen, ob es Freund oder Feind ist. Es werden bei Prag zehn Feinde zusammenkommen und Böhmen wird so verwüstet werden, daß es kein Monarch mehr wird in Besitz nehmen wollen. Wenn man in dieser Zeit noch eine Kuh im Lande finden würde, der sollte man aus Freude die Hörner vergolden und eine Schelle anhängen. Ein Fuhrmann wird dann einmal bei Prag vorüberfahren und mit seiner Peitsche hinschlagen und sagen: Hier, mein Sohn, auf dieser Stelle hat Prag, die Hauptstadt von Böhmen, gestanden. Es wird in Böhmen Rebellion ausbrechen. Ein weißer Schwan aber wird Hilfe bringen. Da wird das Volk von der alten Gerichtsbarkeit befreit. Einer aus Ottendorf wird die letzten Hiebe bekommen, aber nicht mehr die ganze Zahl, zu der er verurteilt ist, sondern nur etwas über die Hälfte. So plötzlich wird die neue Ordnung eintreten. Aber die Freiheit wird nicht länger als vom Hühneraufsitzen bis zum Abfliegen, d. h. vom Abend bis Morgen dauern. – Die Türken werden in Schlesien soweit vordringen als der Lier (Lerchen)-Baum gedeiht und in Böhmen, als die roten Nummern reichen. Bei Camenz aber, an der Neißebrücke, wird um diese Zeit ein Baum stehen, aus welchem eine natürliche Haspe hervorwachsen wird. An diese Haspe wird der letzte Türke sein Pferd anbinden, und dort wird er auch erschlagen werden. Ein großer Monarch wird dann Europa und Asien unter sein Zepter bringen. Die heiligen Länder werden von den Christen eingenommen und Jerusalem erobert werden. Dort wird vor Sonnenaufgang ein Brunnen gegraben, wobei ein viereckiger Plattenstein gefunden wird, darunter trifft man ein Gewölbe, in welchem der Schatz des weisen Salomon sein wird. Wenn Konstantinopel wird erobert sein, wird man einen Keller finden unter einem griechischen Palaste. Dort wird eine weiße Marmortafel gefunden werden, worauf ein Kreuz sein wird mit den Worten: *Sophia imperatrix.* Unter diesem Stein wird ein großer Schatz sein. Das römische Reich wird dann in die größte Glückseligkeit versetzt werden und bis an das Ende der Welt dauern.

Ähnliche Weissagungen rühren von dem Propheten Rischmann her, welcher in Stonsdorf bei Hirschberg lebte und den der Geist durch die Luft auf den Prudelberg brachte, wo er in einer Höhle gelegen und seine Gedanken verkündet hat. Noch 1914 hieß es, den Krieg hat Rischmann prophezeit, und 1918 erinnerte man sich der

Weissagung, die er von Wilhelm I. getan, daß einst der deutsche Kaiser seine Getreuen unter der Eiche sammeln werde. In Kreibau bei Haynau besitzt jemand ein Heft voll Rischmannscher Prophezeiungen; der Hensel-Mäuer (Maurer), der sie sich einmal abgeschrieben, hat sein Buch leider verloren, doch wußte er sich noch zu erinnern, daß alles Unglück, das seit dem Kriege geschah, drin stand.

Am sichersten aber hat Jakob Böhme die Endzeit vorausgesagt und beschrieben. Nur ist er schwer zu verstehen, weil seine mühsame Schusterhand Gott nicht dolmetschte, sondern getreulich nachschrieb. Von seltsamen Dingen aus seinem Leben berichtet Herr Abraham von Franckenberg, ein Schlesischer vom Adel und Böhmes Freund: Als Jakob Böhme etwas erwachsen, hat er neben anderen Dorfknaben das Vieh auf dem Felde hüten müssen, dabei geschah es, daß er einstmals um die Mittagsstunde sich von anderen Knaben abgesondert und auf den davon nicht weit abgelegenen Berg, die Landeskrone genannt, allein für sich selbst gestiegen, und allda zuoberst (welchen Ort er mir selbst gezeiget und erzählet), wo es mit großen roten Steinen verwachsen und verschlossen, einen offenen Eingang gefunden, in welchen er aus Einfalt gegangen und darinnen eine große Bütte mit Geld angetroffen, worüber ihn ein Grausen angekommen, darum er auch nichts davon genommen, sondern also ledig und eilfertig wieder herausgegangen sei. Ob er nun wohl nachmals mit anderen Hütejungen zum öfteren wieder hinaufgestiegen, hat er doch solchen Eingang nie mehr offen gesehen. Es ist aber selbiger Schatz nach etlichen Jahren von einem fremden Künstler gehoben und hinweggeführt worden, worüber solcher Schatzgräber (weil der Fluch dabei gewesen) eines schändlichen Todes verdorben. – Anno 1600, im 25. Jahre seines Alters, wurde Böhme vom göttlichen Licht ergriffen und mit seinem gestirnten Seelengeiste durch den jählichen Anblick eines zinnernen Gefäßes zu dem innersten Grund oder Centro der geheimen Natur eingeführt. Da er etwas zweifelte und um solche vermeintliche Phantasie aus dem Gemüte zu schlagen, war er zu Görlitz vor dem Neißetore ins Grüne gegangen, und mehr und klarer durch den dort empfangenen Blick empfunden, daß er vermittels der in der Natur ausgebildeten Signaturen oder Figuren, Lineamenten und Farben, allen Geschöpfen gleichsam in das Herz und in die innerste Natur hineinsehen konnte.

Als Böhme einmal Herrn David von Schweinich auf Seifersdorf besuchte und in die Hofstube kam, hat er allen Anwesenden die Hand geboten, und weil des Herrn David von Schweinich Kinder daselbst in der Ordnung gestanden und er zu einer unter den Töchtern kam, hat er, nachdem er ihr die Hand geboten, gesagt: diese ist der frömmste Mensch unter allen, so hier in dieser Stube versammelt sind. Es soll auch diese Tochter, Herrn von Schweinich' eigenem Bekenntnis nach, das frömmste unter seinen Kindern gewesen sein. Weil nun der Herr von Schweinich einen Schwager samt seiner Frau und Kindern bei sich gehabt, welcher dem Böhme sehr feind gewesen, ihn einen Propheten gescholten und von ihm begehrt, daß er ihm etwas prophezeien sollte: hat er sich sehr entschuldigt, daß er kein Prophet, sondern ein einfältiger Mann wäre. Als aber der gute Böhme gar oft von ihm gereizt worden, hat er angefangen: weil Ihrs ja so haben wollt und ich vor Euch keine Ruhe haben kann, so werde ich Euch sagen müssen, was Ihr nicht gerne hören wollet. Der Edelmann, erblassend, versetzet: er sollte nur sagen, was er wollte. Darauf er angefangen und erzählt, was für ein gottlos, ärgerlich und leichtfertiges Leben hin und wieder er bis dahin geführt, wie es ihm dabei ergangen und wie es ihm ferner ergehen werde. Dessen hat sich nun der Edelmann heftig geschämt, sich über die Maßen erbittert und erzürnt, wollte nicht lange bei Herrn David von Schweinich bleiben, ist ganz entrüstet aufgestanden, hat sich zu Pferde gesetzt und nach Hause reiten wollen, ist aber vom Pferde gestürzt und hat den Hals gebrochen, wie ihm dann Jakob Böhme (daß nämlich sein Ende nahe wäre) auf sein eigen Begehren angekündigt.

Im Jahre 1624 am 7. (17.) November ist Böhme verschieden, da er zuvor seinen Sohn Tobiam rief und fragte: ob er auch die schöne Musik hörte? Als er sagte nein, sprach er, man sollte die Türe öffnen, daß man den Gesang besser hören könne. Danach fragte er, wie hoch es an der Uhr? Als man antwortet, es habe zwei geschlagen, sprach er: Das ist noch nicht meine Zeit. Als es aber kaum um 6 Uhr des Morgens, nahm er Abschied von seinem Weibe und Sohne, segnete sie und sprach darauf: Nun fahre ich hin ins Paradies!

Ansicht von Hirschberg. Stahlstich von A. H. Payne, nach einer Zeichnung von L. Mayer

Ansicht von Stonsdorf vom Propstberge. Lithographie von J. Tempeltei, nach einer Zeichnung von S. Rösel

Mächte und Meister

Die Wendezeiten des Jahres sind ganz besonders dem Zauber günstig. Da haben sie in den Krausebauden bei Hohenelbe am heiligen Abend einmal zusammengesessen und gespielt. Nachts um 12 Uhr ist einer rausgegangen ans Wasser und hat getrunken, da war das Wasser Wein. Als er es drinnen erzählte, sollte er nochmal mit einer Kanne gehen und welches holen. Wie er rauskam, fragte er so: Wasser, bist de noch Wein? Da antwortete es aus ihm: Ja, – du bist mein! Und zog ihn rein. – Das Wunder währt aber nur, solange ein Peitschenknall dauert, sagten sie in Nordböhmen.

Am nämlichen Abend reden abends um 12 Uhr die Tiere im Stall und zwar die Pferde über die Knechte, die Kühe über die Mägde des Hauses. Wie sie beim Spiel in den Krausebauden saßen, haben sie das erzählt. Da ist der eine mit Fleiß in den Stall gegangen und hat sich in die Raufe gelegt. Aber ein glühender Ochse ist gekommen und wie sie nach dem Mitspieler sehen wollten, da war er weg (tot). – Der Pferdejunge, der unter der Krippe lag, hörte, wie ein Pferd über das andere sagte: Du, wos warn mern morne mache? und das zweite erwiderte: Nun, mer warn an Faadejunga zu Groabe foahrn. Am andern Morgen zog man ihn tot hervor, sie hatten ihn mit den Hufen erschlagen. – Einem Besitzer im Barthlshause in Deutsch-Gießhübel fielen bei einer Seuche sämtliche Rinder bis auf eine weiße Kuh. Sie fraß das Futter aus ihrer Krippe, wollte aber niemals das Wasser aus dem Brunnen, von dem es der Besitzer holte, trinken. Wenn sie bemerkte, daß sie getränkt werden sollte, riß sie sich von der Kette und ging in den angrenzenden Garten zu einer Tränke. Dann kehrte sie in den Stall zurück. An einem heiligen Abend während der Christmette ging der Besitzer in den Hof und hörte im Stalle reden. Er öffnete vorsichtig die Stalltür und war überrascht zu hören, was die Kuh zu sich selbst sprach: Wenn der Herr Vieh von solcher Farbe, die ich habe, in den Stall bringen und mit dem Wasser aus dem Garten tränken möchte, so hätte er Glück im Viehstand. Der Besitzer dachte: Ich muß versuchen, was die Kuh geredet hat. Er kaufte Rinder von weißer oder gescheckter Farbe und hatte im Viehstand Glück. Als er nach Jahren den Hof verkaufte, hat er zur Erinnerung an die weiße

Kuh im Hause immer entweder eine weiße Katze oder weiße Henne gehalten.

Anders kann man noch einen Blick in die Zukunft tun: Da muß die Mutter am heiligen Abend mit einem Licht aus dem Zimmer gehen und wieder hereinkommen; wessen Schatten sie dann ohne Kopf sieht, der muß im kommenden Jahre sterben. Das haben sie in den Krausebauden gemacht und zwei Jungen waren ohne Kopf. Die haben gelacht und mochten es nicht glauben. Sie gingen, es war ein Stöberwetter, und – kamen nicht mehr nach Hause. Es hat also gestimmt, was das Licht angezeigt hatte. – Im Kamnitztale heißt es, daß man die Zukunft erfährt, wenn man zwischen den Beinen hindurch gegen den Dachgiebel schaut. Das hat einmal die Tochter des Kasper-Michl getan und hat drei schwarze Särge auf dem Dachfirst gesehen. Im nächsten Jahr kam der Hungertyphus in das Gebirge und seine ersten Opfer waren der Kasper-Michl, sein Weib und die erwähnte Tochter.

In Wittichenau war eine Jungfer, die wollte gern erfahren, wie ihr Zukünftiger aussehen würde. Am heiligen Weihnachtsabende deckte sie in ihrer Kammer einen Tisch und setzte Essen zurecht, aber ohne Messer und Gabel hinzulegen. Um Mitternacht tat sich die Türe auf, ein schmucker Bursch trat herein, setzte sich zu Tische, zog Messer und Gabel hervor und fing an zu essen. Als er fertig war, ging er ebenso stumm und gespenstig, wie er gekommen war, von dannen. Sein Messer und seine Gabel aber ließ er zurück. Das Mädchen freute sich über den schönen Bräutigam, vergaß aber Messer und Gabel auf das Flußwasser zu tragen und steckte sie in ihre Lade. Viele Jahre darauf nach der Hochzeit kommt endlich der Mann einmal zufällig über die Lade, findet das Messer darin und fragt ganz heftig: Wo hast du das Messer her? – Nun, spricht sie, weißt du nicht mehr, wie du am heiligen Abende bei mir gegessen hast und Messer und Gabel liegen ließest? – Was, ruft er aus, bist du's, die mich damals so geplagt hat? Nimmt das Messer und sticht es ihr durchs Herz.

Es haben einst in einer Stadt in Schlesien sich in der heiligen Nacht um 12 Uhr drei vorwitzige Hoffräulein an einen gedeckten Tisch gesetzt und drei Teller an so viel leere Stellen gelegt für ihre erwarteten Liebsten, die auf ihre Einladung erscheinen sollten. Es sind aber nur zwei Kavaliere hereingekommen und haben sich zu zweien Jungfrauen an den Tisch gesetzt, der dritten erhoffter Gast aber ist ausgeblieben. Als nun dieselbe hierüber traurig und ungeduldig wurde, ist sie endlich nach langem, vergeblichen Harren aufgestanden und hat sich ins Fenster gelegt. Da erblickt sie gegenüber einen Sarg, in dem eine Person liegt, die ihr ganz gleich sah, worüber sie vor Schrecken erkrankt ist und bald hernach gestorben.

In der Christnacht stehen wie Karfreitag und am Johannisabend die Zugänge zu den unterirdischen Schätzen offen. Am leichtesten gewinnt sie, wer Otternfarnsamen bei sich trägt. Ein Bauer, dem einst ein Samenkorn in die Schuhe gefallen, vermochte die im Schmiedegraben bei Braunau ihm sichtbar gewordenen Schätze nicht mehr zu heben, als er die Schuhe auszog, da er die Öffnung, die zu denselben führt, ohne den Farnsamen nicht mehr fand. Auch die Johanniswurzel kann man Johanni nachts zwischen 11 und 12 Uhr graben. Es gibt in Flinsberg davon auch einen Spruch: Ich grabe dich für mich, zur Liebe und zum Glück.

So sicher wie Otternfarnsamen verhilft die Wünschelrute zu Schätzen. Man schneidet sie Mitternacht unter Anrufung des Teufels überücks von einem Haselnußstrauch. Ein Mann aus Ziegenhals, der in Geldverlegenheit war, wollte sich eine Wünschelrute holen. Kaum setzte er aber sein Messer an, so zupfte ihn jemand bei den Haaren. Erst glaubte er sich zu täuschen und darum versuchte er es zum zweiten Male. Aber es zupfte ihn wieder. Da lief er heim und nahm sich vor, das Geld auf ehrliche Weise zu verdienen.

Gut ist es, einen Wechseltaler zu haben; man kommt dadurch zu vielem Gelde. In Neuschloß schenkte der Wassermann einem Manne ein Wechselgröschel, nachdem er ihn gebeten: Zeig mr a Wag, ich ga dr a Greschla! und der ihn über den Brückensteg geführt. Das Gröschel konnte er ausgeben, so oft er wollte, immer fand er es wieder in seiner Tasche. Als er nun einmal wieder über jenen Steg gehen mußte und in die Tasche langte, das Gröschel zu besehen, hüpfte es ihm auf einmal aus der Hand und verschwand im Bachgrunde auf Nimmerwiedersehen. – Eine Historie mit einem solchen Wechseltaler erzählt das Mitglied der fruchtbringenden Gesellschaft, Paul Winkler, in seiner Lebensbeschreibung 1678: Ich hatte nebst des Fürsten Lesczinski Kammerdiener auf der schlesischen Grenze einen Bauernschlitten gemietet, mit dem wir also auf guter Bahn forteilten und uns bei dem Mittagsfutter zu Würbenthal ein gutes Gericht Forellen zurichten lassen, daß wir endlich zusammen mit 12 böhmischen Groschen bezahlten, und ich, weil ich kein kleines Geld mehr bei mir hatte, von 6 Dukaten einen verwechseln mußte, davon also die Wirtin, unfehlbar eine Hexe, einen zu sich nahm und mir 9 polnische

Örther, nach Abzug des Verzehrten, zurückgab. Ich steckte sie nebst meinen 5 Dukaten in meinen Hosensack und fuhr in Gottes Namen Zuckmantel zu. Als wir nun ungefähr vor selbigem Städtchen durch ein kleines Wässerchen fahren mußten, präsentierte sich vor selbigem eine Figur, so bald einem Hasen, bald einem Fuchs, dann einer Katze gleich. Unser Schlitten neigte sich, unerachtet die Pferde ganz stille standen, auf die eine Seite, wo der Pole saß, und fiel um. Ich ermahnte den Bauern, den Schlitten aufzurichten und ins Städtchen zu fahren, als wir im Augenblick in acht nahmen, daß diese Figur die Stelle, wo wir umfielen, passierte und von da nach Würbenthal übers Gebirge strich. Die Endung von dieser Komödie war, daß, als ich noch selben Abend dem Wirt zu Zuckmantel bezahlen wollte, wohl meine fünf Dukaten im Sacke, aber nicht einen einzigen von jenen Örthern fand. Als ich den Possen erzählte, ward ich versichert, daß diese alte Hexe das Geld aus dem Beutel gezaubert habe.

Mit einem seltsamen Instrument hantierte der alte Siebeneichler in Grafendorf. Man holte ihn, wenn beim Brunnengraben das Wasser ausblieb. Er kam mit einem Triangel, der mit kleinen Messingringeln behangen war. Den hielt er gerade vor sich und ging über den Platz. Fingen die Ringel plötzlich zu klingeln an, dann blieb er stehen und meinte, dort solle man einschlagen, da unten befände sich Wasser. Seine Vorhersagung ist auch jedesmal eingetroffen. Wohin nach dem Tode des Alten der Triangel gekommen ist, kann keiner erkunden. – Schon der Chronist Lucae erzählt von einem Mordbrenner, der aus der Heimat, aus Hartmannsdorf im Hirschbergischen Kreise, geflohen, im Breslauischen zu einem Spiegelseher gegangen ist. Den fragte er nach dem Täter der Mordtat, die er ihm kurz erzählte. Der Zauberer sah in den Spiegel und bedeutete Wolffen, so hieß der Mörder und Brandstifter, daß *er* nicht weit davon gewesen sein würde. Diese Rede erschreckte Wolffen derart, daß er heimkehrte und sich ohne Widerstand fangen ließ. Auch jene Diebe im Dörfchen Gröditz in Österreichisch-Schlesien, die Pferdedecken gestohlen hatten, wurden dadurch entdeckt, daß der, auf den sich unschuldigerweise der Verdacht lenkte, den Mann in Schwarzwasser befragte, der einen Sichtspiegel besaß; da kamen die wahren Diebe heraus, von denen es keiner geglaubt hätte. Aber die Polizei verbot dem Manne, daß er noch einmal sich in dergleichen Dinge mische. Ein letztes Mal hat er ihn aber doch befragt, als Franz Streit's Vater zum drittenmal geheiratet hatte und dessen Weib mit den Niklasdorfern Schmugglern ging. Daß es der gute Verdienst sei, wollte ihr Mann nicht glauben, und darum ging er der Sache auf den Grund. Es zeigten sich fünf verschiedene Bilder vom Schmugglerzuge; die mußte der Teufel selbst photographiert haben, so genau war alles, der Vater kannte gleich jedes einzelne. Das erste war ein Nachtlager auf dem Holzberge bei Ziegenhals. Dann ging der Zug auf Schleichwegen durch den ganzen Niklasdorfer Wald. Das zweite Lager wurde auf der Bromme gehalten auf Reihwiesen zu, gekocht, gebalgt und geschlafen. Das letzte Bild war ein Nachtlager beim Rotenbergwirt. Hier war die Sippe schon vor den Grenzjägern sicher und brauchte sich keinen Zwang anzutun. Sie lagerten über einem Stalle auf dem Heuboden und was der Vater hier sah, übertraf alles Dagewesene. Er hatte genug und empfahl sich. Mit Gelegenheit kam er einmal zum Rotenbergwirt, der zeigte ihm die Lagerstätte, welche genau so aussah, wie er sie im Spiegel erblickt hatte. Und wenn das ihre Frau ist, setzte der hinzu, dann haben sie was Gutes erwischt. So klagte der Vater seinem Sohne das Leid seines Alters.

Am Buchberg (Kl. Iser) war eine alte Frau, die machte derartige Sachen mit einem Sieb. Da hatten bei einem Neubau einmal die Maurer die Uhren an eine Wand gehängt, und über Nacht waren die gestohlen worden. Wie das so ist, sie kamen zu der, die stellte das Sieb auf den Tisch und legte ihm Fragen vor. Da hat sich dann das Sieb gedreht, wie sie den nannten, der sie hatte. Ist es verwunderlich, wenn's manchen dann treibt, sich an dem Dieb zu rächen? In dem Holz, das beim Fällen des Baumes noch stehen bleibt, kann man den Feind verknüpfen. – In Alzenau hatten sie einen im Verdacht, daß er das Vieh bespreche, und der ist plötzlich so geschwunden; dabei hat ihm doch nichts gefehlt. Da sagte auch meine Mutter immer, daß sie gehört hätte, wem man die Fußtapfen ausgrübe und in den Schornstein hinge, der müßte vergehen. So wie die Erde austrocknete, verdorrte der Mensch. In Neuwald in Böhmen lebte vor hundert Jahren ein Mann, der hatte den eignen selbstgebauten Sarg schon 20 Jahre lang auf dem Boden stehen. Bei Nacht hieb dem ein andrer einmal die Krautpflanzen ab. Der Eigentümer, der es am Morgen sah, konnte das nicht verschmerzen; er geht hinein, holt einen Topf und gräbt eine Fußspur des vermeintlichen Frevlers aus. Die Erde siedete er am Feuer. Kurz darauf aber bekam dieser Mann einen unheilbaren Fußschaden, woran er sterben mußte. Die Leute glaubten, daß er in der Hast seine eigenen Fußtapfen aufgerafft und gesiedet hätte.

In Königswalde wollte ein Zauberkünstler einem zu strengen Förster einst einen Possen spielen. Er ging in den Wald und schlug in den Baumstumpf, auf welchen der Förster sich bei der Überwachung der Forstkulturarbeiten gewöhnlich stützte, unter Anrufung des Teufels in einen Kreis 13 vierzöllige Nägel. Hätte der Förster nun eine Hand in den Kreis gestützt, wäre er schon dem Teufel verfallen gewesen. Aber er sah den Zirkel sofort, rief einen Arbeiter herbei, ließ ihn die Nägel herausziehen und schenkte sie ihm. Der Mann fühlte sich sofort unwohl und ward todkrank. Als ihm die Ärzte nicht mehr zu helfen vermochten, rief man den Schwarzkünstler; der frug, ob etwa der Kranke was aus dem Walde mit heimgebracht habe. Ja, eine Anzahl Nägel. Bringt mir die her und sagt mir auch, ob sie noch alle beisammen sind. Der Schwarzkünstler nahm die Nägel und zählte sie und warf sie in das Feuer. Dann las er aus einem Buch und niemand sah mehr die Nägel wieder. Der Kranke aber ward noch vor Mitternacht gesund. –

Ein andrer Heilzauber ward auf Gut Bankwitz mit einem Mühlwehr geübt. Zwei Knechte des Schäfers stahlen es in der Nacht, wobei sie unterwegs die Namen der Dreieinigkeit und den 83. Psalm beteten (sonst hätte der Satan sie geholt). Die Schafe wurden nun übers Wehr getrieben, das aber zuletzt verrückt geworden war, mit einem Beil beim ersten Strahl der Sonne getötet und an der Giebelseite des Stalles eingegraben. Keiner durfte dabei ein Wörtchen sprechen. Von da an hatte das Gut vor Schafkrankheiten Ruhe.

Den bösesten Zauber aber hat jenes Mädchen in Zöllnei ausgeübt, welches so häßlich war, daß niemand es ansehen wollte. Eine alte Frau hatte ihr geraten, zur Hexe zu gehn, die werde ihr helfen. Und sie ging wirklich und fragte sie, was sie tun solle, daß sie ein schönes Gesicht bekäme. Da riet ihr das böse Weib, sie solle am andern Tage zur Kommunion gehen und sobald ihr der Priester die Hostie gereicht haben würde, selbe aus dem Munde nehmen, in Milch kochen und damit das Gesicht waschen. Das Mädchen befolgte den Rat und als sie sich wusch, fiel ihr das häßliche Gesicht herunter und sie bekam ein neues, schönes Gesicht, so daß die andern Mädchen sie nun beneideten.

Der Fluch und der Wunsch

Weniger sündhaft wußte ein Schulmeister sich aus der Not zu helfen. Als 1728, den 14. September, ein schweres Gewitter aufzog und in des Richters Scheune zu Bluno schlug, war kein Wasser da und dem Dorfe

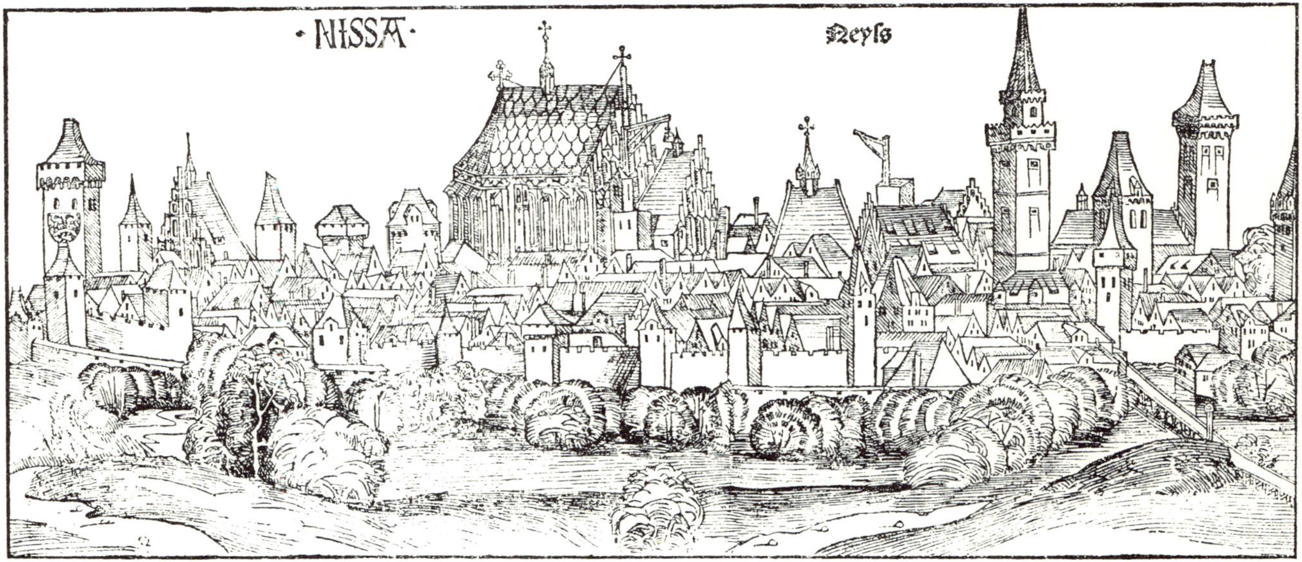

Ansicht von Neiße, 1493. Holzschnitt aus Hartmann-Schedel, Weltchronik

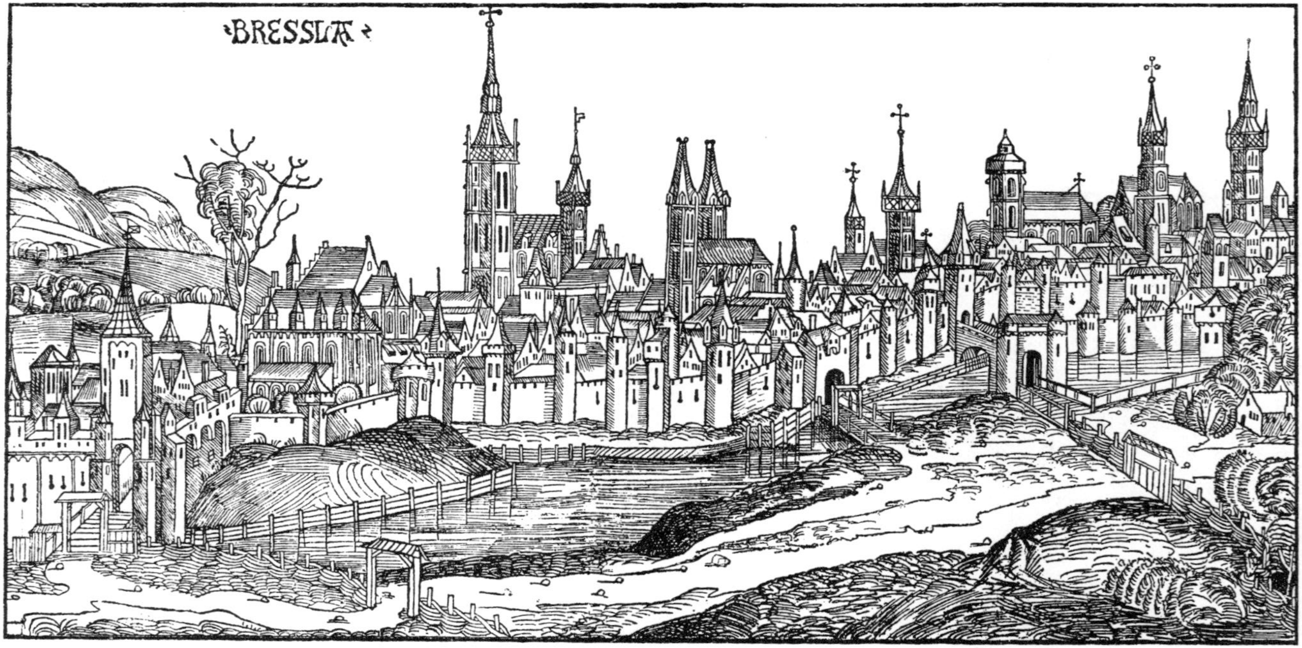

Ansicht von Breslau, 1493. Holzschnitt aus Hartmann-Schedel, Weltchronik

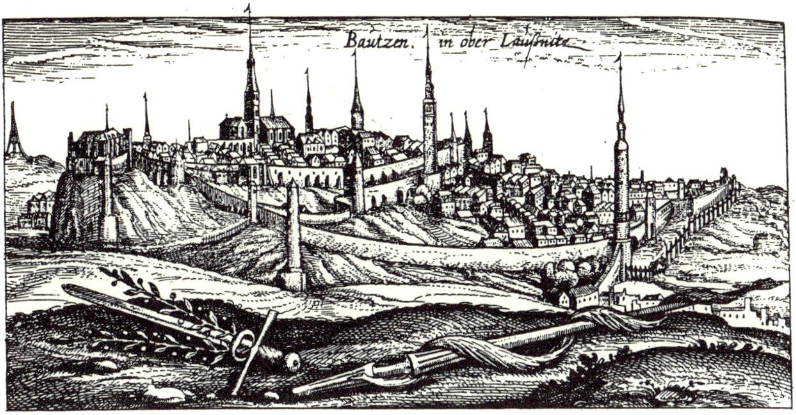

Bautzen in der Oberlausitz. Kupferstich aus Daniel Meisner, Politisches Schatzkästlein. I. Buch, 7. Teil, Frankfurt a. M. 1626

drohte Gefahr. Da trat der Schulmeister auf, rief die Leute zusammen und sprach zu ihnen: Weil wir hier nichts machen können, so kommt alle her, wir wollen auf unsere Knie niederfallen und ein Vaterunser beten; Gott wird uns helfen. Als solches geschah, wandte Gott alsbald den Wind vom Dorfe, daß die Flamme des Feuers auf die Hutung zuging und Gott eigentlich zeigte, er habe ihr Gebet erhört.

Merkwürdigerweise ist ein Fluch oft ebenso wirksam wie das Gebet. Ein Holzsammler hatte die Radwer beladen und ging auf nach Hause zu bergab, aber auf einmal konnte er nicht mehr fahren. Es ging nicht mehr, es hielt ihm etwas die Radwer an und er sah nichts. Da fing er an und fluchte gar gottlos und danach gings. – Aber auch gegen den Spuk ist ein Fluch gut. Meist jedoch ist der Fluch nichts als ein böser Wunsch und es kommt vor, daß er sich schneller erfüllt, als der Verwünschende ahnt. Als 1451 Wolfgang von Reichenberg und einen von S., die beide zu einer Tagung nach Bautzen fuhren, ein schweres Gewitter überfiel, da wurde von S. aus Schwachheit übereilt und sprach: Ich wollte, daß der Donner gar drein schlüge. Der von Reichenberg aber sagte zu ihm: Nicht so, wir sind in Glück und Unglück dem lieben Gott stille zu halten schuldig. Als aber der von S. aus Zorn antworten wollte, schlug der Donner in den Wagen, daß er bald tot blieb, dem von Reichenberg aber schadete es nichts. Ähnlich rief jener Bauerssohn aus Langendorf, Kr. Neiße, die Strafe auf sich herab, der mit den Worten „Wenn das wahr ist, dann soll das Donnerwetter in das Haus einschlagen!“ ein Eheversprechen ableugnete. Denn in dem selben Augenblick zuckte vom wolkenlosen Himmel ein Blitz, der das Gehöft in Flammen setzte. Der Brand ließ sich nicht löschen; es war, als wenn ein dumpfes Heulen vom Feuerherde ausginge und eine unsichtbare Hand den Brand schürte. Erst das Gebet eines Pfarrers vermochte dem Brand Einhalt zu tun. Im Jahre 1872 bei einem sehr schweren Gewitter ging auf der Brigittenstraße in Breslau ein Schlossergeselle und sagte zu einem anderen Menschen: Heut' trifft der Petrus sehr schlecht. Kaum hatte er das gesagt, schlug ihn der Blitz tot nieder.

Ein Mann aus Lusdorf, der über hundert Jahre alt war, sollte einen Grenzstreit einmal entscheiden. Er mußte seine Aussage beeiden und tat dies mit den Worten: Ich schwöre bei Gott, daß es so ist, wie ich gesagt habe. Wenn ich aber eine Lüge angegeben habe, so soll meine rechte Hand verdorren auf der Stelle, wo ich im Grab liegen werde, soll nichts wachsen. In der darauffolgenden Nacht fühlte der Greis, daß seine rechte Hand verdorrte. Damit es niemand erführe, stürzte er sich in das Wasser der Lomnitz und machte so seinem Leben ein Ende. Der Platz, auf welchem er begraben wurde, blieb immer öde; man nannte denselben den Totenhain. Etwas Ähnliches hat jener Soldat wohl befürchtet, der eine Köchin des Habelschwerdter Pfarrers der Beihilfe zur Desertation beschuldigt, aber die Anklage zurückzog, als die Köchin vor ihrem Reinigungseid das Öffnen der Fenster forderte, damit der Teufel ungehindert durchkann, entweder mit mir, wenn ich falsch schwöre oder mit diesem Soldaten, falls ich schuldlos bin. – Ein Mädchen Hanka, welches die Leute beschuldigten, sie führe einen unkeuschen Lebenswandel, verschwur sich, wenn das wahr wäre, dann sollte der Brunnen vertrocknen, an welchem sie lange schon ihre Leinwand bleichte. Kaum hatte sie das gesagt, versiegte der Brunnen und versiegt jetzt noch jedes Jahr vom Feste Johannis des Täufers bis Michaelis.

Auf dem Burgberge bei Schönau wächst kein Gras. Dort wurde ein Mädchen hingerichtet, das man des Kindesmords beschuldigte und das unschuldig war. Es hat vor seinem Tode den Fleck verwünscht und bis heute behielt dieser Fluch seine Kraft.

Von vielen Verwünschungen spricht man noch. Meist stammen sie aus dem Munde von Sterbenden oder Todgeweihten. Der harte Inspektor Platz von Ährental ward so verwünscht. Unweit von Reichenberg i. B. in einem Walde liegt ein Steinblock, der früher ein Meierhof gewesen sein soll. In diesem Hofe wohnte er als Verwalter. An einem gewittrigen Abend kam ein Pilger zu dem Gehöfte und bat um Unterkunft, doch trieb ihn der Verwalter mit Schlägen und Schimpfworten aus dem Hause. Da verwünschte der Pilger ihn, daß er in Ewigkeit zum Steinesägen im Walde verdammt sein solle. Das Haus aber mit allem, was darin war, wurde in Stein verwandelt.

Furchtbar rächte sich eine Nachbarin an der andern, die es nicht leiden mochte, daß jene in ihren Hof nach Wasser kam. Wasser ist frei und eine Gottesgabe und niemanden zugehörig. Kein Bauer wagte es, dem Feinde das Wasser zu verwehren. Deswegen verwünschte auch jene Frau ihre Nachbarin: Möge alles Wasser im Dorfe verschwinden und sich auf den Kirchhof zurückziehen, damit du, Neidische, nach dem Tode im Wasser faulen müßtest! Und so ist es geschehen. Das Dorf – Zakrzow im Oppelner Kreise – leidet an Wasser Not, auf dem Kirchhof jedoch füllt sich jedes Grab bis an den oberen Rand mit Wasser an.

Schwarzkünstler

Die Kraft des frevelnden Wortes oder des Wunsches wird meist nur in ganz außergewöhnlichen Fällen deutlich; viel häufiger greifen Schwarzkünstler ins Leben und Treiben des Alltags ein. Sie kennen die Künste der schwarzen Magie, sie lesen das 6. und 7. Buch Mose, in ihrem Eigentum ist der Höllenzwang. Spitzbuben binden sie an. Halb Anbinden, halb Zitieren war das, was jener Holzhauer aus Zöllnei machte, der Axt und Säge über Nacht immer an einem Baume hängen ließ. Als beides einmal gestohlen worden war, is ar imma Bâm aj a Rod ganga on hout wos drbaine gesät. 's hout nich lange gedauert on dou kôm a Mõn on hout 'm 's Beil on de Sâche gebrucht. Hout a g'sat: Doß't mer se nemme nimmst. Oder erinnert das nicht an jenen Pascher, von dem Gastwirt Rittelmann aus Gr.-Iser erzählte? Der wußte was, damit machte er das Vieh so kirre, daß es ihm folgte, wohin er wollte. Er brauchte weder Stricke noch sonst etwas, es lief ihm überall hin nach; er sagte ihm bloß was in die Ohren. So hat er hinter der Kobelwiese viel Vieh gepascht; wenn ein Grenzjäger kam, rief er es bloß ins Dickicht.

Ein anderer Pascher, das Kasermandl, der so hieß, weil er immer Butter und Käse nach Hirschberg ins Preußische brachte, den hielten einmal die Grenzer fest. Er bettelte sie, sie sollten doch mal mit ihm ins Wirtshaus gehen (sie kamen nämlich gerade an einem vorbei). Wie er sich nun den Branntwein kaufte, da zog er ein Stück Kreide aus der Tasche und schrieb was auf – er mußte wohl solche Sprüchel kennen – da saßen sie fest. Er nahm sich seine Hucke und ging nun los. Wie er ein Stück war, da traf er eine Frau und die hat er geschickt mit einer Ohrfeige die Grenzer lösen. Aber den haben sie nie mehr festgenommen. Ein anderer, der sie auch überredete, ins Wirtshaus mitzukommen, drehte dort die Schnapsgläser um, aus denen er mit den Grenzern getrunken und fort war er. – Fernzauber war's, den einst ein Schäfer trieb. Der stand auf seinen Stab gestützt, als ihm ein trefflicher Jäger aus Übermut diesen zerschoß, daß er rücklings zu Boden fiel. Der Schäfer zog darauf den Mantel aus und hieb mit der einen Hälfte seines zerschossenen Stockes auf das Kleidungsstück. O weh! jeden Streich empfand der Jäger an seinem Leibe.

Der schlimmste Fernzauber aber war der eines Geistlichen, der einen Verstorbenen aus der Hölle zitierte. Er hatte von ihm, einem schlechten Menschen, gesprochen, daß er lebendig in der Hölle brenne. Darauf wurde er einmal in eine fremde Gesellschaft eingeladen und man will ihn verhöhnen, ob er es denn beweisen könne, daß der und der in der Hölle brenne. Jawohl, sagt er, ich kann's beweisen, ich werde ihn hier vor ihre Augen treten lassen, so brennend wie er ist. Aber derjenige, der es wünscht, ich möge ihn herzitieren, der muß dann mit ihm gehen. Da wurde ihnen doch etwas sonderbar zumute. Aber schließlich erklärt der eine, er sei bereit und wünsche, daß er den Geist zitiere. Der Pfarrer schickte nach Hause zur Wirtin nach seinem Buch. Es kommt, zwei Kerzen werden angezündet, er setzt sich mit dem Buch zwischen beide und liest. Auf einmal steht der Abgeschiedene in hellen Flammen vor ihnen; er war durchs Fenster hereingekommen. Er wird gefragt, ob er der und der sei und eine Stimme sagt: Ja. Nun gibt es einen Donnerschlag, die Herren werden betäubt und als sie zu sich kommen, da ist der weg, der ihn herbeizitiert haben wollte. Der brennende Geist war mit ihm durchs Fenster gefahren; man sah die blutigen Flecken an den Rändern. Er ist nie weder gesehen worden.

Nicht minder grauenhaft war die Kunst jenes Baumeisters, der dem Gablonzer Christian Weiß das Haus Nr. 222 baute. Als es schon der Vollendung nahe war, besichtigte er es in der Gesellschaft des Baumeisters in allen seinen Teilen. Es ist alles recht schön und gut, sagte er, aber etwas habt ihr doch zuzumauern vergessen. – Das wäre? – Ihr habt vergessen, sprach Weiß, das Loch zuzumauern, durch das der Tod hineinkann. Lächelnd erwiderte der Baumeister: Das können wir schon noch machen. In schauriger Mitternacht entledigte sich der Baumeister seines Versprechens, indem er, Hammer und Kelle in der Hand, das Haus dreimal umschritt. Und wirklich soll Weiß in seinem Hause auch nicht gestorben sein, weil der Tod nicht hinein kommen konnte; beim Schmiede-Goutl hat ihn der Schlag gerührt.

Auch mancher böse „Herr“ übte die schwarze Kunst. Der in Groß-Särchen, der einst den dort vorbeifließenden Bach umgeackert, wobei er aber den polnischen Ochsen nicht gehörig bändigen konnte, so daß das neue Bachbett einen ganz krummen Lauf bekommen, dieser Herr fuhr oft in wunderbar kurzer Zeit nach Dresden. Immer lenkte er selbst den Wagen; der Kutscher mußte sich hinten hinlegen und schlafen. Einmal jedoch erwachte der und schrie auf, da die Reise nicht auf der Erde fort, sondern durch die Luft ging. Der Herr hieß ihn sich ruhig wieder niederlegen, sonst könnten beide sehr unglücklich sein. Und wirklich waren sie während des Sprechens schon an die Spitze des Kamenzer Turmes angefahren, der heute noch davon krummgebogen ist.

Auch ein Besitzer des Schlosses Friedland soll ein Schwarzkünstler gewesen sein. Einst zog er seinen Verbündeten in der Lausitz zu Hilfe; da schuf er in der größten Eile ein Heer, indem er aus Gerstenkörnern Kavallerie und aus Haferkörnern Infanterie machte. Als er mit diesem Heer in Zittau ankam, sprengte er auf das Rathaus und die Feinde entflohen vor Schreck. Der Herr in Groß-Särchen tat schwarzen Hafer in einen Ofentopf und sprach dazu einige Worte; da sind Soldaten hervorgekommen, gewachsen, mit denen er exerzierte und die er endlich wieder hinein in den Ofentopf kommandierte.

In Pilgramsdorf bei Goldberg hat ein Herr immer das Feuer besprochen. Da ritt er dreimal ums Feuer und jedes Mal über fließendes Wasser, also dreimal auch über Wasser, denn wenn er das nicht konnte, verbrannte er. Da ist das Feuer immer so hinter ihm her gezüngelt und hat ganz lange Arme gemacht und hat geheult und gepfiffen und hat nach ihm gelangt – aber er hat sich nicht umsehen dürfen, er mußte bloß immer drauflosreiten, bis er jenseits von fließendem Wasser war. Dann hatte er Ruhe und das Feuer war aus; aber gern hat er's nicht gemacht.

Anders halfen in einem Dorfe bei Tr. die Leute sich aus der Not. Eine Frau eilte, den Backtrog herbeizuholen und lehnte denselben an ihre Wohnung, daß er die offene Seite dem Feuer zukehrte. Da ging es, als ob der Teufel aus diesem Backtroge führe, es entstand ein Geheul in der Luft und der Wind nahm sogleich eine andere Richtung.

Als nun die Häuser der anderen Nachbarn gefährdet waren, schützte die Frau eins nach dem andern mit ihrem Troge und trieb die Flamme dahin, wo sie nicht schaden konnte.

In Schlaupitz ging noch vor 30 Jahren der Feuermann abends von Haus zu Haus, und wo Spinnweben waren, zog er aus seinem Kittel einen dünnen und langen Stab, zündete ihn an der Schleiße an, durchging das ganze Haus vom Boden bis zum Keller und brannte alle Spinnweben ab. Da sahen die Nachbarn, wie aus den Fenstern und Ritzen die blauen Flämmchen zuckten. Wie eine Frau es ihm einmal nachmachen wollte, brannten die Spinnweben wohl, aber mit ihnen das ganze Haus. Freilich war das kein Irrlicht, sondern ein Hexenmeister, wie jener Handwerksbursche, der beim Dachdecken die überstehenden Strohschauben mit einem Streichholz abbrannte und dazu: Sachte! sachte! sagte. Dem Bauern, der's ihm nachmachen wollte, brannte trotz: Sachte! sachte! und obwohl Seine am Ende mitrief, das Haus in Grund und Boden.

Der „Höllenzwang" ist ein Buch, welches Beschwörungsformeln und -anweisungen enthält. Mancherlei wird davon erzählt, wie Unberufene in Abwesenheit des Meisters über das Buch gekommen sind. – Der Schumburger Wunderdoktor hat mal die sieben Schlüssel zum Schrank stecken lassen, in dem er den Höllenzwang aufbewahrte. Und wie die Buben lasen und wie bei jeder Seite ein Rabe mit glühenden Augen und Krallen kam, trieb's ihn auch aus der Kirche heim. Von weitem sah er die Vögel um sein Haus flattern; da wußte er, wie er dran war. Er riß den Kindern das Buch aus den Fingern und sprach zu den Raben: Lest auf meinen Feldern alle Steine zusammen und legt sie auf einen Haufen. Er las zurück und bei dem letzten Wort erschienen die Vögel, die fertig waren; als sie gewahrten, daß alles zurückgelesen sei und alle beteten, fingen sie furchtbar an zu schreien und verschwanden in den Steinhaufen, die sie zusammengetragen hatten. Am Weihnachtsabend sollen die in den Steinhaufen verbannten Teufel vorkommen und Vorübergehende mit Steinen werfen. Den Lehrjungen aus der Mittelmühle zu Adersbach hat auch der Müller noch mal gerettet. Aber weil er die ganze Geschichte, trotz seines Meisters Verbot, ausgeschwätzt, fand man ihn mit gebrochenem Genick im Wasserbett.

Ganz hinterlistig hatte der Teufel einem Ludwigsdorfer ein solches Buch aufgedrängt, in dem einmal die Kinder lasen; der Vater merkte es, weil eine furchtbare Angst ihn überkam, wie er Fronleichnam dem

Altar sich nahte, und daß die Angst immer größer wurde, je näher er kam. Seit jener Stunde suchte der Bauer das Buch unerreichbar für die Familie zu machen; er schloß es in Ketten im Keller an eine Wand. Aber als er nach oben kam, lag es auf seinem alten Platz auf der Rispe, d. i. der die Stubendecke tragende Balken. Er suchte es zu vernichten, aber ob er es in den Bach oder in Stückchen zerhackt ins Feuer warf, immer fand es sich auf der Rispe. Endlich trug er's nach Albendorf, beichtete dort und übergab es dem Priester, der es ins Feuer warf. Niemand sah es mehr wieder.

Viel Ärzte gehörten zu dieser verrufenen Sippe. Das Petersdorfer Barbierla, dem auch mal unberufene Hände über den Höllenzwang geraten und das auf dem Mantel nach Hause fuhr, um Unheil zu verhüten, wurde zur Zunft gerechnet, wie jene Krummhübler Laboranten, welche mit der Luftwurzel handelten. (Die Luftwurzel ist durch die Süßigkeit von der Wurzel Angelica unterschieden und zeigt sich als ein Frauenbild, mit allen Gliedern und Nerven eingeteilt.) Der Wurzelmann Großmann hatte sonderlich solche Wurzeln, die die Bezauberung auflösten, und soll darum von den Hexen blind gemacht worden sein. – Der Chronist Lucae erzählt: Anno 1628 lebte ein weltberühmter Chirurgus an des Herzog Johann Christian zu Brieg Hof, welcher bei den Patienten große Wunder tat. Unter anderem vermochte er den schwangeren Frauen ihr Gelüst zu stillen, auch Kirschen und andere Baumfrüchte, wäre es schon im Winter gewesen, ganz frisch zu verschaffen. Aber wider Verhoffen fand man ihn endlich mit verdrehtem Hals unter der Bank in seinem Zimmer liegen.

Vom polnischen Faust Twardowski hat sich das Wort erhalten: *stowa verbum* = Wort bleibt Wort. Der Böse sollte ihn in Rom holen. Als er nun einmal in einem Kretscham (Rom) nach ihm kam, hielt ihm Twardowski ein Kind entgegen. Da sprach der Teufel: Was denkst du, Twardowski? Das Wort eines Edelmannes muß fest bleiben. Das traf den Zauberer. Er legte das Kind in seine Wiege; der Teufel nahm ihn mit sich.

Da hatte sich Barthek besser zu helfen gewußt, ein Arzt und Zauberer, welchen der Abt von Rauden um Hilfe gegen die Schweden bat. Zwar kam er, obwohl der Abt verschiedene Male schickte, nicht, sondern blieb hinter der Kanne sitzen und bat sich nur für später eine Gegengefälligkeit aus; die Schweden würden nicht kommen. Der Abt versprach alles mögliche. Inzwischen nahten die Feinde – plötzlich machten sie aber halt, als wären sie festgebannt; ein Unwetter zog sich zusammen und Sturm und Regen brach auf sie los. Auf einmal, wie von demselben fortgepeitscht, drehten sie um und jagten davon. Nach Jahren, als Barthek sterben mußte, bat er den Abt um jene versprochene Hilfe, nämlich den Teufel vom Lager des Zauberers fernzuhalten. Der fromme Geistliche kniete, seines Versprechens eingedenk, am Lager nieder, umfaßte den Sterbenden mit der Stola und fing an, fromme Gebete herzusagen. Barthek starb. Im nämlichen Augenblick erscholl aus allen Ecken und Winkeln des Zimmers ein Heulen. Krähen, Nachtvögel und ungestalte Geschöpfe erschienen. Aber das geweihte Band um den Körper, sowie die frommen Gebete des Abtes hielten die Teufel fern und sie verschwanden. Des Zauberers Seele war nun gerettet; der Körper wurde in einer Gruft der Kirche begraben.

Um einen Urahnen des Dichters Leutelt, den Schumburger Dr. Kittel hat sich ein ganzer Sagenkreis geschlungen, so daß man ihn nicht mit Unrecht einen nordböhmischen Faust nannte. Mit List erregte der Böse des Doktors Begier nach dem Lebenskraute, das Hirsch und Natter kennen, mit dem sie ihre Wunden heilen. Kittel wollte das Kraut und andere Naturgeheimnisse gern erwerben, aus Wissenslust und um den Kranken helfen zu können – er schloß mit dem Teufel einen Vertrag auf 50 Jahre. Durch gottgefällige Werke wollte er seine Seele dem Bösen entreißen. Der brachte, als Kittels Famulus, Zaubergeräte und eine Menge teuflischer Bücher in sein Haus; auch einen Mantel, auf dem der Arzt durch die Lüfte fuhr, während ihn sieben Raben trugen. Und nun begann der Doktor seine berühmten Kuren. Daß die nicht allein auf dem Wissen desselben beruhten, erfuhr der Feixpater, der einmal bei ihm zu Besuch gewesen und, als er das Kabinett aufsuchen wollte, in einen geheimen Verschlag geriet, den niemand betreten durfte und den Kittel heut aus Versehen offen gelassen. Um Mitternacht war dies Kabinett erleuchtet und um die Zeit beriet sich Kittel mit seinen Geistern über die Kranken und ihre Heilung. Da hat der Feixpater auf einem Seziertisch sich selbst tot liegen sehen. Von da an hatte er sich nicht mehr in Kittels Haus getraut und war in Jahresfrist gestorben. – Einmal ward in der Nähe von Schumburg ein toter Soldat gefunden; er war in einem verrufenen Puschborn ertrunken. Kittel brachte durch Zaubersprüche das Bornwasser zum Sieden und zog ein paar Stunden später das blanke Gerippe heraus, das er in seinem Kabinett aufbewahrte. Der Born ist verschüttet worden. – Noch mehr vermochte der

Doktor, und das, was ich vorhin von einem Baumeister schrieb, der das Loch, wo der Tod hineinkommt, an Christian Weiß' Hause vermauerte, geht eigentlich auch auf Kittel. Kein Wunder, daß jeder ihm aus dem Wege ging, außer den wenigen freilich, die selber nach solchen Künsten gierten. Ein Schlosser hat ihm einmal ein Buch entwendet und es im Tuch, in dem er sein Handwerkszeug trug, mitgenommen. Als er es wiederbrachte – er mußte wieder an Türen und Schlössern Reparaturen vornehmen –, hatte er schon soviel gelernt, daß er selbst Kittels Geist beschwor, der auch zu ihm als Schafjunge kam. Von da an wurde er täglich reicher. Die Kirche sah er dagegen nur noch von außen an. Einmal, am Hochzeitstage der Tochter, wollte er sie ins Gotteshaus begleiten. Aber er brachte es doch nicht fertig, kehrte um, und als die Hochzeit nach Hause kam, lag er, ganz schwarz und mit gebrochenem Halse im Stuhl.

Kittel dagegen konnte sich retten, wenn er drei heilige Messen vertrug und zwar die seiner goldenen Hochzeit, die bei der Primiz des Sohnes und die bei dessen Installierung als Pfarrer. Als die Primiz stattfand, zerriß beim siebenten Glockenschlag der Strick. Die Kirche war zum Erdrücken voll; da hörte man einen gellen Schrei, und man trug eine ohnmächtige Frau hinaus. Der Doktor wollte zu ihr, aber gelangte doch erst zur Tür, als schon das Glöcklein zur Kommunion ertönte. Kittel bekreuzte sich noch; draußen grinste die Frau ihm höhnisch ins Gesicht; aber er hatte den dritten Hauptbestandteil der Messe doch nicht versäumt. Nach dem Volksglauben war diese Bäuerin aber Kittels verkappter Geist gewesen. Die zweite Messe zur goldenen Hochzeit begann im schönsten Sonnenschein. Plötzlich wurde es dunkel wie im Sack, ein Blitz schlug in den Turm und riß den Putz von ihm los. Noch heute hält kein Anwurf (Putz) an ihm lange; so haben die bösen Geister ihre ohnmächtige Wut ausgetobt. Die letzte der Messen geschah wenige Tage, ehe sein Pakt ablief. Um Kittel von dieser abzuhalten, zeigte sich ihm sein Famulus in wahrer Gestalt und stürzte sich auf den Arzt. Wie ihn der Teufel bereits am Genick fassen wollte, erraffte sich Kittel in seiner Angst und traf den Bösen mit einem eisernen Kruzifix, daß dieser heulend und winselnd durch den Kamin entfloh. So konnte der Doktor auch dieser Messe beiwohnen und seine Seele dem Teufel ausspannen. – Dagegen erzählen andere, daß Kittel mit seinem Praktikanten, der Ratzka hieß, einmal am Schwarz-Teich zwischen Schossen- und Wolfersdorf vorbeigekommen ist. Beide hatten bereits des Guten etwas zuviel getan. Herr Doktor! rief plötzlich der Praktikant, wir reiten ja geradewegs in den Teich hinein! – Ach was! Reiten wir zu in drei Teufels Namen! Kaum hatte der Doktor das gesagt, da erhob sich ein furchtbares Gewitter, und der Praktikant sah beim Leuchten der Blitze, daß sich der Doktor auf seinem Pferde samt drei Gestalten im Schwarzteiche befand. Sein Pferd arbeitete sich aus den Wogen, und als er nach Hause kam, hatte sich auch des Doktors Pferd eingefunden. Den Geist des Doktors konnte man aber noch lange, besonders in den Gewitternächten, am Rande des Schwarzteiches sehen.

Selbstmördern versagte die Geistlichkeit kirchliche Ehren und das fand man nur recht und billig. Die, welche in der von Priesnitz geleiteten Kuranstalt zu Gräfenberg, unheilbar, ihrem Leben ein Ende machten, mußten deshalb ganz heimlich begraben werden, und das besorgten die Nistlerjungen. Daß es bei solchen nächtlichen Grabgängen nicht immer ganz richtig zuging, versteht sich von selbst. Die Nistlerjungen, die eigentlich eine Abdeckerei betrieben, wurden jedoch mit allem Spuk fertig und gingen mit ihrem Sarg ungehindert durch ein gespenstisches Rudel Katzen, das über den Weg hin und her lief, während die ihnen nachfolgenden, neugierigen Gasthausbesucher abbiegen mußten. Als sie dann zur Spukquelle kamen, war ein Nachfolgen ausgeschlossen, ein Hagel von Holzstücken, Ästen und Steinen flog auf sie ein, während die Nistlerjungen auch da passierten. Dann haben sie noch am Waldeingang das erste Mal geruht. Mehr konnte niemand erfahren. – Aber viel größer in seinen Künsten war doch der alte Reinsch. Der konnte Licht in die Stube hexen, denn zu jener Zeit war das Licht-Hereinnehmen eine schwierige Arbeit; es mußte auf dem Feuerstein gepinkt werden. Reinsch aber ist mit einem dünnen Holzstäbchen bloß unter die Bank gefahren und als er es wieder hervorzog, da hat es lichterloh gebrannt. Einmal ist er über dem Zauberbuch eingeschlafen. Ein Nachbar, der kam, wollte ihn wecken, und rüttelte ihn am Arm. Plötzlich hielt der erschrockene Nachbar den Arm, glatt abgebrochen, in der Hand und und stürzte, wie vom Bösen verfolgt, zur Türe hinaus. Einmal war Reinsch schwer krank. Da hatte ein Schäfer ihm gesagt, daß ihm ein Mittel helfen könne, er müsse zu Fuß nach Neiße „zum Bilde" pilgern. Da er auf seinen Füßen nicht mehr fortkonnte, ist er nach Neiße zum Gnadenbilde auf den Knien gerutscht. Das war ein Weg von über drei Meilen. Dafür ist er dann auch gesund geworden. – Doch was sagt man zu einem Künstler wie jenem Rotbart-Kehrab, der zu den Räubern im alten Schloß Osseg gehörte, als man das belagerte, auf das Dach stieg, wo er die Kugeln mit einem Besen abgefegt hat!

Es scheint, als hätten sich alle größeren Sagenkreise, in deren Mittelpunkt die Person eines Schwarzkünstlers steht, im Isergebirge gefunden. Denn auch die Tappern stammten von dort. Der Tapper war ein Raubschütz, der in Groß-Iser lebte. Sechs Siegel von der geheimen Wissenschaft hatte er schon gelöst, aber die drei Fragen, die ihm die Sonne vorlegte, konnte er nicht beantworten. Drum mußte er sterben. Einmal bei Nacht im Walde gewahrte er einen weißen Hasen. Voll Schreck beschloß er umzukehren. Die Gegend kam ihm jedoch plötzlich ganz unbekannt vor und er irrte lange in Sümpfen umher. Mit einem Mal sah er eine Menge Kinder, welche ein Knieholzgebüsch umtanzten, in dessen Mitte des Tappers Ebenbild stand. Er selbst schien wie festgebannt; da schoß er seine Flinte auf den Spuk ab. Beim Schalle des Schusses schwand die Erscheinung und er sah wenige Schritte vor sich sein Haus. Als er am Morgen die Flinte neu laden wollte, fand er sie noch geladen. Kurze Zeit später starb er in Löwenberg, wohin man ihn, als des Mordes verdächtig, gebracht. Der Sohn ererbte vom Vater die Zauberbücher. Da haben sie mal Freikugeln gießen wollen und dazu brauchten sie einen Totenkopf. Den hatte ein Freund aus Polaun rübergeholt. Wie sie nun durch die Augenhöhlen das Blei gießen wollten, ist's in der Stube überall rumgespritzt; sie hatten etwas versehen dabei. Der Totenkopf aber stand auf dem Topfbrett und grinste sie an. Da haben sie ihn fortschaffen wollen; aber als sie heimkamen, war er schon da und stand auf dem Brett. Sie haben ihn dreimal fortgeschafft, in den Rumpeltump, in den Steinbachfall und endlich nach Polaun zurück, aber er kam halt immer wieder. Einmal schoben sie ihn in den Backofen, ohne daß es was nützte. Zuletzt hat ihn der Pastor aus Giehren verbannt, da wurde Ruhe. Es heißt, sie haben ihn in eine Holzfeime hinter des Tappers Haus getan, die sollte er nie abreißen, die sollte dort verfaulen. Aber er hat's halt nicht übers Herz gebracht, sie reute ihn gar zu sehr, da hat er sie eingeräumt und danach ist er verwirrt worden. Da haben sie ihn mit Ketten anbinden müssen, aber er war stärker als die drei Kerle und lief in den Pusch. Dort hat ihn mein Mann – so erzählte . . . – mal mit suchen helfen; er war an einem Quell und hat getan wie ein Hirsch, er hat immer mit dem Kopfe in den Boden gestoßen und wollte nicht mit, als sie ihn heimholen wollten. – So gefesselt hat er gelegen bis zum Tode. Am Montag fragte er: Frau, gib doch mal den Kalender, ich muß mal sehen, wenn Neumond ist! – Das war am Mittwoch. Deswegen sagte er: Ach, nu muß ich's noch ein paar Tage ausstehn'n! Der hat nämlich seinen Tod vorher gewußt. In Ketten – zwei waren in der Wand an Arme und Füße und zwei waren übers Bett und in der Diele festgemacht – ist er gestorben. Zuletzt hat er gesagt: Schlagt doch die schwarzen Männel tot, die hier rumlaufen. Aber sie haben keine gesehen. Da haben sie den Schlegel geholt und drei harte Schläge auf den Wechsel gemacht. Beim dritten Schlage ist er gestorben.

Aus jenen Büchern hatte der junge Tapper auch erfahren: wenn er in seinem Keller grabe, werde er etwas finden, woran er sein Leben lang genug haben werde. Er grub, in der Meinung, es handele sich um einen Schatz, und fand eine Totenhand. Eine Erscheinung forderte ihn auf, aufzuhören, für ihn werde das genügen, was er schon habe. Nach einer anderen Sage war es die Schwester, die ihm erschien und ihm sagte, hier liege sie und ein Jägerbursche, mit dem sie der Vater einst überrascht und die er erschossen habe. Aus einem anderen Winkel aber rief's: Grabe! Der junge Tapper antwortete: Grabe selbst, ich grabe nicht weiter. Nun forderte der Vater, welchem der Kindesmord keine Ruhe ließ, den Sohn wegen seines Ungehorsams zum dritten Tage vor Gottes Gericht. Am zweiten Tage starb der. Der Enkel aber lebt heute noch als Waldwärter auf der Iser und hat auch noch die alten Bücher; denn wenn er sich bloß auf einen Fuchs anstellt, hat er ihn schon.

Ähnliches wie die Freikugelgießer hat auch ein Bursche bei Kronstadt erlebt. Der holte sich einen Totenkopf, um in der Lotterie zu gewinnen, und barg ihn auf der Bühne. Aber zur Nacht kollerte er oben herum und kam die Treppe herab. Fort hat er ihn oft getragen, aber er wurde ihn dann erst los, als ihn der Pfarrer mit einer Leiche abholte und in der Seitenhalle der Kirche begrub. Doch sagte der Kopf zuvor: Es war gut, daß ihr mich getroffen habt; hättet ihr meinen Bruder getroffen, so wäre es anders.

Ein Raubschütz, wie beide Tappern, war auch der alte Tamann, welcher im oberen Kamnitztale in einem alten verfallenen Hause lebte, aber stets eine Meute von 8 bis gar 10 Hunden hielt. Er arbeitete nicht und hatte trotzdem sein Auskommen. Das machten die Hunde, die des nachts unsichtbar in die Häuser drangen und fortschleppten, was sie fanden. Am hinteren Keilende (Giebel) hatte er ihnen ein großes Fenster ausbrechen lassen, durch das sie ihren Raub auf die Bühne schleppten. In jungen Jahren war Tamann ein Wilddieb gewesen, dem die geriebensten Jäger nicht hatten beikommen können. Manchmal trieb er mit ihnen sogar Schindluder. Einst hockte er unterhalb der Tschihahnlfelsen auf einem Wechsel, als plötzlich der

Förster vor ihm auftauchte. Sofort verwandelte Tamann sich in einen alten „Stock". Der Förster, dem seine Pfeife gerade ausgegangen war, zog ein Stück „Stemm" (Rollentabak) hervor und schnitt ihn auf dem Baumstumpfe klein. Als dann die Pfeife wieder nebelte, schritt er weiter. Kaum aber hatte er einige Schritte getan, als hinter ihm Tamanns Stimme laut wurde: Uff man Koppe schnadst dö kenn Touwak mieh! Er wandte sich um; da war der Stock verschwunden; in der Luft aber schwebte frei ein verwetterter Filz, den er zu gut kannte, und der hinter den nächsten Büschen sich seinen Blicken entzog, ehe er zu sich kam.

Nicht immer blieb es bei Hohn und Spott. Einem raubschützenden Soldaten kam einst ein Hase in eines klugen Försters Revier entgegengelaufen, entriß ihm sein Gewehr und verschluckte es. – Ein Förster in Trebendorf, Petrik, welchen die jungen Förster, wie er alt war, nicht mehr zur Jagd einluden, rächte sich, daß sie ohne ihn keinen Hirsch und kein Schwein mehr schießen konnten. Das machte, weil er ein Zauberbuch, einen Koraktar, hatte. Er aber konnte aus seinem Fenster Hirsche und Rehe schießen oder was sonst der Tafel des Fürsten not war. Das konnte übrigens auch der Tutafranz in Sandau bei Lähn, welcher dem Teufel versprochen war. Der zauberte sich das Wild vors Fenster und schoß es von der Stube aus. Den Höllenzwang hatte er selbstverständlich auch.

Ein Jäger auf der Wichstadtler Seite hatte viel Pech. Er konnte nicht mehr zu Schusse kommen und kam ihm ein Stück Wild vor den Lauf, so traf er nichts. Als er einst traurig vor seinem Forsthaus saß, kam ein vazierender Förster und fragte ihn, was ihm fehle. Der Jäger erzählte ihm seinen Kummer und daß er entlassen werden würde. Da sagte der fremde Förster: Hört Freund, da ist der Wald nicht rein; morgen früh wollen wir schauen, wer daran schuld ist. Am anderen Morgen gingen sie miteinander zu einem Scheidewege im Walde; dort setzte sich der vazierende Förster nieder, nahm seinen Hut, legte ihn zwischen die Beine und murmelte etwas. Plötzlich kam eine Kugel geflogen und traf ihn an die Brust. Sie konnte ihm aber nichts schaden, denn er war kugelfest. Er nahm sie vielmehr, lud sie in seine Büchse und schoß sie ab. Darauf erhob er sich: Jetzt wollen wir wieder nach Hause gehen, der Wald ist rein.

Als sie beim Heger vorübergingen, lag dieser tot vor der Tür. Das ist der, der den Wald nicht rein gehalten hat, jetzt werdet ihr wieder statt Wassersuppe Fleisch essen. Und richtig, seit diesem Tage hatte der Jäger wieder Glück.

Den feirigen (d.h. brotlosen) Jägern, Köchen, alten Soldaten, Scharfrichterknechten war nicht zu trauen. Der Tschöpsdorfer Schulze hatte ein paar Honnprich-Burschen einmal aus seinem Hause gejagt. Da wandte sich einer um und drohte ihm mit der Hand. Bald fanden sich an seinem Körper scharenweis Läuse ein. Ein Feiriger hat mal einem Brauer ein ganzes Gebräu Bier aus der Braupfanne fortgezaubert; das hat als blanker Schaum, wie ein Ballen Wolle, in dem Gesperr des Hauses gehangen. Auf gutes Zureden ließ er es wieder so wie aus einem Zapfen in den Braukessel laufen. Ein andermal warf derselbe John einer Spinnerin den Rocken in ihren Schoß, der sich in ein schreiendes, nacktes Kind verwandelte.

Wer klug sein wollte, ging auch den alten Mühlschern gern aus dem Wege. Versagte ein Müller einem solchen die Atzung, so war es ihm ein leichtes, aus dem Mühlbeutel Ratten und Mäuse hervorgehen zu lassen, welche den Müller mit Haut und Haaren fraßen. Ein andrer, den man abwies, als eben scharf gemacht wurde, hatte Beuthen a. O. noch nicht verlassen, als der Stein in zwei Hälften auseinanderfiel. Man suchte ihn überall, fand ihn und endlich riet er, man solle den Stein mit einem Strohseil zusammenziehn. Das half; die Hälften gingen zusammen und alles war gut. – Als eine geizige Müllerin, die wohl wußte, daß wandernde Müller einen ganzen Laib Brot nicht anschneiden dürfen, zwei Mühlschern mal einen solchen und dazu ein Quartierdel Butter in Form einer Scheibe vorsetzte, grub einer, nachdem er oben die Kruste kreisrund gelöst, das Weichsel heraus und steckte es in die Tasche, ebenso machte er's mit der Butterscheibe. Dann gingen sie fort. Nach einem guten Stück Wegs sprach der erste: Gib acht, was jetzt geschehen wird! Da kam ein Mühlrad herangebraust. Er stellte sich auf die eine Seite der Straße, der zweite ihm gegenüber. Gelingt das, was ich jetzt vorhabe, so ist uns beiden geholfen, wenn nicht, sind wir verloren! Das Rad kam mit furchtbarer Schnelligkeit näher. Im Augenblick, als es zwischen beide Burschen gelangte, schob er seinen Stock zwischen die Speichen und rief: Es ist glücklich gelungen. Inzwischen zerfiel das Rad in tausend Trümmer. Nun ging in jener Mühle ein böser Spektakel los und erst ein ansehnliches Geschenk bewog den Burschen, den Zauber wieder zurückzunehmen. – Da kam mal einer, als es sehr regnete und stürmte zum Müller in die Kerbemühle (bei Marklissa), sagte gebührlich seinen Willkommen- und Handwerksgruß und bat um das Geschenk, wie auch um eine Lagerstatt und Nachtherberge. Der geizige Müller wies ihn fort, nachdem er ihm das Geschenk, das er nach Handwerksgebrauch nicht verweigern konnte, auf den Tisch hingeworfen hatte. Der Bursch aber ließ es liegen und sprach: „Behaltet Euer Geschenk, Meister! Ich mag nichts von Euch und gehe hinaus in die finstere Nacht. Ihr werdet aber einst wünschen, daß Ihr mich dabehalten hättet; denn auch Ihr habt am längsten Herberge hier gehabt!" Und ging. Am anderen Morgen fanden sich in der Mühle soviel Ottern ein, daß man sich ihrer gar nicht erwehren konnte. Wenn der Müller aß, krochen sie auf den Tisch und langten mit in die Schüssel. Beim Aufschütten folgten sie ihm und schlangen sich um des Müllers Beine. Ins Bett schlüpften sie mit hinein. Er mochte mit seinem Schürbeil um sich hauen, mit Knütteln unter sie schlagen, sie stoßen oder treten, es half alles nichts. Er mußte die Mühle verlassen, die, öde und leer, gänzlich verfiel. Um 1750 standen noch Trümmer des unteren Stockes, von Ottern in großer Zahl bewohnt.

Zigeuner gebieten über das Feuer und wissen Brände voraus. Es lagerte 1790 eine Zigeunerbande in Liebau bei einem Bäckermeister, in dessen Bodenkammer sie ein entsetzliches Feuer machten. Die Meisterin wurde es gewahr und ihr Mann ging hinauf, das seinen Gästen zu untersagen. Da hat ein alter weißbärtiger Zigeuner den Meister beruhigt: Dies euer Haus wird nicht abbrennen, obgleich die Stadt zweimal durch Feuer zerstört werden wird. Und das ist eingetroffen. – Es heißt sogar, daß die Zigeuner in einer gefüllten Scheune lagern und feuern können, ohne daß was geschieht. Auch können sie machen, daß ihnen das Vieh nachläuft, wohin sie wollen.

Eine Bauerstochter arbeitete mit der Magd im Garten, da kam ein Zigeuner vorbei. Den heirate ich mir, sagte sie scherzend zur Magd. Pfui, Sie werden doch das nicht tun, spricht die Magd entsetzt. Der Zigeuner hat die Reden gehört, kommt an den Zaun, sieht die Bauerstochter scharf an, indem er spricht: Vergessen Sie ja nicht, was Sie eben versprochen haben. Nach einigen Tagen ist die Tochter weg. Der Vater spannt an und fährt der Bande nach, die am Waldrande lagert, und findet die Tochter als Weib jenes Zigeuners wieder. Sie weigert sich, mit dem Vater heimzukehren und dieser verstößt sie. Nach Jahren kehrt sie einmal mit jener Bande wieder; sie hat zwei Knaben und wird auch gut behandelt; aber das ewige Rumziehen sei ihr zuwider, doch könnte sie nicht mehr fort; jener Zigeuner habe sie am Zaune verhext.

Zu denen, die sich dem Teufel verschrieben haben, kommt er am heiligen Abend und das sind die Freimaurer. Sie dürfen (brauchen) nicht arbeiten und finden jeden Abend unter dem Kopfkissen Geld. Wenn sie 64 sind, müssen sich die, welche noch nicht gestorben sind, selber umbringen. Mögen sie's nicht, dann geben sie ihre Photographie den andern; die schießen mit einer Pistole drauf, da sterben sie. Einer hatte sich schon dem Teufel verschrieben, das hat er mit seinem eignen Blut tun müssen, aber er hat's nicht lange ausgehalten, es war für ihn zu schwer. Und zieht in Liegnitz die Loge um, so ist der Böse dabei und sitzt auf dem Wagen, wo die Lade steht, so schwer, daß sechs Pferde vorgespannt werden müssen, und umschauen darf der Knecht sich nicht, sonst bleibt der Kopf ihm rückwärts stehen. – In jedem Jahr müssen sie bauen und wenn's auch nicht mehr als zwei Ziegel sind, die sie übereinander legen.

In Goglau (bei Schweidnitz) ist eine Kammer, von deren Tür ist die Klinke ausgedreht, und alles ist vermauert. Einmal hat die Jungfer gefragt, was dort drin sei, sie hat aber keine Antwort gekriegt. Aber in einem Kasten haben die Mädel einen schwarzen Talar gefunden mit einem Stern drauf, das war wohl eine Freimaurertracht.

Als Krause-Meta in Haynau diente, war der Herr auch ein Freimaurer, und wenn er verreiste zu den Versammlungen, nahm er den kleinen Koffer mit. Einmal hatte er vergessen, ihn wegzuschließen, und seine Tochter meinte zur Meta Krause: wolln sie mal sehn? Sie schlossen auf, und da lag in dem mit Samt ausgeschlagenen Koffer ein goldenes Kreuz, eine goldene Kette und dito Hammer. Ein andermal kam die Meta Krause allein zu dem Koffer, und die Neugierde verführte sie, den Koffer zu öffnen und die Sachen in die Hand zu nehmen. Am nächsten Tag kriegte sie halt ein schlimmes Bein und sie hat wochenlang gelegen und kein Arzt wußte, was eigentlich mit dem Beine los war.

Dann heißt es, niemand soll ein Geschenk annehmen, soll lieber im Stillen sagen: hebe dich weg von mir, Satan! denn mit dem Geschenkannehmen sei's so, daß der Geber dann die Gewalt habe, den Beschenkten dem Bösen zu überliefern, wenn seine, des Gebers Zeit gekommen sei. Ein Besitzer aus Aslau hat nach und nach alle seine Kinder, zuletzt ein blühendes Mädchen von achtzehn Jahren gegeben: alle sind plötzlich gestorben ohne vorheriges Kranksein und dann zum Ende die Frau. Frau Krause sagte: Er muß eins geben, das seinem Herzen am nächsten steht. Die Krausen hat auch erzählt – da haben sie einen rausgerufen, und da hat sie gesehen, daß drinnen ein Ofenstengel gewesen ist, da haben lauter Schwarzkrähen drauf gesessen. Das waren die Logenbrüder.

Wohl werden Freimaurer reich, aber sie haben ein schlimmes Ende. Der eine Pächter eines Dominialobstgartens in Schlesien war auf den Wunsch der Herrschaft vom wahren zum protestantischen Glauben übergetreten; der Ortspfarrer M. Reder hatte dazu sogar die Hilfe der Breslauer Freimaurerloge „zu den drei Totengerippen" herbeigezogen. Anfangs tat wohl der Neubekehrte sehr freigeistig, aber dann äußerte er ganz bedrückt: Der R. (das war der Vater des Erzählers) ist doch ein glücklicher Mann, der steht in seinem Glauben fest, ich aber bin abgefallen, und bin verflucht und ewig verloren. Er klagte auch, daß er keine Ruhe finde und ob man ihn auch beruhigte, es war vergebens. Der Mann ging fort und erhängte sich.

Als der Freimaurer vom Kaiserswaldauer Oberhof starb, hat ihn der Kutscher mittags von zwölf bis eins um den Teich fahren müssen, und durfte dabei sich nicht umsehen, was hinter ihm los war. Um eins war der Herr tot.

Hexen

Sobald eine Frau dem Teufel gehört und dessen Kunststücke und Wissen lernt, bezeichnet man sie als Hexe. Es ließe sich viel aus vergangner Zeit erzählen, was die Pilweißen, so nannte der Schlesier sie, trieben und wie sie gestraft worden sind. Doch lasse ich das auf sich beruhen und wende mich nur zu dem, was heute die Schlesier von den Hexen wissen.

Ihre Bekanntschaft läßt sich leicht machen. Entweder geht man mit einem vierblättrigen Klee zur Christnacht in die Kirche, da stehen sie mit Melkgelten, oder man trägt blühende Kirschenzweige bei sich und kann sie im Freien tanzen sehen, darf aber kein Wasser überschritten haben. Ein Lehrer in Wichstadtl hat's mal probiert und um über kein Wasser gehn zu müssen, ist er über die Zäune geklettert. Er hat auch wirklich die Hexen von Wichstadtl tanzen sehen; die sind aber, als sie ihn spürten, auf ihn gekommen und haben ihn bös zerkratzt. In der Kirche muß man versuchen, ehe der Pater vom Altar geht, draußen zu sein, sonst brechen sie einem den Hals und jenen Knecht, dem einer boshaft ein Vierblatt zugesteckt hatte, fühlte ihre eiskalte Hand schon im Genick.

Am letzten April fliegen die Hexen auf Besen zur Feueresse hinaus ins Riesengebirge; dort bereden sie sich, wie sie es im nächsten Jahr wieder treiben werden. In Querbach sah man sie am Johannisabend unterhalb der Kaiser-Wilhelmsbaude auf Ziegenböcken den Hang herunterreiten. Da machte sich mal ein Mann mit Heugabel, Flegel, Harke und Spaten nach der betreffenden Stelle Johanni auf, legte seine Geräte auf den Weg unter dem Hange, sprach einige Beschwörungsworte und wartete. Nach einiger Zeit hörte er ein eigentümliches Pfeifen. Schnell rief er aus: Ihr Hexa, ihr seid mein, an dos ganze Krempelzeug is dein! Drauf hörte er einen kräftigen Fall – und von der Zeit an spürte man keine Hexen mehr.

Paul Winckler, das Mitglied der fruchtbringenden Gesellschaft, schrieb 1678 in seiner Selbstbiographie: Als ich mit diesem Manne (dem Vater seiner Verlobten) in Widerwärtigkeit geraten und auf einer Kalesche durch Nieder-Pritschen auf Guhrau zu fuhr, kam von dessen Gegend, dem rechter Hand liegenden Hof, ein Wölklein mit dergleichem heftigen Wirbelwind auf mich gestoßen, daß, weil ich diesen Possen leichtlich merkte, alsofort nebst meinem Jungen vom Wagen sprang und mich fest an den Zaun hielt, worauf dann dieser Wind in einem Augenblicke den Wagen über den Haufen stürzte und wieder auf den Hof zu umkehrte. Ich aber fuhr meines Weges und hatte, sobald ich diesen Ort vorbei, weder Wind noch Anfechtung weiter. In Niefken bei Medzibor hatte Frau Anna Ponwitz mit einer Hexe Streit und diese drohte ihr, daß sie ihr schon eine Plage oder Peiniger schicken wolle. Zur Frühlingszeit, als sich die Ponwitz einst auf dem Hofe befand, hörte sie ein Rauschen, wendet sich um und erblickt einen Zwirbelwind, der aus dem nahen Walde auf sie zukommt, sie zu Boden reißt und so heftig tobt, daß sie glaubt, er reiße das ganze Haus darnieder. Kurze Zeit darauf fing ihre Besessenheit an.

In Oberschlesien glaubt man, daß die Hexen Macht haben, den Regen zu hindern und wenn sie das tun, wirft man sie einzeln, in einem Korb, bis aufs Hemd entblößt, in den Teich. – Die Kraft, Wetter zu bannen, hatte der Glaser-Ejden auch; sobald ein solches über den Jeschken kam, trat er unter die Tür und machte Sperfankel mit Armen und Beinen, duckte sich, sprang wieder auf, blieb stehen, eilte nach rechts oder links, während er Unverständliches murmelte. Solange er lebte, ist auch kein Hagel über die Berge gekommen. Aber die Kunst Glaser-Ejdens war doch der jener Hexen entgegengesetzt; während die seine wohltätig wirkte, stiftete die ihre Verderben.

Die Hermsdorfer Hexe (Hermsdorf bei Goldberg) saß, wenn die andern zur Christnacht gingen, auf einer Bank vor der Tür und betete zum Monde. Und auch die alte Gottwalden – ich werde dann noch von ihr erzählen – murkste um Neumond und solche Zeit allerlei, so daß sie nach ihrem Tode wiederkam. In Goldentraum gingen, wie oben erzählt, dreie bei hellem Mondschein auf den Kreuzweg und beteten dort den Mond an; dadurch bekamen sie Macht zu allerlei Zauberkünsten und die verstorbene Frau Brosig aus Patschkau, die sich erhangen hat, machte vor dem Vollmond drei Neigungen mit den Worten: Guten Abend, Herr Mond! Guten Abend, Herr Mond! Guten Abend, Herr Mond! Wenn man sie fragte, warum sie denn das tue, antwortete sie nicht.

Die österreichisch-schlesischen Hexen reisen zum Peterstein, auf welchem der Möglitzer Hexen-Pfarrer die Marie Sattler und später die alte Meixnern zur Hexenkönigin gekrönt und die Elisabeth Sattler einem Geist angetraut hatte, die mittelschlesischen bevorzugten den Hexenstein südlich der Kinsburg oder den Platz unter der Kiefer auf dem Pangel bei Nimtsch, die lausitzer den krummen Birnbaum bei Rohne, auf welchem der alte Korinthus sitzt. Da fragte eine Drebkauer Frau einst einen Mann aus Rohne: Steht Krajnkos Birnbaum noch? (So heißen die Leute, welche dort wohnen.) Der sagte: Ja! Dann sagte die Frau: Auf dem hab' ich manche gebratene Kröte gefressen. Nun wußte er, was für eine sie war. Zu Krajnkos Birnbaum ist mal ein Schneider gekommen, der wußte nicht wie. Er hatte die Wirtin nachgeahmt, die sich gesalbt und fuhr durch die Luft auf ein Schloß. Da wurde er herrlich bewirtet. Die Hexen, sie waren alle da, gaben ihm einen Topf, an den sollte er mehr als an Gott glauben. Als er nun sagte: Ich sch . . . auf euren Topf und glaube an den lieben Gott! saß er auf einmal auf jenem Birnbaum und mußte 3 Tage nach Hause laufen.

Es hat, wie jener Schneider, mancher Wagehals wohl die Hexe belauscht, den Besen gesalbt, nur leider den Spruch falsch nachgesagt, statt: überall aus und nirgends an – überall aus und überall an, so daß er zerschunden im Saale ankam. Das Essen, das er dort aufgetragen fand, war überaus schön – und war doch Aas. Er wurde erkannt, elend zerkratzt und über den Berg hinab in eine Dornhecke geworfen, in welcher die Bauern den Blutenden fanden. Die Magd in Niederhof, die wie ihre Wirtin sich mit einer gebratenen Kröte salbte und ihr nachfuhr, erhielt von dieser für die Rückreise einen Ziegenbock mit der Warnung, ja nicht, solange sie auf ihm sitze, Gott anzurufen oder an ihn zu denken. Nun ging es durch dick und dünn, durch Bäche und Sümpfe. Du lieber Gott, hilf mir nur noch ein einziges Mal! fuhr es der Magd durch den Sinn und da lag sie im Sumpfe. Ein volles Jahr brauchte sie, ehe sie aus der wildfremden Gegend nach Hause fand. Im Bauershofe war in der Zeit alles beim alten geblieben. Als die Magd in die Stube trat, machte die Bäuerin Knödel. Ein Besen half ihr dabei. Der hatte das Jahr die Dienste der Magd verrichtet und war den Leuten auch so erschienen.

Es ist ja schon bekannt, daß diese Feste nicht ohne Sang und Klang verliefen und mancher verbummelte Sackfiedler ward unterwegs ausfgelesen, der dann durch seine Musik das Fest verschönte, auch einen Batzen Geld hätte verdienen können, wenn er nicht gerade beim Trinken Helf Gôt on Säns (segne es) Gôt hôt moncha Moan ems Gäld gebrôcht! vorgebracht hätte. So aber zerstob die Herrlichkeit und er erwachte auf einem ungarischen Galgen. Was aber erlebten zwei Rockengänger im Neißer Kreise? Die gingen um Mitternacht nach Hause; da sahen sie ganze Scharen von Hexen fliegen, die haben herrlich gesungen und musiziert.

Von mancher Mieze weiß kein Mensch recht, was für ein Tier sie ist. So ist einst ein Mann beim Brechhause von Klein-Bielau vorbeigegangen, aus dem ertönte ein unheimliches Konzert. Aus Furcht gelähmt blieb er stehen; plötzlich rief man ihn bei dem Namen und er vernahm: U. U., wenn du nach Breslau kommst, grüß mir den Meermauer in der blauen Marie (ein Gasthaus Ecke Breite Straße und Neumarkt). Und weiter ging es im höllischen Konzert, das, wie er jetzt erkannte, von einer Menge Katzen herrührte, die auf den Flachshürden saßen. Nach einiger Zeit kam der Mann nach Breslau und ging auch in die blaue Marie, um seinen unheimlichen Auftrag auszurichten. Er fragte den Wirt, wo der Meermauer sei. Lachend wies dieser auf einen am Ofen sitzenden Kater. Siehe, da sprang der „Feuer speiend" zum Fenster hinaus und ward nicht mehr gesehen.

Ganz richtig ist's mit den Katzen nie. Die kranke Katze der Franken aus Weißbach hatte der, der sie schlachten sollte, mit dem Kopfe an das Brückengeländer geschlagen, zu Hause abgezogen und auf die Bank gelegt. Und als er wieder dazu gekommen, da war sie weggelaufen; das mußte doch eine Hexe gewesen sein. Überhaupt werden sieben Jahre alte Katzen Hexen und können trotz Schloß und Riegel überall hin; in polnisch Oberschlesien müssen sie ihre Brotherrschaft verlassen, weil sie des Teufels Gestalt annehmen. Auf diese Art werden die Teufel vermehrt.

In Kaltenbrunn a. Zobten hatte ein Kater, der sonst stets am Tisch seines Herrn aß, bei einer großen Gesellschaft sich unter denselben verfügen müssen. Am Morgen fand man ihn tot und nur den alten

Kater, der in der Nacht sich um den Hals gelegt hatte, neben ihm. Um zu erfahren, ob er der Mörder gewesen, befestigte man am Fuß der Leiche einen Faden und zupfte daran. Als das beleidigte Tier den Fuß sich bewegen sah, sprang es wütend auf den Leichnam und würgte ihn gewaltig. So erkannte man den Mörder.

Weniger oft ist es vorgekommen, daß man die Hexen in Krötengestalt gesehen. Die eine ist immer als Kröte der anderen aufs Feld gekommen und hat derem Dünger den Saft ausgesogen und ihrem Feld zugeführt. Es nützte nichts, nach dem Tiere zu schlagen; wenn man es nicht mit einer Hacke zerhackte, blieb es am Leben. Das hatte sie ihrem Manne selbst einmal ausgeplaudert, als draußen die arme Nachbarin stand, die einen Gegenstand borgen wollte. Doch diese hatte es Wort für Wort gehört und schon am nächsten Tage sich durch das angegebene Mittel von ihrer Schädigerin befreit.

Ein langes und breites läßt sich erzählen, wie böse die Hexen ihre Nachbarschaft, ja das Dorf schädigen. Da gibt es welche, die Teufelssalbe ans Butterfaß schmieren und dann genug zum Buttern haben, wenn ihnen auch nicht mal Ziegen im Stalle stehen. Aber eine Frau, die mit der Salbe gebuttert und die Butter in „Näppel“ schlug, auf die eine Kreuzform geschnitzt worden war, fand beim Aufschneiden die Butter mit Mist gefüllt. Nur der nicht in das Näppel gepreßte Rest war Butter geblieben. Natürlich war's klar, daß hier nicht alles richtig gewesen ist. Am ärgsten ging's aber dem Knechte Daniel in Klein-Erlicht. Als der nicht unterschreiben wollte – er hatte auch mit der Teufelssalbe gebuttert –, schmiß ihm der Böse die Butter auf seinen Rücken, daß sie fest klebte und nicht mehr herunterging. Dann kratzte er ihn und tunkte seinen Rockärmel in Daniels Blut. Buttre nun alle Tage, an Salbe wird dir's nicht fehlen! Nun hob Daniel seine Hände auf zum lieben Gott, daß der ihm noch einmal helfen möge. Er geht ins Nachbarhaus; da sitzt ein graues Männel hinter dem Tische. Das sagte: Du hast unsern Herrgott angerufen und der hat mich zu dir geschickt, daß ich dir helfen soll. Sie gingen an die Mistgrube. Hier hinein schmeiß' die Teufelsbutter! Daniel kriegte sie los vom Buckel und schmiß sie hinein. Da war's bloß Kuh- und Pferdedreck. Siehst du, sagte das Männel, so besch . . . er die Menschen! Dann fuhr es ihm mit der Fingerspitze über die Kratzwunde, da war sie schon geheilt. Im Pferdestall, wo Daniel gebuttert hatte, lag auch der blutige Ärmel des Bösen. Den mußte der Knecht zusammen mit seinem entlehnten Töpfchen Hexenschmiere in die Mistjauche werfen. Da fing die Jauche zu kochen und plappern an wie Bier in der Braupfanne und stank wie madiges Aas und Teufelsdreck aus der Apotheke, zuletzt aber wie angezündeter Schwefel. Das dauerte so eine halbe Stunde lang. Und nun bist du erlöst! sagte das Männel, wurde zu hellen Strahlen und hob sich nach und nach in die Höhe.

Nicht selten konnte man Butterhexen um Mitternacht an den Brücken finden. So hörte mal ein gewisser Florek Karfreitags am Zülzer Wasser ein Klopfen und Kratzen, als wenn große Wäsche wäre. Er näherte sich sachte dem Steg; da sitzen drei wohlbekannte Weiber und waschen die Butterfässer. Wie er sie harmlos beim Namen nennt, schauen sie auf – drei paar ganz große funkelnde Katzenaugen –, drohen ihm mit dem Finger und flüstern: Franz, verrate uns nicht, oder wir trocknen dich aus! Und er hat die Betreffenden nie verraten, selbst auf dem Sterbebette nicht.

Auch jenen Zauber, durch welchen den Kühen die Milch entzogen wird, üben die schlesischen Hexen. Ebenso wie durch Borgen oder Entwenden von Stallgerät – die Häuslerin in Hauptmannsdorf strich, ehe sie aus dem Grastuch molk, über den Stiel eines entliehenen Misthakens – oder durch zauberisches Melken aus Tüchern und Gabeln, wie es in Schreiberhau die Fleischersfrau machte, der Nutzen vom Vieh fortgezaubert wurde, ebenso konnte das schon durch bloßes Berühren geschehen; als Reinhold Steckel in Egelsdorf eine Kuh gekauft, die immer viel Milch gegeben und sie bei einem Hause vorübertrieb, war dort eine Frau, die hat die Kuh immerfort gestreichelt. Und von dem Tage an hat die Kuh nicht mehr Milch, sondern Blut gegeben.

Ein Pastor in Schleife, der nicht an Hexen glauben wollte, hat es mit erlebt, daß eine aus einem Strick, den sie an einen hölzernen Nagel hängte, solange molk, bis Blut kam, und der Nachbar hereinstürzte und jammerte, eben wär' ihm seine Kuh gefallen. Nun mußte der Pastor glauben, daß Hexen in der Welt sind. Allein er wollte sie gern erlösen; darum gab er sich viele Mühe und machte Verschiedenes, aber alles nur unter der Bedingung, daß sie, stürbe sie einmal eher als er, ihm nach dem Tode noch zu erkennen gäbe, was es geholfen hätte. Nun starb sie und vier Wochen später, als eben der Pastor mit seinem Sohne in der Laube beim Mittagessen saß, da flog ein gelber Vogel herzu und sang immerfort: Ein Finger nicht, ein Finger nicht! Der Pastor paßte sehr auf, aber der Vogel sang immerfort so, es wurde ihm keine Antwort. Da sprach der Pastor zum Vogel: Du, Vogel! Ich treibe dich zu Gottes Wort, daß du die Wahrheit singst! Und fragte: Was für ein Bote bist du, Vogel? Der Vogel sagte: Ich bin der Geist der

Hexe, und erzählte, daß bloß ein Finger gerettet, der übrige Leib jedoch in der Hölle sei.

In Kudowa ging eine Frau vor die Gehöfte, wo Vieh war, zupfte eine Handvoll Gras ab, tat's in ihr Tuch und sagte: Die Hälfte mir, die Hälfte dir! Von diesem Gras gab sie ihren Ziegen und sie hatte viel Milch, während die verhexten Gehöfte um so viel weniger, nur die Hälfte, hatten. Und wenn die Lewiner Hexe grasen schickte, so wuchs es unter der Sichel ihrer Magd der richtig ins Gesicht, an Orten, wo andere nichts fanden.

Auch sonst richtet die Hexe gegen das Vieh gesundheitsschädlichen Zauber. Gewöhnlich findet man dann ein Gerippe unter der Stalltür und die Krankheit hört auf, wenn dieses beseitigt wird.

Hinter den Sagen von der Milch- und Butterhexe treten die anderen Künste zurück. Nur davon wird oft erzählt, daß sich die Hexe durch Anhexen von Krankheiten oder Ungeziefer rächt; besonders in den Sudetenlandschaften weiß man davon. Die Woitzer Schneidern hexte der alten Frau Meisel ein böses Bein an, weil diese sie nicht grasen lassen wollte, und als sie es dann enthexen mußte, weil man in einem Tüppel aus drei verschiedenen Geschäften Kopfnadeln, Nähnadeln und Stecknadeln kochte, was kam da alles heraus: Pferdehaare, Stücke von Hufen, Pferdekutteln und aller Dreck.

Die Mutter von Hübel Liebel Ernstens Luise aus Petersdorf wohnte als junges Mädel beim Förster Voigt in Wolfshau. Zu diesem kam oftmals eine alte biehmsche (böhmische) Frau, die Godern. Der Förster konnte sie aber nicht leiden und als er von dem Dienstmädel, die aus demselben Orte wie die Godern stammte, erfuhr, daß die eine Hexe sei, ließ er das nächste Mal „Besen legen". So würde es sich ergeben, ob's eine Hexe sei; denn diese können nicht über die Besen schreiten. Als die Godern eingetreten ist, legt jenes junge Mädel je einen Besen vor die Haustür, die Stubentür und die Küchentür. Nachdem die Förstersfrau der Godern die Gaben eingepackt (die hatten den Förster so erbost), will diese weg. Als sie die Stubentür öffnet, sieht sie den Besen und stutzt. Sie will ihn mit dem Fuße beiseite stoßen, aber er ist fest eingeklemmt. Sie geht zurück und will durch die an die Stube anschließende Küche hinaus, vor deren Tür aber wieder ein Besen liegt. Durch einen festen Tritt wirft sie denselben beiseite, und als sie an die Haustür kommt, dort auch den letzten. Der Förster sieht lachend der Alten nach; plötzlich schreit er jedoch auf und klagt über heftige Schmerzen in seinem Arm, der über vier Wochen böse wird. Auch jenes junge Mädchen fühlte die

Schmerzen, wandte aber bald ein gegen Hexerei bekanntes Mittel an und ihr Arm blieb gesund.

Die Grenzaufseher Pohl und Podorf in Schreiberhau trafen mal eine Frau mit einem Bündel, die in den Wald zu entfliehen suchte. Sie ward aber festgenommen und, da sie Contrebande hatte, ward ihr das Bündel abgenommen. Als beide nach Hause kamen und sich zum Abendbrot setzen, erzählen sie ihren Frauen von diesem Weib. Plötzlich entdecken diese, daß ihre Männer über und über mit Läusen bedeckt sind. Das war der Hexe Rache.

Im Mittelalter schrieb man den Hexen die Kenntnis von Liebestränken und deren Anwendung zu, und Breslauer Hexen haben sich auch darin versucht. Jetzt kochen die Mägde den Schatz herbei. Sie sieden in einem Topfe Hexenkräutich; dann kommt der Teufel als schwarzer Bock, groß wie ein Füllen, und bringt den Liebsten. Eine Wirtin, die ihre Magd dabei überraschte, hörte, wie's aus dem Topfe klang: Marto, marto, mart, mart, mart, marto, marto, mart, mart, mart. Und dem Knecht, den in Eisdorf die Magd herbeikochte, rief der Bock, wenn es über den Wald ging, mahnend zu: Heb' die Beine, es kommt hoch Stoppel!

Manchmal, aber ganz selten ist es gelungen, durch Hexenspuk durchzusehen. Einst wurde eine Hexe von ihrer Schwester besucht und die sah bei ihr zwei Hunde Holz spalten und mehrere Katzen den Stall ausmisten. In der Mistlache schwammen Kröten. Im Vorhaus stand eine Tonne mit Blut und Haaren angefüllt. Nun guckte sie durch das Schlüsselloch in die Stube; da saß ihre Schwester und hatte statt eines Menschenhauptes den Kopf eines Ziegenbocks und war damit beschäftigt, auf ihrem eigenen Kopfe, den sie im Schoße liegen hatte, Läuse zu suchen. Verwundert trat jene ins Zimmer. Da riß die andere den Ziegenkopf herunter und setzte den eigenen auf. Aber Schwester, was hat es denn zu bedeuten, daß draußen Hunde Holz spalten? – Ei, das sind meine Knechte. – Aber im Stalle sah ich ja Katzen den Mist ausräumen? – Ei, das sind meine Mägde. – Aber Schwester, was war denn das? in der Mistlache kamen so viele Kröten herangeschwommen. – Ei, das sind meine Gänse und Enten. – Aber die Tonne mit Blut und Haaren im Hausflur draußen? – Das ist mein Winterfleisch. – Und als ich zum Schlüsselloch hereinsah, hattest du statt deines natürlichen Kopfes den Kopf eines Ziegenbockes. – Schwester, ich breche dir den Hals! und kaum gesagt, war es getan.

In Schleife kam eine Tochter zu ihrer Mutter zu Besuch, die eine Hexe war. Das war an einem Sonntage während der Kirchzeit. Im

Garten lag eine Frau wie tot und Würmer fraßen sie. Sie ging ins Haus, fand aber ihre Mutter nicht in der Stube. Nach einer Weile kam sie, freute sich und gab der Tochter zu essen. Die Tochter aß wenig und seufzte: Ach, wenn wir das zu Hause hätten; aber wir müssen trocken Brot essen. Hier habe ich's in Hülle und Fülle und schmeckt mir doch nichts. Da sagte die Mutter: Sei nur mit deinem Brote zufrieden, brauchst dir gar nicht zu wünschen, wie ich es habe. Warum hast nichts gegessen? Die Tochter sagte: Wie ich herkam, lag eine Frau im Garten, die haben die Würmer gefressen, und davor tu ich mich ekeln. Da sagte wieder die Mutter: Die Frau, die du gesehen hast, war ich. Die Tochter antwortete: Ihr wart doch aber ganz tot. Da sagte die Mutter: Das will ich dir gleich mal zeigen! Schlief sogleich ein und ein kleines Mäuschen, das lief ihr aus dem Munde, das war ihr Geist. Die Tochter sielte sich mit ihr herum, denn sie hatte Furcht, die Mutter würde tot bleiben. In ihrer Angst rief sie den Namen der Mutter, da kam das Mäuschen wieder und die Mutter wurde lebendig. Dann sagte sie: Wenn du das lernen willst, dann kannst du alles haben, mußt dich aber von Würmern fressen lassen, wie du's im Garten gesehen hast. Das wollte die Tochter nicht, ging und ist nie mehr zur Mutter gekommen.

Blick auf Buchwald. Lithographie von J. Tempeltei, nach einer Zeichnung von S. Rösel

Die wandernde Seele

Daß sich die Seele vom Körper löst, erfuhren wir schon. Ein Greiffenberger hatte sich einst in Liebenthal verspätet und mußte im Dunkeln und im Nebel durch die Harte nach Hause wandern. Plötzlich stand eine Gestalt ihm gegenüber, welche sein eigenes Gesicht trug. Erschrocken trat er zur Seite, um sie vorbeizulassen. Doch diese folgt ihm und wo er sich auch hinwenden mochte, überall tritt sie ihm vor die Augen. Selbst als er sich hinter einen Straßenbaum dieses Sumpfwaldes stellt, folgt sie ihm nach. Er sprang über den Straßengraben, um durch die Flucht unter die Bäume des Waldes dem Spuk zu entgehen, aber wohin er sich auch wandte, überall erblickte er wie im Spiegel sein angstverzerrtes Gesicht. Verzweifelt lief er dann querfeldein, bis er beim Lindenkruge, zwischen Groß-Stöckigt und Ottendorf, zusammenbrach und erst am Morgen gefunden wurde.

Ein ähnliches Erlebnis hatte ein Breslauer Arzt. Der kam spät abends von der Praxis nach Hause. Da schreitet ihm gegenüber auf der Straße ein Mensch, der ihm vollkommen gleicht, denselben Mantel und Hut trägt und mit ihm Schritt hält. Was er auch tut, äfft dieser ihm nach. So kommen sie bis zur Wohnung des Arztes. Da geht die Gestalt auf die Haustür zu, schließt auf und zu und steigt, nach dem Geräusch zu schließen, die Treppe hinauf. Oben entflammt er Licht. Der Doktor klettert auf einen Baum, der gegenüber dem Fenster steht und sieht, wie jetzt die Wirtin ins Zimmer tritt, mit dem Doppelgänger ganz unbefangen plaudert, das Abendbrot aufträgt, wie jener sich schließlich zu Bett begibt und das Licht löscht. – Jetzt rennt der Doktor zu einem nahwohnenden Freund, erzählt ihm alles und der behält ihn über Nacht da. Am Morgen klopft es, da erscheint seine Wirtin und jammert: Um Gottes willen, denken Sie doch, der Doktor ist erschlagen. Die Decke ist in der Nacht heruntergebrochen und auf das Bett gefallen! Sie glaubte allen Versicherungen des Freundes nicht: Ich habe ihn doch noch gestern abend gesprochen! Endlich erschien der Totgeglaubte, und nun ging man in seine Wohnung, um den Fall aufzuklären. Besonders auch, wer der Mann gewesen sein mochte, der gestern abend in des Doktors Gestalt sich schlafen gelegt. Man räumte die Trümmer der Decke fort und fand – ein leeres Bett. Etwas ganz Ähnliches geschah zu Neiße, wo der Fall noch dadurch merkwürdig wurde, daß der Erschreckte den Doppelgänger in einem Radmantel sah, den er sich selbst vom Oheim erst einige Augenblicke vorher geliehen und den sonst niemand besaß, weil es ein ganz uraltes Erbstück war, das seit Jahrzehnten ganz aus der Mode war.

Der Alb

Mein Vater erzählte mir, da haben in Gröditz junge Leute zusammen gesessen, Knechte und Mädel, und haben gesponnen; plötzlich ist einer müde geworden und legt sich auf die Bank schlafen. Und wie er eine Weile geschlafen hat, geht sein Mund auf und es kommt ein weißes Mäusel heraus, das läuft zur Tür hinaus. Es ist ungefähr eine Stunde, da kommt es wieder. Und während der Zeit hat er gelegen, ohne sich zu rühren und Atem zu holen. Wie das Mäusel wiederkommt, haben sie sich beredet und die Bank weggerückt, sie hatten aber die Stelle gezeichnet, wo die Bankbeine gestanden haben. Und das Mäusel findet nicht mehr hinauf, – es läuft immer rum und num und kann nicht mehr an den Bankbeinen rauf, weil sie nicht mehr an der richtigen Stelle standen. Dann haben die Leute die Bank wiederhingerückt und da ist das Mäusel hinauf gelaufen und ihm zum Munde rein – und es dauerte nicht lange, wacht er auf und fängt an Atem zu holen.

Hierher gehört auch jene von Peter Wlast erzählte Sage. Es heißt: Ein Mann hatte einmal des Nachts ungewöhnlich Durst und klagte es seinem Weibe. Laß es doch sein, sprach die, ich habe kein Wasser da. Nach einer Weile wollte sie ihm noch etwas sagen, aber er gab nicht Antwort: sie rüttelte ihn und konnte ihn nicht ermuntern. Als sie Licht machte, lag er leblos im Bett. In diesem Augenblick größten Schreckens schlüpft eine kleine Maus zum offenen Kammerfenster herein und kroch dem Manne in den Mund. Sogleich kam jener zum Leben und sein Durst war gelöscht. Die Seele war eben als Maus trinken gegangen.

Im allgemeinen ist der Druckgeist ganz außerordentlich vielgestaltig. In Kunzendorf im Kreise Löwenberg kam er als Zugwind durch die verschlossene Tür und löschte, ehe er drückte, das Licht. Ein Mädchen von 16 Jahren aus Langenau bei Katscher, die schon solche Brüste hatte, daß sie ein Kind hätte tränken können, hatte keine Nacht

Ruhe vor ihm; der sagte eine weise Frau: Du mußt ihn nur fest packen und dann am Licht anzünden; am Donnerstag ist er am schwächsten. Sie tat das auch, da ward der Alb eine Katze, dann eine giftige Schlange und zuletzt wieder eine Katze. Der sengte sie am Licht die Schnauze und schnitt ihr auch die Ohren ab. Da war's der Nachbar gewesen, der lag am Morgen voll Blut und hatte die Ohren weg. Um Glogau wieder erscheint der Alb als Nachtpferd durchs Schlüsselloch; einer ließ es beschlagen, da war's des Nachbarn Weib.

Einst waren die Rochlitzer jungen Burschen im Iserrevier Holz fahren und haben bei der Luise Steckel im Stalle geschlafen. Und als sie alle sich niederlegten, sagte einer: Ich kann nicht schlafen, zu mir kommt jeden Abend der Alb! Da haben die andern gesagt: Geh ock du schlafen! Wir werden aufpassen. – Aber sie haben nicht Obacht gegeben, sondern bloß Dummheiten gemacht und sind dann endlich alle eingeschlafen. Bloß die Luise Steckel ist in den Stall gegangen und hat ein Licht in der Hand gehabt, und da sieht sie, daß auf der Brust von dem, zu dem immer der Alb kommt, ein Strohhalm lag. Und jener Bursche hat keinen Odem mehr gekriegt. Da wußte die Luise Steckel, daß es der Alb gewesen war und hat über den Alb gesagt: Du, kleines Männel, geh ock heim und komm morgen früh wieder, ich geb dir auch 'ne Quarkschnitte! – Und da ist der Mann morgens früh wiedergekommen und hat sich auf die Ofenbank gesetzt und sie hat ihm die Quarkschnitte gegeben. Da ist's der Mann gewesen, der unter der Luise Steckel gewohnt hat – ein Hüttenmeister aus der Glashütte. Wenn freilich ein anderer die Schere nimmt, oder den Strohhalm in Stückel zerhackt, dann wird die Nachbarin am Morgen zerhackt im Bett gefunden. In Lindewiese sah der Alb affenähnlich aus (die Leute glauben, er sei der böse Geist). Daß er zur Schlange wird, sagte ich schon.

In Kostenthal in Oberschlesien wurde die Mora, das ist der oberschlesische Alb, überlistet; sie muß nämlich immer zum Fenster herein und zur Tür heraus. Die Frau nagelte nun einen Besen vor die Tür, über den konnte die Mora nicht und mußte bleiben. Die Person aber, deren Seele als Mora gefangen gehalten wurde, starb. Zu einem Bauern kamen sogar einst viele Moren, eine Alte mit vielen Jungen. Der Bauer biß einer Jungen, die ihn würgte, den Finger ab. Zur Rache wollten die Moren ihn nächste Nacht erstechen.

Der Bauer jedoch, der's irgendwie gespürt, legte einen vermummten Holzklotz ins Bett. Am Morgen fand er die Messer im Klotze stecken.

Schlesische Sagen wissen sonst nichts von Kindern des Albs. Alb wird eins nicht durch Zeugung von albenden Eltern, sondern durch einen bösen Zauber. Da ist in Hartliebsdorf einmal bei einer Frau was Kleines gekommen. Und da sind auch ein paar, die bieten sich gleich als Paten an; die Eltern sind einverstanden und es wird auch beredet, welchen Tag getauft werden soll. Wie sie nun in die Kirche kommen, müssen sie erst ein bissel warten, der Pastor war noch nicht da. Und wie sie so um den Taufstein stehen, da ist die Sakristeitür ein bissel auf, und der Küster steckt in der Sakristei. Und da hört er, wie eine zur andern sagt: Nu, was woll'n wir's denn werden lassen, a Albla oder a Hexla. Und wie der Küster das hört, läuft er zum Pastor und sagt's dem, was er erhorcht hat dort. Da spricht der Pastor, er solle ausrichten, sie möchten wieder nach Hause gehen, dem Pastor sei plötzlich unwohl geworden, er könne das Kind nicht taufen. Richtig, der Küster schickte die Leute heim und wie sie eine Weile fort sind, da geht der Pastor ins Taufhaus und erzählt die ganze Geschichte den jungen Eltern und sagt ihnen eben, sie möchten sich andere Paten besorgen. Nun gut, die schicken zu Nachbarsleuten und er tauft ihnen das Kind stehenden Fußes in der Stube, ohne daß jene anderen was sehen und hören davon. (Sie müssen nämlich während der Taufe ein Sprüchel sagen, wenn sie so etwas vorhaben.)

Ein alter Mann fand mal im Knieholzgebüsch des Riesengebirges ein häßliches, kleines Männlein zwischen den Sträuchern am Boden hocken. Dasselbe war fremdartig gekleidet und hatte rote Schnallenschuhe mit blauen Maschen, schwarze Strümpfe, blaue Pumphöschen, ein ebensolches Mäntelchen und eine spitze Mütze aus Wolfsfell. Es hatte eine dicke Knieholzwurzel aus der Erde gerissen und schnitzte mit einem Messerchen daran herum. Auf des Alten Gruß: Gelobt sei Jesus Christus! machte es sonderbare Bewegungen mit den Händen und murmelte Unverständliches. Der Alte blieb stehen: Wer seid Ihr denn und was macht Ihr da? Ich bin der Alb und schnitze mir ein Kind. Geht weiter und laßt mich ungeschoren, ich muß es heute noch an seinen Ort tragen. – Im Dorfe war nur in einem Hause noch Licht und dort wies man den Alten, der um ein Nachtlager bat, zuerst auch fort, weil da ein Kind geboren worden war; aber schließlich durfte er sich zum Vater auf den Backofen legen. Und nun erwartete er den Alb. Als die Uhr Mitternacht schlug, klopfte es leise an einen Fensterladen und gleich darauf nieste das Kind laut in der Wiege. Helf Gott, daß mir und dir geholfen ist! sprach der wachsame Alte und lauschte. Es blieb aber alles still. Nach einer langen Weile klopfte es wieder an den Fensterladen und wieder nieste das Kind. Helf Gott, daß mir und dir geholfen ist! grüßte der Alte und horchte hinaus. Als eine geraume Zeit verstrichen war, nestelte es aufs neue am Fenster herum und wieder nieste das Kind. Helf Gott, daß dir und mir geholfen ist! rief der Fremde zum dritten Male. Da geschah ein furchtbarer Schlag gegen die Wand des Hauses, daß es erdröhnte und alle erschrocken aus dem Schlafe fuhren. Aber der Alte beruhigte sie: es könnte alles zur Ruhe gehen, denn nun sei es vorbei. Am Morgen erzählte er alles und man entließ ihn reich beschenkt aus dem Hause. In Klein-Borowitz hatte der Alb ein Kind aus Lehm gebildet, aber auch dort hat ihm ein Bettler das Spiel verdorben.

In den jenseitigen Sudeten kam wieder der Alb als kleines, buckliges graues Männel. Es heißt in der Grafschaft:

Der Alb ist ein kleiner Mensch, der einem in der Nacht auf der Brust sitzt. Erst ist er klein und dann wird er größer. Man muß ihm was versprechen, z. B. einen Apfel, da läßt er einen in Ruhe. Einer hat ihm mal einen Apfel versprochen: Geh ock, du – ich gebe dir den Apfel, der dort auf dem Fensterbrettel liegt! Am anderen Morgen kam ein Junge herein und sah den Apfel und wollte ihn essen. Aber als er reinbiß, hatte er das Maul voller Blut, denn da war der Alb in den Apfel reingekrochen. Im Wendischen wieder kam er als Backbirne (pjeconca) zum Giebelfenster hereingekollert.

Manchmal erschien der Alb als Mädchen, aber auch als ein altes Weib, eine Hexe. So weiß eine Frau: als sie vor langen Jahren in Wysoka am Annaberge war, habe sie immer einer Bettlerin ein Stück Brot gegeben. Einmal nun in der Nacht bemerkte sie, wie aus dem Gewölbe neben ihrem Zimmer die Alte herauskam mit der gestreiften Schürze und dem Stabel in der Hand, wie sie stets ging, und plötzlich hat sie sich über sie gelegt, so daß sie keinen Atem mehr bekam. Dazu bemerkte ein polnisches Mädchen, sie hätte es ja schon immer gesagt, die Gendarmka (verwitwete Frau des Gendarmen) sei eine Hexe.

In Breslau war eine Köchin, die eine Hexe war und immer auf den Tauentzienplatz ging, um die Bäume zu drücken. Sie stieg dabei auf den Baum hinauf; dort haben die Leute sie sitzen gesehen; es hieß aber immer, man solle sie dann nicht anrufen, sonst fiele sie herunter. Ein Bauer in Borowitz glaubte, seiner Frau Linderung zu verschaffen, wenn er den Baum, den sie als Alb drücken mußte, zum Hofe schaffte; aber im Augenblick, als der Baum abgesägt wurde, starb die Bäuerin. Eine Heidenauerin brauchte zwar nicht zu sterben, aber auch ihr half das Absägen nichts; sie mußte den stehengebliebenen „Stock" drükken; als aber der Bauer die Frau erlösen wollte, indem er diesen Stock zerspaltete und zersägte, wars auch um sie geschehen. Dagegen erzählt man in Gr.-Iser von einer jungen Frau, die dadurch Ruhe bekam, daß ihr Mann erlaubte, den großen Bullen im Stall zu drücken, bis er tot war.

Ich habe schließlich nur noch vom Schutz, der gegen den Alb üblich ist, zu berichten. Das ist ja wahr, wenn er mal Einen von der Iser drückt und der legt seine Hand auf das Fensterbrett, so daß alle fünf Fingerspitzen sich aufstützen, dann sieht man morgens, daß dort das Holz ganz gelb geworden ist. Nun ist es gut, besonders in Häusern, in welchen ein Kind geboren ist, über die Tür einen Albfuß zu machen. In Panewnik, wo er sich einen Mann mitbringt, der vor der Tür Posten steht, wurde eine Frau sehr vom Alb gequält und der riet eine alte, erfahrene Nachbarin: Nimm dir einen Knüppel mit Stroh umwunden ins Bett. Wenn dich das Ungeheuer wieder quält, so schlage zu. Schreit es, dann ist's ein Alb, schreit es nicht, eine Krankheit. Die Frau tat nach dem Rat. Es gab einen furchtbaren Schrei. Im Mondlich sah sie in einer Ecke ein altes Weib, in ein Affenfell gewickelt, kauern, das immerfort winselte. Sie fürchtete sich aufzustehen. Als sie am Morgen erwachte, war aber der Alb verschwunden; sie hatte vergessen, das Schlüsselloch zu verstopfen. – Geholfen kann einem Gedrückten auch werden, wenn man ihn, während er stöhnt, beim Namen ruft. In Nowag bei Neiße war eine Frau deshalb böse auf ihren Mann, weil er, als er sie stöhnen hörte, nur immer: Fraue! Fraue! wos is dr denn? gerufen hatte. Plomp dr uf dei Fraue, meinte sie, häst de lieber Tillje (Ottilie) geruffi, do woar ich derlöst. Gewöhnlich schützt man sich aber, indem man ihn schickt: olle Wosser wota, olle Bême blota (abblatten); olle Berche steicha, olle Gotteshäuser meida, sollst a heute vô mr scheida.

In Böhmen walpert man am Walpurgisabend, d. h. man schwingt brennende Besen durch die Luft, die Hexen zu treffen; daran erinnert das Tun jenes Soldaten in der Pietrecke bei Morchenstern, der mit seinen Waffen an die Kammerwände und an die Tür schlug und einen fürchterlichen Spektakel machte, daß alle Leute im Hause wach wurden. Befragt, was er denn treibe, erklärte er, daß er den Alb verjage. Zu diesem Zweck nahm er sich am nächsten Abend auch eine Schere mit.

Einem Weib aus Nordböhmen erschien während des Schlafes ein Mädchen, das ein blaues, mit weißen Punkten besetztes Kleid trug. Es setzte sich an den Bettrand, schob die Zudecke zur Seite und verblieb in dieser Stellung. Die Schlafende kam dann jedesmal hinter den Atem, und versuchte zu schreien, bis sie erschrocken aufwachte. Um diese Erscheinung zu bannen, nagelte jene Frau an die Stubentür einen „Balg" an, eine aus Flecken zusammengebundene Puppe. Was hier als Zeichen des Albes erscheint, das weißpunktierte Kleid, das ist in Poln. Baudis (Krs. Neumarkt) ein Schutz gegen ihn; er darf nicht eher den Schlafenden drücken, bis er die Punkte gezählt.

Die arme Seele

Alle, die ihre Hände frevelnd nach den verbotenen Wissenschaften und deren Geheimnissen ausgestreckt, müssen die letzte Stunde des Lebens fürchten. Es ist dem Menschen gesetzt zu sterben und danach das Gericht. Und war es ein Fluch, daß die Seele als Alp wandern mußte, ein Fluch, der den Menschen ohne Verschulden traf, so wird das Nicht-ruhen-können und -dürfen zur Strafe, welche dem, der nicht gut getan, bevorsteht.

Ehe ich von dem Wandern und Treiben der armen Seele erzähle, soll aber noch kurz berichtet werden, was an den letzten Minuten des Menschen an Aberglauben und Sagen haftet. Denn eben, weil dieses Hinübergehen des Lebens in eine andere Welt so geheimnisvoll ist, macht man sich viele Gedanken darüber.

Im Schloßpark zu Arnoldsdorf (Krs. Neiße) befand sich ein Lebensbaum, dessen Blätter zu welken begannen, wenn dem Schloßherrn der Tod bevorstand.

Der Graf, der ihn tagtäglich beschaute, machte einst die Entdekkung, daß sie zu welken anfingen. Er befahl, alle Arbeit liegen zu lassen und sofort eine Gruft zu bauen. Als diese vollendet war, starb der Graf, ohne vorher einen Augenblick krank gewesen zu sein. Und er ist um die Zeit selig entschlafen. Ehe Andreas Dudith den 23. Februar 1589 zu Breslau starb, hat er sich wenige Tage vorher den Tod aus astrologischen Lehrsätzen verkündigt und an seinen Freund Johann Praetorius, Professor zu Altorff, geschrieben: *Eclipsis Lunae 15, hujus mensis incidit in Aquarium, qui meus horoscopus est; si vera est astrologia, mortem mihi affert aut gravissimum aliquem morbum. Tu quid censes*? Wenn ein Canonicus in Breslau sterben soll, findet man sein Chorgestühl in der Kirche entweder ganz zugemacht, oder es liegt eine Rosette (Rose) darin oder läutet sich eine Glocke von selbst. In

Schloß Neukirch erscheint vor dem Tode des jeweiligen Inhabers ein Pfäfflein, den Kopf unterm Arme und zeigt den Trauerfall so an.

Nicht immer lauten die Vorzeichen ganz bestimmt. Vor dem Marienbild im Rathause zu Schweidnitz ward aus Gewohnheit jeden Abend um 9 Uhr ein brennendes Licht aufgesteckt, welches beim Antritt des Morgens sich zum Ende neiget. Man gibt vor, daß, so oft das Licht von selbst erloschen, der Stadt ein Unglück zugewachsen oder einer von dem Ratstuhl seines bevorstehenden und hierauf erfolgenden Abschiedes von der Welt erinnert worden sei. Im Neißer Rathaus befand sich ehemals eine altertümliche Uhr, die jedesmal, wenn ein Ratsherr sterben sollte, stehen blieb. Als aber einst eine durchgreifende Umgestaltung des Magistrats erfolgte, zerfiel die Uhr. Im Kamnitztale die alte Predigern, eine sehr geistreiche (geheimer Künste mächtige) Frau, hatte in ihrem Wäschekasten in einem Tejsl (Holzschächtelchen) ein silbernes Sterbeglöckchen. Es war mit Baumwolle festgestopft, so daß es sich nicht rühren konnte. Dennoch klingelte es manchmal fein, und dann verging gewöhnlich kein Tag, so war eine Leiche im Dorf. Nach der Predigern Tode aber ist dieses Glöcklein verschwunden gewesen und man hats nie mehr finden können.

In Berun begann das Richtschwert sich zu rühren, als ein Kind vor dem Schranke spielte; der Henker wollte die Haut am Halse ritzen, die Mutter ließ es nicht zu und nach geraumer Zeit mußte er mit dem Schwerte die Jungfrau, die Kindesmörderin, richten.

Früher hat auch die Hebamme bei der Geburt des Kindes gewußt, an welchem Tode es sterben werde. Einmal kam auch ein Junge zu Leuten, die ihn nicht gern verlieren wollten. Sie frugen die Hebamme, an welchem Tode er sterben werde; diese wollte erst mit der Antwort nicht heraus; endlich sagte sie, daß der Knabe, bis er erwachsen sein werde, vom Blitze erschlagen würde. Trotzdem die Eltern den Knaben auf alle mögliche Weise vor Gewittern zu schützen suchten und ihn in tiefen, gemauerten Kellern bargen, erschlug ihn da unten doch einmal eins. (Auch gnädig kann Gott im Wetter sein. Er hat dem Blitze bestimmt: Den Beter laß beten, den Schläfer laß schlafen, den Esser schlag tot. Und eine Magd, die das Wetter geweckt, hörte ein Vöglein rufen: Gott wird sich dein erbarmen, heb du dich aus dem Warmen! Sie folgte der Warnung und wenige Minuten darauf wurde das Haus vom Blitz getroffen. Dagegen glaubten die Schreiberhauer seit kurzer Zeit, daß dort, wo von den Kindern ein Schneemann aufgestellt worden ist, der Blitz einschlage. Abergläubische Leute

Die Friesensteine auf dem Landeshuter Berg. Stahlstich von U. H. Payne, nach einer Zeichnung von Ludwig Richter

Die St.-Jakobs-Kirche in Neiße. Stahlstich von G. Rudolf, nach einer Zeichnung von C. Würbs

wehren deshalb, wie eine Frau Carl Hauptmann in ihren Lebenserinnerungen schrieb, den Kindern dieses Spiel.)

In Langendorf im Hultschiner Ländchen war in der 1873er Choleraepidemie ein Tischler das letzte Opfer. Er sollte für seinen Nachbarn den Sarg anfertigen, dessen Angehörige, als er ihn in Arbeit hat, jedoch erklärten, der Sarg sei zu kurz. Der Meister konnte das nicht begreifen, da er an seiner eignen Person Maß genommen. Bald darauf spürte er Unwohlsein und ward nach einigen Stunden als Leiche in seinen eignen Sarg gelegt.

Das alles sind Zeichen gewesen, welche gesunden Menschen geschahen. Aber es meldet sich noch gewisser, wenn Kranke im Hause oder in der Nachbarschaft liegen. Die Schneidern war bei der Bertha Richter, denn der ihr Kind war krank und sie war raufgekommen sehn, was es machte. Die Richter-Bertha sagte: Ich werde es einmal auf den Tisch unter die Lampe legen – weil es immer so gern mit der Lampe spielte. Da ging die Tür auf und es rief dreimal: Bertha! Ja, sagte sie, was hat's denn? Ein Wind fuhr über die Treppe rauf; sie guckte raus, aber sie hat nichts mehr gesehen. Nach drei Tagen war das Kind tot.

Eine Frau, die ganz einsam wohnte, hörte, als sie zur Ruhe gegangen, draußen dreimal ans Fenster klopfen, als schlüge jemand mit einer Rute dran; zugleich rief es dreimal: Franzl, Franzl, Franzl! (Franziska). Sie antwortete aber nicht, denn wenn es der Tod war, hätte sie sterben müssen, während sie durch ihr Schweigen im laufenden Jahr sicher war und es ein andres traf. Und siehe, einige Tage drauf meldete ihr ein Bote den Tod der Schwägerin.

Wenns nun zum Sterben selbst kommt. Als der Großvater einer Patschkauerin starb, ist auf einmal ein schwerer Lastwagen am Haus vorbeigefahren. Da ist der Sterbende aufgefahren und hat geschrien: Ich muß fort! ich muß fort! und ist zurückgesunken und tot gewesen. In Kostenthal hörte man bei dem Tode einer Frau Pantke ein Geräusch, als ob Personen in schweren Stiefeln immer ums Haus rumliefen. – Der alte Augustin Naz, Besitzer der Dreßler-Wirtschaft unweit der Pietrecke, hatte seinen Nachbarn durch Quängeleien vom Hof vertrieben.

Als er nun starb, es fiel ein linder Schnee, formte der treibende Wind in einem langen Streifen Schneekaule an Schneekaule. Durch jede Kaule war merkwürdigerweise ein Loch. Da hatte die Seele des Augustin Naz hindurchkriechen müssen und die Durchlöcherung hervorgerufen.

Frau Krause in Gr.-Iser erzählte: als sich mein Onkel hing, war ich bei Kittelmanns oben waschen. Und wie wir die Wäsche auf die Leine brachten, ging ein so großer Wind los, daß kein Stück hängen blieb. Da sagte ich noch zum Kittelmann: Welches Luder mag sich ock heute wieder uffgehängt haben? Und wie ich abends heimging, sagt meine Mutter: Denk ock, der Wilhelm ist heut nicht aus 'm Pusch gekommen. Aber wie ich zur Tante kam, sagt die: Mein Regulator ist heut' nachmittag stehn geblieben! rührte sich aber sonst weiter nicht. Der Großvater, zu dem ich ging, meinte: Wu wird a ock sein, gefrass'n wird s'n hon! Und wie wir ihn suchten, da hing er richtig oben im Jüngicht. Hanshenners-Wilhelm hat ihn abgeschnitten; vorher gab er ihm eine Ohrfeige, da tut es einem nichts.

Wird ein Selbstmörder begraben, erhebt sich wieder der Sturm und er geht um. Der Teufel fährt mit der Seele desselben dahin. Hat er doch durch die Schlinge, welche er sich um den Hals legen wollte, den Bösen bereits gesehen. Wer sich den Zeigefinger eines Erhängten aneignen kann, hat freilich großes Glück und wird sehr reich, versicherte eine Schreiberhauerin Carl Hauptmann. – Auf dem Kirchhofe muß der zuletzt begrabene Selbstmörder Wache halten, bis ihn der nächste ablöst. – In Kottwitz hatte man einem den Strick und Balken nicht mitgegeben. Da ist er jeden Abend gekommen und hat ans Fenster geklopft und gerufen: Da gebt mir doch den Balken. Er hat nicht eher Ruhe gegeben, bis das geschah. – Von seiner Wanderschaft erzählte ein Schneider: er übernachtete einst in einer Scheune, wo man ihn auf ein Bund Stroh gebettet hatte. In der Nacht wachte er auf. Da war es in der Scheune ganz hell; das gesamte Gebälk über ihm stand in Flammen, ohne daß es verbrannte. Mitten im Flammenmeer hing eine Weibsperson, die ebenfalls lichterloh brannte. Ihm wurde unheimlich, aber er konnte nicht hinaus, man hatte hinter ihm zugesperrt. Am Morgen erzählte er seinem Unterstandsgeber das Gesicht. Der suchte sein Weib seit 14 Tagen und fand sie nun in den Sparren hängen. Ähnlich so ist die Seele der Mutter dem Sohn, der auf verbotenen Wegen ging, demselben als weißes, leuchtendes Heu entgegengetreten und stellte sich rechts und links in den Weg, ja als er darüber sprang, folgte es ihm, ohne daß es ein Drittes sah, und kam auch wieder zurück.

Seltsames wird von unschuldig Hingerichteten erzählt: Der Küster zu Neustädtel hob seinen abgeschlagenen Kopf wieder auf, nahm ihn unter den Arm und lief damit bis vor die Stadt, wo er auf einem Stein sitzen blieb und dann erst umsank, als der von seinem Gewissen gefolterte wirkliche Kirchendieb seine Tat laut bekannte. – Auch das hat sich begeben, daß ein Unschuldiger auf seinem letzten Gange einen Lindenbaum aus der Erde riß und ihn verkehrt, die Zweige nach unten, auf seiner Eltern Grab einpflanzte, sprechend: So gewiß dieses Bäumchen aus seinen Zweigen Wurzeln und aus den Wurzeln Zweige treiben wird, habt ihr mich unschuldig zum Tode verdammt. Und heute noch breitet die Linde ihr Schattendach über den Görlitzer Nikolaifriedhof.

Im Hegerhaus bei Kl. Iser wurde ein Kind geboren; da ist eine weiße Gestalt hereingekommen und hat auf einer Geige geklimpert. Am Morgen stands noch im Flur und als der Junge, er war 2 Jahre, es stehen sah, ist er erschrocken, daß er vier Wochen zu Bett liegen mußte. Dann hat der Junge noch einen Ton gesagt: Mutter, ich werde sterben! Sie ist zu ihm gegangen und hat ihm noch die Hand gegeben, dann war er weg. Abends kam jene Gestalt und gab dem Toten die Hand; da ist er wieder aufgestanden und hat gesagt: Sieh, ich bin wieder lebendig geworden. Dann hat er noch drei Tage gelebt und ist zum andern Mal gestorben. Dabei hat er gesagt: Jetzt komm ich nicht mehr wieder, jetzt holt er mich für immer. Und doch ist zweimal sterben so schwer. Ein altes Lied aus Eckersdorf bei Namslau sagt: Und wenn der Himmel gebogen wär, mit lauter Gold überzogen wär, so möchte ich nicht das reine Gold, wenn ich noch einmal sterben sollt.

Der Tod, der ist ein grausamer Mann, der greift uns Menschen gewaltig an.

Zwei Bauern aus Georgenthal vereinbarten, wer zuerst sterbe, solle wiederkommen und über das Jenseits berichten. Der eine starb, ließ aber mehrere Wochen auf sich warten. „'s ös nej wie ich douchte, 's ös nej wie du douchst, 's ös ganz andersch dort", lautet dann sein Bescheid. Er verschwand, kam aber dann jede Nacht.

Einer Pfarrköchin, welche ihr Kind ermordet und die dann bei der Spätenwalder Ewigkeit in der Grafschaft hingerichtet worden ist, hatte man auch das Versprechen abgenommen, nach ihrem Tode Mitteilung zu machen, wie's ihr ergehe. Sie erschien und gab kund, daß ihre Seele im Himmel sei. Doch hätte sie noch einen höheren Grad von Glückseligkeit genießen können, wenn sie nicht ihr Versprechen gegeben und hätte erfüllen müssen. Darum solle man nie mehr wagen, an einen Sterblichen eine derartige Forderung zu stellen.

Eine Wiederkunft seltenster Art aber ereignete sich im Gebirge: In Flinsberg war einer Frau der Mann gestorben. Sie kam nach einigen

Tagen zum Prediger und klagte ihm ihr Leid. Sie wolle nur gestehen, sie hätte ihren Mann in einem zerrissenen Hemd begraben; nun ließe es ihr keine Ruhe, die Nachbarn hätten es ihr gleich gesagt, alle Nächte käme ihr Mann (im Traume) und klage ihr, er werde mit seinem zerrissenen Hemd nicht in den Himmel kommen. Ob es nicht möglich sei, ihn nochmal auszugraben und das zerrissene Hemd durch ein ganzes zu ersetzen? Der Geistliche, nachdem er durch Fragen herausbekommen, das Loch sei hinten gewesen, tröstet die Frau: ihr Mann sei stets im Leben ein solcher Schlauberger gewesen, der werde sich schließlich auch bei Petrus so an der Wand entlang drücken, daß jener das Loch nicht bemerke.

Köstlich war aber das, was als ein Zeichen dem Sarge Kurtzlachs vorangegangen, als seine Leiche nach Prausnitz zum letzten Ruhebettlein geführt ward. Den ganzen weiten Weg von Ofen her ist als das Zeichen eines friedlichen, seligen Endes ein schöner Stern der Leiche vorausgeschienen. – In Zöllnei pflegt man zu sagen, die Milchstraße sei der Weg zum Himmel, die Sterne aber sind arme Seelen, welche noch nicht hineingefunden haben. Fällt eine Sternschnuppe, dann wird eine arme Seele erlöst.

Allerlei Spuk in Haus und Hof, Schloß und Ruine, Kirche und Kirchhof

Das Isergebirge ist reich an Spuk- und Gespenstersagen. Es gibt kein Haus, keinen Ort, wo nicht Verstorbene umgehen. Im Orte Gr. Iser ist mal beim August Schneider um Mitternacht ein Mann mit einer Sense erschienen; die Tochter, in deren Kammer es war, lief nach dem Vater; als der kam, war der Spuk verschwunden. Bei der Ern'stine Schneider erschien einem Mann in der Kammer ein weißes Gespenst, das geigte. Er lief hinunter nach Hilfe, aber das stand, als die Mutter kam, immer noch da. Erst als die Mutter fluchte, ist es verschwunden. Bei Wendels sah mal ein Mädel, wie eine rote Katze sich ihrem Bette näherte und wie die fragte: Schläfste? Das war gewiß dasselbe Tier, das dem Hanshenner begegnete, als er mit seinem Weib zur Bademutter ging, denn da er bei Wendels vorbeigekommen ist, ist eine rote Katze gekommen, die hat solch große Augen gemacht und ist ihm immer nachgekommen; da hat er gesagt: Wart', du verdammtes Luder! und hat den Gürtel genommen und sie gehau'n; sie aber hat ihn gebissen. Da hat er sie mitgenommen. Als er dann überm Förster ist, kommen zwei Katzen, die sehn mit großen Augen den Haushenner an und spucken ihn an – und wie er nachsieht, ist halt die rote Katze fort.

Im Grafenorter Schlosse in der Grafschaft dagegen geriet an allen Abenden das Wasser in sämtlichen Gefäßen in wallende Bewegung, bis alle Bewohner des Schlosses jeden Sonnabend den Rosenkranz beteten. Und als in der alten Erbscholtissei von Kl.-Bielau am Zobten der Förster Brückner wohnte, hat man ihn vorm Spuk gewarnt; aber er glaubte den Leuten nicht, bis es ihm einmal, als er beim Schreiben saß, den Federhalter von hinten aus den Fingern nahm.

Ein Kuhjunge in Würgsdorf, Krs. Bolkenhain, der sein Bett beschmutzte, wurde vom Bauer des Nachts in den Kuhstall gesperrt. Um 12 Uhr hat ein Gespenst auf der Rause gesessen und alle Kühe sind los gewesen. Der Junge hat gleich den Herrn geholt; aber wie sie zum Stalle kamen, konnten sie nicht hinein. Am Morgen standen die Kühe wie sonst an ihrem Platze. Auch in Neuwelt im Isergebirge haben des Nachts um 12 Uhr Gespenster die Kühe geritten, die alle im Stalle los gewesen sind. Von jener Nacht an hat keine Kuh mehr Milch gegeben, denn die Gespenster hatten sie ausgemolken.

In Zinkwitz Krs. Münsterberg war einem Offizier die Frau gestorben und er erzählte, daß in der Nacht um 12 Uhr immer ihr Kopf in sein Zimmer gerollt komme. Die Kameraden verlachten ihn, ließen heimlich aus Wachs einen solchen Kopf machen und rollten ihn um 12 Uhr zu seiner Tür hinein. Da hat er nur gerufen: Ach Gott, jetzt sind es ihrer zwei! fiel um und war tot.

Auf einem Hofe bei Schweidnitz sitzt eine Frau allein und hat die Türe des Zimmers offen. Da geht die Pforte ihr gegenüber auf und ein Knabe von 7 Jahren, barfuß und nur mit einem weißen Hemdchen bekleidet, die Hände gefaltet, kommt auf sie zu, so nahe, daß sie die Hände ausstreckt, ihn abzuwehren. Das Kind sieht sie wehmütig an und kehrt dann wieder zurück, woher es gekommen ist. Erst später hörte sie, daß man an ihm als dem Erben einen furchtbaren Mord begangen und daß es alle 50 Jahre einmal erscheine, bis endlich jemand den Mut hat, es anzureden und ihm zu folgen und so zu finden, wo es in ungeweihter Erde begraben liegt.

In einem Schlosse zu Schwarmitz bei Grünberg kommen unter dem Ofen Küchlein hervor, während die alte Henne unter dem Ofen gluckt. Hier soll ein Mann einst seine Frau ermordet und die Kinder in den Ofen gesteckt haben. Ein anderer hatte seine Frau umgebracht und die Leiche in einer Nische mit einem großen Stein vermauern lassen. Zu gewissen Zeiten bewegt sich der Stein und löst sich ab, der Geist der Ermordeten wandelt durchs Zimmer, um nach einiger Zeit wieder in seine Nische zurückzukehren. Der Stein bewegt sich wieder rückwärts und schließt sich an wie zuvor. In einem alten Schlosse zu Schwedeldorf gelangt man auf einer engen dunklen Treppe zu einem Gemach, das dereinst als Gefängnis diente. Über dem ersten Absatz der Treppe hing an der Wand ein Bild, das niemand entfernen durfte, denn derjenige, welcher es etwa herabnehmen wollte, erhielt von einer unsichtbaren Hand einen gewaltigen Schlag und zugleich rollte ein schrecklicher Donner durch das Gebäude. Ebenso durfte in einem Dominium in Albendorf ein Bild nicht fortgenommen werden, sonst sprengte während der Nacht ein kettenklirrender, kopfloser Reiter durch den Hof.

Es liegt im Wesen der Sage, daß unschuldig Getötete durch ihre Erscheinung zuweilen Rache verlangen. So wurde eine Gefährtin der fliehenden Gemahlin des Winterkönigs in Breslau gebeten, ihren Ring in die Wunde des Spukes zu werfen, wodurch die Wahrheit offenbar werden würde. Sie tat es und als am Morgen die Tote aufgegraben wird, findet der Ring sich in der Wunde.

Unterm Haumberg bei Flinsberg brannte einmal ein Haus und das Dienstmädel ist mit verbrannt. Das hat der Hauswirt gewußt, aber er hat sie nicht gerufen; sie war in andern Umständen und zwar von ihm, da wollte er's so aus der Welt schaffen. Er baute das Haus an einer andern Stelle auf, ich hab daneben das Nähen gelernt, da sagten sie immer: Wenn sich das jährt, hält er's zu Hause nicht aus, da geht er fort und trinkt sich einen an. Und wenn er vorbei kommt an der Stelle, da hält's ihn fest, er kann nicht weiter. Es steht ein kleines, weißes Männel da.

Nicht nur Ermordete kehren wieder. Gewissenlose Gastwirte, welche nie volles Maß eingeschenkt, kommen als Bieresel und trinken die Neigel aus. Wer einem Bieresel begegnete, war des Todes. Eine Magd, die an dem Tage, an dem er zu kommen pflegte, das Gastzimmer durch den Schieblich, der in der Decke ist, beobachtete, hörte ihn kommen; die Tür flog auf, ein Ungeheuer stürzte herein mit einem Menschenhaupt auf dem Ochsenleibe, mit riesigen Hörnern und langen Ohren, den Körper über und über von grauer Farbe. Es stieg auf Tische und Bänke, zerstampfte Stühle und Gläser und Teller und hieb mit seinem langen Schwanz um sich, daß es im ganzen Hause dröhnte. Dabei wurde sein Kopf immer dicker und röter, bis die Uhr

12 schlug und es zur Tür trottete. Mit einem furchtbaren Schlag schloß sich die hinter ihm. Das Merkwürdigste war, daß man am andern Morgen alles an seinem Platz und nichts zerbrochen fand. Die Magd sah man am Morgen ober dem Schieber liegen mit einem verschwollenen Gesicht. Sie fiel in ein hitziges Fieber, gesundete aber wieder. – Bisweilen sind's böse Gutsherren oder Verwalter, welche im Hause spuken, so der letzte Schichtmeister des Giehrener Zinnbergwerks, der seiner eigenen Leiche aus einem Fenster des Oberstocks mit tollem Gelächter nachsah. Seitdem war es im Hause nicht richtig, die Leute erhielten von unsichtbarer Hand Ohrfeigen und als es in den 80er Jahren abbrannte, soll bis zum Einsturz ein Heulen und Brüllen gehört worden sein.

In Buchwald trieb einst der Geiz einen Gutsherren soweit, daß er die Pferde verhungern ließ. Sein Schloß war längst verschwunden und an der Stelle des Stalles stand eine Wirtschaft. Dort lag auf dem obersten Balken der Scheune – niemand wußte, wie er dahin gekommen – ein Pferdefuß, der alle Nächte mit großem Gepolter umging. Als ihn ein Knecht mal in den Bober warf, riß sich um 12 Uhr nachts das Vieh von den Ketten und wurde erst wieder ruhig, als der Knecht jenen Pferdefuß aus dem Bober wiederholte. – Auf einem Schloß bei Schweidnitz begegnete dem Verwalter des Abends spät ein schwarzes Pferd ohne Kopf, das fast den Gang versperrte. Es schüttelte den blutigen Rumpf, daß die Blutstropfen fielen. Auf seiner Brust hing ein goldenes Schild, doch hinderte die Furcht den Verwalter, zu lesen, was darauf stand.

In Bernsdorf (Krs. Münsterberg) auf dem Hofe dürfen die Dienstboten keine Schweine füttern. Als nämlich die Magd den Schweinen einmal das Futter gab, da hat es unter den Tieren ein schwarzes drunter, das frißt mit den andern mit. Die Magd erschrickt und läuft zur Frau, aber die hats nicht mehr gesehen. Das schwarze Schwein soll die alte Frau gewesen sein, zur Strafe, weil sie den Schweinen Brot gegeben. In der Grafschaft gab mal die Magd vom Mittagessen übriggebliebene Knödel einem Bettler. Die Frau kam dazu, schlug der Magd eine Maulschelle und hieß sie, die Schüssel den Schweinen hintragen. Des Abends war die Frau weg und niemand wußte, wohin. Als aber die Knechte die Schweine fütterten, sahen sie ihre Frau mit denselben fressen; sie hatte einen Schweinskopf, alles war sonst an ihr Menschengestalt. –

Als in der Gegend von Oppeln ein reicher Böttchermeister, der viele um Hab und Gut gebracht, gestorben war, hörte man's jede

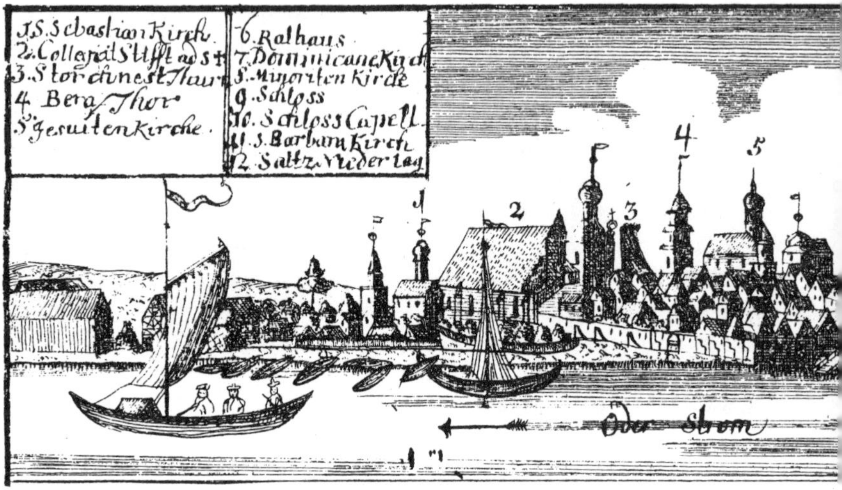

Ansicht von Oppeln. Kupferstich von J. Schleuen

Nacht über die Treppe rauschen, wie wenn ein Mühlwehr rauscht und doch war stets am Morgen die Treppe trocken. Die Witwe weinte und härmte sich sehr. Doch da erschien ihr eines Abends die Gottesmutter im blauen Mantel und sprach: Du hast eine irrende Seele im Haus. Nur eine reine Jungfrau kann sie erlösen; sie muß mit geweihter Kerze nachts auf den Boden gehen und den Geist rufen! – Am nächsten Abend schickte die Meisterin ihre Tochter, ein Mädchen, das erst 12 Jahre alt war, hinauf. Es toste um sie, so wie ein Mühlwehr tost; auch spürte sie jenen scharfen Luftzug, der in der Nähe des Wasserfalls zu vernehmen ist. Oben rief sie: Wer bist du und was willst du? Da antwortete eine Stimme: Ich bin die Seele deines Vaters. Ich muß die Tränen aufsammeln, die ich den Leuten durch meine Habsucht erpreßt und wenn der Eimer voll ist, ihn über die Stiegen gießen und wieder von neuem sammeln gehn. Erlöst kann ich nur werden, wenn das unrechte Gut den Leuten zurückgegeben wird. Das tat die Witwe und hatte von nun an Ruhe im Hause.

Auch duldet es die Hausleute manchmal nicht im Grabe; sie können sich von den Stätten, wo sie ein Leben gelebt, nicht trennen. Einst war in Laßwitz (Grottkauer Oberkrs.) ein Bauer gestorben. Als am Begräbnistage der Zug mit dem Sarge zur Kirche ging, begab sich eine Magd auf den Boden, um Siede für's Vieh zu holen. Dort aber stand an der Siedelade der Tote und schnitt das Stroh. Die erstaunte

Magd rief: Je, ich denke, der Herr werd hint begroaba? Drauf ward ihr der grinsende Bescheid: Ni, ni, wenn's keene Siede hoot! Im Mittelhofe Alt-Lomnitz erschien zur Nacht eine alte Magd, die aber niemand was tat. Ein Knecht nur konnte das Necken nicht unterlassen. Er kam einmal spät nach Hause; da saß auf der Bank scheinbar schlafend die alte Magd. Leise trat er heran und zupfte sie an der Nase. Das war, als hätte er eine Leiche angerührt. Da sprang das Unwesen auf und folgte dem rasch Enteilenden nach. Dieser flüchtete, den Hausflur und Hofraum mit wenigen Sätzen überspringend, in den Stall zwischen die Pferde. Bis an den Stand war ihm das Gespenst auf den Fersen, dann stand es still und zischte im Zorn die drohenden Worte: Wärst du nicht zwischen Holz und Eisen, so hätt' ich es dir schon wollen beweisen! Nach 3 Tagen war er tot.

An vielen verschiedenen Orten ist es geschehen, daß eine gestorbene Sechswöchnerin nachts kommt und ihr Kind wickelt oder nährt. In Lobedau hat hernach das Kind immer verkehrt in seiner Wiege gelegen. Zwei Kinder in Adamowitz bei Groß-Strehlitz riefen einst: Matka! Matka! Als man sie fragte, warum sie Mutter riefen, sagten sie, eben sei dieselbe zum Säugling getreten und habe über sein Bett gestrichen. – Gefühl einer schuldigen Pflicht erweckte in Philos Heimatsdorf auch eine Bäuerin noch einmal von der Bahre. Die Singejungen hatten beim weihnachtlichen Umzug ihr Lied im Hausflur ertönen lassen, da tritt die Tote in Sonntagskleidern aus der Kammertür und fragt: Na ihr Junga, hott ihr 'n schunt wos gekriggt? worauf sie natürlich wie der Blitz verschwanden.

Oft aber ist es nur das Eigentum, was einen Toten zurückzieht und nicht ruhen läßt. Im Messersdorfer Schloß hat's ein Bett, wenn das abends aufgebettet wird, ist es morgens stets eingesielt und es liegt Geld darin. Die Leute sagen, wer eine Nacht in dem Bette schläft, der dürfe das ganze Schloß behalten. Aber es hat's noch keiner vermocht. – Als mein Großvater in Georgenthal bei Förster-Bergern war, mußte er auf dem Flure schlafen, weil sich die Herrschaft fürchtete, denn auf dem Boden war's dort nicht heimlich, da hat es immer so geschort (schoren = schaufeln), als ob eins Getreide schaufelt, und dann ist es die Treppe herabgekommen und durch die verschlossene Tür, die nach oben ging. Mein Großvater hat sich mal einen Stecken mitgenommen, da hat es sich zu ihm ins Bett gelegt, eiskalt, und hat sich so hart an ihm nuntergeschmissen, daß er dachte, das Fleisch ginge ab. Er dreht sich um, will nach ihm greifen und langt nach seinem Stecken. Da fährt's ihm aus der Hand; vor ihm steht eine weiße Gestalt und droht: Du! Du! – Dann geht es wieder die Treppe hinauf. Und trotzdem hat er dort weiter schlafen müssen, so lange er da im Dienste war.

Bisweilen kommt eins nur wieder, weil es sich ausgemacht hatte, es wolle Verschiedenes in den Sarg haben, und das hat man verpaßt. Das ist in Georgenthal gewesen. Dort waren zwei Eheleute, die nie gut miteinander lebten, und die Frau ist mal krank geworden. Sie hatte sich noch kurz zuvor ein Paar Niederschuhe machen lassen; die hatten ihr so gut gepaßt, daß sie sagte: Wenn ich mal sterbe und du heiratest wieder, die Schuhe gebt ihr mir mit ins Grab, die will ich haben. Er antwortete ihr aber immer: Toatsch, toatsch, – wenn du wirst gestorben sein, brauchst du keine Niederschuh. – Das ist nun wirklich so gekommen, sie ist gestorben und ihre Schuhe haben sie ihr nicht mitgegeben. Und wie halt ein paar Wochen weg sind, da geht die Sage, Röhrich-Friedrichs Seine kommt wieder, die hat nicht Ruhe. Er hat nun nichts gesagt zuerst, aber die Sache ist doch so nach und nach an den Tag gekommen. Da soll sie immer gekommen und ihm mit der Faust gedroht haben, und er hat ihre Schuhe genommen und hinter ihr her geschmissen: Hier hast du die verfluchten Luder! Sie hat sie aber nicht mitgenommen. Und wie es nun gar nicht anders wird, da ist er nach Groß-Hartmannsdorf gegangen zu einem katholischen Pfarrer, der sollte ihm helfen, und der ist auch gekommen und hat seine Beschwörungsformel gesagt, – aber geholfen hat's nicht. Und da hat er's dem Förster Schneider geklagt, der fragte ihn drum, und der hat ihm geraten, er solle über die Tür und jedes Fenster und über jede Öffnung schreiben: Hier wohnt Jesus! – Das hat genützt, aber was ihm vorher der Pastor gesagt hatte, er solle die Schuhe raus auf den Kirchhof schaffen und dort vergraben, das hatte auch nicht geholfen. Auch bei der alten Gotthelfen, die immer im Monden murkste, hat man verpaßt, ihr alles mitzugeben, was sie gefordert hatte, und sie ist lange wiedergekommen. Sie ging in Vollmondnächten stets fort; da sah man's im Hause so wie ein Licht.

Der Pfarrer in Schönbrunn hatte seinem Sohne vor seinem Tode das Versprechen abgenommen, daß er nicht sein Nachfolger werde. Als die Gemeinde ihn dennoch bat und er zusagte, es war spät abends, stürzte die alte Magd herein: Ach, Herr Magister, kommen Sie nur herunter, der Herr Vater ist wieder da. Der Sohn erschrak, ging aber hinunter und richtig, da sitzt der Verstorbene, angetan mit seinem geistlichen Gewande, wie er ins Grab gelegt worden war, in der Laube an seiner alten Stelle. Er winkte dem Sohne, sich neben ihn zu setzen. Der tat's auch ungescheut und sie redeten miteinander. Was das gewesen, weiß niemand. Darauf erhob sich der Alte, ging über den Hof durch das Tor, welches sich öffnete und schloß, auf den Kirchhof zurück und verschwand an seinem Grabe. Weil aber der Sohn durch neues Zureden schwankend geworden, ist er noch zweimal zu eben der Zeit gekommen, bis jener sich endlich gegen das Amt erklärte.

In Michelsdorf bei Haynau hatten drei Fräulein der Kirche eine Summe vermacht mit der Bedingung, daß alle Sonnabend Mittag zu ihrem Gedächtnis geläutet würde. Das Läuten mußte der jeweilige Besitzer des Gutes bezahlen. Als die das Zahlen satt gehabt, wollten sie still die Sache einschlafen lassen. Da haben sie in der Scheune halt nicht mehr dreschen können, immer hat's ihnen die Flegel festgehalten und schließlich haben sie wieder läuten müssen. Ob sie auch gleich die Scheune wegrissen und anderswo hinbauten, das hat doch nichts genützt, sie mußten nur läuten.

Den Wallfahrtsort Annaberg hat der alte Graf Gaschin nach dem Vorbild Jerusalems bauen lassen. Das war der Graf, dem seine Mutter gestorben, und der mit Löwenmilch genährt worden war, so daß er unermeßlich stark wurde. Wie er das alles baute, erforderte es ein solches Kapital, daß er nichts mehr besaß als seine silbernen Knöpfe am Rocke. Aus reiner Verzweiflung ist er gestorben. Schon in der nächsten Nacht erschien er seinem Sohne. Er war schwarz gekleidet und trug eine schwarze Binde um seinen Mund und überreichte ihm einen schwarzversiegelten Brief. In dem stand, der Sohn möge den Bau vollenden, sonst werde der Vater der ewigen Seligkeit nicht teilhaftig, da er an Gottes Gnade verzweifelt habe. Käme aber der Bau zustande, sei er erlöst, um der Gebete willen, die dort gesprochen werden würden. Im Polnisch-Neukircher Schlosse wird er in einem blauseidenen Rocke noch heut gesehen; er spielt dort Billard mit seinen Freunden.

Auch Breslau hat seine Heimlichkeiten. So vernahmen in jedem Jahre zur Adventszeit die Bewohner des uralten Hauses zum grünen Rautenkranz auf der Nicoleistraße einen wunderbaren tausendstimmigen Gesang, der aus der Tiefe tönte. Dann wagte sich niemand in die Kellerräume hinab, die unter dem Hause in hohen Wölbungen hinzogen; es ging die Rede, das Haus sei vor viel hundert Jahren einmal ein Kloster gewesen und das seien die Stimmen von all den längst Verstorbenen, die einst im Kloster gelebt, welche jetzt aus dem Keller drängen. Die Nonnen hielten ihren jährlichen Umzug und sängen dabei die alten Lieder, die sie zu Lebzeiten bei solchen Gelegenheiten gesungen. – Ein anderes uraltes Haus in der Altbüßergasse hinter Maria-Magdalenen heißt heute noch: Zur stillen Musik. Auch hier vernahmen früher die Leute zu manchen Zeiten eine eigentümliche, geisterhafte Musik, die aus den Kellern zu kommen schien. Stieg man hinab, dann klang sie aus größerer, unergründlicher Tiefe herauf, bis sie von selbst aufhörte.

Angenehm ist solche Hausgesellschaft nicht und man versucht mit allen Mitteln, sie loszuwerden. Vorbeugend war jenes Mittel freilich nur, welches in Nährschütz Ruhe schaffte: Die Witwe des toten, spukenden Gutsherrn mußte allabendlich gegen 9 Uhr, selbst wenn im Schlosse Besuch gewesen, anspannen lassen und nach der Gruft fahren; denn blieb sie fort, so hielt es niemand im Schlosse aus. Erlöst ist aber jener Geistliche in Költschen, Krs. Reichenbach, worden, der das für Seelenmessen ihm übergebene Geld für sich verwendet hatte. Er erschien seiner Wirtschafterin nachts, welche nach Albendorf pilgern und auf jeder Stufe des zur Kapelle führenden Weges ein Paternoster beten sollte. Schon auf der ersten Stufe stand links von ihr der Tote, rechts aber der Teufel in seiner Gestalt. Jener bat flehentlich: Maria Ruse, tu's, bete für mich! Dieser aber rief: Tu's nicht, der ist mein! Trotzdem soll die Maria Ruse den Geistlichen erlöst haben.

Die weiße Frau ist ein in Schlesien häufiger Spuk; nicht nur in alten Schlössern ist sie daheim, auch in Gutshöfen, ja draußen im Freien soll sie getroffen worden sein.

In Adelsdorf auf dem Niederhof hat meines Vaters Schwester als Schleußerin gedient und hatte die ganze Milchwirtschaft. Da ist's im Keller nie geheuer gewesen – sie sagten ihr's bald, als sie hinkam, sie solle ja nie bei Licht in den Keller gehen, sondern die Arbeit, die sie da unten hätte, bei Tage tun. Das eine Mal ist's aber nicht eher geworden. Auf einmal, wie sie ein Milchäschel nimmt und will's absahnen, da geht die Türe auf, ihr Licht ist aus, sie steht im Finstern da; sie sieht nur einen weißen Schatten und da hat sie sich fortgemacht. – Die Knechte kriegten das Futter für ihre Pferde abgeteilt, jeder sein Gebund. Aber sie haben gern wollen was besser füttern und einmal ist der Kutscher auf den Heustall gegangen und hat sich ein Gebund gebunden. Und wie er zum Fenster runter sieht, sieht er die weiße Frau über den Hof rüber kommen. Da weiß er sich nicht mehr zu helfen, denn ehe er bis zur Treppe kommt, kommt sie schon drüber rauf; da ist er schnell zum Kaffer runter geflogen und machte fort. Dem Kleinknecht hat er gesagt, er müsse die Hosen umdrehen, er solle indes das Gebund holen – und der hat nichts gehört und gesehen.

Auch die im Schlosse zu Curtwitz (Krs. Nimtsch) begegnete einer Arbeiterfrau um 11 Uhr auf dem Gange. Sie winkte ihr fortwährend, und ob sie nicht wollte, mußte sie ihr doch durch alle Gänge und Zimmer folgen; jede Tür öffnete sich von selbst und blitzte hinter ihnen zu, auch die durch zwei Schlösser versicherte Tür des Kartoffelkellers, der ein ehemaliges Burgverließ war. Kaum war sie einige Schritte hineingegangen, da schlug es 12 und das Gespenst verschwand. Erst nach zwölf Stunden vergeblichem Suchen fand man das Weib, das bald darnach starb.

Die Schloßfrau von Schwarzwasser muß wandern, weil sie einst eine Wöchnerin zum Hofedienst gezwungen. Der Frau wurde draußen ihr Kind vertauscht und sie fand einen Wechselbalg an der Stelle. Das arme Weib fluchte der Schloßfrau, daß sie auch nach dem Tode nicht Ruhe finden solle, schaffe sie ihr das Kind nicht wieder. Darum sieht man noch heut die Herrin, in weiße Kleider gehüllt, ein Kind auf den Armen, an den Schloßfenstern stehen. – Im Parke des Schlosses Falkenau (Krs. Grottkau) befindet sich ein versunkenes Schloß (Schanze). Der Ritter hat einstmals eine Dame in seine Gewalt gebracht; sie aber floh vor ihm auf den Turm und als der Ritter ihr folgte, sprang sie in den Schloßgraben; dadurch fand sie den Tod.

Seitdem spukt sie als weiße Frau. – Und in der südlich von Schimmelwitz (Krs. Trebnitz) gelegenen Gruft sieht man die weiße Frau mittags und Mitternacht um 12.

Storm wurde von Eichendorff, der ja aus Oberschlesien stammte, einmal erzählt: sie hätten als junge Leute von Spukgeschichten gesprochen; da habe der Besitzer des Nachbarschlosses bei ihrem Spott gesagt: Ich kann darüber mit euch nicht lachen, denn in meinem eigenen Schlosse geschehen wunderbare Dinge. Ich lade euch alle ein, morgen zu mir auf mein Schloß zu kommen. Die Freunde versammelten sich also am nächsten Abend beim Grafen. Einige Minuten vor 12 Uhr erhob sich der Graf und bat die Freunde, ihm zu folgen. Er führte sie durch dunkle Korridore bis zur breiten Treppe, die durch alle Stockwerke des Schlosses ging. Am Fuße der Treppe machte er vor einer hohen eisenbeschlagenen Tür Halt und erklärte, daß es seit hundert Jahren niemand gelungen sei, diese Tür zu öffnen. Manchmal, in dunklen Winternächten aber gehe die gespenstische Tür von selbst auf und es erscheine eine schlanke Frauengestalt, die die Treppe hinaufeile. Ein junger Diener, der am gleichen Tage in Dienste des Grafen getreten war und darum von diesem Schloßspuk keine Ahnung hatte, hielt am Fuße der Treppe eine brennende Kerze. Stumm und erwartungsvoll standen die Freunde in einem Kreise; nur Eichendorff lehnte mit dem Rücken an die gespenstische Tür. Da fühlte er plötzlich, wie die Tür hinter ihm langsam zurückwich, er wandte sich erschrocken um und alle erblickten eine schlanke Frauengestalt, Gesicht und Haar mit einem grauen Schleier umhüllt, die die Treppe hinaufeilte. Der junge Diener hielt die Dame für eine durchaus natürliche Erscheinung und überholte sie, um ihr auf den Stufen voranzuleuchten. Auf halber Höhe teilte sich die Treppe, der Diener bog links ab, aber auf eine nach rechts weisende Bewegung der Dame wandte er sich und leuchtete ihr weiter. Da vernahmen die Freunde plötzlich einen furchtbaren Schrei und das Licht erlosch. Lange standen sie in stummem Grauen da. Endlich faßte sich Eichendorff, er tastete sich in den Saal zurück und erschien dann mit einem zweiten Leuchter mit brennenden Kerzen. In Begleitung des Grafen stieg er die Treppe empor und auf der obersten Stufe sahen sie den jungen Diener mit dem Gesicht auf dem Teppich liegen. Eichendorff wandte sanft das Gesicht um und jetzt erkannte man, daß der junge Diener tot war. Seine Züge aber waren durch den Ausdruck des tiefsten Entsetzens völlig entstellt. Die gespenstische Frau jedoch war und blieb verschwunden. Vielleicht, so fügte Eichendorff seinen Worten zu, hat sie ihren Schleier zurückgeschlagen und dem Knaben ein Totengesicht gezeigt.

Die Sage, „daß in den Brandenburgischen und Liegnitz-Briegischen Höfen sich ehemals eine weiße Frau habe sehen lassen, wenn jemand Fürstliches sterben sollte", ist nur bei den Chronisten festzustellen. In Gr.-Wilkau bei Nimtsch hat die Gemahlin des Freiherrn von Gallardi das traurige Amt, als weiße Frau den Tod anzusagen, und auch im Schlosse zu Krappitz erschien das Gespenst, als Erdmann Graf von Reder in Berlin starb. Doch nicht genug damit, es folgten ihrem Erscheinen zwei arge Schadenfeuer nach, so daß sie wirklich ein Trauerbote gewesen ist. – In Liegnitz erschien sie, ehe das alte Piastenschloß abbrannte, während der Landeshauptmann zugleich eine Art Doppelgängerspuk bemerkte: er sah den Pater David, der in dem Zimmer des Landeshauptmanns schrieb, vor sich bis an die Treppe hergehen, dort niederlegen und die Stufen hinunterrollen. Zu gleicher Zeit saß aber der Pater im Zimmer und schrieb an seinem Brief.

Auch in einem nahe am Walde gelegenen Ortsteil Agnetendorfs zeigte sie sich. Ebenso erschienen am Langwiesenfloß über dem Forsthaus von Gr.-Iser zwei weiße Frauen. Mädchen, welche nach Flinsberg gingen, wollten die vor ihnen Gehenden gern einholen; das gelang ihnen aber nicht. Sie klagten es einem alten Manne: Wir können nicht so schnell springen! Der aber sah nichts. Am Langwiesenfloß sind sie rechts in den Wald gegangen und waren weg. Ein Mann, der über die Ludwigsbaude nach Ludwigsdorf ging, ruhte auf einem Stocke aus, und da kam eine weiße Dame zu ihm. Die sagte, er solle am Berge in den Fichten hinuntergehen; es würde ein großes Gepolter hinter ihm werden, aber es dürfe ihm, wenn er gehe, nichts tun. Er ging, hat sich jedoch gefürchtet und umgesehen, als es polterte. Wie das die Dame gesehen, ist sie verschwunden und hat geweint. – Bei Krossen, unweit des Dorfes Hundsbelle, am Ufer der Oder, liegen drei kahle Hügel, die heißen die Kiensberge. Darauf haust seit undenklichen Zeiten die Schlüsseljungfrau und treibt ihr Wesen. Alle Jahre in der St. Thomasnacht steht ihr Schloß wieder dort und sie hält mit den höllischen Gästen wüstes Gelag darinnen. Die Schlüsseljungfrau aber war früher eine reiche und mächtige Fürstin, deren Schloß auf den Kiensbergen gestanden. Sie war eine böse Herrin und zwang die Schiffer, welche die Oder hinab durch ihr

Gebiet fuhren, ihr unentgeltlich die Dinge mitzubringen, die sie bedurfte. Einstmals nun kam ein stattliches Schiff mit sieben Schiffern, die hatten vergessen, was ihnen die Fürstin aufgetragen, und wollten eilig vorüberfahren. Die Herrin warf ihnen mit einem zornigen Fluch ihre Schlüssel nach, so daß, wie sie auf Bord gefallen, das Schiff mit den Schiffern im Strom versank. Zuvor aber verfluchten sie sie, daß sie nach ihrem Tode umgehen und nicht eher erlöst werden müsse, als bis sie einen anderen Menschen mit ihren Schlüsseln erwerfen kann, worauf der Fluch auf den übergeht, sie aber zur Ruhe kommt. Man erzählt sich gar viel, wie sie dies schon versucht, und hütet sich sehr vor jener Gegend. So ist eines Tages ein frommes Fischermädchen auf ihrem Kahn nahe am Ufer gefahren, da schoß eine Schlange aus dem Schilf auf sie zu und entsetzt lenkte das Mädchen den Kahn in den Strom. Es war zu ihrem Besten, denn als sie sich umblickte, sah sie die Schlüsseljungfrau am Ufer stehen, die eben ihren Schlüsselbund nach ihr warf. Die Schlüssel fielen dicht neben dem Rand ihres Kahnes ins Wasser. Eilig entfloh das Mädchen, so schnell es konnte, hörte jedoch das Toben und Wüten der Jungfrau lange noch.

Sehr oft verspricht die weiße Frau ihrem Erlöser große Schätze. Ja, sie ist im tatsächlichen Besitz von solchen. Ein Bauer bei Petersdorf hat auf dem Peschelberg die weiße Frau sitzen sehen, wie sie Geld zählte. Auch seine Annäherung vertrieb sie nicht. Im Leipaer Schlosse (Nordböhmen) schenkte sie gar wie das Puschweibel Laub, das zu Golde ward. Eine alte Schreiberhauer Frau erzählte einmal Carl Hauptmann: Wenn man von Neuwelt über den kahlen Berg nach Rochlitz geht, steht oben auf der freien Ebene, von wo aus man Rochlitz so ganz tief unten liegen sieht, ein schönes, großes Kreuz. Einem Manne erschien im Traume nun ein Geist, der keine Ruhe finden konnte, weil er bei Lebzeiten einen großen Schatz vergraben hatte. Die Stelle hat er genau beschrieben; aber in einer bestimmten Nacht um 12 Uhr solle er oben bei dem Kreuze sein, natürlich allein, und den Schlüssel zu dem Schatze in Empfang nehmen. Der Mann hat sich aufgemacht. Als er aber eine schreckliche Gestalt, wie sie nur in den Sagen existieren, erblickte, und er aus dem feurigen Rachen den Schlüssel nehmen sollte, sank er ohnmächtig zusammen und erst nach langer Krankheit erinnerte er sich des erlebten Schrecklichen. – Beim Schafsteine (Gablonz) soll sich ein Handwerksbursche einst müde niedergelegt haben. Da öffnete sich der Felsen und in demselben wurde eine gefesselte Jungfrau sichtbar. Sie bat den Fremdling, ihr einen ihm dargereichten Helm zu putzen, weil sie dadurch aus der Gefangenschaft befreit werden könne. Das tat der Bursche; worauf sie die Ketten von sich warf und ihren Befreier reichlich beschenkte. Auch in die Falkensteine bei Unter-Polaun ist ein Burgfräulein verzaubert worden. Wer zur Erlösung berufen ist, wird in den Felsen ein Schwert auffinden und mannigfache Kämpfe bestehen, aber dadurch auch einen unermeßlichen Schatz gewinnen. (Die Sage ist, heißt es in einem Bericht, merkwürdig, weil in den 70er Jahren ein Mann in diesen Felsen tatsächlich einen Säbel fand und irrsinnig wurde, da er zu der Entzauberung sich berufen glaubte.)

Es ist ein trauriges Kapitel, das von den weißen Frauen. Alle haben die Anwartschaft auf Erlösung; sie brauchen zu ihrer Zeit nur einen Mutigen zu finden und dann ist es getan. Aber er ist ihnen noch nie begegnet, denn jeder Mut schwindet, wenn die liebliche Jungfrau als Wurm oder Schlange mit sieben Häupten wiederkommt.

Im Schlosse des Zangenberges bei Marklissa liegt, heißt es, ein großer Schatz, eine Braupfanne voll Geld, welcher von einem schwarzen und einem weißen Hunde bewahrt wird; desgleichen läßt sich auch eine Jungfer im weißen Habite mit einem großen Gebund Schlüssel am Berge sehen; sie soll Vorübergehende um Erlösung angesprochen und oft silberne, goldene und zinnerne Gefäße zum Abtrocknen um den Berg gestellt haben. Auch hat man sie am Bache sorgsam weiße Linnen waschen und in der Sonne trocknen sehen. Wer sie erlösen will, der muß sie über einen am Berge vorüberfließenden kleinen Bach heben. Wer's aber unternimmt und nicht vollbringt, wird auch verwünscht. Zwei Männer, die über solche Geschichten immer gespottet, machten sich in der Christnacht auf, um zu sehen, was Wahres an dieser Sache sei. Der Berg war offen, aber nur einer getraute sich hinein. Doch kam er matt und elend heraus und starb wenige Tage später. Was drinnen gewesen, hat er nicht sagen mögen. Nur immer im 31. Jahre jedes Jahrhunderts läßt sich die Zangenjungfrau sehen. Im Winter 1831 versuchten es auch drei Männer aus Eckersdorf. Um ½ 1 Uhr nachts kamen sie bebend zurück. Von Stund an kränkelten sie. Nach einem halben Jahre starb der eine. Als das die anderen hörten, empfahlen sie ihre Seele Gott und machten ihr Testament. Sie starben auch in demselben Jahre und waren doch nur bis in den Busch am Berge gekommen. Ein Knabe half sich durch Beten einst gegen die Spukgestalten. Aber im Berg in einer Kapelle liegen auf dem Altar zwei Schwerter; eins nimmt das Fräulein in die

Hand, das andere gibt sie dem Knaben und nun soll dieser ihr den Kopf herunterschlagen. Als er's nicht tat, erbebte der Berg und er ward wieder dorthin versetzt, wo er die Jungfrau zuerst gesehen.

Im Harfenstein ist eine Jungfrau vertan, welche durch Harfenschlagen einen Erlöser heranzulocken hofft. Wer sich des Werkes unterfängt, muß zuvor zur Beichte und Kommunion gewesen sein und dann 3 Tage ohne Speise und Trank im Felsen bleiben. Hält er das aus, dann hat er sie erlöst und er darf von den Schätzen fortnehmen, soviel er will. Aber das alles wird erst geschehen, wenn die einsame Tanne dort auf der Höhe den einen Ast so stark heben wird, daß er groß genug ist, einem Kinde zur Wiege zu dienen. Der Knabe, der drin gewiegt werden wird, wird erst das Werk vollenden.

Nicht töten, sondern nur mit der Hasel die Schlange auf den Schwanz schlagen sollte ein Wache stehender Soldat auf dem Burgberge bei Ulbrichshöh. Er hat aber zuerst nur eine Birkenrute genommen und als sie ein zweites- und drittesmal ihn gebeten, ist ihm, als wieder die Schlange kam, so angst geworden, daß er davongelaufen. (Die Hasel hat aber die Jungfrau zur Wiege für ihren Erretter eingepflanzt.)

Fast immer ist die Befreiung daran geknüpft, daß man der Schlange einen Schlüssel entreißen muß. So ist in Braunau die Jungfrau im Traume einem Kinde erschienen und hat um ihre Erlösung gebeten; es solle zur Mitternacht allein zu einem Tümpel hinter der dritten Scheune am Wege nach Weckersdorf kommen. Dem Drachen, der aus dem Tümpel stieg, sollte es einen an seinem Zahn hängenden Schlüssel fortnehmen, ohne ein Wort zu sprechen. Dann wird das Wasser des Tümpels verschwinden und eine Truhe, zu welcher der Schlüssel paßt, aufsteigen. Als in der nächsten Nacht die Jungfrau wieder erschien und noch flehentlicher bat, durfte das Kind, dem seine Mutter folgte, hinaus. Die Uhr schlug 12, das Wasser begann zu kochen und zu brodeln, der Drache stieg auf und öffnete seinen Rachen, in welchem der Schlüssel hing, da rief das Kind leise: Mutter! Ein gellender Schrei zerriß die dunkle Nacht; das Ungeheuer versank und weinend verkündete die weiße Jungfrau, daß sie auf den Erretter nun warten müsse, der in der Wiege des Baumes ruhen werde, der jenem, in dessen Holz das Mädchen geschlafen, gleich sei.

Der alte Renner aus den Auerwiesbauden erzählte, daß einmal, er war ein Knabe von etwa 12 Jahren, eine bildschöne Frau, begleitet von einem weißen und einem knurrenden schwarzen Hunde, in seines Vaters Wohnung gekommen sei. Sie habe gewinkt und nach dem

Der Kochelfall. Lithographie von Lütke

Der Kynast. Stahlstich von A. H. Payne, nach einer Zeichnung von Ludwig Richter

Ballenstein gezeigt. Er wäre wohl mitgegangen, aber er fürchtete doch zu sehr den schwarzen Hund. Dreimal war sie bei ihm. Als ich mich nicht erhob, ging sie wieder fort. Bei der Tür angelangt, kehrte sie sich nochmals um und winkte, ihr zu folgen. Mein Vater (dem er die ersten Besuche erzählt und der nichts sah) hielt mich umklammert, ich konnte mich nicht vom Flecke rühren. Ich hörte die Dame noch schluchzend unter den Fenstern vorübergehen, dann fiel ich in Ohnmacht, aus der ich erst anderen Tages erwachte. Seit dieser Zeit bin ich nie wieder recht fröhlich gewesen. Wenn andere Leute lustig sind, so kommt mir immer die wunderschöne Dame in den Sinn.

Der Müller Schmuck verirrte sich in den Weiden, die sich entlang der Oder bis an die Mündung der Ostrawitza ziehen. Es war schon Nacht und da begegnete ihm auf schwarzem Pferde die Burggräfin von Landeck. Sie bat den Müller, sie zu erlösen. Er hielt auch mutig aus, bis ganz zuletzt nach allen Erscheinungen die Burggräfin auf einem feurigen Eber selbst geritten kam und glühende Schlangen ihr aus dem Munde sprangen. Als er nun floh, hörte er die Erscheinung jammern: Auf ewig bin ich nun verwünscht, denn nur du allein konntest mich erlösen!

In das Ziegelhaus an der Straße Mühlrose-Schleife kam einmal nachts zum Ziegelmeister ein Mädchen von 18 bis 20 Jahren, hatte ein rotes Tuch um den Hals und eine blaukarierte Schürze an, und bat, er sollte ihr doch ein neugeborenes Kind geben, mitkommen und sie erlösen. Das wollte er nicht. Anderen Tages kam sie wieder, bat, er solle ihr dann ein neugeborenes Kätzchen oder ein Hündchen geben. Aber er tat es nicht. Da kam sie noch einmal, bat und jammerte, nur einer könne sie erlösen, den dreimal eine Otter gebissen hätte.

Einmal ging einer am Harfenstein, von dem ich schon erzählte, vorbei. Da sprang ihm etwas auf den Rücken, das sollte er über neun Raine tragen. Der Mann schritt ächzend aus; aber die Last ward immer schwerer. Hinter dem achten Rain war sie so schwer, daß er sie nicht mehr ertragen konnte und von sich warf. Es war die Harfenjungfrau, die erlöst worden wäre, wenn er sie bis zum Ende getragen hätte. Aber sie wartete wie die auf der Schellenburg (Österr.-Schles.), auf dem Schnallenstein und wie die Hummeljungfer wohl heute noch auf den Retter.

Auf dem Karpenstein wurde ein Fräulein verwünscht, das seinen Geliebten aus Eifersucht erstach. Sie erscheint alle hundert Jahre einer Braut. Kommt sie in schönen Gewändern mit Brot und Früchten, dann bringt sie Glück; mit ärmlicher Kleidung angetan, ist sie das Zeichen einer kummervollen Ehe. – Der Schellenberg bei Jägerndorf war einst ein festes Räuberschloß. Jetzt sitzt im Keller auf großen Geldtonnen eine verwunschene Prinzessin. Zwei Knaben warfen sich vor den Fenstern einmal mit ihren Mützen. Der eine schleuderte die Kopfbedeckung des anderen böswillig zum finsteren Loche hinab. Aus Angst vor Strafe suchte der Weinende nach der Kellertür und gelangt in die unterirdischen Räume. Er nimmt seine Mütze und will vor dem großen Pudel, den er beim einfallenden Sonnenlicht gewahrt, fliehen. Da ruft ihn dieser treuherzig an, so daß sich der Knabe zu ihm getraut. Nun darf er sich aus einem der Fässer die Mütze voller Goldstücke raffen. Als das der andere Knabe oben sieht, geht er auch in den Keller und will Geld nehmen. Der Pudel aber zerfleischte ihn.

Ruinen und alte Schlösser beherbergen noch manchen anderen Spuk. So heißt es vom Liegnitzer Schloß, das Herzog Georg Rudolf, wenn er von Brieg nach Liegnitz kam, nicht in dem Schlosse wohnte, sondern im Stifthause bei der Johanniskirche oder im Parchwitzer Schloß, weil er etliche Male auf dem Liegnitzer Schloß durch Gespenster erschreckt und in der Nachtruhe gestört worden sei. Wieder erzählt Lucae von einer Kammer im Gange zwischen dem Ohlauer Schlosse und der Kirche, in der einmal ein Bäcker gesessen hat; der gab wunderliche Dinge an und zeigte eine ganz alte und mit unverständlichen Charakteren geprägte Münze, die ihm ein Geist, der ihn in Gestalt eines Mönches besucht, überreicht hatte. Auch in dem unterirdischen Gange von der Pfarrwohnung in Steinau a. O. nach Schloß Georgendorf haust ein gespenstischer Mönch und darum findet sich niemand, der diesen Gang untersucht.

Am Ende des Dorfes Krotenpfuhl bei Habelschwerdt stand einst die Kobelsburg. In früherer Zeit saß dort des Abends am Neißeufer ein Graumann und hat nach dem Burgplatz geschaut. Sobald er aber jemand kommen sah, verschwand er in den Fluß und eine große Kröte kroch fort. Das hat gewährt, bis kein Stein mehr von der Burg zu schauen war; dann erst war jener verwünschte Geist erlöst. – In einen Keller der Trümmer des ehemaligen Wallfahrtskirchleins bei Merkelsdorf verirrte sich einst ein Junggeselle. Unten brannte ein Licht. Bei dessem Scheine gewahrte er einen alten Mann auf einer Lade sitzen. Kahler entfloh. Hätte er jenen Geist erlöst, so wäre er wohl sehr reich geworden, aber hätte auch sterben müssen.

In der Bober-Röhrsdorfer Wasserburg will man, besonders auch im Advent, des Nachts einen Feuerschein bemerkt und am Tage schlürfende Schritte vernommen haben; eine hohe Standuhr fand man in einem verschlossenen Seitenflügel zertrümmert vor; ebenso wird von Wagenrollen und Peitschenknallen am Herrenhause berichtet, obwohl die Tore verschlossen und zum Erstaunen aller auch kein Gefährt zu entdecken war. In der Burg Läusepelz kann man nachts, wenn der Wind um die Trümmer weht, klagende Frauenstimmen vernehmen. In Güttmannsdorf bei Reichenbach aber umfliegt ein kopfloser, schwarzer Hund, aus dessem Halse stoßweise Feuer lodert, unter Kettengeklirr im Sturm das Dach. Auch am Quingstein in Österreichisch-Schlesien spukt es. Ein Bauer ward plötzlich vom Drang erfaßt, als er der Burgruine nahe kam, um die Burgtrümmer herumzurennen. Er rannte stundenlang, bis er erschöpft und fast leblos zusammenbrach. Ein Wilddieb sah mitten im alten Gemäuer der Burg ein Reh. Er schoß und traf; aber da war das Tier verschwunden. Und wie er näher kam, da findet der seines Schusses sonst immer sichere Schütze die Kugel ganz rein und unversehrt an der Stelle, wo das Reh eben lag.

Auch auf dem Hammerstein, dem wüsten Schloß, ist es nicht richtig. Der alte Wenzel wollte dort mal Rotkathel (Rotkehlchen) fangen, konnte aber keins kriegen, bis er ins wüste Schloß neinkam. Da kam eins auf ihn zu gelaufen, das sich mit der Hand fangen ließ. Er steckte das Kehlchen, weil es ein Männel war, ins Vogelsäckel und ging nach Hause. Wie er heimkam, wollte er's aus dem Säckel nehmen; aber da war keins drin, nichts als ein weißes Tüchel. Das legte er auf das Fensterbrettel und wußte nicht, was er machen sollte. Da war am Fenster das Retschl ein bissel offen. Auf einmal war das Schnupftüchel weg und ein Rotkathel flog wieder zum Retschlfenster naus. Er ist noch manchmal zum wüsten Schloß gegangen, Rotkehlchen aber hat er keine mehr gefangen. Es ist auch sonst nicht ganz richtig dort; da wachsen allerlei schöne Blümel wie ein Garten, aber auch Zeug, was er kurjos hieß, wie: Oronswurzel, Alleturementenworzel, Goldworzel, Onekelkenworzel, Paterkappel, Zeug für die Hexen. Natternjüngferle, Kröten, Werlen und anderer Unflat ist auch genug dort. Die Hexenblusen (Boviste) sind so groß wie ein Kopf.

So wenig (und ich verweise hier auf Zaunerts Natursagen, von Holden und Unholden S. 16) der Mensch von allem, was ihn im Hause umgab, das Denken an die Verstorbenen lösen konnte, so wenig waren sie draußen tot. Einmal hat auf Dorf Bergel (bei Ohlau) ein Schmettau gewohnt, der ließ der Tochter zu jeder Mahlzeit das

Essen auf ihr Grab setzen, bis er inne wurde, daß der Totengräber dasselbe genoß. Und einem Märzdorfer, der falsch geschworen, wuchs die Hand aus dem Grabe, die war ganz blutig. Übrigens soll das auch Kindern geschehen, die ihre Eltern mißhandelt haben, während der Tochter, die mit der Mutter in Streit geriet, es war auf einer Wallfahrt zum Annaberg, und die sich vermaß, der Mutter in die Haare zu fahren, die gottlose Hand so fest in die Haare der Mutter verwuchs, daß es nicht möglich war, sie fortzunehmen. Erst das Gebet der beiden Frauen bewirkte das schmerzlich ersehnte Wunder. – Die Habsucht hat ebensowenig Frieden. Ein Totengräber, der neben dem Grabe einer sehr geizigen Tischlerswitwe in einer Glatzer Stadt ein neues herstellte, erzählte von ihr: Das Weib hat auch im Grabe keine Ruhe. Gestern hatte ich hier ein Brett, und wie ich mich umdrehe, greift das Weib aus dem Grabe danach und zieht mir's rein. Ja, die hat nie genug kriegen können.

Wer in den Theosophischen Sendbriefen des Görlitzer Gottweisen Jakob Böhme sich umtut, findet als 22. Schreiben einen Sendbrief an Hans von Schellendorf, der ihn um eine Erklärung gebeten, weil seiner seligen Frau Leichenstein aus den Augen geweint. Sie hat um ihrer zwei Söhne willen bei Lebzeiten Kummer getragen, die wider ihren Willen mit in den Krieg geritten, und die, als solche Tränen aus des steinernen Bildes Augen hervorquollen, in Ungarn vor den Türken geblieben. Herr Abraham von Franckenberg hat zu dem Brief gesetzt: Ein Magnet zeucht den andern; ein Licht erklärt das andere; eine Liebe rühret, wecket und rüget die andere; ein Geist wirket in dem andern, der Stärkere in dem Schwachen! und das ist auch die Essenz von des gottlosen Böhme Brief. – So sehr scheint der Grabstein das Eigentum des Toten, daß er Spuk in das Haus bringt, in das man ihn tragen will. Darum hat auch der Frobelwitzer Inspektor, der einen Grabstein mit ganz unleserlicher Schrift aus altem Gemülle als Gangstufe in seinem Hause einmauern ließ, nachts keine Ruhe haben können.

Aber auch seinen letzten Ruheort verteidigt der Tote noch. Der Deschnaier Totengräber machte an einer Stelle, die nicht aufgemacht werden sollte, ein neues Grab; da hat es dreimal Loß mich! gerufen, so daß er von seinem Versuch abstand. Und als in einem Dorfe bei Glatz man einen vermeinten Selbstmörder ausgraben wollte, da fing bei den ersten Spatenstichen das Grab an zu wogen und eine unsichtbare Gewalt schleuderte den Totengräber fort. Nach Jahren versuchte ein anderer, es aufzumachen, aber kaum hatte der einige Stiche vom

Hügel weggenommen, erhielt er von unten einen Stoß, daß er betäubt hinsank und mehrere Stunden ohne Besinnung lag. Nie wieder hat man sich dann am Grabe vergriffen. Ein Bauer in Malkwitz, Krs. Breslau, hatte einst eine Urne ausgegraben, von der ist ein so übelriechender Rauch aufgestiegen, daß er und seine Leute fast betäubt worden sind. Wenn sie nicht rasch zur Seite gesprungen wären, hätte es sie zu Boden gerissen. Das ist gewiß ein böser Geist gewesen.

Ich brauche nicht erst den Sagenkreis von der dreisten Magd zu erwähnen, er wurde oben bereits berührt. So gut, wie sie zur Räuberburg gehn wollte, vermaß sie sich, in ein frisch aufgeworfenes Grab Nägel zu schlagen. Aber sie nagelte ihren Kittel an und als sie gehen wollte, brachte sie das auf den Gedanken, die Toten hielten sie fest. Da ist sie vor großer Angst gestorben. Hundert- und aberhundertmal kommt diese Sage noch heute vor. –

Die Frau Johanna Tobor hatte einen Mann, der trank und abends dann auf den Kirchhof lief; er sagte immer: dort tanz' ich mit den Geistern auf den Gräbern umher. Kam seine Frau, ihn zu holen, so stellte er sich schnell an das Tor. Eines Abends stand aber statt seiner ein Toter an der Tür. Die Frau riß, wie gewöhnlich ihrem Manne, dem Toten die Mütze vom Kopfe und ging nach Hause. Da klopfte jemand ans Fenster. Es war der Tote vom Kirchhofe. Er sprach: Johanna, gib mir sofort meine Mütze wieder, sonst wirst du unglücklich werden. Die Frau, in der Meinung, es sei ihr Mann, lachte ihn aus. Am nächsten Abend geschah dasselbe. Der Geist redete ihr aber eindringlicher zu und sagte zuletzt: Gib sie her, sonst zerreiße ich dich in Stücke. Am Morgen ging die Frau zur heiligen Beichte; zur nächsten Mitternacht zog eine Prozession auf den Kirchhof, dem Spuk ein Ende zu machen. Frau Tobor ging an der Spitze und trug die Mütze. Der Tote erschien und nahm die Mütze, die Frau aber zerriß er in viele Stücke.

Ein Liebauer Böttchermeister, welcher dem Trunke ergeben war, rüttelte an der Kirchhofstür, fluchend, weil sie sich nicht gleich öffnete, im Glauben, daß es die Haustür sei. Plötzlich tat sich das Tor doch auf und eine grauenhafte Gestalt führte ihn an ein hellerleuchtetes Grab. Er sah da unten drei seiner verstorbenen Freunde; aber ihr Anblick muß schreckenerregend gewesen sein, denn er ward sofort nüchtern und trank von da nicht mehr.

Nicht uneben rächten sich auch die Toten auf dem Flinsberger Kirchhof an einem Bierfiedler. Der Wirt aus dem grünen Hirt machte den Anführer der Musikanten. Wie sie nun aus dem Wiener Garten kamen und über den Kirchhof gingen, da sagte er: Nu honn mer a Lebendigen geblosen, nu wull mer euch o a Stickel machen! und setzte die Geige an und fiedelte. Da gab's ihm eine Ohrfeige – das hab' ich aus seinem eigenen Munde – und er hörte noch: Laß du die Toten ruhn! Dann hat er das Bewußtsein verloren. Wie er aufwachte, wissen Sie, wo er lag? Hinten auf einem Felde auf der Walze. Er war ein paar Tage nicht ganz gescheut und hat sehr lange daran gekrebst. Die Haare sind ihm an der Kopfseite ausgegangen.

Seltsames sah ein Mann, der von Starkstadt nach Jibka gegangen ist. Am Friedhofe lag über den Weg ein Baumstamm, den er nicht überschreiten konnte. Er mußte ihn umgehen und schritt und schritt an ihm entlang; aber der Baum nahm gar kein Ende. Lange lief er, da war die Stunde um und er verschwand. Auf dem Rückwege begegnete ihm ein Mann ohne Kopf, der schritt hinter ihm und sagte, daß schlechte Zeit und eine große Sterbe ausbrechen werde. Nicht lange danach brach im Braunauischen die Cholera aus. – Um Friedhof und Kirche zu Kronstadt wieder hört man, sogar im ärgsten Winter, ein Zirpen, Zischkerbe genannt; das soll der Geist eines armen Sünders sein. Mancher hört es am Tage, mancher zur Nacht, mancher nur zu gewissen Zeiten.

Der Stelle, von der es kommt, nachzuforschen, ist ganz vergeblich. Man hört es, folgt man ihm, immer deutlicher, bis man's von allen Seiten hört.

Ganz selbstverständlich ist auch die Kirche, die wohl inmitten des Dorfes, aber doch abseits liegt, zu deren Fuß der Kirchhof alle Gestorbenen versammelt, ein Ort, wo's scheecht. Als die Martinikirche in Glatz lange Zeit öde und wüst gelegen, hat der Blitz öfters eingeschlagen und das Schloß ist von nächtlichen Gespenstern heimgesucht worden. Der Türkensieger Graf Spork hatte in Kukus bei Königinhof eine Kirche gebaut. In einer schweren Gewitternacht fürchtete sich der diensttuende Bruder, in die finstere gräflich Sporksche Gruft zu gehen, um neues Öl auf die ewige Lampe zu tun. Ein anderer Bruder redet ihm gut zu, aber noch zögert er; plötzlich bekommt er bei einem furchtbaren Donnerschlage ein paar Ohrfeigen. In der Meinung, der andere sei es gewesen, fragt er: Bruder, warum schlägst du mich denn? Erstaunt sagt der: Bruder, ich habe dich nicht geschlagen; ich bete, daß der allmächtige Gott das Wetter glücklich vorübergehen läßt. Nun wurde dem ersten klar, daß es die

Seele gewesen und er begibt sich mit schlotternden Knien zur Gruft. Und es war auch die höchste Zeit; nur noch ein kleines Fünkchen glimmte. Kaum jedoch war das ewige Licht wieder in Ordnung, als eine unsichtbare Hand mit einem Tüchelchen die empfangenen Schläge abzuwischen versuchte. – In Neiße fand eines Morgens während der Messe eine Frau auf der Bank ein geöffnetes Kästchen, in welchem ein kostbarer Degen lag. Wiederholt öffnete sie es und zeigte es auch dem Nachbar. Plötzlich erhob sich ein Gepolter und als die Frau nach dem Degen sah, war er verschwunden. Man sagt, daß dort ein Richter mit einem Schatz begraben liegt.

Gegen das Jahr 1812 waren Kinder zum Beichtunterricht in der Katholisch-Hennersdorfer Kirche. Da kam aus der Pforte eine Gestalt, die auf dem einen Arm Knaben-, auf dem anderen Mädchenkleider trug. Die Kinder fürchteten sich. Der Pfarrer aber sprach: Laßt den alten Mann! holte ein Buch, betete drin und der Spuk ging rücklings langsam hinaus. Das soll ein früherer Pfarrer gewesen sein, der die Fundation für arme Kinder abgeschafft hatte. – Vom Frevel an heiligen Dingen spricht auch die folgende Sage. Man hatte erzählt, daß es bei Gleiwitz an einem Dreiwege spuke und eine Frau setzte sich einmal hin, das zu sehen. Da kam ein Mann und winkte ihr. Sie folgte und er ging vor ihr bis zu der Frau Haustür her, wo er verschwand. Am nächsten Freitage, abends um eben diese Zeit, öffnete sich die Tür und der Mann kam herein, keuchend wie unter einer schweren Last. Er winkte der Frau – dem Mann war das Gespenst unsichtbar –, sie folgte ihm in die Kammer; dort trat er in einen schwarzen Kreis und führte einen seltsamen Tanz vor ihr auf. Darauf erzählte er der Frau, daß er ein Hostienfrevler gewesen und 7 Hostien an einen Baum genagelt habe. Bei der siebenten sei er tot hingestürzt und büße bis heut im Fegefeuer. Sie könne ihn nun dadurch erlösen, daß sie sieben Monate lang alle Freitage 7 Brote in Gleiwitz hole und an die Armen gebe. Sie tat es und jeden Freitag tanzte der Geist im Kreise und immer mehr ward der schwarze Kreis weiß. Am vorletzten forderte er noch eine Messe. Als sie gelesen wurde, tanzte der Geist, mit den Hostien spielend, ins Gotteshaus und legte sich dann zu ihren Füßen. So hatte sie ihn erlöst. Von einer anderen Erlösung heißt es aus Patschkau, daß der Glöckner am Hochaltar seinen Rosenkranz betete; er hatte nur ein Gesätzel noch, da fiel es hinter ihm wie eine Perle nieder. Erst achtete er nicht darauf, aber als das nun immer wieder geschah und beim letzten „Gegrüßest seist du, Maria!" der Ton ganz laut wurde, sah er sich um. Er konnte nichts hinter sich vernehmen; nur eine seufzende

Stimme sprach: Noch diese eine Perle und ich wäre erlöst gewesen. In der Wohlauer Kirche weilen auch Geister und zeigen aus ihr sogar mit Fingern auf die Vorübergehenden.

Auch die verbreitete Sage von der Gespenstermette, die ein altes Mütterchen oder Jüngferchen erlebt, kehrt bei uns wieder. Da wird erzählt, daß sich zwei alte Georgentaler Fräulein versprochen hatten, einander vom Jenseits Bericht zu erstatten. Nun träumte der Überlebenden, sie solle in die Orate gehen, den Pelz mitnehmen, den aber vorm Gotteshaus nach der Messe niederlegen. Die Träumende wacht auf, es scheint ihre höchste Zeit, denn die Kirche war bereits hell erleuchtet und dicht mit Andächtigen gefüllt, die aber alle kontrare saßen. Nur eine Person erkannte sie, die Freundin von ehemals. Die nahm sie bei der Hand und führte sie hinaus und trug ihr auf, ja den Pelz wegzuwerfen. Sie tat es und ging nach Hause, wo sie's 12 schlagen hörte. Am andern Morgen fand sie den Pelz in unzählige kleine Stücke zerrissen.

Von einer verlassenen Kirche geht Folgendes: Bei Wittichen haben sie früher – es werden wohl jetzt schon an die siebzig Jahre sein – einen Schafstall gebaut. Da ist im Hainwald (ein großer Wald an der Chaussee Goldberg-Löwenberg) eine alte Kirche abgebrochen worden, und von der haben sie Holz und Steine geholt zum Bau. Nun geht die Sage, alle Advent und Fasten fängt's darin zu orgeln an. Es muß halt einer immer drin schlafen, die Schafe errennen sich sonst vor Angst. Da ist einmal ein Reisender gekommen, der suchte ein billiges Nachtquartier und fragte, ob er nicht könnte in einer Scheune schlafen. Nu, da im Schafstall könnte er schlafen, haben sie ihm gesagt. Der Schäfer war froh, der hatte im Dorfe eine Braut und ist gern mal zu ihr gegangen. Der Herr sah's sonst nicht gern, weil doch die Schafe im Frühjahr Junge werfen und Trächtige wurden immer zuerst ertreten. Na, heute konnte er nun mal gehen, der andere blieb dort, ohne daß er was wußte. Er hatte wohl wollen ausreißen, aber als erst die Schafe untereinander liefen, hatte er keine Tür gefunden und wußte vor Angst nicht mehr, wohin, die Schafe machten immer über ihn weg. Am Morgen hat er gesagt, in dem Schafstalle schläft er nicht mehr für vieles Geld.

Der Nachtwächter von Meffersdorf ging früh gegen vier auf den Turm, um den Tag einzuläuten. Da naht sich ihm ein weißes Gespenst und deutet ihm an, daß es mitkommen wolle. An Widerspruch war begreiflicherweise nicht zu denken und es geht richtig mit auf den Turm. Als nun der Wächter geläutet hat und wieder hinuntergeht, murmelte es: Und nun begleite du mich! Er weigerte sich, aber das brachte ihm eine Ohrfeige ein, ehe der Spuk in seiner Gruft verschwand. Ein andermal läutet der Wächter und zieht und zieht, ohne daß oben die Glocken anschlagen wollen. Neugierig, was das wohl sei, steigt er die Stiege hinauf. Da steht ein Mönch mit einem erschrecklichen Gesicht und gibt ihm eine Ohrfeige, daß er bewußtlos niedersinkt. Wie er erwacht, versucht er auf einem anderen Wege hinabzugehen, damit ihm das nicht noch einmal begegne, aber wieder steht hinter ihm der Mönch und schlägt ihn noch härter, als das vorhin geschah. Wie der Nachtwächter aus seiner Betäubung erwacht, scheint schon der helle Tag herein und der Mönch ist verschwunden.

So gut wie Tote die Christnacht feiern und Metten halten, so gut vereinigen sie sich des Nachts zu schauerlichen Tänzen. Das Reich des Grauens und des Nichtseins wird ein Ort sündlicher Luft. Jedenfalls weiß man *das:* Ein alter Sackpfeifer hat angeordnet, daß man ihm seinen Dudelsack mit ins Grab lege. Nach seinem Tode öffnete sich um Mitternacht sein Grab, der Sackpfeifer stieg heraus und begann zum Tanz aufzuspielen. Aus den anderen Gräbern stiegen nun Männlein und Weiblein heraus und tanzten dazu. Der Türmer sah das, erzählte es weiter, und in der nächsten Nacht fanden sich viele Neugierige ein. Aber die Toten gingen auf die Zuschauer los, und viele von ihnen sanken vor Schreck in Ohnmacht, einige starben sogar. In Polaun war mal in einem Saale Musik. Zu der sind weiße Gespenster reingekommen. Die Leute fragten den Wirt, ob das denn Masken wären? Der meinte: Ich weiß es nicht. Dann haben die weißen Gespenster das Licht ausgelöscht und haben getanzt.

Im 17. Jahrhundert hat man von Pelsdorf einen Mann auf dem Friedhofe von Nieder-Langenau begraben, der Schof-Toft (Schaf-Tobias) hieß. Der war als ein Erzbösewicht bekannt. Als er beerdigt war, soll in der Neustadt von Nieder-Langenau bald da, bald dort eine Jungfrau verloren gegangen sein; die Leute erzählten, der Schof-Toft habe sie geholt. Damals war noch das Mauerwerk des Kirchturms drei Klafter höher und oben wohnte der Türmer. Der hatte bemerkt, daß der Schof-Toft um Mitternacht aus dem Grabe kam, herunter ins Dorf ging und beim ersten Hahnenschrei wiederkehrte. Einst sah der Türmer den Schof-Toft mit einer Jungfrau den Kirchberg heraufgestiegen kommen. Da lief er hin zu seinem Grabe und nahm das Hemd, das Schof-Toft hatte liegen lassen. Dann sprang er hinauf in den Kirchturm, versteckte sich und krähte so wie ein Hahn. Schof-Toft bemerkte das und wollte den Turm hinanspringen, den Türmer zu holen. Er sprang, kam aber nur bis zur halben Höhe des Turms. Als er zum zweiten Sprunge ansetzte, da krähte im nahen Bauernhof der Hahn und Schof-Toft mußte ins Grab zurück. Man hat danach das Grab aufgemacht und die Leiche war noch ganz unverwest. Aber der Schof-Toft hatte drei Hufeisen, zwei an den Füßen und eins an den Händen. Hätte er noch das vierte Hufeisen bekommen, so hätte ihn niemand mehr bezwingen können; er wäre ein leibhaftiger Teufel geworden. Seit seiner Ausgrabung wurde Ruhe; niemand hat Schof-Toft mehr gesehen; er hat auch keine Jungfrauen mehr geholt. Von ihm erzählt man auch, daß er beim ersten Sprunge „Weißhohn – Kreißhohn", beim zweiten „Schwarzhohn – Kratzhohn", beim dritten „Ruthohn – Tudhohn" gerufen habe. Die Eindrücke seiner Hufeisen sind heute noch an der Mauer sichtbar.

Stollstaffla, der zu Lebzeiten in Trautenau Baumeister gewesen war, hatte in seiner Jugend viel Abenteuer mit bösen Geistern, namentlich mit dem Teufel zu bestehen. Nach seinem Tode erschien er in Gestalt eines Pferdes und wollte sich auch beschlagen lassen, aber man hat ihn vor dem vierten Eisen zum Glück erkannt. Einst wollte der Glöckner früh läuten; die Glocke gab jedoch keinen Ton. Er meldete dies dem Pfarrer, der bald erkannte, daß Stollstaffla seine Hand hier im Spiele habe und der dem Glöckner darum befahl, in der nächsten Nacht zwischen 12 und 1 Uhr zu läuten. Als dies geschah, erblickte er auf dem Friedhofe eine Gestalt, die sich dem Turme näherte und an demselben hinaufzuklettern suchte. Schon war das Fenster des Turmes erreicht, da schlug die erste Stunde und das Gespenst fiel zurück auf die Erde. Indessen hatte der Pfarrer mit der geweihten Kreide einen Kreis um den Turm gezogen, damit der Geist nicht entfliehen könne. Stollstaffla wurde mit Weihwasser besprengt, in einen ledernen Sack gesteckt und ins Knieholz verbannt.

In Keltsch in Oberschlesien kam jede Nacht eine arme Seele zu Bauersleuten und aß ihre Vorräte weg. Ein Bettler fing sie: er nahm das Hemd, das sie am Grabe zurückgelassen hatte, floh auf den Turm und schüttelte sie, da sie versuchte, am Glockenstrang hochzuklettern, vom Stricke ab. Als es 1 Uhr schlug, blieb sie auf ihrem Grabe liegen, bis ihr der Priester in einem neuen Grabe Ruhe verschaffte.

Die nämliche Sage: Erklettern des Turmes durch einen umgehenden Toten, wird vom Groß-Neundorfer Vampir erzählt. Wäre er bis um ein Uhr hinaufgekommen, so waren alle vier Wächter, die oben ihn ausgespäht, verloren. Aber er fiel, und als man an eben der Stelle, wohin er gefallen war, nachgrub, fand man den Vampir, einen schlafenden Menschen.

In Schlesien versteht man unter dem Vampir einen begrabenen, toten Menschen, der in der Nacht aufsteht, die Menschen heimsucht, quält und sie tötet. Oder er zehrt durch Kauen und Schmatzen im Grabe die Lebenden nach. Öffnete man das Grab, dann fand man den Leichnam nach Wochen noch unverwest, blutig und selbst die einzelnen Glieder beweglich. Man legte dem Toten einen Stein und einen Pfennig ins Grab, daß sie, wenn sie im Grabe anfingen zu beißen, des Fressens sich enthielten. Das geschah in Schlesien bei der Pest 1553. In Landeshut fand man einen wiederkommenden Hexenmeister, welcher den Leuten die Nahrung wegaß, im Grabe mit dem Gesicht nach unten liegen. Klapper hat festgestellt, daß Sagen von Nachzehrern aus Polen, vom Wiederkommen und Nachzehren aus Böhmen stammen. Die erste Vampirnachricht hat uns nun auch der böhmische Chronist Hagec berichtet: 1345 hat sich's in Böhmen, in einem Städtlein, Lewin genannt, zugetragen: es war darinnen ein Töpfer mit Namen Duchacz, welcher ein Weib Brodka hatte. Die war voll teuflischer Zauberei. Einmal begab sich's, als sie ihre Geister zusammengerufen, starb sie desselben Tages eines jähen Todes. Bald wurde verspürt, daß sie herumginge, vielmals zu den Hirten des Feldes kam und sich in mannigfaltiger Tiere Gestalt verwandelte. Danach kam sie auch in das Städtlein, redete und erschreckte die Leute und brachte etliche gar ums Leben. Als man sie ausgraben ließ, konnten alle beiwohnenden Leute sehen, daß sie den Schleier, so sie gehabt, zur Hälfte in sich hineingefressen. Man ließ ihr zwischen die Brust einen eichenen Pfahl schlagen und da floß Blut aus ihrem Leibe. Nach kurzer Zeit ließ sie sich wiederum sehen, mehr als zuvor, erschreckte und tötete die Menschen, und welchen sie umgebracht, auf dem sprang sie mit Füßen herum. Derwegen wurde sie wiederum aufgedeckt und befunden, daß sie den Pfahl, welchen man in den Leib geschlagen, ausgezogen und in den Händen gehalten. Nach diesem ließ man sie samt dem Pfahle verbrennen. Von der Zeit nahm das Übel ein Ende. Nichts weniger hat man an dem Orte, wo man sie verbrannt, etliche Tage einen Zwirbelwind gesehen.

Auch Kunze, der Bürgermeister von Bendschin, war ein Vampir, wie Hagec erzählt. Er war ein armer Schindelmacher gewesen und doch zu ziemlichem Vermögen gekommen. Die Stunde des Todes wußte er voraus. Er starb Glock 3 und war bedenklich: ein großer schwarzer Kater wirbelte künstlich das zugemachte Fenster auf, kam jählings in die Stube, sprang auf des Kranken Bett und fiel Kunzen so an, als wolle er ihn fortschleppen. Worauf der Kater unsichtbar wurde. Wenige Tage nach dem Tode kam Kunze nun wieder, drückte und quälte alle Menschen. Nun ist der Wahn gemeiner Leute, wo Bielweisen oder Hexenmeister begraben liegen, daß unter ihren Grabsteinen sich Löcher zeigen, gleich als wenn Mäuse herausgekrochen wären. Ein gleiches sah man bei Kunzes am Grabe, und zwar so groß und tief, daß man bis auf den Sarg stoßen konnte. Man nahm den Leichenstein hinweg, füllte die Löcher und trat alles feste ein. Folgenden Tages waren die alten Löcher da und noch größer, als wenn die Hühner unter dem Steine gescharret hätten. Auf dem Altartuch fand man Blutflecke. Der Leichenstein war befleckt, unwissend von was für einem Tier. Und um des Toten Haus konnte man einst im Schnee Fußstapfen sehen, die keines Menschen und keines Tieres Füßen ähnelten. Endlich hat man ihn ausgegraben, noch frisch und voller Blut gefunden, hinausgeschleppt, wobei ihn sein schwarzes Roß, durch dessen Fußtritt er sterben mußte, kaum erzog, und verbrannt. So stark nun die Flamme war, brannte doch nicht mehr als der Kopf und die Glieder weg. Danach hat ihn der Henker erst zerhauen und stückweise in die Flammen geworfen. Die Asche tat man in den vorbeifließenden Strom. Auch Kunzes alte Magd ist hernach wiedergekommen; aber man hat sie bald verbrannt und so dem Übel ein Ende gemacht. – Vampire spukten in Schlesien in großer Zahl, so daß Herr von Schertz in der *Magia posthuma* 1706 sagt: „In den schlesischen und mährischen Gebirgen zeigen sie sich annoch gar oft. Man sieht sie bei Tage und Nacht, und die Sachen, die ihnen zugehört haben, bewegen sich und kommen von einem Orte zum anderen, obschon man niemand wahrnimmt, der sie berührte!" Man sagte mir einmal in Gr.-Iser, da sei ein Toter gewesen, der den Mund offen hatte. Deswegen haben sie ihm denselben zugenäht. Nun kam er immer wieder. Er hat auf der Mistbrücke gestanden. Erst als sie ihn ausgruben, wieder aufschnitten und den Kopf abgehackt haben, da war Ruhe. – In Oberschlesien kannte man noch Anfang des vorigen Jahrhunderts zwei Arten Vampire. Die einen, Upiory (von upierzyc, mit Federn versehen, geflügelt), haben zwei Seelen, von denen nur eine stirbt, die andere aber im Körper bleibt. Die anderen, Strzyga (griechisch Strix), werden mit einer Doppelreihe von Zähnen geboren. Sie steigen auf einen Turm und alle Menschen in ihrem Alter müssen, soweit sie sehen, sterben.

In Milkendorf hatte der Schuster-Thes sich dem Leibhaftigen verschrieben. Im Walde riß er die Bäume samt den Wurzeln aus, während er sprach: Hans zieh! Vor seinem Tode bat er sein Weib, sie möge ihm die Nase abschneiden, sonst müsse er umgehen. Aber die wollte ihn nicht verunstalten und unterließ es, seinen Willen zu erfüllen. An seinem Begräbnistage saß er auf einer Linde vor seinem Hause und geigte. Auch später trieb er sein Wesen. Oft sah man des Morgens Hunde auf dem Dachgiebel hängen, welche mit ihren Schwänzen zusammengebunden waren. Das bewog die Leute, einen Scharfrichter aus Wien kommen zu lassen, der den Leichnam ausgraben ließ. Man fand den ganzen Körper mit Federkielen bewachsen; wenn daraus Federn geworden wären, wäre Schuster-Thes auf und davon geflogen. Man hat den Körper auf dreier Dörfer Grenze verbrannt und als aus dem Feuer eine schwarze Kugel hervorrollte, zerhieb der Scharfrichter sie kreuzweise mit seinem Schwert. Danach war Ruhe in Milkendorf.

Es ist ganz selbstverständlich, daß Mord- und Unglücksstätten besonders von spukenden Geistern heimgesucht werden. Seit im Schirmschlag über Gr.-Iser ein alter, böser Förster zwei Kinder, die Beerensuchen waren, gejagt, bis sie auf eine Baumspitze krochen, und dann herunter geschossen hat, scheecht's dort. Dergleichen Sagen gibt's viel: Bei Schosdorf befinet sich dicht am kalten Brunnen ein Sumpf. In den ist schon vor alters ein Scherenschleifer, der dort am kalten Brunnen gearbeitet, versunken. Im Eifer der Arbeit merkte er anfangs nicht, wie er mit seiner Karre hinuntersank, und als er um Hilfe rief, vernahm ihn draußen im Walde niemand. Noch heute hört man im Frühjahr am kalten Brunn ein Geräusch, wie wenn ein Mensch eine Schere schleift; da sagen die Schosdorfer wohl: 's wird Tauwetter werden, der Scherenschleifer arbeit't.

Geht man von Alzenau nach Gröditz, so kommt man in der Kalmje zum Frauenteich. In dem hat sich mal, um einer unglücklichen Liebe willen, eine vom Gröditzberge ertränkt. Mein Großvater sollte mal eine ziemlich große Wiese neben dem Teiche hauen. Er ging früh zeitig weg, weil er allein dazu war und weil es früh besser schnitt; deswegen sagte er abends auch zur Mutter: Um zwei muß ich aufstehen, sonst wird's zu spät. In der Nacht wachte er auf und 's ist ganz hell. Jetzt muß ich aber gehen, es ist schon spät, die Sonne ist ja gleich raus. Die Mutter sagte: Wart' ock, ich werd dir erst eine Tasse Milch machen. Nein, meinte er, ich warte nicht mehr, ich gehe. Und da geht er halt immer raus und draußen fängt er gleich an zu hauen. Und wie er so ein Weilchen gehauen hat, da hört er's wimmern und jammern. Er wird zuerst ganz wilde und denkt, was ist denn eigentlich los, und geht ein Stücke lang an der Wiese, da merkt er, das Jammern kommt aus dem Teiche. Und wie er dort so steht und dem Gejammer zuhört, da schlägt in Gröditz die Turmuhr zwölf. Da ist er stockstille weggegangen und wieder ran an die Wiese und fängt zu hauen an. Aber er hat zur Mutter gesagt, so zeitig geht er nie wieder los, er sieht lieber erst nach, wie spät es ist.

Als in Arnsdorf bei Schmiedeberg 1715 ein junger Geselle, Hans Müller, um eines Diebstahls willen gehängt worden ist, hat, bis er abgefallen, alle Nacht ein Licht im Galgen gebrannt. Es läßt sich denken, daß auch heute solche Orte noch nicht so ganz geheuer sind. Wenigstens erzählte mir meine Mutter jüngst: Am Galgenberge vorbei, zwischen Töppendorf und Alzenau, sind mal drei Jungens in die Schule gegangen. Sie waren vom Töppendorfer Hofe, und als die Eltern früh auf die Arbeit gegangen sind, da machten sie sich auch fort. Und wie sie runter kommen vom Galgenberge, waren zwei vorneweg und der dritte ein bissel hinten nach. – In Alzenau war die Schule schon angegangen und es war ziemlich spät, da kamen sie alle drei geweint. Der Kantor fragte gleich, warum sie weinen. Da sagten sie eben, es ist vom Galgenberge einer runtergekommen ohne Kopf, den hatte er unterm Arme, und hatte einen langen weißen Kittel an. Der Kantor soll's ihnen noch ausgeredet haben, sie würden sonst was gesehen haben, es wäre noch dunkel gewesen. Aber der eine Junge ist heimgekommen, hat abends die Krämpfe gekriegt, hat sie drei Tage und Nächte gehabt und ist gestorben. Einem hat's nichts geschadet; der dritte ist sechsunddreißig Jahre lang gelähmt gewesen. Der ist vor ein paar Jahren erst gestorben.

In Flinsberg soll es an einem Orte, wo früher ein Galgen gestanden hat, umgehen. Die Luis-Steckel ist mal an Kratzert-Friedrichs Püschel vorbei vom Jahrmarkt heimgekommen. Dort hat sie nicht mehr fortgekonnt, weil sich ihr etwas um die Füße wickelte. Ihr Mann, der schon vorausgegangen war, rief sie und kam dann wieder zurück. Aber es dauerte gar nicht lange, da hielt es ihn auch fest. Er fluchte, und da ist's von der Mauer (wo früher der Galgen gestanden) runtergekullert, und danach konnten sie fort. – Am Kreuz bei Gurschdorf in der Nähe von Friedeberg (Österreichisch-Schlesien) setzte sich eine Frau mal müde hin und ist dort eingeschlafen. Auf einmal sitzt ihr was auf dem Knie wie ein Vogel, daß sie davon erwacht, und da braust's auch den Berg hinunter wie Wind. Das ist vom Galgen, der früher dort auf dem Berge gestanden hat.

Auch Schlachtorte sind unheimlich. Manches wurde davon bereits erzählt. So ließ sich auf dem Kritschberge bei Morchenstern, wo sich ein Schwedenkirchhof befindet, als einst die Kinder hier walperten (Walpurgis feierten), ein eigentümliches Geräusch vernehmen; es war als tönten Signalhörner und fielen Schüsse. Aber auch der unselige Tod der Feinde macht, daß sie umgehen müssen. Konnte doch jener in Hermsdorf bei Braunau verwundete Schwede, der tödlich getroffen war, als Protestant nicht auf der geweihten Erde sterben.

In einem Bauernwäldchen bei Weckersdorf, wo viele Schweden begraben sind, hört man vor Ausbruch eines Krieges die Trommel schlagen. Ein nicht sehr nüchterner Mann ging einst dort durch den Wald; der rief: Tambour, wenn du hier bist, dann laß dich hören! Alsbald ward es um ihn lebendig; er sah sich von einem Heer umgeben, und der Tambour schlug seine Trommel. Dann redete er den Betrunkenen an, er solle sich ja nicht mehr erkühnen, sie hier zu stören, sonst werde es ihm sehr schlecht ergehen. In Oberschlesien geriet ein Mann, welcher durch einen finsteren Wald gehen mußte, unter viel tausend Soldaten, die er in einen Krieg ziehen sah. Er betete schnell ein Vaterunser und konnte ungesehen zwischen ihnen durchgehen. In der nächsten Kirche dankte er Gott, daß ihm die armen Seelen geholfen hatten. In den Schwedengräben oberhalb der Spiegelbauden am Schwarzen Berg gruben zwei Burschen einmal nach Schätzen. Da krachte es in den verstürzten Kellern, eine Flamme loht auf, Schwertklirren ertönt und Reiter entsteigen dem Grabe, die bergab jagten.

Das waren die toten Schweden, die keine Ruhe haben und nach der Heimat reiten. Aber ihr Spornen und Wüten bringt sie nicht von der Stelle. Kommandos ertönen und Schüsse fallen. Erst als der Morgen tagte, verflogen die Schemen. Die Burschen kamen von beiden Fichten, auf die sie geflohen, herab und rannten heim.

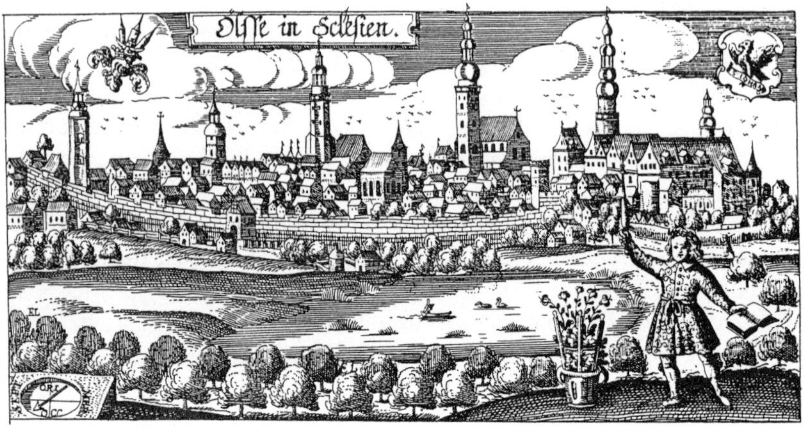

Oels in Niederschlesien. Kupferstich aus Daniel Meisner, Politisches Schatzkästlein. II. Buch, 8. Teil. Frankfurt a. M. 1631

Naturspuk

Alles, was einst den Alten in der Natur mit mehr als dem ihm Eigentümlichen erfüllt gewesen, das Unerklärliche, kurz das, was einst in diesen Dingen Fremdes erahnen ließ, das ist heut auf die Stufe bloßen Spukglaubens herabgesunken. Daß keine Dämonen mehr sind, lehrte die Kirche; daß aber die Seele der Toten noch irgendwo auf der Erde weilt, entnahm man alten Gebräuchen und eigener Philosophie.

Freilich, nicht jeder Mensch sieht den Spuk. Der alte Mann aus Gr.-Iser konnte die weißen Frauen nicht wahrnehmen und jene Gröditzer Magd den Soldaten am Brunnen nicht. Daran erinnert die Sage von einer lustigen Gesellschaft in einem Glatzer Dorfe. Die späten Zecher kehrten um Mitternacht auf einem schmalen Pfade im Gänsemarsch heim. Am Endziel gewahrten sie, daß ihnen der Erste und Letzte fehlte. Die sind auch andern Tags und überhaupt niemals wieder herzugekommen. Darum heißt es: A Erschta freßts, a Letzta nemmts! und darum gehen die Leute abends lieber neben- als hintereinander.

Als einmal ein Mädchen Hochzeit machte, gingen die Kameradinnen zu Klein Apelt, um Kränze zu winden. Zwei Mädchen, die nicht mit waren, wollten durchs Fenster sehen, wer alles schon in der Stube sei. Als sie jedoch ins Gässel kamen, standen drei lange, weiße Mannsgestalten unter dem Baume und starrten in die erleuchteten

Fenster. Und als Frau Krause ein Mädchen war, wurde sie mal von ihrer Mutter abends um elf in die Aslauer Brauerei nach Spiritus geschickt. Auf ihrem Heimweg sah sie zwischen Dominium und Kirchhof ein Mädchen oder eine Frau, bis zu den Knien bloß, anscheinend mit einem Hemd bekleidet, und etwas auf beiden Armen tragend, so etwa, als trüge sie ein Taufkind. –

In Meffersdorf unter der Tafelfichte zeigt sich der alte General. Der soll in Schwerta einen Menschen getötet haben und mußte darum um seinen Hals eine Schnur tragen. Nach seinem Tode ging er halt um. Besonders zeigt er sich in der alten Allee, die nach Volkersdorf führt, und wer ihn sieht, der muß im nächsten Jahre sterben. Ein großer Hund, der dort auch scheecht, erscheint manchmal mit ihm. So hat ihn einer an der Schießmauer mal gesehen. Der alte General schlug gerade Feuer an und trug eine rote, goldflimmernde Uniform, hatte aber keinen Kopf. Der Jäger aus Hermsdorf hatte sich an der oberen Mauer des Gartens auf den Anstand gestellt, der sah ihn im langen Gewande, den Kopf unterm Arm, langsam, mit dem Aussehen eines Mönches auf sich zukommen. Plötzlich war die Gestalt verschwunden. Am Morgen suchte der Jäger im Schnee nach einer Spur, fand aber nur die eines Vogels. Meist geht der alte General zu Fuß, saust aber auch zu Pferde an einem in der Allee vorbei. Das Pferd hat Beine wie Baumstämme groß. Im Schafstalle warf es mit Ziegelsteinen; einer flog dem Inspektor an den Arm, daß der sofort aufschwoll. Auch im Viehstall entstand zu Zeiten unter dem Vieh eine gewaltige Aufregung, ohne daß man was sah. Wenn es der Spuk am schlimmsten trieb, dann zeigte sich in der Stube des Hofwärters ein Zwirn- oder Spinnrad, ein Star saß in den Speichen und drehte es. Leute, die sich darüber wunderten, sind von den Wächtersleuten zum Stillschweigen aufgefordert worden.

Und als der Schwager der alten Neumann einmal von Flinsberg über den Kamm raufgegangen ist, am neuen Wege, da kam ein Wind, das rauschte so und es schauerte ihn durch und durch. Und dann schritt über den Weg ein Paar, das führte sich. Die gingen gerade hinter ihm rüber, richtig, daß sie ihn noch am A... streiften. Es war ein Weibsbild mit einem Mannsen. Das Liebespaar ging ganz weiß, wie eine Krinoline hatte sie an, das sah er bloß; ihr Kleid, das raschelte wie Papier. Und auf der andern Seite waren sie verschwunden.

Etwas abseits Neu-Oels liegt am Zdirnitzer Bache die Holzmühle. Vor etwa 70 Jahren ging jemand dorthin; da nieste es in der Nähe, aber er konnte doch keinen Menschen sehen. Vor der Mühle hörte der

Mann ein zweites Niesen. Dasselbe geschah zum dritten Male beim Überschreiten des Baches. Dann sprach etwas: Dreimal habe ich geniest, aber der Mensch hat nicht „Helf Gott!“ gesagt, um meine arme Seele zu erlösen. Auch Geister, welche den Wanderer ängsten, necken, irreführen wie jener bei der Höhlenkapelle zwischen Kunzen- und Heinzendorf, der einen Sack voll Menschengebeine ausschüttete – gibt's hierzulande genug.

Zum Dorfe Follwark, Kr. Oppeln, gehört ein auf der Hutweide gelegener, schwarzer Teich, der sehr verrufen ist. Das Tränken der Kühe muß sehr vorsichtig geschehen; die Tiere dürfen auf keinen Fall über den Rand hinaus, sonst ziehen die Geister, welche dort hausen, sie in den Grund und geben sie weder tot noch lebendig wieder. Die Seelen der Menschen, die dort verunglücken, sind so lange in den schwarzen Teich gebannt, bis sie ein anderer ablöst. Der Teich bleibt drum für alle Zeit beseelt. Die Geister schweben in weißen Gewändern über dem Wasser; sie steigen heraus, wachsen und wachsen bis in den Himmel. Manchen fehlt auch der Kopf. – Vom Wachsen ins Übergroße hören wir oft. So sah ein oberschlesisches Mädchen am Zentrumsbache am Mühlenwehr jemand stehen; sie dachte, es wäre der Mühlgeselle und sprach: Du, Franzel, was machst du da? Da wuchs der Mann und wuchs bis in den Himmel. Jetzt sah sie auch, daß es der Zimmerer war, der vor zwei Jahren beim Bau des Wehres verunglückte. Weil das in der Schuld seiner Sünden passierte, muß seine Seele erst 28 Jahre im Wasser leben. Manchmal kommt er auch an die Oberfläche, das ist, als ob er sagen wollte: Bittet für mich zu Gott!

Im Eulengebirge spukt wieder ein General. Ist er mit schwarzen Stiefeln bekleidet, dann ist er guter Laune; erscheint er aber in gläsernen, dann hat er seinen bösen Tag. Ein Eierhändler begegnete ihm einst und er bekam Lust, dem seltsamen Mann mit gläsernen Stiefeln einen Schabernack anzutun. Er warf ihm einen Stein auf die Glasstiefel. Der General schleuderte den aber mit eben dem Stiefel so gewaltsam zurück, daß er in des Händlers Eierkorb fiel und diesen zu Boden riß. Sämtliche Eier waren zerschlagen; den General aber sah er, als er aufstand, auf der hohen Eule stehen.

Georg Tunkel von Hohenstadt war ein Liebhaber der Teichwirtschaft und ein gar grausamer Herr. Durch seine Schuld wurde das Dorf Zaworzitz überschwemmt und in den Zaworzitzteich verwandelt. Bei niederem Wasserstande sah man aus dem die Turmspitze sich erheben. Tunkel starb unter Verwünschungen und Flüchen. Als seine

Witwe nun einmal am Damme des Teiches vorüberkam, sah sie ihren verstorbenen Gatten und mit ihm einen feurigen Pflug aus dem Wasser steigen. An diesen spannte Tunkel zwei Rappen mit dicht herabwallenden Mähnen an, mit feurigen Augen und glühenden Hufen, und begann, den Spiegel des Teiches zu pflügen. Die bösen Geister trieben ihn unaufhörlich mit Geißeln vorwärts. Die vor Entsetzen ohnmächtige Edelfrau rief, als sie zu sich kam, dieser Erscheinung zu: Was kann ich tun, um deine Seele zu retten? – Ich bin erlöst, wenn du die Steine, die der Schweiß meiner Untertanen zusammengefügt, mit eigener Hand an ihre vorige Stelle trägst. – Unmöglich! rief die Unglückliche, und die Erscheinung schwand.

Auch die gespenstischen Reiter ohne Kopf, einzeln oder in Trupps, begegnen in Schlesien oft genug.

Im allgemeinen handelt es sich vorerst bei diesen Sagen um Nachrichten von ruhelosen Seelen, die ihre Frevel büßen müssen. So jagt der Heckbereiter (Oberförster) Zimmermann auf der Armsünderstraße, die er zur Robotzeit erbauen ließ, wobei er natürlich grausam und hart verfuhr, zu allen Nacht- und auch Tageszeiten hin. Auch ein Meineidiger, welcher geschworen, er habe eine bestimmte Schuld bereits gezahlt, muß mit dem Geisterheere auf einem Schimmel reiten. Darum bat er den Sohn, das vorenthaltene Geld zu zahlen und ihm so Ruhe zu verschaffen.

Im Siebenjährigen Kriege hatte sich in der alten Schenke ein Offizier einlogiert, der bei der Abreise dem Wirte Feix eine Summe Geld übergab. Er sollte es für ihn aufbewahren, oder, wenn er's nicht mehr abholte, ein Armenhaus dafür bauen. Er kam nicht wieder, aber der Wirt traf trotzdem keine Anstalten zum Bau. Da sprengte an einem Abend ein weißer Reiter der Schenke zu. Dienstfertig eilte der Wirt hinaus, fand aber niemand. In der nächsten Nacht klopfte es dreimal an die Tür. Die Magd meldete ihrem Wirt, ein weißer Reiter begehre Einlaß, und wieder war niemand da. Jetzt wurde der Bau jenes Spitals beschlossen. Die Ausführung zögerte sich aber wieder hinaus, bis es in einer stürmischen Nacht wieder ans Fenster klopfte und in seltsamem Lichte der weiße Reiter in rasendem Galopp um das Haus sprengte. Die Strafe für die Verzögerung blieb nicht aus; der einst so reiche Wirt verarmte und die Familie beschloß ihr Leben in diesem Armenhause.

Oft haben diese Geister auch Schlimmeres mit den Leuten vor. Der Reiter, der im Kokitnitzer Gründel spukt, hockte der alten Semmelträgerin auf. Am Ballenstein, zu dessen Fuße Verrirte einst übernachteten, ritt um die Wandersleute ein strahlender Ritter mit einem schwarzen Angesicht. In immer kleineren Kreiseln galoppierte er und dann sprang das Pferd auf sie zu. Sie stießen einen Schrei des Entsetzens aus. Im nämlichen Augenblick verschwand der Spuk. Auch schwarze, kopflose Reiter treiben dergleichen. Und mit dem Schimmelreiter bei Bergmanns Kreuz, zwischen Zöllnei und Lichtenau, geschah einst folgendes: Ein Mann rühmte sich, zur Nachtzeit an diesem Kreuz vorüberzugehen und lachte die Abergläubischen aus. Richtig traf er den Reiter auch, der seinen Kopf unterm Arm trug. Aus Angst grüßte er und der Reiter sprach: Gut, daß du grüßest! Hättest du's nicht getan, so hätte ich dir den Kopf umgedreht! Dann ritt er nach dem Meierhof zu weiter. Am Morgen erst kehrte der Zöllneier heim und meinte, um keinen Preis in der Welt hätte ihn jemand dazu vermocht, bei Nacht den Weg zurückzumachen.

Der Liebste eines Mädchens war aus dem Krieg nicht wiedergekommen. Einmal sang sie nun vor sich hin: Dr Monda scheint gehalle, die Toten reiten schnalle! Da ist er erschienen, hat sie zu sich aufs Roß genommen; und keiner hat sie mehr wiedergesehen. Ein andres aus Wernersdorf bei Starkstadt sang so, als sie beim Kirchhof vorüberging; aber da ist ein rothaariger und rotbärtiger Mann gekommen, der sagte: Wärste ne tschescha Stohl on Eisa ganga, so hätt ich dich zerressa on gefanga, on 's wär dr dei Senga vergange! gab ihr eine Ohrfeige und flog unter dem Brausen des Sturmes davon.

Der Ritter des Raubschlosses auf dem Dornst bei Gablonz verschrieb nach langem Krankenlager seine Seele dem Bösen, wofür er noch einen Raubzug unternehmen und einmal noch jagend durch den Wald schweifen wollte. Das erste hatte er schon getan; die Jagd jedoch zögerte er hinaus, den Teufel zu hintergehen. Da hat ein furchtbarer Blitz das Schloß zerstört; der Ritter aber wurde verdammt, als böser Geist ruhlos im Walde herumzuirren, wo er als Jäger, als Köhler, bald auch als wilder Wolf erschien. – Zu Tiefhartmannsdorf lebte vor vielen, vielen Jahren einmal ein Herr von Zedlitz, der seine armen Untertanen über alle Begriffe plagte. Am meisten hatten sie unter seiner Jagdliebhaberei zu leiden, die unersättlich war. Er hatte in seinem Leben soviel Böses getan, daß er auch keine Ruhe im Grab fand, sondern verdammt war, ruhelos zu reiten und zu jagen. Schon als er begraben werden sollte, konnte der Sarg nicht getragen werden, die Pferde mußten ihn unter großer Anstrengung zum Kirchhof fahren, und als man vom Leichenbegängnis im Dunkeln wiederkehrte, fand man sein Zimmer erleuchtet, obwohl niemand drin war. Im nächsten Jahr an seinem Begräbnistage um 12 Uhr nachts wurde in allen Ställen das Vieh unruhig. Zugleich entstand ein plötzlicher Sturmwind und dr ále Zedlitz auf seinem schneeweißen Schimmel, den er bei Lebzeiten geritten, kam in den Hof gejagt, stieg ab, und bald ward es in seinem Zimmer licht. Um 1 Uhr erschien er wieder unten, stieg auf und jagte davon. Auch Konrad von Lähn und Herzog Hans müssen umreiten.

Und 1460 „in einem großen Gewitter über die ganze Slesien starb Herzog Bolko, der große Ketzer, der nicht geglaubt nach diesem Leben ein ander Leben. Vor seinem Ende ließ er sein bestes Roß satteln und zuführen, sagend, er wolle nicht wie ein Dieb in die Hölle zu Fuße gehen, sondern als ein Herr hineinrennen."

Die Hinweise, die auf die Nachtjägersage deuten, lassen sich noch vermehren. So kommt in Kostenthal ein Erbrichter pechschwarz auf weißem Schimmel vom Friedhofe angeritten. Wenn er ans Tor des Gutshofes gelangt, gesellt sich ihm eine Schar kleiner Hunde mit feuerspeienden Mäulern bei, die kläffen und schreien (nicht heulen). Ein Wirt, der einst mit seiner Schwester am Knappenberge bei Lauban vorüberging, hörte vom Berge ein seltsames Blöken. Er sah zwar nichts, wohl aber seine Schwester, welche ein Sonntagskind war. Ein Reiter war da vorübergehuscht, ohne Kopf, und hinterher folgten viel wilde Gestalten, die hetzten ihn. Das soll ein Mörder gewesen sein, den man dort oben enthauptet hat.

So ähnlich verfolgt ward auch der böse Herr von Festenhof, hinter dessem Kutschwagen ein schwarzer Mann herlief und rief: Hauts den Herrn von Festenhof! – Bernstadter, die mal vom Görlitzer Christmarkt heimkehrten, hörten in einer mondhellen Weihnachtsnacht Schellengeläut; ein Schlitten jagt lautlos an ihnen vorbei. Mit Schrekken bemerkten sie, daß im Gefährt nichts als ein einzelner Mann, und zwar ein kopfloser, sich befand. Als sie nun ihren Weg fortsetzten, sahen sie sich mit einem Mal in einer fremden Umgebung. Nach langem vergeblichem Umherirren erreichten sie erst ihr Ziel und zwar von einer gänzlich entgegengesetzten Seite. Dort, wo der alte Engmann, der Schwarzkünstler aus Giehren, verbannt worden ist, erschien noch jedes Jahr an seinem Verbannungstage entweder ein Reiter ohne Kopf, welcher auf einem Ziegenbock saß, oder ein großer Leichenzug. Bis 18 Kutschen hat man gezählt und alle hatten brennende Lichter.

Einmal erschien auch in der schwarzen Allee zu Meffersdorf eine Kutsche. Die ist einem gewissen Haschke aus Gebhardsdorf begegnet. Er war der Meinung, es sei die Gutsherrschaft und sprang auf das Trittbrett; er hoffte so noch in den Hof kommen zu können, denn abends um 10 Uhr wird der geschlossen. Aber die Kutsche fuhr nicht durchs Tor, sondern durch eine kleine zugemauerte Pforte neben demselben. Haschke wurde beim Durchfahren abgestreift. Ähnlich erging es einem andern, der vom Herrn in der Kutsche zum Aufsitzen aufgefordert ward. An der Hofmauer fiel er herunter und das Gefährt verschwand.

Die Straße über den Paß von Wartha ist außerordentlich steil, und die Fuhrleute vermochten kaum, mit ihren Lastwagen die Anhöhe zu überwinden. Doch in der höchsten Not erschien ihnen jedesmal vom Burgstadelwalde her ein geheimnisvoller und unbekannter Fuhrmann mit einem Zweigespann. Ohne ein Wort zu reden, spannte er vor, und munter ging es den Berg hinan. Oben verschwand er, ohne ein Wort des Dankes abzuwarten. Denen, die ihre Pferde schlugen, um über den Paß zu kommen, erschien er auch, verwies ihnen das Ungebührliche ihres Treibens und strafte sie mit Warten, daß nämlich nach Wochen ein zweiter Fuhrmann erst folgte, der ihnen über die Höhe half.

Ganze Leichenzüge und Prozessionen gehen um. Zwischen Georgental und Wilhelmsdorf, im hohen Wald, eh man zur Seifenwiese kommt, zieht in der Nacht quer über den Weg ein Leichenzug. – Das Kloster Schmottseiffen wie das auf der Seifenwiese befindliche Mönchkloster sind ihrer Sünden und unerlaubten Beziehungen zueinander wegen versunken. Die Geister der aus dem Leben Geforderten haben aber noch keine Ruhe finden können. Als der verstorbene Stellenbesitzer Joseph Schnabel in später Nacht einst von Märzdorf nach Schmottseiffen heimkehrte und in die Nähe des untergegangenen Klosters kam, hörte er aus dem Walde die feierlichen Klänge einer Trauermusik herüberschallen. Verwundert blieb er da stehen, gewahrte jedoch bald einen Leichenzug, der über die Straße hergezogen kam und rechts vom Wege in eine tiefe Schlucht, den schwarzen Graben, abbog, wo er ganz plötzlich verschwand. – Auch vom Speerberg geht nach dem Winkelberg ein Leichenzug. Alles ist ohne Kopf und man hört blasen.

In Görlitz fährt zu gewissen Zeiten um Mitternacht ein schwarz behangener Leichenwagen. Er wird von Rappen ohne Kopf gezogen und schwarzbekleidete Männer, ihren Kopf unterm Arm, begleiten ihn. Viele Menschen haben ihn fahren hören, weil er ein eigentümlich dumpfes Gerassel macht. Wenn einer zum Fenster hinausgeschaut, im Wahne, es sei ein gewöhnlicher Wagen, so hat er ihn um die Ecke biegen und schon im nächsten Augenblick verschwinden sehen, so daß er nichts mehr hat unterscheiden können. Und das ist gut, denn wer ihn bei sich vorbeiziehen sieht und ihn deutlich erblickt, der muß in diesem Jahr noch sterben. Der Wagen verschwindet bei Gobius' Gruft.

Das war ein Alchimist, der seine Frau einbalsamiert hat und auch den Diener die Kunst gelehrt, daß dieser ihn nach dem Tode einbalsamieren solle.

Ehe die Hungersnot kam, hat der Pfutschhans über dem Jeschken einen Sarg schweben sehen, den haben sechs schwarze Männer hergetragen. Das kam so drohend heran, schneller als Wolkenflug und deutlich hat er gesehen, wie die gespenstigen Träger im Näherkommen größer und größer geworden sind. – Das muß etwas der Heerleiche Ähnliches gewesen sein. Die Heerleiche ist ein großartiges Begräbnis mit Priestern und klingender Musik, das hoch in den Lüften zieht. Wenn man sie sieht, dann sterben große Herren und es folgt dem ein allgemeines Sterben. Die Heerleiche sah man zu Trautenau erst 1883.

Bei der elezchen Fichte, am Spitzbergsattel, führt der Ober-Tannwald und Brand verbindende Weg vorbei. An dieser Stelle traf einst der alte Glöckltöppr einen Mann ohne Kopf; er zog einen Handschlitten hinter sich her.

Der furchtlose Bauer folgte dem Mann und als er ihn beinahe fassen konnte, erhob sich ein Sturzwind, die Finsternis brach plötzlich ein und Mann und Schlitten waren verschwunden. Der Bauer kam ab vom Wege und erst nach stundenlangem Herumirren in den Spitzbergwäldern fand er den Weg.

Ein Mann, der mal vom Hauen kam, hörte, es hatte eben geregnet, ein Tratschen hinter sich. Er glaubt, es sei ein zweiter Mäher und fragt: Nu, Anton, kimmst de schunt? Da steht auch schon einer hinter ihm, der keinen Kopf hat und mit den Händen seltsame Bewegungen macht. Er erschrickt und läuft mehrere Schritte, bis er mit seiner Sense niederfällt. Als er im Weitergehen sich umblickt, sieht er, wie der Mann ohne Kopf auf dem Zinnasteg nur immer hin- und hergeht, ohne ihn weiter zu verfolgen.

An der Kapelle in Oberöls stellte ein Mann ohne Kopf einen Soldaten. Als sich des Reiters Roß nicht von der Stelle rührte, glaubte er, jemand halte es fest und rief: Laß los! Die zweite und dritte Aufforderung blieb ebenso erfolglos wie die erste. Da hieb der Reiter zu. Der Säbel klang und sprang mitten entzwei. Jetzt sah er auch den Mann ohne Kopf neben dem Pferde stehen. Ihm graute, aber es dauerte eine volle Stunde, ehe das Pferd sich rührte.

Am Schnaumrich, einer Bergkuppe neben dem Kitzelberg bei Kauffung, hat vor Jahrhunderten ein Bergmann im Streit den Vater über die Felsen hinuntergestoßen. Aber dann fand er keine Ruhe mehr und stürzte sich schließlich selbst hinab. Nun geht er um, und zwar erscheint er als flüchtig forteilender Mensch, den Kopf unter dem rechten Arm. Man nennt den Spuk das Schnaumrichmännchen. Es muß so lange alljährlich wiederkommen, bis jemand an den Felssturz ein Sühnekreuz setzen und sieben Messen wird lesen lassen.

Manchmal erscheint der Spuk auch als Aufhuckgespenst. Die Weigel-Köchin, die sich im Busch an der Ohle ertränkte, huckte zur Nachtzeit Wanderern auf. Wo sich der Heuteich (nördl. von Kaiserswaldau) befindet, stand früher ein altes Ritterschloß, das schon vor langer Zeit verfiel und nach und nach ins Wasser sank. Zu Zeiten sehen Leute, die mittags um 12 Uhr vorübergehen, ein altes Weibel Wäsche waschen oder an unsichtbarer Leine über dem Teich aufhängen. Als die Aslauer Heu machten auf einer Wiese am Teiche, hat die Frau Dunkeln dort Wäsche hängen sehn. Sie sagt, jeden Freitag zu Mittag hängt die Heuelfe auf und bleicht. Wer ihr dabei zu nahe kommt, den holt sie in den Teich. Die Frau im Heubusch ist die Heuelfe. Wenn Leute vorübergehn, huckt sie gern auf und läßt sich von ihnen schleppen. Einmal ist auch ein Fleischergeselle vorbeigegangen und hat gerufen: Heuelfe! Da ist sie ihm aufgehuckt und ist immer schwerer geworden, bis er umfiel und starb.

In Follwark (Krs. Oppeln) sandte eine Bäuerin ihren 11jährigen Jungen in ein Geschäft nach Petroleum. Er mußte an einer Scheuer vorbei, vor der eine alte Kapelle steht; und diese Kapelle war über einem Grabe. Als Peter Gisa nun in die Nähe derselben kam, sah er auf ihrem Dache eine weiße Gestalt. In seiner Not fing er zu pfeifen an, das Dümmste, was er tun konnte. Der Geist sprang ihm als weiße Katze gleich an den Hals und würgte ihn. Der Knabe zitterte an all seinen Gliedern, hatte aber noch die Besonnenheit, sein Sprüchel: Alle guten Geister ... zu sagen, worauf die Katze sofort verschwand. Auf dem Rückwege betete er wieder den Spruch und kam ganz unbehelligt durch. Als er sich einmal zurückwandte, sah er den Geist auf dem

Ansicht von Breslau. Stahlstich von A. H. Payne, nach einer Zeichnung von Ludwig Richter

Dache sitzen. Er war in weiße Tücher gehüllt, die bis auf die Erde hingen.

In Gurschdorf bei Friedeberg (Österr. Schl.) ist eine geizige Bauersfrau gewesen, die hat nach ihrem Tode nachts auf der Mauer gesessen und sich die Haare gekämmt. Ein Knecht sprach einst in übermütiger Laune zu dem Unding: Soll ich dir etwa meinen Kamm bringen? Da sagte sie: Ich werde ihn selber holen. – Nein, spricht er, nun doch bedenklich, ich werde ihn dir schon bringen. Nun geht er nach Hause, legt sich ins Bett, schläft ein – am nächsten Tag fanden sie ihn früh tot. Da sagen die Leute: die Bauersfrau ist gekommen und hat ihn im Bett erwürgt.

Bei Litschen auf den Teichdämmen war ein Gespenst, das nachts zwischen 11 und 12 Uhr den Leuten, welche an seinem Aufenthaltsort, der hohlen Eiche, vorübergingen, das Licht auslöschte. Oder es schüttete Eicheln über sie, daß man bis übers Knie drin waten mußte, obwohl man am andern Morgen nicht eine einzige fand. Oft hörte man ein ängstliches Hilferufen. Ein Mann aus Litschen antwortete auf den Ruf und fragte, was er denn helfen solle. Es antwortete, daß es eine arme Seele sei, die Ruhe fände, wenn morgen um 12 Uhr mittags die ganze Schule mit Küster und Geistlichen an jene Eiche ziehe, als wollten sie einen Toten mit einem Leichensermon begraben. Und das geschah; da aber die Uhren alle stehen geblieben waren und man sich wegen des trüben Wetters nicht nach der Sonne richten konnte, verpaßte man eben die Zeit und kam zu spät. Da fiel das Gespenst über sie her, huckte einigen auf, warf andere ins Wasser und alles floh. Lange hat es dann unter den Fenstern des Bauers noch gerufen und ihn heraus verlangt; endlich hat es der Geistliche beschworen und vertrieben.

Als eine Frau aus Waissak nachts aus der Boblowitzer Mühle mit einem Sack voll Mehl auf ihre Radwer heimkehrte, merkte sie, daß diese sich plötzlich schwerer als sonst bewegen lasse. Um festzustellen, was für ein Hindernis da sei, schaute sie nach dem Rädchen; zu ihrem Schrecken gewahrte sie, daß eine Frau von Papier sich um das Rädchen wickele. Es wurde auf diese Weise größer und immer größer und bald entschwand der Frau alle Kraft. Zum Glück blies der Waissaker Wächter die erste Stunde und der Spuk war verschwunden.

In Zöllnei heißt es: Hat ein Lebender einem andern ein Unrecht nicht verziehen, so kommt der letzte nach dem Tode und huckt ihm auf und geht nicht eher herunter, bevor ihm nicht verziehen wurde. Wenn jemand davon geplagt wird, soll er zur heiligen Dreifaltigkeit beten, da geht das Unding runter; es gibt einen Knall und einen furchtbaren Gestank, dann ist es weg.

Unter den Tätigkeiten, welche die arme Seele ausüben muß, sind einzelne wohl verwunderlich. Vom Auftreten als Wäscherin berichtete ich schon; die Klosterschwestern aus dem bei Schmottseiffen versunkenen Nonnenkloster schweifen um Mitternacht am Hoppenbache die Wäsche. Auch Schlangenjungfrauen spülten ihr Leinen und wuschen die zinnernen Gefäße. Die alten Jungfern müssen nach ihrem Tode die Brücke zwischen den beiden Magdalenentürmen in Breslau kehren, die Patschkauer aber den Patschkauer Turm waschen, wozu die Junggesellen ihnen das Wasser im Siebe zutragen müssen. In Neustadtl a. Tafelfichte müssen die alten Jungfern die alten Karten scheuern und gehen als Wachtelkönige um.

Im Iserwald hat auch ein Spuk den Wandrern aufgelauert und ihnen die Zähne approbiert; dagegen mußte ein Handwerksbursche in einer Scheune in Reinowitz sich rasieren lassen, wodurch er einen Geist erlöste. Ein Mann aus Gr.-Aupa wollte einmal nach Michelsdorf und er verirrte sich auf dem Kolbenkamm, so daß er um Mitternacht gar auf die Endewiesen kam. Dort schien ein Licht, und weil er meinte, es käme aus einem Hause, schritt er draufzu. Aber es brannte im Freien, und zwar auf einem Fleck, wo drei Männer, welche im Leben nicht gut getan, begraben liegen. Ganz nahe sah er, daß auf eingezäuntem Platz ein Tisch und auf diesem ein Licht sich befand, bei welchem drei Männer saßen, die eifrig Karten spielten (wie es die drei Begrabenen im Leben so oft an dieser Stelle getan, bis sie einmal Fronleichnam in ihrem Frevel ein Blitz erschlagen). Der Wandrer wollte sich schnell entfernen, war aber bereits gesehen und angerufen worden. Sie reichten ihm ein Bündel, das er nach Michelsdorf in ein ihm näher bezeichnetes Bauerngut mitnehmen sollte. Der Mann in seiner Angst ging aber wieder nach Böhmen zurück. Man riet ihm in der nächsten Nacht das Bündel wieder zurückzutragen und in den Zaun zu werfen, sich aber ja nicht auf den umzäunten Platz zu begeben, weil er sonst sterben müsse. Er tat, wie ihm geraten worden, und rettete so sein Leben.– Zwei Pascher, die sich auf dem Wege nach Michelsdorf verirrt, trafen im Walde ein kleines Haus. Ein weißhaariger Mann wies sie zurecht, aber sie mußten dafür ein Paket mit nach dem Dorfe nehmen und dort abgeben. Vor ihren Augen packte der Alte Würste und Brot in ein Papier und als sie gingen, fanden sie auch sofort den Weg. Der eine ward unterwegs gelüstig, aber der andere bestand darauf, das Paket unversehrt abzugeben. In Michelsdorf wurde es aufgepackt und der Empfänger, der von nichts wußte, war wie der Pascher erstaunt, als sich darin nichts als zwei Blindschleichen und ein Stück faules Holz befanden.

Zwei Männer, welche von Moys nach Schönbrunn gingen, hatten sich bis um 12 Uhr nachts verspätet. Als die Uhr schlug, hörte der Sturm, der bis dahin gewütet, auf; die Wolken zerteilten sich und der Mond trat heraus. Da sahen sie zwei Säemänner in weißen Kleidern, die fleißig über den Acker schritten; am Randes des Ackers standen zwei volle Säcke. Im Wahn, daß es ein paar überfleißige Landwirte seien, rief einer der Wanderer ihnen zu: He, Nachbar, nur nicht zu fleißig! Aber er hatte kaum die Worte aus dem Munde, so waren die beiden Säer verschwunden; nur ihre Säcke standen noch auf dem Rain. Da sagte der eine zum andern: Bruder, die Kerls sind weggelaufen, wir wollen das Feld vollends besäen. Als sie jedoch zu den Säcken kamen, zerstoben auch diese in Rauch und Dampf und nur zwei blaue Flämmchen zuckten noch aus der Erde.

Überall spuken graue, schwarze und weiße Männel; ja im Lusdorfer Hegewald soll sich sogar ein blaues zeigen. Im Glogauer Dom befindet sich einer Herzogin Grabmal. Zu ihren Füßen zeigt man ein graues Männel; das war ihr früherer Narr. Das graue Männel geht heut noch um. Einmal erschiens dem Küster, da schlug drei Tage später der Blitz in den Dom. Ein andermal zeigte es auch den Brand des Turmes an.

Im Eilauer Dominium begannen, wenn alles ruhig war, auf einmal die Schafe wild durcheinanderzulaufen. Da machte der Schäfer mal Licht und sah ein kleines, graues Männel ohne Kopf, das hinter den Schafen herlief und die geängstigten Tiere hin- und herjagte. Dazu huschten überallhin noch lustige Spukgestalten, welche unheimliche Klagetöne von sich gaben.

An der alten Steinauer Fähre hat das Graumännel den Fährmann oft so gefoppt, daß es den Kahn aufs andere Ufer rief, das Boot beinahe bis zum Versinken belastete oder auch den Verkehr ganz hinderte, indem es den Ruderer stundenlang arbeiten ließ, ohne daß er vom Flecke kam.

Als eine Mutter mit ihrem Jungen von Nowag nach Korkwitz ging, sahen sie das Graumännchen. Es spiegelte ihnen alles Mögliche vor, und als die beiden sich trennten, folgte die Mutter ihm nach. Am nächsten Morgen schwamm sie im Stephansdorfer See. Dort hatte das

Männel sie hingeführt.– Auch einen Mann, der nach Flinsberg ging, wollte ein schwarzer Mann verführen. Auf Fragen antwortete es nicht. Auch auf den Spruch: Alle guten Geister . . . hats nichts gesagt. Und erst, als er geflucht, da ist der Schwarze fortgegangen. Ein ordentliches (gutes) Gespenst ist's nicht gewesen, sonst hätte es zu dem Spruche Ja gesagt.– Verwunderlich aber ist, was mal dem Großvater der Gläser Olga, dem Lobl, begegnete. Der kam aus Friedeberg und dicht hinter Flinsberg, am Pflanzgarten, traf er ein weißes Männel. Es ist vor ihm hergegangen und wenn er stehenblieb, ist es auch stehen geblieben. Am Langwiesenfloß machte es in die Fichten; aber beim Forsthaus Gr.-Iser ist's wieder raus gekommen; da hat's nicht mehr weiß ausgesehen, sondern ganz schwarz.

Ein Holzdieb hatte sich in mondheller Nacht schon eine Menge Holzklötze an den Waldrand geschleppt; da näherte sich langsam ein schwarzes Männchen. Erschreckt wollte er sich im Gebüsch verstekken, da hörte er, daß das Fahlmännchen kläglich winselte. Mitleidig trat er hervor und fragte beherzt: Was fahlt dir denn, daß du asu jommerst? Das Männchen erwiderte seufzend: Ich habe eine große Last auf dem Rücken, die ich beständig tragen muß; niemand kann sie mir abnehmen oder mir helfen, weil es kein Mensch weiß, wie das anzufangen ist, und ich darfs auch niemanden sagen. Da meinte der Dieb: Vollecht ließ sich doch wos ei dom Dinge macha. Kumm, half mir ock do a Berg no trän, dann warn mir wull sajn, was sich tun litt. Als sie das Holz in Sicherheit gebracht, sagte der Dieb: Its ho ock 'n grußa Dezohldärschgot für Halfa. Da begann das Männchen zu zittern und jammerte: Damit ist mir nicht geholfen; du hast mich nur noch tiefer ins Elend hineingebracht. Du hättest sollen sagen: Zahl dir's Gott viel tausendmal. Dann hätte ich wenigstens eine Seite des Gesichtes weiß bekommen. Darauf wurde es stockfinster und das Fahlmännchen war verschwunden.

Zwischen Lerchenborn und Vorderheide hat einer einmal mit einem Meineid dem Nachbar einen Busch abgeschworen. Er hatte sich Erde in seine Schuh geschüttet und unter dem Hut eine Löffelraffe (Schöpfkelle) verborgen, und dann geschworen: So wahr ich meinen Schöpfer über mir habe, auf dessen Erde ich stehe, der Busche war niemals des Scholzen. Bald darnach aber ist bei dem Scholz allabendlich ein grauer Hund um das Haus gelaufen und eine Stimme rief: Bruder Scholz, komm und hol dir dein Holz!– Doch Scholz hat nur gemeint: Laß deine Seele drauf verbrennen. Wie nun der Graurock gestorben ist, ist jede Nacht auf dem Kirchof von Brauchitschdorf, wo er gelegen, der graue Hund umgegangen, so daß der Pastor, dessen Stube zum Kirchhofe hin lag, nicht mehr in Ruhe hat arbeiten können. Schließlich hat er darauf gedrungen, daß der Graurock noch einmal ausgegraben und in dem strittigen Gehölz verbrannt worden ist. Seitdem ist's ruhig gewesen, der Busch aber bekam den Namen Graurockwinkel. – Ein Steinauer ließ sich bei einem Schneider einen Anzug verfertigen. Infolge seines liederlichen Lebenswandels aber hatte er nie Geld, ihn zu bezahlen; auch auf seine Mutter mocht er nicht hören, so oft sie ihn auch daran erinnerte. Der Schneider aber, der sonst anscheinend wenig zu tun hatte, verhungerte. Alle Leute wiesen nun mit Fingern auf jenen Mann, und da er sich nirgends mehr sehen lassen konnte, erhängte er sich an der Umgeh- oder S-Kiefer (der Name soll ihre Gestalt andeuten), auf dem Steinauer Anger. Seitdem soll er zu mitternächtlicher Stunde stets um die Kiefer herumgelaufen sein, indem er vor sich hinmurmelte. Graurock, Graurock – meine Mutter is ke Roat. – Der Märzdorfer Schäfer, der seinem Herrn eine Wiese zugeschworen, rief, als er scheechte, gar: Groorock, Groorock, menner Seel is nimmermiehr kee Root!

Wie ist nun all dieser Spuk hinausgekommen? Man müßte doch meinen, daß es sich viel häufiger in den Dörfern, im Hause selbst zeigen sollte. Der Schlesier sagt nun: er wurde dorthin gebânt. Und Theodor Kurtz aus Märzdorf glaubte, daß ein Papst, wahrscheinlich Pius IX. oder Gregor XVI., alle Geister auf hundert Jahre gebannt habe. Von solchen Verbannungen wird viel erzählt. Natürlich kam jeder Menschenschinder, den's nicht im Grabe litt, jeder Schwarzkünstler nach seinem Tode wieder, trieb Unfug und mußte fortgeschafft werden.

Den Oberförster Kratzer im Eulengebirge fingen, als er sich zeigte, Verbanner. Erst hatten sie freilich sein Grab umsonst aufmachen lassen, denn es war leer; der Geist saß auf dem Turm, lustig und pfiff wie eine Amsel. Da hat der eine sein Buch genommen und eine starke Verbannung zum Turm hinauf gemacht, plumps, fiel er ihnen vor die Füße. So haben sie ihn gekriegt und auf die hohe Eule geschafft. Einen hartherzigen Bauern hat der Satanas selbst in den Sumpf geschafft.

Als der Bauer Hampel aus Heidersdorf starb, sah ihn einer, der davon noch nichts wußte, auf seinem Acker gehen. Und als der Leichenzug auf dem Kirchdorf angelangt war, saß Hampel auf der Mauer und sang das Grablied mit. Man öffnete daraufhin den Sarg und fand einen Strohwisch drin. Ein Schwarzkünstler hat den oft Wiederkehrenden in einen Dornstrauch verbannt.

Einfach ist aber das Bannen nicht und nicht ein jeder kann es. Die rote Sau mit den Ferkeln, ein Wegespuk an einer Kapelle im Kreise Reichenbach konnte niemand als der Kaplan aus Kaltenbrunn, der das 6. und 7. Buch Mosis vorwärts und rückwärts las, bannen, wie den stets wiederkehrenden Totenkopf in des Tappers Hause ein Giehrner Geistlicher. Das Gespenst des Bürgermeisters Strasser von Trachenberg aber konnten nicht einmal die Geistlichen, sondern nur ein dazu besonders aus Breslau verschriebener Jesuit bezwingen. (Dem Meffersdorfer Oberpfarrer, der einmal den „alten General" fortschaffte, erblich dabei ganz plötzlich das Haar.) Sehr oft besorgte auch der Scharfrichter die Ausweisung eines bösen Geistes. Denn ist der Banner nicht ganz fest, so wird der Geist ihm über. Der weiß dann alles und hält ihm vor, was er getan und dann hilft alles nichts

Der Märzdorfer Herr (M. im Kreise Goldberg-Haynau) hat auch nach seinem Begräbnis oben zum Fenster rausgesehen, und als die Trauerleute kamen, gefragt: Nu, kommt ihr erst? Ich bin schon lange da. Und dort ist halt nie Ruhe gewesen; er war nachts in den Ställen und hat geärgert. Da haben sie einen Schwarzkünstler holen lassen und der hat sich den Kutscher bestellt, und hat zum Kutscher gesagt, er möchte sich nicht umsehn, was etwa hinter ihm vorgeht, wenn ihm sein Leben lieb ist. Da haben sie mit vier Pferden gefahren und die vier Pferde haben geschwitzt, als ob sie eine schwere Last ziehen müßten. Nach drei Tagen erst ist der Kutscher wiedergekommen, so weit fort haben sie ihn verbannt.

Der Hochmeister Caspar von Ampringen beschwor in Freudenthal einst einen Geist, ließ sich 12 Servietten geben und kroch auf seinen Knieen zum Friedhof. Dort sollte man ihn auch suchen, wenn er nach einer Stunde nicht wiederkam. Aber er kam mit 12 völlig durchnäßten Servietten und erklärte nachher, daß er ein solches Unternehmen nie mehr in seinem Leben riskieren werde. Im böhmischen Riesengebirge zitierte auch ein Beschwörer einen Geist. Sogleich erschienen viele, die in Kaleschen gefahren kamen. Er fragte den in der ersten, in welcher sich der Gesuchte befände. In der 18. Kalesche. Als diese kam, bohrte er mit dem Stock ein Loch in die Erde und hielt sie auf. Den Gefangenen bannte er in die Nähe der Schneekoppe. – Schlimm aber gings einmal beim Geigenfiedel in Wehrau, als er den Geist des Hans von Rechenberg aufforderte: Du schlechter Kerl, komm, kriech in meinen Sack, daß du keinen Menschen mehr ängstigst! Beim drittenmal plumpste was Schweres in seinen Sack und drückte ihn fast zu Boden. Aber da kriegte es Geigenfiedel mit der Angst, ließ seinen Sack im Stiche, kam totenbleich in die Schenke gestürzt und fiel ohnmächtig hin. Keiner hat ihn mehr lachen gesehen. Nach wenigen Wochen ist er gestorben.

Ähnlich so machte es Pfannenfranz im böhmischen Riesengebirge. Der steckte die Geister in seinen Ranzen und trug sie ins Knieholz auf 100, 300, 400 Jahre oder für immer, andre auf Meilerplätze, wo er sie in die Grübchen der Kohlenüberreste bannte. Unterwegs kehrte er wohl in eine Baude ein; da warnte er alle, auf seinen Ranzen zu schlagen. Mit jedem Schlag schwoll derselbe an, bis er platzte. Auch als ein Hund einst einen Ranzen beschnüffelte, schwoll dieser an und erst durch mächtige Stockschläge bezwang der Banner den widerspenstigen Geist. Als aber in Reichenberg i. B. ein Geist in einem Sack fortgeschafft werden mußte, da sollte derjenige, der ihn trug, sobald der Sack zu schwer zu werden drohe, mit einem Stock auf denselben pochen. Dann wurde er immer wieder leichter. Am Teiche ließ er ihn dann heraus; da ist es ein großer Hahn gewesen.

Natürlich brachte man den zu bannenden Spuk nun möglichst weit hinaus. Die unzugänglichsten Orte und wüsten Flecken wies man ihm zu. Den Vogelhannes, von dem ich dann noch erzähle, trug man in einer Flasche ins Nesselgrunder Revier am Vogelsberg. Der Priester zog mit geweihter Kreide dort einen Kreis und bannte ihn dahin. Dort haust er jetzt. Wenn jemand dort Kuckuck! ruft, da hallt's aus allen Ecken: Kuckuck! Und das ist er. Das Revier ist ganz Dickung, Hochwald und große Haue voll Himbeersträuchern, die mannshoch sind. Darin führt er die Graseweiber irre. Beliebte Bannorte waren der Jauersberg im Reichensteiner Gebirge, das Riesengebirge mit seinen Knieholzmooren, und die drei Aspen im Eulengebirge. Auch in den Wald und in Dorfhecken verbannte man gern.

In mancherlei Gestalt erschien der zu Bannende. Als das Gespenst zu Wiesa zitiert ward, kam es erst in Gestalt eines Pfaues. Aber der Banner rief: Du bist mir noch zu groß! und gab ihm einen Schlag mit der Rute. Darauf erschien ein Hahn, und wieder erklärte der Banner: Du bist mir noch zu groß. Jetzt kam der Geist als Krähe. Und so tat er ihn in einen Sack und ließ ihn vom Gärtner in einen Birkenwald tragen. Der Scharfrichter rief hinein: Macht Platz! Da ertönte es aus der Luft: Es ist kein Platz! Denn zwei waren bereits hin verbannt. Beim dritten Auffordern erst antwortete es: Ich habe gerückt und Platz gemacht! Der Sack ward geöffnet und unter heftigem Brausen flog das Gespenst an seinen Ort. Einen Liegnitzer Spuk aber hat man als Hummel in einen Baum verspündet.

So groß jedoch ist die Macht des Zauberers nicht, daß sich bedingungslos ihm die Geister fügen. Eine, wenn auch phantastische Rückkehrmöglichkeit muß er zulassen. Der an den Kupfersteg zu Lähn verbannte Lehnhausherr muß nachts den Bober ausschöpfen mit einer Kanne, die keinen Boden hat. Einem Maiwaldauer Amtmann hat man dagegen einen eisernen Pfahl mitgegeben und ihm die Rückkehr erlaubt, wenn der durchgefault sein werde; dann tritt er auch sein früheres Amt wieder an, während der Landrat aus Probsthain die Tangelsnulden (Tannholznadeln) im Pusche in einen bodenlosen Korb sammeln muß. Das sind Bedingungen, die an die Sprüche gegen den Alp erinnern. Der Kanzler von Heinrichau hat an den Großteichrand verbannt werden wollen, damit er dort auf die Enten schießen könne. Da man ihm wohl das Schießen, aber das Treffen nicht miterlaubte, zog er den Bann auf ein Fleckchen vor, so groß wie der Schatten ist, den ein Pfahl mittags wirft.

Dort aber, wo man die Unruhestifter hingetan hat, ist ihr Reich. Der in die große Linde bei Rokitnitz eingekeilte Gründelgeist warf einmal nach dem auf seine Kunst bauenden alten Jakl ein Steinchen, dem dieser nicht mehr ausweichen konnte. Es traf auf seinen Daumen. Im selben Augenblick schlug die Uhr eins und der Geist war verschwunden. Der Daumen jedoch schwoll an und blieb von da an unförmlich dick. Ein Bürgermeister aus Habelschwerdt ist auf den Siegritz gebannt worden. Ein Mann traf bei mondheller Nacht dort oben nun einst zwei Hasen, die miteinander spielten. Er sah ihnen ein Weilchen zu und achtete nicht auf den Weg. Auf einmal schlug eine Uhr 12, die Hasen verschwanden und er war wieder am Ausgangspunkt seines Weges. Natürlich kehrte er wieder um. Wenn er sich auch nicht fürchtete, war er doch froh, einen Fußgänger vor sich zu sehen. Er holte ihn ein und suchte ein Gespräch zu beginnen; doch jener schien stumm und taub zu sein. Das hinderte ihn nicht, gleichen Schritt mit dem Gesellen zu halten. Sie gingen und als es tagte, war unser Bekannter wieder am Ausgangspunkt des Weges.

Auf den Mönchsberg bei Abelsdorf und Goldberg wurde ein Mönch aus Böhmen verbannt. Der ärgerte alle Menschen. Wenn Fuhrleute vorüber kamen, zog er vom Wagen ein Rad; der Wagen lief auf drei Rädern, bis er über des Mönchs Gebiet weg war, dann fiel er um. Da müssen nun die Fuhrleute zurück und müssen die Räder suchen gehn, bis sie sie finden. Wenn Mähder dort sind, denen holt er ihr Dengelzeug und hängt es auf die höchsten Bäume, und wenn sie's suchen, sitzt er auf einer Spitze und ruft: Holt euch euer Klipp-klapp, klipp-klapp. – Deswegen heißt eine Stelle dort der Mönchsbusch.

Als der nach dem Tode wiederkehrende Graf Rödern aus Probsthain auf den kleinen Spitzberg gebannt worden ist, neckte er dort als kleines graues Männchen die Leute. Einst saß am kleinen Spitzberg der herrschaftliche Förster und aß sein Vesperbrot. Da trat aus dem Gebüsch ein graues Männchen und fragte ihn barsch: Was machst du hier? Ich esse mein Vesperbrot. Was wirst du danach tun? Dann werde ich eine Pfeife Tabak anbrennen. Hier liegt die Pfeife schon. Und damit zeigte er sein geladenes Gewehr. Das graue Männchen fragte: Darf ich, während du ißt, ein paar Züge aus deiner Pfeife tun? Von Herzen gern. Das Männchen nahm nun die Mündung der Flinte in den Mund und begann zu rauchen. Warte, warte, sprach da der Förster, ich werde dir erst ein wenig Feuer machen, damit der Tabak brennt. Bei diesen Worten drückte er an den Hahn des Gewehres, der Schuß knallte und das graue Männchen war im Nu verschwunden und hat sich bis auf den Tag nicht mehr sehen lassen.

Von der Befreiung gebannter Geister wurde schon hie und da gesprochen. Die unter den drei Aspen werden frei sein, wenn ein junges reiches Weib, das über die Grenzen dreier Ortschaften hinaus wohnt, mehr Schandtaten begeht als alle Verbannten zusammen. Sie wird zur Müllmichnixe und muß jede Nacht aus dem Müllmichbach bis zu den drei Aspen tanzen. Ein Geist, den Pfannenfranz einst in eine Flasche gebannt, wurde von einem Pascher dadurch befreit, daß dieser ihm auf die Frage: Ist's Zeit? mit: Ja antwortete. Nun sollte der Pascher in jene Flasche, aber er hat wie Doktor Theophrast den Geist wieder hineingelockt. – In Gr. Hartmannsdorf aber nach den Warthaer Brüchen raus ist auf dem Felde ein Rasenfleck mit einem Zaun, wie ein Gärtel. Und da ist ein Mädel, die hat dem Vater Essen getragen – ob in den Bruch, das weiß ich nicht –, vorbeigekommen. Da steckte ein kleines Männel drin, das schrie: Heb' mich heraus! Heb mich heraus! Das Mädel hat seinen Korb hingesetzt und hebt das Männel raus. Das ist ein kleines Ding gewesen, aber wie's über den Zaun gekommen, wird's länger und länger und wie ein großer Mann – der läuft über die Felder quer nüber und machte fort. Seine Zeit, die war alle; denn sie können immer nur auf eine bestimmte Zeit verbannt werden. – Das Mädel aber hat lange noch krank gelegen. Wieder im Buchberg bei Kl.-Iser befindet sich eine unterirdische Kapelle, welche alle fünf Jahre im Sommer einen Tag offen steht. Drin wohnt ein schönes, junges Mädchen, das ist dorthin verbannt. Nur ein unschuldiger Mann kann sie erlösen. (Übrigens liegt nicht weit davon der Katzenstein, in welchem sich ebenfalls eine Kapelle befindet; dort ist ein goldenes Kegelspiel verwünscht und dort halten an Fronleichnam auch die Katzen ihren jährlichen Gottesdienst.)

Denn nicht nur in Menschengestalt erscheint der Spuk. Zwar war das Schwarzkünstlerlist, daß einmal dem Goldberger Schinder, als er von Alzenau hereinkam, das Pferd, das sie vor seinem Weggange geschlachtet, in seiner Stube enthäutet entgegengetreten ist. Er hatte sich nämlich mit seinen Gesellen gezankt, und der verstand mehr als Brotessen. Der Schinder sprach aber bloß: Ach so, du bist so einer! und hat ihn ausgelohnt. Aber davon war schon die Rede.

Nicht nur in Menschengestalt erscheint der Spuk.

Halb tierisch ist zweifellos jener Fisch mit dem Menschenkopfe, der nach der Bannung der Giehrener Pfarrerin im Vietzenteiche sich zeigte. Dem Reinhold Elger aus Rabishau-Mühldorf, der einst eine Rabe (Radwer) Stroh nach Hause fuhr, setzte sich hinter der Querbacher Brücke ein Ding, wie eine weiße Taube, auf seine Karre. Das wurde mit jedem Schritt schwerer. Er schimpfte, als aber das noch nicht half, setzte er seine Rabe mit einem Fluch scharf ab. Da flog das seltsame Ding von ihr auf und, zu einer weißen Gestalt sich vergrößernd, den Bach entlang. Und ähnlich erblickte ein alter Mann, der am Kunzendorfer Kirchhof vorüberging, auf einem Grabhügel zwei weiße Gänse. Das plauderte er gleich zu Hause aus und wurde schwer krank; daraus erst merkte er, daß es wohl keine natürlichen Gänse gewesen waren, die er erblickt. –

Was aber war das für Federvieh, von dem ein alter Schäfer in Schleife erzählt! In einem Tal bei Nochten war früher ein Pechofen. Mal waren da beim Teerbrennen mehrere Pechbrenner beisammen; auf einmal kam da ein Entrich vom Himmel herabgeflogen, setzte sich auf den Teertrog, quakte etliche Male, als wollte er die Rumsitzenden auffressen und fing an, heißen Teer zu saufen. Da liefen die Pechbrenner davon und der Entrich hat den ganzen Teer ausgetrunken. Davon heißt dieses Tal das Entrichtal.

Im Frühling und Sommer 1605 ließ sich zu Frankenstein in der Neustadt und sonst an etlichen Orten ein Ungetüm sehen, oft als ein Hund, bald als ein Pferd, des Nachts vor und nach Mitternacht, welches die Rothe oder Drothe genannt wurde und die Leute sehr erschreckt und geplagt hat. Hat sich auch von den Reisenden am hellen Tage sehen lassen; ist auf sie gewalzt wie eine große Kegelkaule.

Am häufigsten aber tritt der Spuk in der Gestalt der Haustiere auf, und zwar besonders als Rind oder Hund, seltener als Pferd. So werden auf der Füllawiese (den Feldern im Walde zwischen Märzdorf a. B. und Kl.-Röhrsdorf) die Leute nachts von einem Füllen ohne Kopf verfolgt. Andere sagen, ein schönes Fohlen locke dort nachts die Leute in den Wald, bis sie in einen Sumpf geraten und nicht mehr wiederkommen. Und auch am Fillagrabla bei Bankwitz (a. Zobten) erscheint ein weißes Füllen mit einem Reiter ohne Kopf. Das Füllen geht zwischen dem Burghübel und dem Rittergrab am Sauerbrunn, wo einst ein Reiter mit seinem Roß versank, immer nur hin und her.

Die Katze, das Hexentier, erscheint viel seltener unter den spukenden Seelen, wohl gibt es in der Grafschaft die Katerbrücke. Da hat eine Gräfin den Diener, der ihren Lieblingskater beim Fall erdrückt, getötet und seit der Zeit spukt es dort. Der Kater geht um. Einem Bauern hielten die Ochsen an. Ganz deutlich hört er ein Fauchen und dann sah er's kommen: am Brückenpfosten kletterte ein ganz unheimlich Ding empor. Es war wie ein Schatten mit großen, grünen und glotzenden Augen. Mit viel Mühe peitschte der so Erschreckte sein Gespann weiter. Das Schlagen der Klause, d. h. das Öffnen der Holzriegel, welche die Schleuse hielten (mit deren Wasser das Holz zu Tale geflößt wurde), galt als lebensgefährlich und wurde gewöhnlich zu Tode Verurteilten überlassen. Glückte es einem, sich durch geschicktes Seitwärtsspringen zu retten, so war er frei. Der erste Versuch am Klausenwasser gegenüber der Fichtigheide (Riesengebirge) jedoch mißlang und seitdem schleicht dort oben die Klausenkatze.

Viel häufiger hören wir von spukenden Rindern. Zwischen den Dörfern Töppendorf und Georgenthal ist die blinde Pfütze – das ist ein grüner Rasenweg, der in den Wald rein geht; da ist eine kleine Vertiefung mit Gras bewachsen. Nun heißt's, wenn man nachts um zwölf Uhr vorbeikommt und man geht auf der rechten Seite, da läßt's einen laufen, geht man aber links, da läßt es einen nicht weiter. Der Förster Schneider, den haben sie mal gefragt darum, ob er dortzu noch nicht gegangen wäre und ob ihm dort noch nichts begegnet sei. Er hat gar nichts gewußt davon. „Ach", sagte er, „'s ist grade schön heut abend, da geh ich mal vorbei, da muß ich doch mal sehen, was dran ist an der Sache." Und richtig, wie er hinkommt, kugelt sich ihm was vor den Füßen rum und läßt ihn nicht vorbei, das ist ein Kalb gewesen. Da hat er können rechts oder links vorbei gehen wollen, es ließ ihn nicht vorbei, aber als er quer über den Weg auf die rechte Seite zu gehen versuchte, dort konnte er laufen. Das Kalb hatte keine Augen im Kopfe. Im Schöpsfluß aber bei Quitzdorf, wo das Raubhaus gestanden hat, da spukt ein feuriges Kalb. Ein Fischer Uhse fischte einmal spät abends mit seinen Leuten an der verrufensten Stelle des Flusses unter der alten Eiche, wo große Schätze versenkt sein sollen. Als nun die Leute das Netz herausziehen wollten, war es sehr schwer und sie freuten sich schon des guten Fanges, den sie getan zu haben vermeinten. Aber das Netz ward immer schwerer und schwerer, und als sie es endlich aus dem Wasser bekamen, da glotzte ein großes schwarzes Kalb mit glühenden Augen die Fischer an und blökte entsetzlich, so daß die Leute laut schreiend davonliefen. Anderen Tages fand man nur das zerrissene Netz mit vielem Schlamm.

Am häufigsten tritt die wandernde Seele als Hund, und zwar als Pudel auf. So zeigt sich bei den Sonnensteinen im Kreise Reichenbach ein schwarzer Hund mit glühenden Augen, der über den Wanderer herfällt und ihm den Garaus macht. Das war ein Jäger, der manchen Holzdieb im Walde heimlich erschossen und verscharrt hat. Nun muß er spuken, bis ihn ein Holzbauer einst mit der Axt erschlägt. Dagegen ist es sehr seltsam, daß am Langwiesenfloß, zwischen Gr.-Iser und Flinsberg, einer Frau einst ein weißer Hund begegnete, der mitten auf dem Fahrwege stand und nicht wegging, auch nicht, als sie ihn angerufen. Ein Dienstmädchen traf auf der Straße Gr.-Strelitz–Oppeln auch einen weißen Hund. Wie sie nun weiter gehen wollte, konnte sie nicht vom Flecke und das Tier lief hin und her und sah sie bittend an. Sie wußte nun, daß die Seele was von ihr wollte, aber sie konnte es nicht erraten. Fragen mochte sie nicht; das Fragen der Seele ist sehr gefährlich. Wenn man das Richtige nicht trifft, ergeht es einem schlecht. Übrigens war es gut, daß der Hund weiß gewesen; schwarze Hunde sind schlimm, das sind die Seelen von bösen Menschen. Wer jenem auf der Boberbrücke bei Lähn um Mitternacht begegnete (andere reden zwar von einer Schnecke), der kam vor Mittag des nächsten Tages nicht heim, so sehr verlief er sich. Weniger gut erging es einem Mädchen aus Schreiberhau. Das kam beim alten Hause des Wilhelma-Lob vorbei und dort stieg aus dem Wassertümpel ein weißer Pudel mit feurigen Augen. Er folgte ihr bis zur Grenze des nächsten Grundstückes. Drei Tage darauf war sie tot. Ein anderer Hund sperrte in Keltsch einem Bauern die Brücke dadurch, daß er so anwuchs, daß dieser sich nur am Geländer vorbeidrücken konnte.

„Das war dein Glück", rief ihm der Hund nach, „hättest du mich berührt, so lägst du jetzt im Wasser."

Im Kreise Leobschütz fuhr ein Bauer in der Nacht mit zwei Pferden und kam an die Grenze. Da wollten die Pferde nicht weiter. Ein großer Hund kommt und reißt einem Pferde ein Stück Fleisch aus der Hinterbacke. Nun rasten sie aber wie toll davon. Das hat noch große Kosten beim Viehdoktor gemacht, ehe das Pferd kuriert war.

Die Schölerbauern, auch Kreuzbauern genannt – sie war aus Johannestal (Deutschböhmen) –, fand auch nach ihrem Tode nicht Ruhe und ging um. Öfters kam sie als schwarzer Pudel. Im Walde lag eine Schütte Stroh, darauf hatte die Ruhelose ihre Bocht. Am Wege von Woitz nach Ottmachau aber, bei einer Hedwigsstatue, erscheinen des Nachts lauter schwarze Hunde, darunter ein großer Pudel. Und das veranlaßt mich, auch die gespenstigen Tierscharen zu erwähnen, die hie und da gesehen worden sind. Ein Bauer ging mit dem Knaben in Sabert in Nordböhmen in den Wald. Da begegnete letzterem in einer langen Reihe, zu zweien nebeneinander, ein Zug wackelnder Ziegengerippe, die große Hörner hatten und Lichtel zwischen den Hörnern trugen. Da kam der Vater. Die Tiere wandten sich und zogen die Dorfwiese entlang, bis sie unter Leichengesängen in einem Tümpel verschwanden. Der Knabe starb bald. Ließ sich der Zug später wieder sehen, dann hieß es immer: die holen sich wieder einen.

Bei Silsterwitz setzte sich kurz vor Ostern ein Wilddieb auf den Anstand. Als es in Schlaupitz 11 Uhr schlug, sah er eine gewaltige Menge Hasen vom Zobten her sich gen Osten bewegen. Der Zug, der bald die Gegend überschwemmte, dauerte bis zum letzten Schlage der Mitternachsstunde fort; und dann war er verschwunden. Auch andere Leute wollen im Zobtener Halt Züge von Hasen vor Sonnenaufgang, dieser zuströmend, gesehen haben. – Im Birkenwalde bei Leobschütz treibt ein Nachtschläfer sein Unwesen; er ist von riesenhafter Größe und seine Herde besteht aus dreibeinigen Schafen.

Den Übergang von dem menschlich oder tierhaft geformten Spuk zu dem Un-Wesentlichen bilden die Sagen von Scheuchgestalten und mythischen Tieren. Zum Bauer Scholz aus Gr.-Stöckigt kam einmal während des Abendessens ein in graue Lumpen gehülltes oder mehr wie ein Wickelkind eingepacktes Wesen von kugelförmiger Gestalt, weder Mensch noch Tier. Aus dem verbundenen Gesicht ragte eine schnabelförmige, gebogene Nase und blitzten zwei Augen wie glühende Kohlen hervor. Ohne bemerkbare Füße und Hände stand es stumm da. Dann machte das Wesen plötzlich kehrt und humpelte zum Hofe hinaus, bei einem Weidenstrauch verschwindend. An dessen Stelle stand früher ein Gehöft. Als das abbrannte, verlor eine Wöchnerin mit dem Neugeborenen dabei das Leben. Seitdem ist es dort umgegangen. Als Scholz das Gesträuch aber ausroden ließ, hatte sich nichts mehr spüren lassen. – Das Unerklärliche, weil nicht-Gebildete der vorigen Figur, haftet auch einem Luftgeist, dem Uhaml an. Das Uhaml ist ein Gespenst. Man hat es mit zwei Pferdefüßen gesehen. Wenn Nacht wird, hört man's schreien: Uhuhu! Damit es nichts Böses tut, legt man drei Späne und ein Laib Brot hin. Es kommt in die Stube, schneidet das Brot entzwei und nimmt die Hälfte mit fort. Bei Tresch im Walde hockt „sie" sich auf den Rücken des Wanderers und springt erst an der Grenze ab.

Unheimlicher als alle Erscheinungen, von denen bis jetzt gesprochen, sind aber die, in denen die unbelebten Dinge leben. Wahrscheinlich muß man annehmen, daß sich die Seele in ihnen birgt, wie etwa der Alp im Apfel sich barg. Verwischt ist dieser Glaube noch in der Sage von jenen Stiefeln, welche ein Buttlerscher Dragoner in Lauban geraubt und denen der Schuster den Fluch dazu gegeben: So wollt' ich doch, daß der Teufel die Stiefel regieren sollte, daß sie ewig herumirren müßten! Nun lachte zwar der Dragoner nur dazu, aber bei Lützen wurden ihm beide Beine weggeschossen und da ist auch der Fluch noch in Erfüllung gegangen: nämlich, die Stiefel mit den Beinen sind ruhelos umhergelaufen. Am dritten Tage hat man sie schon am Steinberge rumlaufen sehen. Viele Jahre nachher haben an einem 9. November Fuhrleute noch die Stiefel gesehen; auch wurden von ihnen gelegentlich ein paar Rinder umgerannt. – Im Hartewald, zwischen Liebenthal und Greiffenberg, rollt eine große, schwarze Kugel mit knisterndem Geräusch den Leuten zwischen die Füße und hindert sie so am Weitergehen. Und ob man vorwärts, seitwärts oder nach hinten sprang, oder gar mit dem Stock auf sie hieb, sie wich nicht, sondern sperrte von neuem stets den Weg. Wenn aber die Wandernden, der Erschöpfung nahe, die Glocken der Liebenthaler Klosterkirche zu hören bekamen und ein Kreuz schlugen, dann schwand der Spuk.

Auch das ist vorgekommen, daß Seelen in Bäume und Hecken übergehen. Im böhmischen Walde bei Dobischwald hat sich ein Bauer aus Heinrichswald gehängt und seitdem ist es dort nicht geheuer. Holzmacher, die eine Tanne fällten, vernahmen plötzlich in ihrer

Nähe ein furchtbares Getöse, die Äste brachen von den Bäumen, die Säge sprang entzwei. Als sie darauf eine andere nahmen, fielen bei jedem Schnitt rote Sägespäne heraus. Auf einmal hörten sie starkes Krachen, der Baum war gefallen. Damit legte sich auch das Getöse. Bei Zöllnei sieht man vorm Dorfe an der polnischen Straße, da wo das alte Dörrhaus stand, eine Dornhecke. In diese ist einst ein Mann zur Strafe für seine Missetaten verwandelt worden. So oft man den Strauch auch abgehackt, wächst er doch immer wieder. Als man die Hecke einmal ausgraben wollte, fand man an einer Wurzel einen silbernen Fingerring. Denn hatte der Bösewicht am Finger, als er verwunschen wurde. Und der gefallene Preißler, der aus den Krausebauden nach Iser gekommen war, erzählte, daß er einmal mit zweien zusammen gearbeitet hat, die sind nach Hause gegangen. Und da auf einmal steht eine große weiße Gestalt vor ihnen und spricht, sie sollen drei Schläge auf diesen Stôk (Baumstumpf) tun. Einer macht das. Als er den dritten schlug, floß Blut aus seinem Kopfe und er fiel tot zur Erde. Das war eine verwünschte Stelle; dort müssen oft Geister bis hundert Jahre warten, ehe sie einer erlöst. – Als am Burghübel bei Lankwitz a. Zobten ein Mann hat eine Weide stehlen wollen, und als er sie aufgebuckt, da fand er nicht mehr heim. Er ist so bis zum Morgen herumgelaufen. Die Weide ist eben, so sagte sein Sohn, „versponnen gewesen".

Meiner Großmutter Bruder war zur Kirmes in Alzenau. Da haben sie abends lange gesessen und er ist spät nach Hause gegangen; er sollte dableiben über Nacht, denn es war finster und neblig, man konnte die Hand kaum vor den Augen sehen, aber er ist gegangen, er hat sich nicht halten lassen. Aber wie meine Großmutter später hinüber kam, hat er gesagt: So spät geht er nie mehr nach Hause, und wenn er gehen muß, nie an der schwarzen Fichte vorbei! Sie hat ihn gleich gefragt: Warum denn nicht? Aber das hat er nicht gesagt. Großmutter hat ihn noch oft gefragt; er hat gesagt, es soll über seine Lippen nicht kommen, er wollte es erst auf dem Totenbette erzählen. Und als ich ihn so an vierzig Jahre später, er war fast siebzig, darum fragte, hat er's doch nicht gesagt, sondern von anderem angefangen zu reden. Die schwarze Fichte ist jetzt gefällt, aber man hat einen kleinen Baum hingepflanzt; sie stand auf dem sogenannten Schriemwege, nicht unweit eines versumpften Teiches, zwischen Georgenthal und Wilhelmsdorf in Grätzwâl (= Gröditzwald).

Eine Qual anderer Art wieder ist, auf einen Irrfleck zu kommen, wie es dem Viktor Neumann ging. Die Frau sollte dem Manne nachkommen sägen und wollte den Bogen nicht erst auslaufen über die Michelsbaude, sondern ging gerade darauf zu. Da ging und ging ich halt, erzählte sie, das nahm und nahm kein Ende, aber ich hatte es doch so eilig. Manchmal hörte ich sie schon ganz hinten schlegeln, aber ich lief halt immerzu. Mir kam das Flennen schon an, weil ich gerade schnell da sein wollte. Und dann kam ich ins Dickicht, dort lag ein toter Hirschen. So wie die Reifen von einem Faß, gingen die Reiben (Rippen) rum. Daneben hatte es Holz an einen Baum gelehnt, schon ganz verfault. Das hatte der alte Baudenrobert dort noch gestämmelt. Da machte ich doch, daß ich fortkam. Dann bin ich noch eine ganze Zeit gegangen, ehe ich zu dem Viktor kam. Der sagte: Du bist halt über die Irrwiese gegangen, dort führt es einen so rum, da kommt man nicht gleich raus. Nicht nur im Iserwalde, auch hinter Schreiberhau führte es einen irr. Der Buchhalter von Mattern in Hoffnungsthal hatte sich mal bei seinem Bruder in Nieder-Schreiberhau verweilt; der wurde auf dem Wege nach seiner Besitzung in Ober-Schreiberhau so in die Irre geführt, daß, als er schweißgebadet wieder seine Besinnung fand, er sich auf dem schwarzen Berge unterm Hochstein befand. Ein Junge, der auf dem Streitberge im Krs. Striegau auf einen Irrfleck geraten war und jämmerlich schrie, hörte, wie eine Stimme rief: „Schieß' doch 'n Purzelbock!" Da kam er gleich hinaus von dem Flecke.

Ein ähnlicher Zauber mag bewirken, daß sich der Wanderer nicht mehr vom Flecke zu rühren vermag. So ist's an der Grenze von Aslau und Rosenthal nicht recht geheuer: an einem Feldwege narrt es die Leute, die abends vorbeigehen, dadurch, daß sie laufen und fahren können, soviel sie wollen und doch nicht von der Stelle kommen. Erst, wenn die zwölfte Stunde um ist, können sie weiter. Einige sagen auch, es sei, als ob sich eine ungeheure Last auf den Wagen oder die Schultern lege. Frau Mechler ist einmal spät mit dem Kinderwagen vorbeigefahren; sie ist gefahren, daß es sie schwitzte und kam doch nicht vom Fleck.

Von einem rechteckigen Steine zwischen Schneegruben und Wossekerbaude, man nennt ihn Jakobs Grab, heißt es: wer sich auf diesen setze, könne nicht mehr aufstehen und Johann Hollmann aus Wittkowitz erzählt eine Geschichte von einem Pascher, der sich nun gerade darauf gesetzt hatte, wie es ihm übel ergangen wäre. Am Kochhäusel traf Weichelt aus Mühldorf mal einen Mann, der an dem Bach immerfort auf- und niederlief und nicht hinüberkommen konnte. Er war in Schweiß gebadet, gab aber keine Antwort als die, daß Weichelt ihm auf den rechten Weg helfen möge. Er zog ihn über den Bach mit vieler Mühe und nun erst konnte der Gepeinigte ungehemmt weiterschreiten. Was aber ihn dort gehemmt, erzählte er nicht.

Im Franzenswald bei Wittkowitz ist es an einer Bildbuche nicht richtig und als die Frau vom Neumann-Viktor dort nachts vorbeigegangen ist, hat's neben ihr geraschelt, so wie der Wind im Laub. Hinter einem Bekannten von ihr ist es gekommen, immer hinter ihm her wie ein Roß, und glühend, immer hinter ihm her. Wie er zum Branntweinbrenner nach Reseck gekommen ist, haben ihm richtig die Haare zu Berge gestanden.

Auch einer der Senden-Bibran in Reisig hatte im Tode keine Ruhe. Einmal waren zwei Frauen von Aslau im Heu. Und als sie Mittag machten, kamen die anderen und sagten: Bleibt doch nicht gerade hier sitzen; hier geht der Alte um! Aber sie waren zu müde zum Weitlaufen und setzten sich hin und aßen. – Auf einmal geht es los: es kommt ein Wirbelwind, der das Heu weit weg jagt und in den Bäumen haust, als wollte er alles kurz und klein zerbrechen. Dann wurde es wieder still; die andern aber fragten, als sie's erfuhren: Ja, ja, das war der Alte, warum bleibt ihr hier sitzen!

Im Wurzeldamm an der Gersdorfer Straße unweit Kathol.-Hennersdorf summt's in der Mittagsstunde so wie ein Bienenschwarm, ein andermal wieder pfeift es.

Im Galtiner Walde hört man geigen und zuweilen sieht man auch einen Mann ohne Kopf. Das ist Gorhhala, ein Krüppel, der sich erhängte. Weil er im Leben gern Füllsel aß, neckt man ihn nach dem Tode noch mit dem Rufe: „Gorhhala, mei Fellsala!“ Ein Weib, das das einmal getan, hatte jedoch das letzte Wort noch nicht ausgesagt, so brauste es wie ein Sturm daher, und sie erhielt drei Ohrfeigen, daß sie zusammenbrach.

Von mancher geisterhaften Musik wird noch erzählt, die irgendwo draußen beziehungslos ertönt. So kann man an der Knorpelbuche zwischen Voigtsbach und Haselgrund um die Mitternachtsstunde eine geisterhafte Harfenmusik zu hören bekommen. Der Maurer Ernst Friedrich aus Schreiberhau ist einst, um Feuerholz zu holen, zum Buchhübel in die Nähe der Pumpelwiese gegangen. Und als in Schreiberhau die Glocken schlugen, begann dort eine wunderschöne Musik; die hat dreiviertel Stunden fast gedauert, ohne daß jemand zu sehen war. Seine Begleiter aber haben ihn sehr gewarnt, ganz hinzugehen, sonst würde er nicht mehr wiederkommen. An eben dem Flecke hatte der Kiesewalder Kuhhirt Gottlieb Schön vier Musikanten um einen kleinen Tisch sitzen gefunden, vor denen das Vieh eiligst davongelaufen ist. Auf dem Huhnhaus bei Märzdorf a. B. sind Reste eines Gemäuers, wo einmal ein Einsiedler gewohnt haben soll. Als mehrere Personen von einer Missionspredigt nachts dort vorüberkamen, hörten sie vom Huhnhause her sein Glöcklein klingen.

Bei Ober-Lindewiese im Altvatergebirge erscheint zuweilen am Abend eine in Weiß gekleidete Frau, die einen wunderschönen Gesang hören läßt, dabei aber von Toteneulen verfolgt und umflogen wird.

Zu diesen Sagen gehört auch die, die man vom „toten Mann" bei Tränke in der Heide zwischen Muskau und Rotenburg erzählt. Es ist die von der klagenden Stimme. Dort wurde ein Schwarzviehhändler von unbekannten Mördern erschlagen. Aber dann ließ sich an der Stelle um Mitternacht eine klagende und rufende Stimme vernehmen, welche den Mörder bezeichnete. Die Sache wurde auch angezeigt, aber nicht vom Gericht verfolgt.

Außer als Wind erscheint die Seele als Wolke. Oft ist die „weiße Gestalt", das „Gescheech" oder „Imgiehding" nur eine vergleichbare Bezeichnung. So huschte an der Nepomukstatue zwischen Franzdorf und Neiße eine weiße, wolkichte Gestalt über den Weg, vor der das Pferd eines Fleischers so erschrak, daß er nach derben Schlägen einen Umweg über die Felder machte. Auch am Langwiesenfloß erschien eine Seele einmal als Wolke. Und das war so: Die Mutter von der Luise Steckel wollte für eine Freundin zum Doktor gehen; aber es ist schon spät gewesen, als sie zu Hause wegegangen ist, und es hat so viel Schnee gehabt, daß sie hat mit dem Schlitten den Kamm herunterfahren müssen. Und wie sie dann in die Apotheke kam, ist es schon dunkel gewesen. Da hat der Apotheker ihr schnell gegeben, daß sie fort konnte. Und als sie dort überm Förster war, ist eine weiße Wolke ihr auf dem Wege entgegengekommen; da hat sie sich sehr gefürchtet. Und wenn sie hat wollen nach rechts ausweichen, da ist die Wolke auch rüber. Da ist sie schnell drauflos gelaufen – aber als sie nach Hause kam, da war die Kranke tot.

Bekannte Erscheinungsformen der wandernden Seele sind das Irrlicht, die Lichtmännel und endlich der große Leuchter. Von den Irrlichtern sagen die deutschen Böhmen, daß es die Seelen der ungetauft gestorbenen Kinder, andere wieder, die Geister der in den hussitischen Kriegen getöteten Schadewalder seien.

Bei Oschitz im Jeschkengebirge hörte eine Frau, wie sechs solche Lichtel untereinander sagten: Brüderchen, heut kriegen wir noch ein Schwesterchen! und alle freuten sich. Dann kam sie in ein Haus, wo ein noch ungetauftes Kind diese Nacht starb. Sie sagte: Das habe ich gleich gewußt; ich hörte die Irrlichtel auf dem Teiche sprechen: Brüderchen, heute kriegen wir noch ein Schwesterchen! Die Leute fragten sie jetzt: Wieviele Irrlichtel waren denn auf dem Teiche? Sechs. Dann gingen sie hin und zählten und zählten sieben. Da sprachen sie: 's ist richtig so, und Engelfronels-Gustels Mäderle ist schon drunter.

Zu den Irrlichtern gehört aus der Schlaupitzer Gegend das Feuermänndel, das sich in finsteren Nächten an Wegen ein Grübchen gräbt, ein Feuerlein anzündet, das blau erscheint, und über die Flamme springt. Das tut es auf einem Kochlöffel reitend. Am Ende stürzt es sich in die Grube und löscht das Feuerchen aus. Spitzbubenwinkler aus Schlaupitz hatte beim Krebsen einst eine vermorschte Weide mitgehen heißen. Sie wurde ihm beim Heimtragen bald so entsetzlich heiß, daß ihm sein Buckel zu brennen deuchte. Als er den Stumpf zu Hause nun niederlegte, fing der zu brennen an und lief davon. Es war der Feuermann, den er getragen. Manchen Schabernack haben die Irrlichter schon getrieben. Natürlich führen sie gern die Menschen irre. Ein Isermann folgte ihnen und als er die ganze Nacht durch gelaufen ist, stand er auf einem weiten Plan (Ebene, Wiese). Gothl-Heinrichs Großvater ist einmal in Haindorf früh zur Messe gegangen, hat sich jedoch auch verleiten lassen, einem Licht nachzufolgen, und als die Sonne aufging, hat er in der Stadt Friedland gestanden.

Zwischen Gröditz, Neudorf und Alzenau geht der große Leuchter; der gleicht einer Schütte Stroh, die brennt. Das ist in Gröditz gewesen, da sind ein paar zum Schweineschlachten gegangen. Und es ist furchtbar finster; sie finden sich nicht zurecht. Da sehen sie ein Licht von der Seite kommen und sagen zueinander: „Wir wollen jetzt warten, bis die dort mit der Leuchte ran sind." Und da kommt eine Leuchte, aber sie sehen keinen Menschen dabei. Sie gehen immer dem Lichte nach – und sie gehen immerfort und gehen, bis sie hernach gewahren, daß sie halt wieder zu Hause sind. Da merken sie, wer's gewesen ist und einer wird verbost und spricht: „Leck mich am . . .!" Da hat der große Leuchter ihn so verbrannt, daß er viele Tage nicht mehr hat sitzen können.

Den sündigen, armen Seelen, die draußen ihr Wesen treiben, haftet auch noch ein Rest ihrer früheren menschlichen Gestaltung an. Der große Leuchter erschien auf dem Knappenberge bei Schadewalde als menschliches Skelett, aus dessen Rippen die Flammen brannten. Und der Musiker Fischer sah auf der Pfarrebt in Morchenstern ein Licht, das wurde von einer weißen Hand, an deren Fingern man deutlich die Nägel erkennen konnte, getragen. Ein Albrechtsdorfer bemerkte einst in der Walachei (Ober-Tannwald) in der Nähe der Kamnitz ein Licht. Ich und olle biesen Geister lobn en Gout! rief er. Trotzdem er die abwehrenden Worte ins Gegenteil verdrehte, fiel das Irrlicht ins Wasser. Man hörte es deutlich prasseln. In Böhmen unterm Adlergebirge müssen die Bauern, die die Grenzsteine nachts verrückten, als Feuermann gehen und fragen: Wo tu' ich ihn denn hin? bis ihnen ein Mutiger antwortete: Dort, wo du 'n hergenommen hast. Bei Katscher kann man sie über die Felder schreiten sehen, das Maß in der Hand. Sie werfen zuweilen die „rutt ai-de hîn, daß Stroala remflîn". (In Langenbielau erschien ein Toter als Feuermann und sagte, daß er im Fegefeuer sei und daß man für ihn recht beten solle. Am zweiten Tage brannt er bereits weniger und immer so fort, bis er erlöst worden war.)

Sonst aber geschieht die Erlösung dadurch, daß sich die Lichtel ein Gott bezahl's! verdienen, indem sie auf Verlangen einem leuchten. Als aber ein Schwärzer zwischen Troppau und Liptin ihm gedankt: „Bezahl dir's Gott viele tausendmal!" da sagte der Feuermann: „So viel bin ich nicht wert; da muß ich noch einmal soviel büßen, als ich schon habe." In Starkstadt aber muß man auf dreifache Weise danken: „Bezohl drsch Gôt; bezohl drsch onsr Herrgôt; bezohl drsch onsr Herrgôt viel tausend Mol!" Tut man das nicht, dann zündert er an; er legt seine Hand auf das Dach. Die Feuermänner im Kreise Neiße verlangen als Dank sogar: „Bezahl dir's Gott, sovielmal, wie du's noch nötig hast!" Sagt man nur: „Gott bezahl's!" da waren sie nicht erlöst und mußten noch länger geben. – Im Neißer Kreise, in Langendorf, wohnte ein Spielmann, zu dem kam, wenn er von der Neuwalder Kirmes kehrte, ein Ärrlichtla und leuchtete ihm heim. Einmal nun blieb es vor seinem Fenster und gaukelte hin und her, obwohl es ihm längst gedankt. Weil's gar nicht weggehen wollte, machte er noch einmal das Fenster auf und fragte: „Nu, Ärrlichtla, warum gihste denn heite goar nich weg? Was wellste denn nooch hoan?" Da sagte es: „Wenn iech nooch asu viel ‚Bezoahl's Goot' hätte, wie dort ei der Schessel Mohkernla sein, do wär' ich derleest." Dann ist's verschwunden und hat sich, trotz mancher Aufforderung, nicht mehr erblicken lassen.

Ganz anders aber wurde in Weckelsdorf bei Kudowa ein Feuermann erlöst. Da ist er den Dreschern immer nachgekommen und ein

Bursche schlug, trotz des Abratens seiner Mutter, mit einer Peitsche nach ihm. Wî a da Foiermón trifft, dó traibt a'n mit der Paitsche bis zer Grânze, on hót der Foiermón ksót: Jetz bist dû derlîst, on ich â. On dâr Porscha is andan Tâg kschtorwa. Und wieder ein Glatzer, dem der Lichtmann geleuchtet, schlug diesen zum Danke mit dem Besen. Da meinte der: „Bezahl's Gott! Jetzt hast du mich erlöst. Als ich auf der Welt war, habe ich einem Bettelmann ein paar mit einem Besen rüber gehauen und darum mußte ich jetzt als Lichtmann gehen.“

Im Kreise Leobschütz hat sich der Feuermann einmal als Flurgeist gezeigt. Es war den Leuten über dem Säen finster geworden; da ist der Feuermann gekommen und hat ihnen helfen säen: er warf ganze Stücke Feuer von sich. Aber es war kein Glück dabei. Wie es zur Ernte kam, da sind die Erntearbeiter beinah verdurstet; der Feuermann hat ihnen das Wasser umgedreht.

Außer dem überall auftretenden Irrlicht, dem Feuermann, kennt man in einzelnen Teilen des schlesischen Gebiets besondere Lichterscheinungen. So geht zwischen Landeck und Winkeldorf der Hakenmann. Im Riesengebirgsgebiet bis Haynau und über den Queis, auch in Nordböhmen, läßt sich der große Leuchter sehen. Hier sei noch nachgetragen, daß, wie die Querbacher glauben, in ihm das Licht dreier Steiger aufflammt, die in der Grube Anne-Marie verschüttet wurden. Bei Weißbach hat ihn der Kutscher einmal herzugewünscht, als ihm am Wagen ein Rad entzwei gegangen war. Es hat nicht lange gedauert, da ist er unter den Wagen gesprungen. Der Kutscher hat ihn jedoch geärgert. Wie nun der Kutscher am Morgen vom Schlaf erwachte, ist er im ganzen Gesicht zerkratzt gewesen; das hat der Leuchter ihm angetan. Wie ihn ein Saalberger neckte: Rotstumpe, bist du tumm! fuhr er in einen Haselstrauch und schüttelte sich, daß die Funken sprühten. Im böhmischen Riesengebirge heißt er der Strohmann. Bei Trachenberg auf dem Räuscheldämmel ist einem gar eine feurige Frau erschienen.

Die Seelen, die in den Bergwald verwunschen wurden, sind dort noch nicht zur Ruhe gekommen, wie etwa der große Leuchter zur Ruhe kam, von dem man seit Jahren nichts mehr gehört. Nicht immer ist der Verbanner so klug gewesen, sie etwa in eine Flasche oder einen aufs engste begrenzten Raum einzuschließen; so schabernacken sie, wie etwa der Mönch im Mönchspusch oder wie die ins Knieholz verwünschten Pascher, in ihrem Bezirk und haben an manchem Mann ihren Narren.

Im Sattelwald bei Alt-Reichenau, im Kiepaloch, geht's beispielsweise um. Der Joathans haust da. Im Kiepaloch wächst aber auch der schinnste Himpel (Himbeersträucher). Und wenn die Beerenweiber hier schnell ihre Kannen füllen wollen, werden sie oft durch ein plötzlich erschallendes, gellendes Lachen erschreckt oder durch einen von unsichtbarer Hand geschleuderten Stein. Um ihn hinauszubannen, denn er war nach dem Tode wiedergekommen, hatte man seinerzeit den Geist auf den Kirchhof gelockt. Als er nun an dem Turme hochklettern wollte und zu den Glocken kam, hat man schnell an dieselben geschlagen und er hat runter gemußt. In einem Sacke hat man ihn fortgeschafft. Natürlich hatte auch er bereits drei Hufeisen und von dem Klettern hat damals der Turm die Risse bekommen und der Putz fällt beständig ab. Anfangs kehrte er noch in eins der Häuser, die ihm gehört, zurück; aber seit er im Stalle ein Zicklein erwürgt, hat er sich nicht mehr sehen lassen. Draußen im Walde am Sattelberge ist der Platz, wo er liegt, eingezäunt. Ein Husar hatte sich mal verirrt und sah in dem Zaune ein Licht. Er geht darauf zu und trifft in einem Gärtchen halt einen Mann, der das Licht hält und dabei Futter mengt. Der Husar redet ihn an: „Was machst du hier?" Joathans erwiderte: „Ich füttere die Rehe. – Hättest du nicht deinen geweihten Degen, so kämst du nicht von hier."

Es sind über hundert Jahre, da stand im Nesselgrund ein Gasthaus. Es sah nicht zum Besten aus und war arg verfallen. Hingehen tat selten jemand, denn der Wirt war ein finsterer, brummiger Gesell, der keine Gäste brauchte, weil er Geld genug hatte. Und die Leute sagten, das Geld sei unterschlagen. Er besaß nämlich in Glatz früher eine Taverne und hatte auch Mündelgelder zu verwalten. Er lebte hier einsam und kümmerte sich um niemand. Dann fand man ihn einmal tot mitten auf der Diele, mit zerfetzten Kleidern und einem zerkratzten Gesicht. Und genau an dem Tage, an dem man ihn fand, saß in der Mittagszeit zu Glatz auf der Taverne ein Schatten mit einem großen Kopfe und einem dürftigen Körper. Einer aus der 13. Schule hat ihn gebannt. Der Vogelhannes hatte ihm zwar erst zugerufen: „Du hast mir gar nichts zu sagen, denn du hast deiner Mutter einmal ein Ei gestohlen!" Der Kaplan aber meinte: „Das ist nicht wahr, ich habe es nur getrunken, um eine schöne Stimme zu bekommen." Danach hat er ihn auch gefangen.

Es sollte einmal ein Stück Wald geschlagen werden. Mein Vater, erzählt der Berichterstatter, der Holzschläger war, nahm mich mit. Im Walde bauten die Männer eine Hütte aus Stämmen, denn es sollte in der Nacht dort geschlafen werden. Wir mochten drei Tage dort sein, da schickte der Vater mich wieder einmal mit einem Fäßlein nach Wasser. Ich stieg zur Quelle in der Lichtung, füllte das Fäßchen und stieg pfeifend hinan. Da hörte ich plötzlich neben mir im niedrigen Holze ein Geräusch. Neugierig bog ich die Sträucher zur Seite und vor mir stand ein Männel mit einer Lederkappe und gelben Jacke, einem roten und blauen Strumpf, das mich: täck, täck! anfuhr. Ich ließ vor Schreck das Fäßlein fallen und rannte wie besessen zur Hütte. Die Männer lachten und einer rief in den Wald: Vogelhannes, komm und schlag das Holz klein! Am Abend legten wir uns auf unsere Decken. Da begann es plötzlich zu poltern und zu hageln; wir hörten die schweren Scheite durcheinander und gegen die Bäume fliegen und wagten es nicht, hinauszugehen. So ging es die ganze Nacht. Am anderen Morgen fanden wir alle Kloben wirr um die Hütte liegen.

Der Förster Kammer erzählte, daß man den Vogelhannes auf dem Dachfirst gesehen habe, an einem Bein einen Strumpf, das andere nackt, und ließ nach jeder Seite eins baumeln. So scheint er Koboldnatur gehabt zu haben. Im Nesselgrunder Revier, es ist ganz Dickung und enthält große Haue voll Himbeersträucher, die mannshoch sind, führt er die Graseweiber irre. Wenn man dort Kuckuck! ruft, da hallt's aus allen Ecken: Kuckuck! Kuckuck! und das ist er. – Ein Förster ist ihm einmal begegnet und wie er ihm nahe kam, flog's wie ein Vogel auf. Er sah die menschlichen Fußspuren, die hörten im Schnee plötzlich auf und endeten in einer Vogelspur. Und einer Dirne spiegelte er den Liebhaber vor; aber sie fand in der Umarmung nur einen verwesten Baumstamm, welcher nach Schwefel stank.

Im Reichensteiner Gebirge geht wieder der Dumlichhirte um. Der Dumlich ist ein verwünschtes Schloß; zuweilen kann man den Kuhhirten aber hören, der da austreibt: Doredriô, Doredriô. Dort hat es die Leute oft irregeführt und zwar um die Mittagszeit. Dem Schumacher Langnickel aus Ober-Gostitz ist es einmal geschehen, daß er sich stundenlang nicht zurechtfand. Es war da hohes Gras, das ging ihm bis an die Brust, und vom Herumlaufen habe er so geschwitzt, daß er zuletzt ganz naß gewesen. Waldweibel ließen sich da auch sehen; einmal waren es drei, ganz grau. Oft liegen an den Bäumen kleine Haufen von trockenem Holze, die haben sie hingelegt. Dem Schuhmacher Becker ist mal der Dumlichhirte begegnet; ein kleines Männdel, das ihn starr ansah, und dem er nachgehen mußte. Und wie er jenseits des Dumlich hinuntergeht, da war's wie Wolken um ihn und wie ein Sumpf und der wär' fast versunken. Dann ist er in der Irre gegangen; auf einmal schlägt's, gerade wie wenn drei Bäume fallen, da war das Männel weg und er stand wieder bei seinem Wagen. Einen Holzmacher hat er mal aus der Hütte geklopft und wie der draußen nach „verdonnerten Pilzjungen", auf die hatte er erst Verdacht, sucht, fängt's in der Baude an zu kreißen „hä, hä", ganz tief, und dann heult's wie ein Hund. In der Baude hatte es angefangen und drüben am Walde hörte es auf. Und einer Pilzfrau war es erst, als ginge der Sturm, dann trappste es wie ein Pferd und sie sieht, wie die Steine fliegen, aber kein Pferd kommt an, es war nur so wie ein grauer Haufen. Das sauste hinter ihr her und machte dann endlich links in den Wald und war verschwunden.

Ähnliche Wesen gibt es im ganzen Lande. So hausten auf der Juselkoppe bei Josefstal Gespenster und haben die großen Felsen, welche am Lammlaberge lagern, herabgestürzt. Und auf dem Schwarzbrunnkamm im Fliegenstein oder Muchow hält sich der Muhu auf. Im Leobschützer Walde bestraft der Barfuß die, die ihn lästern und necken und hat es ganz besonders auf die klatschlüsternen Graseweiber abgesehen; im Adlergebirge hingegen erscheint der Bottamon.

Am Sauberge bei Klein-Mohrau im Altvatergebirge geht ebenfalls ein Neckgeist um, der Stämmischmann. Das soll der Geist eines Spieglitzer Schusters, der sich dem Teufel übergeben, gewesen sein; zudem hat man gar einen höllischen Geist, der einen Schuster in Mariazell in Steiermark besessen, hierhergebannt. Kurzum, nach dem Abendgeläut konnte sich niemand mehr in der Nähe des Sauberges sehen lassen. Hinter den Fuhrleuten kam er gewöhnlich als furchtbarer Sturm hergebraust, oder als eine dunkle Gestalt, die seltsam heulte, im Sturm, und hat den Wagen umgeworfen. Einem Bauern flogen die Garben hoch in die Luft. Einem Bierfuhrmann kollerte er die Fässer den steilen Abhang hinab. Am Morgen aber fand jeder sein Gespann unversehrt mit sämtlicher Ladung wieder vor. Im Moosebruch bei Reihwiesen treibt sich der Seehirt rum. Der ist versunken, weil er das trockene Brot, das ihm der Bauer mal mitgegeben, frevelnd mit seiner Peitsche schlug. Wenn unvorsichtige Leute sich nun dem Moosebruchteiche nähern und etwas hinüber ins Wasser werfen, erscheint der Seehirt bocksfüßig, am ganzen Körper mit Haaren bedeckt und über und über voll Schlamm. Das Vieh, das in die Nähe kommt, treibt er in jenen Teich. Auch rufen hörte man ihn dort: hoho! oder! Do har! Do har! Ein Mann, dem er ein Schwein erscheinen ließ, trieb dieses nach Dittersbach, um es abzuliefern. Als endlich der Tag anbrach, war er in einem unbekannten Tale. Da kam ein kleines Hirtenmännchen. Das fragte er, welchem Dorfe die Häuser denn zugehörten, die in der Nähe zu sehen waren. „Zum Holunder" sagte das und war mitsamt dem Schwein verschwunden.

Rübezahl. Radierung von Ludwig Richter

Rübezahl und andere Geister

Rübezahl

Rübezahl, so heißt der Berggeist vom Riesengebirge. Warum der unheimliche Zauberunhold Rübezahl heißt, vermag niemand zu sagen. Was hier Carl Hauptmann in wenigen Worten sagt, ist das Resultat der bis heut vergeblichen Forscherarbeit. Es gibt so viele Erklärungen des Namens wie Forscher, die sich mit ihm beschäftigt haben und eine steht immer gegen die andere. Was nützt selbst die Feststellung, daß 1427 ein Nickol Rubenczahl von Barnsdorf gelebt und geächtet worden ist, was die Aufzählung der einst in Oberdeutschland, besonders auch in Sachsen vorhandenen Menschen dieses Namens! Immer läßt sich das Rätsel damit noch nicht auflösen.

Das eine nur ist ja bekannt: der Rübezahl, der bis heute in kindischen Märchenbüchern sein Wesen treibt, hat mit dem des Gebirges nichts zu tun. Schwenkfeld nannte ihn 1607 einen *virunculus montanus*, ein Bergmännlein; Henelius 1613 einen *daemon montanus*, Balbinus 1679 ein *spektrum* und Voelckerding 1673 schlechtweg den *spiritus*. Der Rybecal der Tschechen erscheint nach Karlosicz als Rzepiór in Oberschlesien und ist eine Verschmelzung von Rübezahl mit dem polnischen *upiór* = Vampir.

Als Geigenfritz oder Geigenfriedel will man in Sagen des Isergebirges ihn wiederfinden. Aber das dürfte nicht dieser Berggeist, sondern ein elbisches Wesen sein, das Geigenmännchen, welches im Seiffentale (Quertal zum Aupatal bei Marschendorf) in mondhellen Nächten seine lustigen Weisen erschallen läßt. Im Tschechischen ist er Pan Jan, der von einem großen und schönen Hirsch, den er mit dem Pfeile erlegt, durch die Luft nach dem Riesengebirge getragen wurde, wo seine Herrschaft begann.

In älteren Berichten, wie etwa Balbins Miszellen, erscheint der Berggeist als Mönch in aschgrauer Kutte auf dem Gebirge und hält ein Saitenspiel; er schlägt mit solcher Kraft in die Saiten, daß die Erde davon erzittert; oft auch erhebt er sich im Fluge über die höchsten Wipfel der Bäume und wirft sein Saitenspiel mit Donnergetöse auf die Erde; bald wieder dreht er im Wirbelwind Bäume aus und schwingt sie im Kreise. Weiter heißt es: Er pflegt am Gipfel der Schneekoppe zu sitzen, seine Füße über den steilen Abhang zu erstrecken und mit

Rübezahl hält auf dem Teich eine Schlittenfahrt. Holzschnitt aus Lindner, Historien von Rueben-Zahl, Hirschberg 1736

denselben zu klatschen und zu strampeln; dabei stößt er ein eintöniges Geschrei aus.

Praetorius, der erste Sammler der Rübezahlüberlieferungen, berichtet einmal, daß der Geist den Namen nicht leiden könne und man ihn Herr Johannes zu titulieren habe. Nun brauche ich nur einige Seiten zurückzuverweisen, wo auch ein Hannes und seine Taten erwähnt worden sind, der Vogelhannes der Glatzer Gebirge. Im schlesischen Bergwald tauchten nicht nur im Riesengebirge neckende Geister auf; aber nur hier griff literarische Überlieferung ein; und in derselben wurde er umgestaltet bis zur Unkenntlichkeit. Im Anfang jedoch wird Rübezahl dem Dumlichhirt und dem Heuscheuerwirt, dem Vogelhannes und Stämmischmann ziemlich genau geglichen haben. Hat man doch auch erzählt, er wäre eines Liegnitzer Schusters Sohn und ins Gebirge verbannt.

Man glaubte, daß Rübezahl Mönchsgewand – er sieht auch auf der Böhmischen Mappa nach Burgklechner wie ein „klains munchl" aus – ein Kennzeichen des Bergwerkgeistes sei. Aber auch der in den Mönchswald verbannte Geist erscheint als Mönch und beide entwenden den Fuhrleuten ihre Räder. Wie der Heuscheuerwirt oder der Vogelhannes und all die Geister erscheint er in jeder möglichen Gestalt, wie Schwenkfeldt 1607 schreibt: Jetzt als ein Bergmännlein, bald als ein Mönch, bisweilen als ein schön Roß, zuzeiten als eine große Kröte oder Puhuy.– Am 16. Februar soll er, wie Pastor Rausch in seinem Tagebuch geschrieben, bei der Nacht in einer hohen Kalesche durch Schmiedeberg gefahren sein.

Wie all den Geistern des Bergwaldes ist es ihm ein Vergnügen, die Wanderer irre zu führen. So schreibt Grosius 1597: Man sagt, daß auf dem böhmischen Gebirge den Leuten ein Mönch erschien, welchen die Leute den Rübezahl nennen, und wenn sie über den Wald reisen wollen, aber den Weg nicht wissen, gesellt er sich zu ihnen, als wollte er mit ihnen wandern, und spricht zu ihnen: sie sollen unbekümmert sein, der Weg sei ihm gar wohl bekannt, er wolle sie einen gar richtigen Fußsteig durch den Wald führen. Wenn er sie dann im Walde auf Irrwege geführt, daß sie nicht wissen, wo sie sind, so springt er alsbald auf einen Baum und hebt dermaßen mit heller Stimme an zu lachen, daß es im ganzen weiten Walde erschallt.

Gleich den Gebannten gehören ihm Orte; Gärtchen, in denen er schalten und walten kann, wie er will. Da ist der Rübezahlsgarten (Teufelsgärtchen) am steilen Abhange der östlichen Koppe des Brunnenberges und Rübezahls Rosengarten an der Kesselkoppe.

Ein Schuhmacher aus Wurzelsdorf war über den Farenberg gegangen (der war vor Jahren Heide und danach Wald). Der hat dort Blumen gefunden und ist den Blumen nachgegangen. Dabei hat er sich sehr verlaufen, denn es war Rübezahls Garten, in dem er gewesen war.– Alte Nachrichten erzählen von einem Baum in Rübezahls Garten, der war zu gewissen Zeiten ganz behängt mit kostbaren Kleinodien, Goldstücken, Samt, Seiden, Silberwerk, welches in einem Augenblick wieder verschwindet. Und da stand auch der Apfelbaum mit den seltsamen Äpfeln, nicht größer als Ebereschbeeren, die nur zu ungewöhnlichen Zeiten reiften. Der Garten soll mitten im Knieholz gewesen sein. Wollte ihn jemand berauben, dann schickte der Berggeist solche Gewitter, daß niemand hinkam.– Weiter heißt es: Es war ein Wurzelmann, derselbe hat den Weg zu des Geistes Wurzelgarten gewußt, es heißet der Teufelsgrund, darinnen hat er seinen Garten und sonderliche Kräuter und Wurzeln. Dieselben bekommt kein Mensch von ihm, er gebe sie denn gutwillig. Die Frau des Obersten Lyon zu Liegnitz läßt den Wurzelmann zu sich kommen und verspricht ihm groß Geld, wenn er ihr würde die rechte Weißwurzel bringen, welche in diesem Garten wüchse. Der Mann geht hin, gräbt; Rübezahl kommt zu ihm und fragt, was er da grübe. Er sagt, er wäre ein armer Mann, hätte viel unerzogene Kinder, er müßte sich von Kräuter- und Wurzelsuchen erhalten. Der Geist sagt: er hätte solcher Sachen genug im Gebirge, er sollte ihm seinen Garten in Frieden lassen, doch was er hätte, solle er behalten und nicht mehr wiederkommen. Der Mann bringt der Obristin Lyon von dieser Wurzel, die sie ihm teuer genug bezahlt, aber wo er deren mehr könnte haben, solle er zuschauen. Dieser geht wieder zum anderen Mal hin und gräbt; Rübezahl kommt und spricht: Was machst du? Ich hab' dir's verboten; so siehe, was ich mit dir machen will! Der Mann geht und bringt der Obristin wieder was, welches sie ihm noch teurer als die ersten bezahlt. Der Mann bekommt ein Herze und geht zum drittenmal hin. Der Geist kommt, fragt was er mache, er hätte es ihm verboten und nimmt ihm die Hacke aus der Hand. Der Wurzelmann holt sie wieder und hackt. Der Geist sagt, er soll aufhören, es wäre Zeit. Dieser hackt immer frisch zu. Er nimmt ihm die Hacke und wirft sie weg. Der will sie wieder holen. Und als er nach der Hacke greift, nimmt ihn der Geist, reißt ihn zu Stücken und führt sie in der Luft hinweg, daß nichts mehr als ein Pelzärmel da ist, welchen sein Sohn, ein Knabe von 13 bis 14 Jahren, der mit gewesen, zurückgebracht.

Es wäre verhältnismäßig leicht, das Rätsel um Rübezahl zu erklären, wenn es sich nur um diese Sagen handelte. Aber es haben sich um den Namen Sagen vom Berggeist als Wetterherrn gesammelt. Daß er bis weit ins Land als solcher gegolten hat, selbst da, wo sich sonst keine Sage von ihm vorfindet, beweißt die Mitteilung Seeligers: Wenn sich an schönen Sommertagen über der Hogolie – das Hochgebirge selbst war von seinem Geburtsorte aus nicht sichtbar – leichtes, weißes Gewölk emporkräuselte, sagte ihm seine alte Kinderfrau: Das ist der Rübezahl! Und älteren Sagenforschern wie Drescher und Dr. Luchs erklärte man ausdrücklich: Der Nachtjäger, das ist der Rübezahl! Seyfried in der *Medulla mirabilium naturae* erzählt, daß ein Kaufmann, als er auf seiner Rückreise aus Schlesien vor wenigen Jahren unten am Riesengebirge vorbeigeritten, mit dem begleitenden Boten über die Abenteuer des Rübezahl gesprochen habe. Der habe ihm niemals recht antworten, weniger des Rübezahls Namen nennen wollen, ihn öfters ermahnend, von dergleichen Gespräch abzulassen. Bald darauf hätte er wahrgenommen, daß am Gebirge eine kleine Wolke sich aufgezogen, darauf, obschon der Himmel ganz klar und die Sonne schien, ein kleiner Regen erfolgte. Der Kaufmann habe anfangs denselben nicht beachtet, kurz hernach aber gesehen, daß sein Kleid wie das Pferd und der mitlaufende Bote über und über mit

Kuhfladen gleichsam überzogen gewesen wären. Und der Chronist Naso erzählt: Im Jahre 1654 hat sich auf dem Riesengebirge beim großen Teich etwas Denkwürdiges ereignet. Es hat ein vornehmer Herr in Begleitung unterschiedener Standespersonen und deren Bedienten den Riesenberg und die Teiche in Augenschein nehmen wollen. Man hatte aber den Dienern ein ernst Gebot getan, daß keiner sich unterstehen sollte, beim Aufstieg auf das Gebirge den Waldgeist, so man den Rübezahl zu nennen pfleget, mit Spottreden anzutasten, daß dadurch nicht einige Widerwärtigkeit des Wetters erweckt würde. Als sie nun aufgestiegen, hat sich ein schönes, helles und lustiges Wetter erzeigt. Indem aber die Diener, so von weitem ihren Herrn nachgefolgt, den Berggeist mit Schimpfreden hervorgelockt und mit unflätigen Namen an seiner Ehre angegriffen (welche auch die Wald- und Berggeister nicht unverteidigt lassen wollen), ist von dem Untergang der Sonne ein Wölkchen aufgestiegen, welchem ein anderes von Mittag her begegnet, die, als die ganze Versammlung am großen Teich sich befunden, zusammengekommen und einen mächtigen Platzregen von sich gegeben. Dem folgte ein schreckliches Ungewitter mit Blitzen, Hagel und Donnerstreichen, daß sie nichts anderes als ihres Unterganges sich gewärtigten. So oft der Donner einen Hagelstreich von sich gestoßen, erzitterten die Berge; die Täler gaben einen grausamen Widerhall zurück. Fast alle standen erblaßt. Allein der Herr hat sich ein Herz gefaßt und ein großes spanisches Kreuz den Blitz- und Donnerstreichen entgegengehalten, worauf das Ungewitter kreuzweis gespielt, mit so gewaltigem Ungestüm, daß sich der Berg erschüttert. Dann schlug sich die Gewalt der zusammengetroffenen Winde in den Teich, und hat dort die Gestalt eines Kreuzes so lange abgebildet, bis selbige sich in eine Schlange verkehrt und in den Abgrund verborgen hat.

In diesen Sagen erinnert noch manches an einen Naturspuk, den Schabernack einer gebannten Seele, doch überwiegen zweifellos schon die Züge, die Rübezahl zu einem Wald- und Wetterwesen machen, ihn in die Gesellschaft des Nachtjägers, der Waldmännel einreihen. Das ist wohl auch der Sinn einer Sage, welche Praetorius erzählt, Rübezahl leidet keinen über Mittag bei sich.

Vom Teiche auf der Tschihanlwiese im Isergebirge sagt man, daß einst in einem trocknen Sommer ein Weißbacher Brettschneider den Abfluß habe erweitern wollen. Aber da stand wie aus dem Boden gewachsen ein kleiner, grauer Mann vor ihm, der drohend den Finger hob: Laß diese Arbeit sein! Denn wenn der Teich einmal durchreißt, dann wird die ganze Gegend unglücklich sein. Eine ähnliche Sage erzählte einem von Schweinitz 1740 der Führer Sigismund. Er wies ihm auch einen Stein mit einer Bärentatze, auf dem Rübezahl gestanden haben soll, als er ganz Schlesien hat überschwemmen wollen, indem er die Dreisteine in die Tiefen des großen Teiches versenkte.

Wie Loewe aus freilich von schlesischen Forschern mit Mißtrauen beachteter, mündlicher Quelle mitteilt, beredete eine alte Frau, es heißt, eine Hexe, Rübezahl dazu, den Stein niederzusetzen, um einmal auszuruhen. Aber sobald er ihn auf die Erde getan, vermochte er nicht mehr, ihn aufzuheben und so blieb Schlesien bewahrt.

Gewiß erscheinen hier eher Zusammenhänge mit Riesen und teuflischen Dämonen als mit den grauen Waldmänneln, von denen die Isersage erzählt. Und diese Zusammenhänge erhalten Bekräftigung durch die Sage, die man von einem Sandhügel an der Bahnstrecke Liegnitz–Breslau, 6 Kilometer hinter der Station Nimkau, erzählt: Als Rübezahl einst vom Zobten kam und bis ins Katzengebirge wollte, fürchtete er, in der überschwemmten Oder sich nasse Füße zu holen. Er raffte darum bei Borne eine Schürze voll Sand, um einen Damm aufzuschütten und so einen trockenen Übergang zu erbauen. Aber bei Nimkau zerriß das Schürzenband und der Sand fiel zur Erde, wo er noch heute als spitzer Haufen liegt.

Sehr oft erscheint der Berggeist als Hüter und als Beschützer von großen Schätzen. (So läßt ihn eine von Cogho erlauschte Sage gar aus Italien stammen und macht ihn folgerecht zu einem Walen, der das Gebirge nach Schätzen durchstreift.)

Im Trautenauer Walenbüchlein von 1466 heißt es, daß nahe der Abendburg eine Mauer sei (an der Antonius auch sein Walenzeichen, den Adler angebracht), und „allda ist der Geist, welchen die gemeinen Leute den Rübenzahl nennen". Das Riesengebirge ist sehr reich an Gold, Silber, Demanten und allerhand Edelgesteinen, die aber schwer zu erlangen sind, teils wegen Verzauberung der Orte, teils wegen des darauf herrschenden Geistes, welchen die Leute außer dem Gebirge Rübezahl nennen, die im Gebirg aber Risenkönig oder Domine Johannes. Oben im Gebirg sind einige Wasser sehr reich an Edelgesteinen. So aber jemand etwas daraus will nehmen, entsteht ein erschrecklich Ungewitter, welches sie davonjagt. Wie unter andern auch dem jetzigen kaiserlichen Beschauer in Breslau, Herr Nikolaus Glaser, als solcher noch in des Herrn Grafen von Schaffgotsch' Diensten war, geschehen ist. Denn nachdem dieser in Gesellschaft etlicher andern sich in ein solches Wasser gelassen hatte, in der Meinung, kostbare Steine daraus zu finden, ist alsobald ein heftiges Ungewitter entstanden, daß alle davon liefen und ihn in Stich ließen. Und auch im Riesengrund haben die Walen ihn angetroffen: Als anno 1572 sich etliche abergläubische Bergleute zusammenrotteten und am Flietzberge im Riesengrund einen Schatz suchten und vom Berggeist erzwingen wollten, auch denselben anfingen aufs schrecklichste zu beschwören, stellte sich der gebannte Hüter des Schatzes ein, aber unter einem gewaltigen Donner und Blitzen mit vermischter Kälte, daß diese Teufelsbanner in großer Angst und Schrecken kaum entrinnen konnten. Dergleichen Proben des Satans Gewalt und Verblendung haben auch etliche verwegene Italiener erfahren müssen, welche hierhergekommen und mit allerhand Zauberkünsten und Teufelsbannungen den Schätzen nachgruben, und selbige dem Rübezahl abzutrutzen gedachten. Seine Schatzkammer befindet sich unterm Pantschefall. In der ist ein Gang und wenn man den zu Ende geht, hat es einen Teich. In der Mitte über dem Teich steht ein Tisch und neben dem Tisch sitzt Rübezahl (Johann Preißler sagte: der liebe Gott) und auf dem Tische liegt viel Gold. Einmal hat jemand aus den Krausebauden über den Teich schwimmen wollen. Aber im Wasser hat der Angst gekriegt und ist nach Hause gegangen. Um 12 Uhr in der Nacht ist Rübezahl zu ihm gekommen und hat sein Kind verlangt (weil er seinen Versuch nicht beendet hat). Er hat es ihm nicht gegeben.

Trotzdem hat die Frau viel geweint. In der nächsten und dritten Nacht ist er nochmal gekommen und wie der Mann ihm sein Kind nicht gab, hat er sterben müssen. Denen, die Weißwurzeln gruben, war Rübezahl ebenfalls gram. Einem Mann hatte er's schon zweimal verwiesen; als er ihn aber ein drittes Mal wieder traf, konnte er sich nur lösen, daß er versprach, am 13. Tage Geld zu bringen. Er fand sich auch mit dem Gelde ein und Rübezahl schenkte es ihm, weil er sein Wort gehalten.

So eifersüchtig der Berggeist seine Schätze bewacht, teilt er doch auch aus ihnen mit. Und das, was Hanne-Lobel einmal erzählte, gehört hierher:

Es war eine Witwe, die hatte zwei Kinder, und weil sie so sehr arm gewesen, ging sie in das Gebirge, um Steinwurzeln zu suchen. Wie sie da fleißig hackte, trat ein Mann zu ihr hin und sprach, er wolle ihr etwas besseres schenken. Er nahm den Korb und schüttete die Steinwurzeln weg und schüttete Buchenblätter ein. Als sie nach

Hause kam, waren die Buchenblätter zu Gold geworden. Da merkte sie, daß es Rübezahl gewesen war.

Schon Moscherosch weiß von den Abenteuern Rübezahls zu erzählen: die alte Sage vom Kegelspiel.– Praetorius, der vielverlästerte Leipziger Magister, der erste Sagensammler von großem Maß, hat in vier Schriften den Rübezahl volkstümlich gemacht. Rübezahl ist der *dator bonorum*, der Schatzspender. Vor etwa 30 Jahren, heißt es, soll einer vom Adel über das Gebirge gereist sein und unterwegens einen Grasmäher gesehen haben, der auf der Wiese im vollen Werk begriffen. Zu folgendem hatte der Edelmann einen Diener geschickt, für seine Pferde ein paar Bund Gras zu kaufen. Der Knecht bekommt das Gras und gibt davon einen Teil seinen Pferden bald zu fressen, einen Teil hebt er auf für weiteren Bescheid und fernere bevorstehende Fütterung, aber wie er das Gras hat wollen langen, da hat er befunden, daß es nicht mehr Gras, sondern Bergwerk gewesen, darunter viel gediegenes Gold. Eine ähnliche Sage, welche Praetorius erzählt, ist die, daß im Gebirge ein Mädchen von einem Holzhauer Späne erbittet, die Schürze gefüllt erhält, und, da die Last schwer und immer schwerer wird, so viel wegwirft, daß sie zu Hause nur noch ein Stückchen an ihrer Schürze findet, das sich in glänzendes Gold verwandelte.

Vor etwa 12 Jahren, weiß wieder Praetorius, soll ein verwegener Bauer gewesen sein, der in bevorstehender Not keinen Rat gewußt, daß er etwas Geld zusammenbrächte. Doch hat er endlich seinen Weg zu dem reichen Geist genommen, der ihm alsbald in einer besonderen Gestalt erschienen und gefragt haben soll, was sein Anliegen und Begehren wäre? Darauf soll jener Bauer geantwortet haben: Ich wollte den Beherrscher des Riesengebirges freundlich gebeten haben, ob er mir nicht wollte etwas Geld vorstrecken. Gar wohl, wieviel begehrst du? Großmächtiger Herr, könnt Ihr mir hundert Taler borgen, so will ich Euch solches, als ich ein redlicher Mann bin, übers Jahr allhier wieder zustellen. Hierauf soll Rübezahl einen Abtritt genommen haben und um ein Weilchen wieder gekommen sein, einen Beutel mit vielem Gelde mit sich bringend, das er dem Bauer zuzählte. Der Bauer hat es gebraucht und als das Jahr verflossen gewesen ist, ist er von neuem ins Gebirge spaziert, bis er an den vorigen Ort geraten, wo der verstellte Rübezahl in eines anderen Mannes Gestalt ihm erschienen. Darum er etwas gestutzt und nicht ganz sicher gewußt hat, ob es der Rübezahl selber wäre, weshalb er auf die Frage: Wo willst du hin, Bauer? geantwortet: Ich wollte zum großmächtigen Regenten des Riesengebirges und ihm die sieben Taler zur rechten Zeit zustellen, welche ich vormals von ihm geliehen bekommen. Darauf der verstellte Geist geantwortet: O lieber Bauer, der Rübezahl ist lange tot; gehe mit deinem Gelde wieder nach Hause und behalte es. Wer war da lustiger als unser Bauer.

Wo nun ist Rübezahl hingekommen? Praetorius läßt ihn nach England auf Reisen gehen, worüber Neuere als über einen Unsinn lachen, weil sie vergaßen, daß England das Alben- und Mahrtenland ist. Nach einer böhmischen Sage jedoch hat ihn ein Priester verbannt. Dabei soll er geäußert haben, daß er nach Island fliehe, aber mit seinem Abzuge würde alle je den Bewohnern erwiesene Güte aufhören und er erst wiederkehren, wenn wieder die goldenen Zeiten in Böhmen einkehren würden.

Waldgeister

Wenn auch durch neue Züge das Bild verwischt worden ist, so lassen sich doch die Eigenschaften der alten Geschöpfe des Waldes in Rübezahl noch immer erkennen. Suchte der Sammler Cogho doch in der Sage vom grauen Männel, das die Frau Schwedler aus Schreiberhau an der Abendburg sah und das ihr winkte, den Berggeist des Walenbuches festzustellen. Denn es verschwand in der sich öffnenden Tür des Felsens, in dem sich unermeßliche Schätze finden sollen. Schließlich ist es die Sage vom Buschmännel, wie sie in Gottesberg auch erscheint, das einem Manne erschien und ihn aufforderte, mitzukommen. Aus einem hohlen Baume beschert es einen goldenen Schatz.

Wetter- und windbescherend erscheint das graue Männel in einer Sage, die einmal der Flinsberger Schindelmacher erlebt haben wollte. Er kam von der kleinen Iser in einer finsteren Nacht zurück. Da faßte ihn unterwegs ein Männel mit einem grauen Hütchen an die Hand und forderte ihn ebenfalls auf, mitzugehen. Der alte Kerl aber betete nur und als er es dadurch noch nicht vertrieb, fing er zu fluchen an. Da ist das Männel plötzlich verschwunden und dann erhebt sich ein Sturm und der Wald rauscht. Totenblaß ist er in die Mühle gekommen und hat drei Tage krank gelegen. Soviel erzählt er selbst; die Iserleute aber behaupten, es hätte ihm noch gesagt: Wärst du mit mir gekommen, ich hätte dich reich gemacht. Die Nichte des Schindelmachers will sogar wissen, daß dieses Männel einen weißen Bart hatte und ihm schon von vornherein alles versprochen. Am Langwiesenfloß erschien dem Richter-Gustav ein kleines graues Männel, das immerfort über den Weg gelaufen ist und hinterher kam ein großer Wind.

Dieses Männel im grauen Hut taucht auch im Vorland auf. In Zauchwitz bei Leobschütz holte man jemand Mehl und als er nach Hohndorf ging, drückte die Last ihn schwer; an seinem Schatten sah er, daß ihm ein Männel mit einem breiten Schlapphut auf dem Rücken saß. Und an der Ortsgrenze zwischen Hulm und Zobel läßt sich zuweilen ein altmodisch mit einem dreistützigen Hute und langem Mantel bekleideter Mann, aschgrau von oben bis unten, sehen. Er legt sich seitwärts auf die Erde und ist verschwunden. Wer vorbei geht, den scheint ein Wind anzublasen und es schaudert ihn.

Enthalten die eben angeführten Sagen schon aus dem Rübezahlkreis bekannte Formen, so wird das graue Männel zum völligen Waldgeist in Sagen, die uns erzählen, daß er den Holzdieben auf einmal erschien und sie durch seine Gegenwart verscheuchte. Anders ist es mal einem Holzfäller, der bei der Tumpsahütte Stockholz zerkleinerte, genaht und hat mit einer steinernen Säge geholfen. Am Huhnhaus erschien es der Häuslerswitwe H. Heller, als sie dort Beeren sammelte, und deutete ihr durch Zeichen an, daß sie folgen solle. Als sie jedoch einige Schritte getan, verschwand die Erscheinung. Sie konnte den Weg ins Dorf zurück nicht mehr finden und langte schließlich in Märzdorf an. Anderen Personen ist es ebenso ergangen.

Wie Rübezahl, wie die irrenden Seelen, necken und jagen sie die, die ihr Gebiet betreten. Zwei Frauen, die von der Iser nach Neuwelt zur Fahrt gegangen waren und Pflaumen mitbrachten, wurden von ihnen um ein paar angesprochen. Dafür, daß sie die Bitte abschlugen, wurden die Körbe leichter und leichter. Sie sahen hinein und fanden nur wenige noch. Das waren dazu Kriecheln. Sie hatten erwartet, daß dafür zum wenigsten was in den Kernen zu finden sein werde – wie Rübezahl ja auch mal Pflaumen mit goldenen Steinen geschenkt –, aber die waren leer. So hatten die Männel sie genarrt. Ein anderes, das dem Agnetendorfer Stellenbesitzer Schön jeden Morgen, wenn er zur Arbeit ging, begegnete, war nur so groß wie ein Wiesel. Es trug einen graugrünen Anzug und einen ebensolchen Spitzhut. Auf Schritt und Tritt folgte es Schön und wurde dazu mit jedem Tage größer; über Steinwürfe und Schläge lachte es nur. Als es die Größe eines sechsjährigen Kindes hatte, floh er vor ihm. Da riet man ihm, jedesmal, wenn er es erblicke, ein Kreuz zu schlagen und zu beten: Gott woaß, jetzt geh ich wandern; mein Jesus ist der andere. Gott der ist ein starker Mann. Wer stärker ist als dieser Mann, der komme und greif mich an! Von dem Tage an, an welchem Schön diesen Rat befolgte, hörte das graue Männel zu wachsen auf, wurde vielmehr tagtäglich wieder kleiner und verschwand nach drei Wochen auf Nimmerwiedersehen.

Dem Schuhwolf begegnete in den Baberhäusern einmal drei Männel, welche die Hüte schief auf dem Ohr hatten und sämtlich Tornister trugen. Er grüßte, als sie aus dem Gezweig des Unterholzes traten, weil er sie für Studenten hielt. Als sie nicht dankten, drehte er sich nach ihnen um und rief: Euch ist da Murga wull au schun a Schneider begegnet–? Wie er den Weg fortsetzt, sieht er sie plötzlich vor sich, ohne daß sie ihn überholt. Er denkt: Woas Geier ist denn ober doas? und sucht sie einzuholen. Keuchend läuft er bis zu der Brotbaude ihnen nach, wo er schon so erschöpft anlangt, daß er die weitere Verfolgung aufgeben will. Aber das kann er nicht. Er muß ihnen weiter und weiter folgen und so geht es im rasenden Lauf zu den Dreisteinen, in denen sie im Geklüft verschwinden. Endlich atmet er auf und geht nach Hause. wo er das ganze Begebnis erzählt. Mitten in der Erzählung aber packt ihn eine Unruhe; und mit dem Ausruf: Sein denn die Karle schun wieder do? Do mûß ich wieder mitte giehn! läuft er davon. An den Dreisteinen – dort sind einmal drei Pascher erfroren gefunden worden – haben ihn die Nachbarn, die man zur Hilfe gerufen, eingeholt, als er gerade über eine Felsklippe hinunterstürzen will.

Das Rätselhafte des Waldes, ebenso wie das Grauen, das in den innersten Winkeln wohnt, verkörpert sich in den Sagen der menschenfressenden Elben.

Der Kanonier, das war ein Mann aus Agnetendorf, welcher die Kriege 13/15 mitgemacht, hat oft im Walde geschlafen. Aber es hat ihn dreimal fortgeschleppt und das sind die Puschweibel, wie's heißt, gewesen. Warum, berichtet eine deutsch-böhmische Sage: Da steht im Walde verloren ein Haus, das ganz verfallen war. Dort kamen – es kann schon 150 Jahre her sein – die Puschmännel hin. Hände und Kopf und Gesicht konnte man nicht erkennen, weil sie in schwarzes Tuch eingepackt waren. Die brachten nun soviel Fleisch, das war ganz verfault und die Würmer haben bereits darin gewackelt. Das Fleisch soll verfaultes Menschenfleisch gewesen sein. Und wenn die Leute ein verrecktes Pferd eingescharrt hatten, holten sie's auch. Die Leute aus jenem Hause wollten das Fleisch nicht essen, aber die Männel gingen nicht eher weg, bis sie es runter hatten. Der Pfarrer wußte ihnen auch keinen Rat, sondern schrieb an den Bischof. Der antwortete: sie sollten das Fleisch verbrennen und danach die Asche vor das Haus hinstreuen. Er würde hinkommen und die Puschmännel bannen. Und das hat er getan; auf hundert oder 200 Jahre sind sie verbannt. Dann ist das Haus eingefallen und hat einen Hund erschlagen. –

Auch auf der Iser hörte ich solche Sagen. Sie handelten von verborgenen Häusern im Walde und Räubern, welche die Menschen dort überfielen und schlachteten. Da hat man für das Wort Puschmännel das leichter verständliche Räuber eingesetzt. Das ist genau wie in den wendischen Gebieten von Schlesien geschehen, wo man die Feldgeister, die Graben zu Räubern machte und jene Sage vom Quitzdorfer Raubhause und von dem Mädchen unter der Brücke ihnen zuschrieb. Sie hatten Pferdefüße und Pferdebeine, weil sie Pferde gefressen haben. Zwei Mädchen flohen vor den zu einem Stelldichein kommenden Graben einmal auf einen Baum. Die beiden konnten sie in der Dunkelheit nicht finden. Sie kamen aber auch an den Baum und sprachen zusammen. Der erste sagte: Was tätest du machen, wenn du die Deine hier hättest? Der andere darauf: Ich hätt' es mit Meiner so gemacht! Und dabei zog er den Säbel und schlug gegen den Birnbaum und traf das Mädchen ins Bein. Die aber sagte kein Wort und rührte sich nicht. Wie nun das Blut niederträufelte, sagte der eine Grabe zum anderen: Es fällt solch warmer Tau, es ist also nahe am Morgen! Da gingen sie weg und nach ihnen kehrten die Mädchen heim.

Nicht nur das Grauen wohnte im Walde. Auch Schauder und bange Scheu vorm ewigen Werden und Sein, gegen das Menschenerleben ein Augenblick war. Im Fischerwinkel waren Holzmacher über Nacht im Busche. Einer fror und kroch in einen Sack. Da kommt ein kleines Mannla, tanzt um ihn herum und ruft: Dreimal Wald, dreimal gefallt, dreimal Wiesenwachs, hô sella Deng noch ne gesahn. Und ganz dasselbe hat ein Waldweibel mal behauptet.

Die Waldweibel waren die weiblichen Gesponsen der grauen Puschmännel. Im Böhmischen hießen sie auch Laubweibel und in Neuland bei Gabel 's Buschkathel. Die schlesischen Agnetendorfer kannten sie als Moosweibel. Auch unter dem Namen Rittelweibel gingen sie um. So trugen sie eben den Namen, den der Rânvogel, das Rittelweib, der Schwarzspecht hat. Auf ihren Rücken huckten sie einen Korb, in dem lauter Vogeltritt, ganz schwache, dünne Ästchen, die von den größeren Vögeln oder dem Winde abgebrochen waren, lagen. Ein Bauer im Ortsteil Han bei Wiesental hörte einmal den Radern in den Buchen, als er am Waldrande eine Steinrücke weggeräumt hat. Er wandte sich um und sah auf einem starken Buchenast ein Weibel mit ausgespreizten Armen. Es hielt sich mit beiden Armen fest und schaukelte hin und her. Es war eine mittelgroße Gestalt mit Haube und Pelzchen. Als es sich aber beobachtet sah, schwang sich's von dem Aste und verschwand.

Von diesen Waldfrauen gingen ähnliche Sagen wie von den Puschmänneln. Den Armen schenken sie Laub, das sich in Gold verwandelt. Zu Kindern, die in den Buchbergwald gingen, um Streu zu holen, kam das Waldweibel, das bei der Arbeit behilflich war. Die von dem Weiblein dazu geworfenen Blätter erwiesen sich bei der Heimkehr als Goldstücke. Man nannte es darum wohl auch das Strejweibl. Die Bergfrau von Oberwittig erschien bei armen Familien und bat um Nachtquartier. Am Morgen fanden sie eine Rolle Dukaten im Lager der spurlos Davongegangenen; andere wieder erhielten dürre Reiser, die sich in Gold verwandelten. Einmal begegnete es einer armen Frau, die Futter für ihre Ziege holte. Der zeigte es einen Strauch, von dem sie Blätter abrupfen solle, bis sie genug habe. Sie fütterte auch die Ziege damit, aber fand sie am nächsten Morgen tot. Nur ein paar Blättchen, die sie noch nicht gefressen, waren noch da und zu Silber geworden. Jetzt schnitt sie die Ziege auf und fand lauter Silber in ihrem Bauch. So hatte das Buschweibel ihr geholfen. Das Pelzelweib hatte in einer Schlucht des Buchberges bei Wiesenthal seinen Schatz; aber als den zwei freche Burschen heraufgeholt, war es nichts als eine hölzerne Schachtel voller Glasscherben. Wütend schleuderten sie die Schachtel von sich, daß alle Scherben umherflogen. Da hat man später noch hie und da Goldstücke aufgefunden; das waren die letzten verzettelten Scherben.

Zu einem Mädchen kam das Buschweibel einst: Madl, such mr ok a Bössl! Das Mädel lauste das Weibel und das empfand dabei solches Wohlgefallen, daß es einnickte. Zur Belohnung gab es dem Mädchen die Handvoll Laub, die es von einem Bäumchen streifte. Natürlich warf das die unscheinbare Gabe, deren Reste zu Hause sich in Gold verwandelten, fort und kam so um den Lohn. Der Kuhhirtin aus der Wirtschaft 42 in Oberöls, die mit der Spindel hüten gegangen war, spann es während des Lausens. Dann gab das Weibchen die Spindel mit dem Bedeuten zurück, daß hundert Strähne Garn auf der Spindel seien, aber es dürfe beim Abweifen kein böses Wort gesprochen werden. Wie das Mädchen 5 Strähne zu Hause abgeweift hatte, verwirrte der Faden sich, worauf das Mädchen: Verfluchtes Zeug! rief. Sogleich war die Spindel leer. Eine Schafhirtin half dem Buschmännchen einst Holz zusammenlesen. Dafür erhielt sie auch einen Faden, den sie aufs Spinnrad legen sollte und der erst alle wurde, als sie zu schimpfen begann. Draußen im Walde aber spinnen die Puschweibel selbst und besonders sind's die Grôbärte, das Bartmoos, das sie verarbeiten.

Sie stammen ja aus dem Walde, und ihr ganzes Leben hat nur auf ihn Beziehung. Vor Jahren haben sie, als die Steine noch weich gewesen, darin die Spitze ausgesessen, und zwar nebeneinander, das Männel und das Weibel; Spätere nannten das Opferkessel; sie sind in den Riesen- und Isergebirgswäldern, ich nenne nur Katzenstein, Billigan (=Pelikan), Wolfsnest, häufig.

Die Elben leben nur mit dem Walde. Fällt man den Baum, den sie bewohnen, so müssen sie sterben. Darum ist der Nachtjäger, der Sturmdämon, ihr Feind. Aber es heißt: Die Holzweibel haben auf einem Stamm Ruhe, in den beim Fällen drei Kreuze gehauen worden sind, und zwar mußten sie eingehauen sein, ehe der Wipfel des fallenden Baumes die Erde berührte. Mein Vater machte sie immer so: Einen Längshieb und zwei Querhiebe. –|–|–

Im Riesengebirge sollen sie die Holzhauer bitten, daß sie ja, wenn sie den ersten Stamm oder Baum des Tages umhauen, dabei sagten möchten: Gott walte es! und nicht umgekehrt: Walte es Gott! Denn so nur können sie Ruhe finden, wenn sie des Nachts vom wilden Jäger geängstigt werden. Ja es soll sogar Rübezahl selbst gewesen sein, der an der Tumpsahütte die Hexen weggejagt hat, die sich dort aufgehalten haben. Endlich hat diese ewige Jagd sie vertrieben, aber sie haben in Schömberg wenigstens ein Andenken hinterlassen, indem sie den Sperlingen dort eine weiße Farbe gaben. Ehe sie gingen, verkündeten sie auf der böhmischen Seite des Riesengebirges: Ich komme nicht eher ins Böhmerland, eh es nicht ist in Fürsten Hand! Das ist nach der Schlacht am weißen Berge gewesen. Ein Fischer hat sie in seinem Kahne über die Moldau gesetzt, wie jener die Fenixmännel über die Neiße. Aber sie haben die gute Zeit mitgenommen, da sie abzogen.

Das Grauen, das sich an die Puschmännel heftete, gab auch den kleinen Weibeln unheimliche Eigenschaften, wenngleich sie auch gegenüber jenen weniger stark vortreten. Aber die Mickadrulle, jene unheimliche Waldfrau im Kreise Neiße und Polnisch-Oberschlesien, verlockt doch Kinder, bräut Tränke und tut es einem an, daß man an innerem Weh in kurzer Zeit stirbt. So ist sie eines Tages bei einem

Holzhauer eingekehrt, der so erschrak, daß er am dritten Tage starb. Im Adersbacher Gebirge, wo die Waldfrau an einem Teiche schlief, weckte das Lärmen der Kinder sie. Es war eine große starke Frau im grünen Kleide. Sie ging auf die Kinder zu und nahm dem einen das Kopftuch weg. Ein alter Pfarrer gab seinen Rat: das Kind solle um 12 Uhr an den nämlichen Ort gehen. Es tat nach diesem Rat; aber als es noch ferne war, sah es im Walde ein Wetterleuchten und wollte schon umkehren. Da kam die Waldfrau und hielt das Kopftuch in der Hand: Hier ist dein Tuch zurück; ein andermal aber schreie nicht im Walde, sonst kann es dir noch das Leben kosten!

Eine solche Waldfrau ist auch das Dornstweib, das auf dem Dornst gesessen hat und schrie, worauf die Kühe der Bauern wie toll nach Hause liefen.

Ihr Leben ist, und das wurde schon gesagt, zum großen Teil vom Wachsen und Sein des Waldes abhängig. Sogar in seinen kleinsten Geschehnissen. Wenn draußen die Nebel nach einem Gewitter steigen, heißt es: De Puschwaibla kochen! oder: Der Puschmann feuert! Zur Winterzeit kehrte eins in die Baberhäuser ein und spann das feinste Garn. Sproßte jedoch im Frühjahr das Kraut, das man „Lichel" nennt, so erschien auch ein kleiner Mann. Der rief: Lichel kommt raus! Worauf das Holzweibel aufgestanden ist: Wenn Lichel kommt, muß ich gehen! In Königshain wurde ein Weibel: Deuto, Deuto! gerufen, als Frühling wurde, ein anderes rief: Hipelpipel ist gestorben. In Grünwald in Nordböhmen ist einmal ein Bauer nach Holz gefahren und während er mit den Scheiten hantierte, rief eine feine Stimme: Gos ok 'n Rusl, 's Metusl ös gestorben! Das war die Stimme eines Buschmännchens, das sich im Moose versteckt gehalten. Der Bauer erschrak und da er nicht wußte, woher die Stimme kam, auch nirgends etwas Besonderes bemerkte, fuhr er bald heim. Zu Hause erzählte er, was im Walde sich zugetragen und als er den Spruch erwähnte, fuhr auf einmal was wie verrückt in der Stube herum und als er hinaus geht, sieht er ein Buschmännchen springen. Es hatte gewartet, bis die Tür aufgemacht wurde. Gleich gingen die Bauersleute nachsehen, wo es gesteckt haben mochte. Da fanden sie hinter dem Ofen einen großen Stoß Leinwand, den das Männel dort aufbewahrt hatte.

Doch was sie in die Häuser treibt, erzählt eine Kronstadter Sage. Bei Fabian Veit kam einst ein kleines Weibla ei de Stube on jammerte, setzte sich auf das Höllastüfla (Hölle ist der Raum oberhalb des Backofens), on soit: Ich muß vor a Hust on de Schnuppe vorbeilâfa lôn. Nach einigen Tagen rief's draußen sein Mann Plezipal und da lief Tschinka Milla, das Weibel, los.

Stärker als in die Puschmännelsage spielt hier die Sage von den Windgeistern ein. Ein letztes Buschweibel, das hinter den anderen zurückgeblieben war und eine kranke Frau pflegte, begann zu zittern und zu beben, wenn der Wind stärker wehte. Aber als einmal um die Abenddämmerung ein arger Sturm ging, schrie auf einmal das Weibel voll tiefster Seelenangst: Mein Mann! und war verschwunden. Es war die Frau eines Windgeistes gewesen und der hat sie geholt.

In Böhmen wird, wie sonst das Puschweiblein, am 1. Mai die heilige Walpurgis gejagt. Am liebsten verbirgt sie sich hinter dem Fensterkreuz, so wie das Holzweibel auf einem gekreuzten „Stock". Viele haben sie schon auf der Flucht gesehen. Einem Bauern begegnete sie spät in der Nacht als weiße Frau, mit langen wallenden Haaren und einer goldenen Krone auf dem Haupte, in den Händen einen dreieckigen Spiegel und eine Spindel, mit feurigen Schuhen an den Füßen. Hinter ihr kam ein Trupp Reiter auf weißen Rossen, der sich bemühte, die Fliehende einzuholen. In Borowitz erzählt man sogar die Kümmernislegende von ihr und daß sie einem Geigenmännlein, der ihr vorm Kreuz ein Lied gegeigt, ihren Pantoffel von Gold herniederwarf. Als man es ihm nicht glaubte, wiederholte das Wunder sich noch einmal und danach durfte er ihn behalten.

Der Nachtjäger

Ein Sturmgeist ist der Nachtjäger. Das ist der schlesische wilde Jäger, der nur nicht wie sein mitteldeutscher Bruder zu Roß, sondern zu Fuß durch Felder und Wälder zieht, Und zwar kommt er allein, nicht wie der eben erwähnte in der Schar seiner Mitverdammten. Nur einmal, im Jeschkengebirge, heißt es, daß aus der wilden Jagd Kinderstimmen rufen: es bäßt, es bäßt ne! Aber sonst ist er jenem unheimlichen Pumpelförster in Aussehen und Gebaren entschieden anzuschließen. Je nach der Landschaft wird er der Wald-, Busch- oder Feldjäger, in Schwarzenthal das Buschjähhalla genannt. Nur in der Oberlausitz haben wir Sagen von einem reitenden Sturmdämon oder -spuk. Dann wieder in Wildenstein im Gesenke. Da liegt zwischen Hof und Bautsch auf einer Anhöhe der Vogteiwald und in demselben das in der ganzen Gegend bekannte, versunkene Raubschloß Wildenstein. Der

Ritter desselben ließ einen alten Mann, der einst ein Wildschwein angegriffen, auf einen gefangenen Edelhirsch schmieden. Der Alte bat, daß ihm wenigstens vorher das Abendmahl vergönnt werde, aber umsonst. Und da verwünschte er den Ritter, daß dieser am nächsten Tage bei Sonnenuntergang sein Leben enden und allnächtlich, sich selbst zur Qual, die Jagd ausüben möge. Als Hirsch und Mann, von den Hunden gehetzt, verendeten, stiegen finstere Gewitter auf. Der Ritter, der mitgetrieben, will wenden, aber sein Roß ist erlahmt. Ein mächtiger Eber fällt ihn an und an der Stelle, wo jenes alten Mannes Blut geflossen, endet der Reiter auch sein Leben. Und jede Nacht gewahrt man ihn jetzt, von einem grauenvollen Jägertroß verfolgt, hoch zu Roß jagen; eine Jagd, die nicht mehr Freude, sondern furchtbare Strafe ist.– Ein einziges Mal noch taucht in Schlesien, bei Striegau, eine Sage vom wilden Reiter auf; das ist „dr âle Schernhaus" (Tschirnhaus), der seine tägliche Jagd in dem Eichenwalde, dem Huån, nach dem Tode büßen muß, indem er auf seinem Schimmel durch den Huån jagt wie bei Lebzeiten. Man bannte ihn, als er das Herrenhaus auch besuchte, und eine Magd hat durch ein Astloch dem Tun des klugen Mannes zugesehen.

Wie früher schon Drescher, wurde im Riesengebirge auch Loewe vor kurzer Zeit mitgeteilt, daß der Nachtjäger Rübezahl sei. Im Isergebirge ist der Raubschütze Wunderlich dem Nachtjäger oft begegnet. In wilden Träumen aber mußte er noch mit einem Geist „Woyden" ringen.

Vom Aussehen des Nachtjägers ist zu sagen, daß er am Rillgenstein als Förster von hünenhafter Gestalt, verbannt haust; zumeist liegt oder sitzt er auf den Felsplatten. Einen Hermsdorfer fragte er, was die Leute denn von ihm sprächen. „Herr Farschter", entgegnete der, „de Leut reda vill Gutts vu ihna un joammern, doaß sie un sein ei dar Verboannung!" Der Nachtjäger antwortete ihm: „Das ist dein Glück. Du darfst dir nun hierherum Holz sammeln, soviel du tragen kannst. Sprächen die Leute schlecht von mir, so hätt' ich dir den Kopf abgerissen." Ähnlich erschien Arbeitern im Fiebigtale beim toten Mann ein übernatürlich langer Jäger, der vor ihnen ging und, wie in alter Zeit die Förster, mit „Piff puff!" oder „Piff paff!" Signale gab. Plötzlich sahen sie ihn jedoch nicht mehr vor sich, sondern auf einer pfadlosen Felswand über sich, wo er sich in seiner ganzen unheimlichen Länge reckt und so grell pfeift, daß alle die Flucht ergreifen.– In Wüstewaltersdorf hatte ein Knecht geprahlt, daß er sich vor dem Spuk nicht fürchte. Das sollte er nun beweisen. Noch ehe er zu den

Sträuchern kam, so jener umging, stand plötzlich ein Popel vor ihm, vielmehr lief neben dem Pferde des Knechts her zusamt einer ganzen Koppel Hunde, rote, blaue, gelbe und grüne. Am Dornicht sprach jetzt der Popel: „Knecht, steige ab und warte! Du hast über den Nachtjäger deinen Spott getrieben, jetzt mußt du fangen, was auf dich zukommt." Der Popel verschwand im Gesträuch und kam als Schlange wieder, groß wie ein Wiesenbaum. Der Knecht machte die Augen zu und als er sie öffnete, kroch eben der Schwanz der Schlange vorbei. Wohl ritt er fort; aber am Morgen fand man ihn tot im Bette. – Wieder kamen einst Leute in der Ebene zwischen Zobten und Oder an einen Garten, wo nie einer gewesen war, in welchem auf einem Baume ein Kuckuck saß und schrie. Die Eltern gingen vorbei, das Kind jedoch blieb unter dem Baume stehen. Als sie sich nach ihm umsahen, war Garten und Baum und Kind verschwunden. Erst nach acht Tagen, als sie den Weg noch einmal gingen, da war der Garten wieder da und auch der Junge frisch und gesund. Der Kuckuck soll der Nachtjäger gewesen sein.

Bei Rokitsch im Kreise Cosel wie im Stolzgründel, ¾ Meilen von Frankenstein, läßt er sich wieder als Jäger, aber mit einer Hetzpeitsche, sehen (der Stolzer jagt auch auf einem Pferde). – Das führt zu Sagen hinüber, die wir schon kennen lernten, von den Holzweibeln. Die jagt er nächtens. Am Kynast wagten sie schon aus Furcht vor ihm nur abends nach Grôbârt zu spinnen und das geschah beim Schein eines kleinen Feuerleins aus Tannenzapfen. Als er jedoch auch da unter ihnen erschien, rief die Älteste: „Von nun an nicht mehr!" und sie verschwanden.

Ein Rauschen hatte sich in der Luft erhoben. Aber die drei großen Nachtjägerhunde blieben tot und seitdem jagt er nur mit den kleinen. – Als er in Österreichisch-Schlesien eine arme Seele einmal verfolgte, rief eine Stimme laut: „Lauf auf der Mutter Flachsland, dort wächst Tauerrant (Dorant); berührt er dein rot Gewand, dann entkommst du seiner Hand."

In einem Punkte gleicht er auch diesen Geschöpfen. Er verschenkt Schätze. Einem Köhler am Turmstein gab er für die Begleitung seine Jagdtasche, mit dem Beding, sie erst am dritten Tage zu öffnen. Das konnte der Köhler natürlich nicht erwarten, sondern machte sie auf. Aber er fand nur dürres Laub. Zurückgebliebene Blätter jedoch verwandelten sich nach der Frist in Dukaten. Bei Gablonz wieder hielt er den Bauern, der ihm begegnete, um Feuer an. Der gab ihm auch und bekam dafür eine Handvoll Sechser. Als er nach Hause kam,

Das Rathaus in Brieg. Stahlstich von E. Höfer, nach einer Zeichnung von C. Würbs

erzählte er sein Erlebnis und wollte die Sechser zeigen, die waren jedoch verschwunden.

Nach dieser Einschaltung möchte ich wieder auf seine Sturmnatur zu sprechen kommen. Da ging einst ein Geselle aus Hennersdorf bei Hohenelbe in die bei Huttendorf liegenden Bethlehemshäuser auf die Heirat. Sein Mitgeselle begleitete ihn, kehrte aber gegen Mitternacht allein wieder heim. Wie er zum Bache kam, der zwischen Hutten- und Hennersdorf fließt, kamen zwei Jäger ihm entgegen. Ohne ein Wort zu sprechen, erfaßten die beiden ihn, und trugen ihn über die Wälder hoch in die Lüfte, worauf sie ihn auf die Erde niederließen. Das mochte wohl eine Stunde gedauert haben, während welcher Zeit die Unholde fortwährend schossen. Als der Geselle wieder auf festem Boden stand, erkannte er, daß er sich wenigstens drei Stunden entfernt von seinem Heimatsorte befand. (Ähnlich hat einst der Nachtjäger in Hilgersdorf bei Schluckenau einen Mann in den Teich getragen, wie er einmal in Albendorf zwei unfromme, böse Brüder, die ihn gelästert, in der Nacht fortholte und in seinen Troß aufnahm.)

Sein Tun und Treiben deckt sich zum größten Teil mit seinem Namen. Jägerverrichtungen sind es, die man von ihm erzählt. Auf dem Bienerberge in Morchenstern, wo Jörge-Wilhelm hatte abholzen lassen, hörte derselbe einmal ein Tuten von einem Jägerhorn. Er folgte dem Klange und schlich sich zu dem vermeintlichen Platz, von dem die Töne kamen. Da sah er auf einem Stock einen Mann sitzen, der einen grünen Anzug anhatte, dazu ein grünes Hütel trug und in den Händen ein Instrument hielt, das einem Horne ähnlich schien. Als der Waldjäger – das war der Sitzende – den Kommenden gewahrte, ist er verschwunden.– Eine andere Nachricht von seinem Treiben gibt Leutelt. Da hatte Helmseff, ein Waldwärter, der nebenbei wilderte, einmal den Auftrag, nach Reichenberg einen Hirsch zu liefern und weil er lange vergeblich suchte, gab er dem Tamann, von dem ich oben bereits erzählte, ein gutes Wort. Der Schwarzkünstler ging auch mit ihm hinaus auf die Voigtsbacher Seite. Um 12 Uhr hörten sie den Nachtjäger ziehen und Helmseff meinte erschrocken, nun könnten sie wieder nach Hause gehen, denn wenn der jage, so sei kein Wechsel. Tamann lachte ihn aber aus. Die wilde Jagd zog näher und näher und brach endlich knapp neben den beiden durch, wobei Helmseff sein letztes Stündlein gekommen glaubte. Als es nur in der Ferne noch blaffte und toste, meinte Tamann, sich an der Furcht des anderen weidend: „Poß uff, dr Nachtjäger zieht hoite noch moul dorch unsern Wechsl! Drnou wolln mr 'n ejs uffbrenn!“ Helmseff verschwor sich hoch und teuer, daß würde er nicht tun. „Bis ne tumb“, meinte Tamann darauf, „wenn ’ch bei dr bin, possiert dr nischt.“ Als der Geängstigte sich aber noch immer weigerte, setzte Tamann drohend hinzu: „Dos dö schoßt, wennst bei mir knolln wird, sunst host’s mit mir zu tun!“ Richtig kam das Gekaffze wieder heran. Der Helmseff wußte nicht, wie ihm sein Gewehr losgegangen war, als von dem Schusse des anderen der Blitz aufleuchtete. Im Augenblick hatte alles Gekauze aufgehört und als der Mond kam, sahen die zwei, daß sehr viel Füchse und Dachse unter den Schüssen gefallen waren. Helmseff wollte den Tieren die Felle abziehen, aber Tamann meinte mit einem giftigen Blick, das möge er ja sein lassen. Nachher hat er jedoch seinen Gefährten an einen anderen Stand geführt, wo dieser einen schweren Hirsch zu erlegen vermochte.

Was jagt er? Zuerst natürlich die Puschweibel. Aber auch anderes Wild wird genannt. Als in der Kunnersdorfer Schölzerei die Rockengänger beisammen saßen, bemerkte der eine, da eben der Wind aufstieg: Of’n Komme joht ötz dr wölde Ja(i)gr! Ein anderer lachte und lief zur Tür hinaus: Holb Port! und sofort rollte ein Viertel Pferdefleisch zum Fenster herein: Das hatte der wilde Jäger reingeschmissen. Auch eine Magd aus den Häusern von Siebenhuben bekam ein solches Geschenk, weil sie den Haushund von der Kette gemacht und gegen den nächtlichen Jäger gehetzt hatte. Dafür warf der ihr ein Stück Fleisch durchs Fenster und rief: Hoste helfa joan (jagen), konnste helfa troan. Das Fleisch vermochte der Bauer mit allen Leuten nicht von der Stelle, auf der es lag, aufzuheben. Und ebenso bescherte er den Braunauischen Wagnergesellen, die seine Hunde gehört und eine Stunde mit ihnen um die Wette gebellt, eine Keule: Habt ihr mitgetrieben, so könnt ihr auch mitessen! Aber, das war das Seltsame, von dem Tage an ist er dort verschwunden.

Solche Gaben sind nicht sehr angenehm. Aber was ist das gegen den Bauern aus der Neuroder Gegend, dem er ein ganzes Menschenviertel den Schornstein herab und auf den Küchenherd warf! Und wie der es auch vergrub, es kam jedesmal wieder, bis er beim dritten Male den Geistlichen zu Hilfe nahm. Leicht hätte ihm sonst das Schicksal beschieden sein können, das einem Knechte aus Berbisdorf auch gedroht. Dem hatte er einen entsetzlich stinkenden Pferdeschinken – wie er am liebsten ein übelriechendes Aas solchen Spöttern brachte – zugeworfen, das der zwar in die Düngergrube trug, aber so oft er es auch hinunterschaffte, immer in seiner Kammer wiederfand. Und er wußte, daß, wenn er es nicht am dritten Tage loswurde, sein Leben verwirkt sein konnte. Da hat eine alte Frau ihm geraten, in der kommenden Nacht vom Nachtjäger Salz zu verlangen, das sei er außerstande, herbeizuschaffen. Der Bursche befolgte mit Zittern und Beben den Rat, doch als er die Kammer betrat, war der Braten verschwunden und eine Stimme rief aus der Luft: Das war dein Glück!– Das ist ein altes Mittel gegen des Nachtjägers Geschenk gewesen und wurde ihm doppelt schwer zu erfüllen, wenn man geweihtes Salz von ihm forderte. Und da erinnere ich mich der Sage, die in Gablonz aufgezeichnet wurde: In einer lustigen Gesellschaft hatte man auch durch einen frechen Zuruf das unheilvolle Geschenk, ein Stück rohes Fleisch, erlangt. Sooft man es auch hinausgeworfen, immer kam es zurück.

Keiner wußte sich Rat. Plötzlich rief aber das kleine Kind, das in der Wiege lag und das noch nicht reden konnte: Streut nur Salz drauf! Man folgte dem Rate und nun blieb es auch draußen. – Darum auch bannt man ihn in Groß-Aupa: Ohne Salz und ohne Schmalz, brichst mir nicht den Hals!

Anders riet man dem Bauer, in dessen Zimmer niemand das Fleisch erheben konnte, es, wenn der Nachtjäger wieder ziehe, hinauszutragen und ihm zu sagen: Es ist noch keine Petersilie dabei! In Gablonz rief der mit Aas Beschenkte durchs Fenster ihm zu, daß er noch roten Knoblauch dazu bringen solle. Und da er ihn nicht hatte, mußte er seinen Braten wieder abholen.

Beim Friedel-Peter im Kamnitztale spöttelte unter den Rockengängern ein junges Mädel über den Aberglauben der alten. Da schrie eine Stimme zum Fenster herein: Braucht ihr noch eine? Die Weiber erschraken und blieben still. Die übermütige Dirne aber rief: Ou jute, schick ock wos! Sogleich krachte ein mächtiger Donnerschlag; ein Pferdefuß fiel von der Decke nieder. Das Mädchen aber erhielt durch den Schreck einen solchen Verschlag (innere Erkrankung), daß es bald danach starb. Jetzt aber genug, wer mehr davon erfahren will, wird es in Zaunerts Seelensagen finden.

Mit eben solchem Geräusch brachte der grüne Jäger – die Gabersdorfer nennen ihn auch den heiligen Wenzel – das Holz. Wenn nämlich im Sturm die Äste brechen, sagt man, er hacke Holz. Nun forderten übermächtige Burschen von ihm einst: Bring uns auch ein paar Scheite Holz! Bald darauf lud er vorm Hause ab und warf es mit solcher Wucht auf den Boden, daß das Haus in seinen Grundlagen wankte. Dabei erscholl ein furchbarer Lärm. Aber am nächsten Morgen war alles wieder verschwunden.

Als Schutzmittel gegen den nächtlichen Unhold wird zumeist angepriesen, was überhaupt gegen Geisterspuk üblich ist. Wenn in den Wäldern am Geiersberg bei Zobten die Meute des Nachtjägers einem nahte, brauchte er nur das Johannesevangelium herzusagen, und er blies auf der „Ringmauer“ sie laut zusammen. In Torga bei Rothenburg zog er durch ein Gehöft, und wenn die Tore verschlossen waren und der Nachtjäger kam, sprangen sie auf und der Sturm schlug sie kurz und klein. Die Gedingefrau merkte es allemal zuerst, wenn das Getöse nahte. Hörte sie es, so fing sie an zu singen: Gott der Vater wohn uns bei ... Dann wurde es still und er zog ohne Geräusch über den Hof hinweg.– Daß Schießen gegen die wilde Jagd in Nordböhmen diese schweigt, erfuhren wir schon aus Helmseffs Abenteuer. Duch einen Schuß wollte auch jener Fromme, dessen ältere Brüder für ihr gottloses Lästern in des Nachtjägers Troß mitreiten mußten, die Gegend erlösen. In der Nacht schoß er hinauf in die Wolken. Da hörte er zwei Schreie und sah an zwei Stellen Blutstropfen an der Erde. Er hatte die eigenen Brüder angeschossen. –

Aber der Nachtjäger tritt auch als Schütze auf. Minx-Naz mußte als Knabe in Grünwald Brot holen und ging dann regelmäßig über das Wolfsloch auf Ober-Maxdorf zu. Als er einst wieder mit seinem Sacke kam, erscholl im Walde ein heftiges Geschieße. Plötzlich verstellten zwei Hunde mit feurigen Augen ihm den Weg. Im Gebüsch aber, nur einige Schritte davon entfernt, stand der Waldjäger mit angelegter Flinte. Der Knabe war gerade in die Schußlinie geraten. Er verharrte in dieser gefährlichen Stellung wie vor Schreck gebannt, da schlug die Mittagsglocke in Hennersdorf an und aller Spuk verschwand. Wehe jedoch, wenn der Schuß fällt. Ein Altrognitzer Bauer schaute ihm nach und wurde dafür geschossen, daß er drei Tage elend lag. In Hennersdorf saß er einst als Greis mit einer Holzmütze und Holzgewehr auf dem Baumstumpf, den ein Holzhauer fällen wollte. Der hatte ihn aber nicht nahen sehen und sprach ihn an: Freund, wie kommt ihr hierher? Darauf entgegnete jener, er sei der wilde Jäger und schoß auf ihn. Der Holzhauer brach zusammen und starb am folgenden Tage.

Übrigens scheint es sich bei dem „Stock“ um den Wohnort des nächtlichen Geistes gehandelt zu haben, denn eine andere Sage lautet: Ein Holzhauer auf dem schwarzen Berge bei Ober-Hohenelbe hat eine Frau und sehr viel Kinder gehabt. Drum mußte er Tag für Tag bis in die späte Nacht arbeiten. Als er im Finstern einmal nach Hause ging, begegnete ihm ein Jäger, der mit zwei Hunden kam; der fragte ihn, wieviel er heute gearbeitet hätte. Er antwortete: „Ich habe so viel gemacht und nicht so viel!“ weil er es nicht verraten wollte, wieviel es wirklich war. Dann hat der Jäger dem Manne die Hand gegeben und ist fortgegangen. Ebenso wie seine Hunde verschwand er in einem hohlen Baum. An dem kam der Holzmacher auch vorbei und wie er ihn sah, dachte er: den Baum werd' ich mir mit nach Hause nehmen. Er sägte ihn um und trug ihn heim. Weil es schon finster war, ließ er ihn liegen und wollte ihn erst am anderen Tage früh zersägen. Aber am Morgen stand jener Jäger draußen und fragte, warum er den Baum umgesägt habe. Der Holzmacher antwortete: „Nu je, ich habe halt nichts zu feuern.“ Wieder der Jäger: Das solle er nicht mehr machen und keinen solchen Baum mehr umhacken. Aber der Holzmacher brachte am nämlichen Abend schon einen zweiten heim. Und anderen Tages früh stand wieder der Jäger da und drohte ihm, wenn er's noch einmal mache, dann fressen ihn die Hunde. Und weil der Holzhauer sich nicht daran kehrte, kamen die Hunde und fraßen ihn in der Nacht, als er schlief.

Aber auch andere Wohnorte kennt die Sage. In Neuwelt hauste er während der Winterszeit in einem geschlossenen Brechhäusel. Durch dessen Spalten sah man das Licht drin scheinen. Das Gaffzen von des Waldjägers Meute konnte man deutlich vom Bellen der Dorfköter unterscheiden. Auch in der Schaue bei Woitz, das war auf einer sumpfigen Wiese, wohnte er mit zwei Töchtern. Die kamen wie Wassermanns Töchter wohl oft zum Ball, verschwanden aber um 12 Uhr und zwar erschien, wie die nachgehenden Burschen sahen, ein schwarzer Ziegenbock, auf den sie sich schwangen und der sie hoch durch die Luft entführte.

Ich habe nun nur noch von des Nachtjägers Meute einiges zu berichten. Der Mann von der Luise Steckel aus Groß-Iser hieß Benjamin Sender. Der ist abends um sieben rausgegangen und sagte zu seiner Frau: „Komm doch! Ich seh ja den Nachtjäger!“ Da ist sie auch gekommen, aber sie haben nichts mehr gesehen, bloß die Hunde konnten sie bellen hören. Der Nachtjäger ist von den Kniesträuchern zum dürren Holz-Hübel gegangen; der große Hund bellte bloß manchmal, aber der kleine bellte immerzu.

Des Junkers Mutter ging früher im Flinsbergischen Holz holen, da mußten sie's aber abends tun und den Mondschein abpassen, daß sie die Förster nicht mal erwischten. Da ist der Nachtjäger mit lauter kleinen Hundeln an ihnen vorbei gekommen; die Hundel machten kliff – klaff!

In Marienberg warf er mal einen Sack junger Hundel in ein Haus. Denn er ist sehr besorgt um sie.– Die Hunde beschnupperten zwar den Wanderer, aber der durfte sich nicht rühren, sonst hätten sie ihn zerrissen. In Kreuzendorf laufen sie einem lange Zeit zwischen den Beinen rum, aber wehe dem, der sie tritt. Manchmal bittet er einen auch, den Hunden über den Graben zu helfen, denn die zu kleinen bleiben zurück und winseln dann ganz erbärmlich. Wenn man es tut, gibt er einen Taler; wer aber sich fürchtet, der muß sich über die nächste Grenze retten, denn sonst ist er verloren. Der Müller von der Rollmühle war zu Besuch in Burghammer. Er rühmte sich auch, furchtlos zu sein, und als er auf dem Heimwege dem Nachtjäger mit seinem großen Hunde begegnete, sagte er: Caro such! Aber nun folgte der Hund ihm nach; wo der Rollmüller war, war auch der Hund, und legte sich der Rollmüller nieder, dann legte der sich beim Bette hin. Aber er fraß auch nicht. Als nach drei Tagen dem Müller schon ängstlich wurde, verschwand in der Nacht das Tier.– Auch über die Zahl weiß man Bescheid. So kommt er bei Märzdorf a. B. mit sieben Hunden, Humperla (im Riesengebirge Pimmerla) genannt. In Klein-Aupa sind's vierzehn mit vierzehn verschiedenen Stimmen.– Im Hermsdorfer Walde begegnete er einem Manne; der steckte zwei von den zwanzig Hunden in seine Tasche, um sie dem Freunde, einem Jagdliebhaber, mitzunehmen. Aber als er zu diesem kam, fand er statt ihrer in seiner Tasche zwei Stückchen Moos. Er trug sie wieder zurück und legte sie auf die Erde, wie der Nachtjäger mit seiner Meute nahte. Sie hatten den Waldboden kaum berührt, als sie sich wieder zu Hunden wandelten, die sich zu denen des Nachtjägers gesellten.– Das erinnert an jene Sagen in der Wendei, wo sich die Keulen, die frechen Rufern geschenkt werden, am nächsten Morgen in ein Stück faules Holz oder in einen verfaulten Stamm verwandeln.

Wie ich bereits mitteilte, handelt es sich in Schlesien fast nur um Sagen von einem zu Fuß daherschreitenden Jäger. Nur an der Grenze der Lausitz lassen sich solche von der thüringischen Art des reitenden wilden Jägers finden. Als einst der Hanne-Lobel von Flinsberg heraufgekommen ist, da war es in der Luft, das machte richtig wie eine Schlacht und kam von oben herunter, aber nicht ganz bis auf die Erde. Das ging dir rüber und nüber wie Schüsse und richtig wie eine Schwadron. Das Feuer zuckte bloß so. Und wie sie am neuen Wege waren, da war's still, bloß noch ein lauer Wind fuhr vorüber. Dahin gehört nun auch die Sage, daß diese Erscheinung der Zug der Preußen sei, die unter dem alten Fritz in Böhmen gefallen, alljährlich an einem bestimmten Tage aufstehen und heimziehen wollen. Sie finden aber nicht mehr aus Böhmen und kehren unter fürchterlichem Geschrei daher wieder um, wobei sie jeden töten, der ihnen begegnet und sich nicht mit dem Gesicht auf die Erde wirft.

Bei Friedland aber verlor der wilde Jäger einst einen Sporn. Den fand ein Bauer, trug ihn zu einem Goldschmied, und der beschloß, ihn für ein silbernes Altarkreuz, das zu gießen er gerade vorhatte, mit zu verwerten. Als aber das Silber in seine Form rinnen sollte, erdröhnte das ganze Haus, das Zimmer füllte sich an mit Schwefelgeruch und der Nachtjäger kam wieder und forderte seinen Sporn. Erschrocken reichte der Goldschmied ihm das Gefäß mit dem flüssigen Silber. Der Jäger berührte es und wieder wurde sein Sporn daraus.

Feldgeister

Die Sagen von den Wald- und Feldgeistern gehen oft ineinander über. In Schlaney hat ein Mutter zur Robotzeit ihr säugendes Kind mit in die Ernte genommen und während der Arbeit auf eine Glêche (d. h. ausgebreiteten Roggen) gelegt. Nach einer Weile sah der Aufseher ein Buschweib geschlichen kommen, das ihr Kind zu dem der Arbeiterin legte, dafür aber jenes nahm und wieder im Walde verschwand. Als nun das fremde Kind zu schreien anfing, wollte die Mutter es stillen gehen; der Aufseher verbot es ihr aber streng. Da es sich nicht beruhigen wollte und auch die Frau gehorchte, kam das Buschweib, legte das eben geraubte Kind an seinen Ort und holte das ihrige. Aber nicht nur vom Kindesraub wird erzählt, denn den verübten die Querxe, die Erdgeister auch; die Sagen von Menschenfleisch-Gelüsten der grauen Puschmännel kehren wieder. So heißt eine ehemalige Waldmulde zwischen Jansdorf und Lauterbach die Fleischbänke. Einst ackerte dort ein Vorfahre des Bauern Mondrich an einem Samstag im Hinterfelde. Bei Sonnenuntergang hatte er nur noch einige Furchen zu ziehen, wollte aber die Arbeit vollenden. Plötzlich sah er ein graues Männchen aus den Fleischbänken kommen; das hatte eine mit Fleisch gefüllte Butte auf dem Rücken. Zuerst bot es ihm Fleisch zum Kaufe an. Der Bauer zitterte. Als aber das Männchen rief: „Warum so spat, es ist ja unserer lieben Frauen Tag!“ warf es nach diesen Worten ein Stück Fleisch auf die Pferde. Die wurden so wild, daß Mondrich nur noch Zeit fand, die Zugstricke zu zerschneiden. Er schwang sich auf eins der Pferde und diese rasten dem Bauernhofe zu. Hier sprangen sie mit beiden Vorderfüßen zugleich an das geschlossene Hoftor. Es dauerte längere Zeit, bis sie sich beruhigt hatten.

Erdgeister waren auch die pferdefüßigen Bewohner des Alt-Patschkauer Puschalkenberges, von denen es heißt, daß sie zum Lichten gingen und mit den Mädeln schön taten. – Feldgeister sind wohl auch die *daemones meridiani*, zu denen Praetorius den Rübezahl rechnet, der damals keinen über Mittag hin im Gebirge duldet. Und das erinnert an eine Notiz Lucaes, daß auf dem sogenannten Pfaffentümpel bei Brieg die Fischer ungerne fischen, sonderlich um die Mittagszeit, denn sie lassen sich nicht die alten Fabeln ausreden, als sollten bisweilen dann die Gespenster Stürme erwecken und allerhand Verblendungen machen. Ein alter Fischer in Kattern bei Breslau fischte deshalb nie über Mittag und legte auch kein Netze aus.

Nun reden die Sagen auch von der Fragepein. Um 12 Uhr geht in der schlesischen Lausitz die Mittagsfrau oder (in Oberschlesien die Pschiponza) die Pschipolniza. In Bloischdorf ist noch ein Stein, worauf die Pschepolniza gesessen hat, der ist grau und mit Moos bewachsen und oben eingesessen. Sie plagt den Menschen mit Fragen und zwar wurde, wenn sie auf dem Felde war, zumeist vom Flachs gesprochen. Sie trug eine Sichel an einer langen Stange über der Schulter. In Oberschlesien hat sie ein rotes, dreifach gefaltetes Tuch auf dem Kopfe, hält eine Schürze in der Linken, hebt mit der Rechten auf und legt hinein. – Da lag bei Diehsa ein Bauernmädchen einst um die Mittagszeit im Grase und schlief. Daneben saß der ihr im Herzen untreue Bräutigam und sann, wie er sich ihrer entledigen könne. Da kam das Mittagsgespenst und legte dem Burschen Fragen vor und soviel er auch Antworten gab, immer brachte es neue, bis es eins schlug und da stand sein Herz still. Das Mittagsgespenst hat ihn zu Tode gefragt.

In Ilmersdorf bei Drebkau blieb in der Mittagsstunde eine Frau auf dem Felde und jätete Flachs. Da kam eine weiße Gestalt von mittlerer Größe und die Frau tat mit ihr die ganze zwölfte Stunde ein Gespräch über den Flachs aushalten, bis sie sagte: Die Leinwand wird zerrissen. Dann sagte die weiße Gestalt: Merkt euch den Flecken! und verschwand. Am anderen Tage, als die Frau auf das Feld und den Flecken kam, war der ganze Flachs verschwunden und dort, wo er gestanden, ein kahler Lehmflecken. Nach mehreren hundert Jahren gruben die Leute dort Lehm und fanden einen runden leeren Raum mit mehreren kleinen Näpfen und Tellern, einem Backfaß aus Stein und drei

Lutchenskelette. Und der damals verschwundene Flachs lag auch dort drinnen.

Vielleicht ist die vorhin erzählte Heuelsensage noch sicherer hierher zu rechnen, denn nicht nur, daß ihr Beiname Else auf einen sehr alten Ursprung weist, ist auch die Art und die Zeit ihrer Erscheinung dieselbe wie hier. Auch sonst noch treten in Schlesien Sagen auf, in denen Erscheinungen die Heilighaltung einer bestimmten Zeit verlangen. So geht auf den Feldern der Wüstung Wisch die weiße Wischer Frau nach Sonnenuntergang um die Marken, und einem Bauern, der unter der Burg Schnallenstein nach dem Abendgeläute sein Kleeheu weiter zusammenrechte, rief es ein „Feierabend" so laut herüber, daß es in den benachbarten Orten vernommen wurde. Der Bauer sah auf und sah in den Ruinen eine Jungfrau, die sich sofort von ihm abwendete. Er ging nach Hause und fand am anderen Tage, daß seine Feierabendarbeit nutzlos gewesen war, denn alle Heuhaufen waren wie durch den Wind auseinandergestreut. – Ebenso ist am Sonntag die Feldarbeit verpönt. In Langendorf wurden die Mägde des geizigen Bauern, die er am Sonntag nach Krautblätterfutter geschickt, mit Erdklumpen und Kohlköpfen beworfen. Und eine Frau, die am Sonntag sehr früh Ähren lesen gegangen war und sich aufrichtete, nach der aufgehenden Sonne zu sehen, begegnete einer schönen Gestalt. Die sprach: „Nicht wahr, es ist schwer, so oft den Rücken zu bücken und jede Ähre einzeln aufzulesen?" Darauf war sie verschwunden. Das war, weil's Sonntag war. – Ein andermal traf bei Gurschdorf auf einem Felde ein Bauer ein graues Männel. Es fragte: „Ihr sät wohl Lein?" „Ja," antwortete Tamme. „Jetzt ist es keine gute Stunde", erwiderte das Männlein, „ihr könnt zwar machen, was ihr wollt, aber ich sage, hört auf zu säen. Ich will jetzt bis zum Kobelsberge gehen, dort werde ich stehen bleiben und warten, bis diese böse Stunde vorüber ist. Sobald ich meinen Hut schwenke, könnt ihr fortfahren zu säen!" Das Männchen entfernte sich, blieb unter dem Kobelsberg eine Weile stehen und schwenkte dann seinen Hut. Nun säte Tamme erst weiter. Alles, was er zuletzt gesät, gedieh, während die ersten Beete das Unkraut überwucherte.

Ein Mann, der aus Jakobowitz nach Branitz (Oberschlesien) ging, fand mitten im freien Felde den Haferjungen. Der stöhnte: Kotulla-Hof. Da ihn der Weg an jenem Vorwerk vorüberführte, nahm er ihn mit. Auf dem Rückwege von Branitz traf er den Burschen wieder auf jener Stelle und in derselben Verfassung. Wieder brachte er ihn nach dem Kotullahofe. Doch als er nach Hause ging und ihn noch einmal auf eben der alten Stelle fand, wurde er zornig und wollte ihn an den Haaren ziehen, fuhr aber schleunigst zurück und lief, so schnell ihn seine Beine zu tragen vermochten, denn in seiner Hand hatte er keine Haare gefühlt, sondern Drahtenden und spitze Nägel.

Der Wassermann und die Lisse

Aus dem Gebirge eilen die Quellen und Bäche zu Tal. Jeden Bach, besser gesagt: jedes Wasser bewohnt ein Wassermann. So treffen wir an zwei Stellen Häufungen der Wassermannsage: am Fuße der Berge und in dem oberschlesischen Seengebiet; doch fallen in Oberschlesien nicht die natürlichen Grenzen mit denen der Sage zusammen. Vielmehr beobachten wir, daß gerade der polnisch besiedelte Teil dieses Gebietes die Wassermannsage liebt und hegt.

Nun zuerst zum Gebirge. In alle möglichen Gestalten weiß er sich zu verhüllen. Er rennt als Hundel über das Wasser ebenso wie als Mann; er hebt die Gelte, mit der man ihn als eine Gans zugedeckt, auf samt der Wäscherin; als Ziegenbock kommt er aus dem Wasser; verleitet als Schimmel habgierige Bauern zum Aufsitzen und trägt sie in den Fluder (Bach); als weißes Kalb zeigt er sich an der Aupa und hinterher ist dann regelmäßig ein Mädchen verschwunden, von dem man nur noch die Schuhe am Wasserrand findet; ja als Hausotter ißt er wohl mit dem Kinde oder verschwindet als Hase mit roter Blume im zugefrorenen Teich. Rot ist nebenbei seine Lieblingsfarbe und meist sitzt er als Männel im roten Jäckchen und roten Käppchen am Ufer des Baches und auf der Brücke.

Beim Schenka-Börnla bei Brzesowie sahen Arbeiter, die draußen zu Mittag aßen, ein graues Männel. Der Junge ging hin, konnte jedoch, als er beim Quell angelangt war, niemanden sehen. Da riefen sie ihm zu, er solle links gehen. Er ging auch mehr nach links und man sah jetzt, wie er bei der Gestalt vorüber ging. Dann rief er wieder zurück: Es ist doch niemand hier! Und nun löste sich vor den Augen der anderen die Gestalt auf und nichts war mehr zu sehen.

Seltsamerweise scheint ein Teil der Wassermannsage in jene kürzlich gesammelten Rübezahlsagen übergegangen zu sein. Der Leser wird sich des Geigenmännels erinnern. Nun heißt es in der Gablonzer Gegend: der Wassermann locke durch Pfeifen, namentlich aber durch sein Fiedeln auf einem Geigel die Menschen an. In Morchenstern saß er dabei auf dem Kamnitzstege und wenn er, mit lauter roten Fleckeln behängt, geigte, hieß es: Kinder, geht heute nicht zum Wasser, 's Wassermännel geigt!

Sonst hat er auch manche häusliche Tätigkeit. Auf dem Hemichelteich bei Märzdorf i. R. treibt sich der Wassermann wie seine Frau nächtlicherzeit herum; er schneidert, während sie spinnt. Im Frankensteinischen wieder trifft man das Wasserweibel waschend; aber der Korb steht auf dem bloßen Wasser und die Wäsche ist wie Spinnweben. Ein Mädchen vermutete eine Freundin dort, als das Wasserweib wusch und rief sie an. Da verschwand alles und das war gut; denn hätte das Weibel sich umgedreht und sie angesehen, wäre sie für zeitlebens krank und elend geworden.

Hinterm Frummrich (Neu-Hradek) bei Brzesowie, lag einsam am Wasser ein Häusel, ganz zerfallen, dorthin kam jeden Abend der Wassermann und setzte sich zum Spulrade und spulte, bis alle Spillan (Spindeln) voll waren. Der Mann, der im Hause wohnt, wirkte und seine Spulen nahmen nicht ab. Und der Wassermann saß hinter dem Ofen, und wenn es leere Spulen hatte, die spulte er weiter und dabei hat's Wasser von ihm getropft. Und hatte der Mann Wolle auf seine Kiwe (Weife) gelegt, da nahm die Wolle nicht ab. Aber einmal, da sich die Spule nicht drehte, weil sich die Wolle verwickelt hatte, fluchte der Mann. Da ist der Wassermann hinter dem Ofen hervorgekrochen und fortgemacht und nicht mehr wiedergekommen.

Nicht immer jedoch ist er so friedlich. Im allgemeinen neckt er und schadet, tötet; von allen Geistern ist er der unzuverlässigste und boshafteste. Doch heißt es, er könne nichts dafür. Zu einem Bauern, der ihn einst fing, weil er die Söhne desselben hatte ins Wasser ziehen wollen, sagte er: es sei nicht seine Schuld, wenn er Böses tue; komme die Stunde über ihn, dann müsse er Übles vollbringen. In Zöllnei behaupteten die Leute, am schwarzen oder Totensonntag (Judica) stifte er allermeist Unheil; zumindest fordert er an dem Tage drei Opfer. Bei dem von Labau herkommenden Wasser lief einst das Wassermännchen voll Ungeduld hin und her und rief: „Die Stunde ös römm und dar Karl kömmt nej." Endlich zeigte sich der erwartete Kerl in der Person eines Fleischerburschen. Der kam sehr erhitzt des Weges daher, nahm in dem Bachtümpel ein Bad und kam nicht mehr zum Vorschein. So forderte auch im Schlawer See eine dunkle Gestalt aus dem Wasser ihr Opfer.

Da hört sich die andere Sage von dem, was das Wasser fragte, gemütlicher an. Nämlich: do wul a Môn zu dr Mûsick giehn on ging bei am Wosserrode vrbeine. Do hot immer ’s Wosser geseht: Juckt dich dr Buckl? Juckt dich dr Buckl? Juckt dich dr Buckl? On wie a is hemganga, do hot â a Buckl vuhl Prûchl kriecht. Dou hôt’s Wosser wieder geseht: Hot dich dr Buckl gejuckt? Hot dich dr Buckl gejuckt? Hot dich dr Buckl gejuckt?

Das Necken treibt er zu gern. Dem Berka aus Popelnitz huckte er, wenn der mit einem Sack Kleie aus der Mühle kam, auf und ließ sich von ihm den Berg hinauf schleppen, bis Berka unter Fluchen und Schimpfen auf ihn die Last abwarf. Dann lief der Wassermann kichernd fort. Ein Fuhrmann, der von der Blattneisäge kam, verweigerte ihm um der Steilheit des Weges willen das Mitfahren. Aber als der nun auf die Höhe bei Grafendorf kam, fehlte ihm nahezu das ganze Holz. So hatte er sich gerächt. Einem Mann, der mit der Magd zusammen Mehl aus der Jintschener Mühle am Polzen brachte, streckte er auf dem Teichrande seine sechsellenlangen Beine über den Weg. Die Magd riß aus, wieder zurück in die Mühle. Den Vater herrschte er an: „Fahr zu!“ Aber der sprang mit einem fürchterlichen Satz über die langen Beine und lief davon. Eben derselbe Wassermann äffte einst eine Frau, die in der Scheppe des Polzen wusch. Er saß in Gestalt ihres Knaben auf einem Wäschepfahl, nur war er nackend und hatte blaue Hosen; sonst unterschied ihn nichts von der Frau Jungen. „Heilige Mutter Gottes, Junge, was stellst du an?“ schrie sie; da plumpste er hinterrücks ins Wasser. Zitternd lief sie nach Hause, wo sie ihr rechtes Kind wohlbehalten fand. Dort hat er übrigens auch einen Vetter, den Pollermann, welcher im Nieder-Kamnitzer Meierhof seinen Sitz hat und in der Kamnitzer Gegend die Kinder bringt.

Oft ließ er sich als Fisch einfangen. So hatte ihn ein Bindermeister Perschick aus Rokitnitz als Fisch geangelt und in der Fischbutte heimgetragen. Auf einmal gab’s einen Ruck, das Fäßchen lag auf der Erde, von den darin befindlichen Forellen war auch nichts mehr zu sehen. Statt ihrer entstieg der Wassermann dem ganz zerschlagenen Fäßchen und brach in ein Hohngelächter aus, daß dem erschrockenen Binder die Ohren sausten. Dann schlug er, immer noch lachend, einige Purzelbäume bis zur Rokitenka, in welcher er verschwand. Auch in der Warawa, früher ein See und jetzt ein großer Morast, der unergründlich ist, in dieser Warawa zwischen Treben- und Halbendorf wohnte am Grunde der Wodernyks. Wie die Burschen da fischten, fischten sie ihn, es war nachts um 12 Uhr, heraus, kriegten ihn aber bloß bis ans Ufer, und weiter nicht. Dann liefen sie vor Angst fort. Den seltsamsten Fang machten eines Tages zwei junge Burschen im Wasser der stillen Adler. Da war ein Fisch, der statt mit Schuppen mit Haaren bedeckt gewesen ist. Aus Ärger darüber nahm einer der beiden eine Rute, schlug jämmerlich auf den Fisch und warf ihn dann ins Wasser. Sein Kamerad aber machte ihm Vorwürfe: „Es war nicht recht von dir, daß du den Fisch geschlagen hast; gewiß war es der Wassermann und der wird sich schon an dir rächen. Nimm dich in acht!“ Der mutwillige Bursche lachte nur zu der Mahnung. Nach einem Jahre fand man ihn aber an jener Stelle, wo er den Fisch gefangen, tot.

Launisch und hart ist er in seinen Strafen. Als er an einem Brückenstege alte Gewänder und Kleiderfetzen zum Trocknen aufgehängt hatte, kam einst ein Knabe vorbei. Die Knöpfe an den Hosen gefielen ihm und er schnitt sie ab. Aber ein graues Männchen kam ihm nach und forderte sie zurück. Der Knabe gab sie jedoch nicht wieder, und weil das Männchen ein Wassermann war, bekam er einen unlöschbaren Durst, den er bis zu seinem Tode behielt.

Sein ganzes Dichten und Trachten steht nach der Menschen Seele. Auf alle mögliche Art und Weise versucht er, den Menschen darum in seine Gewalt zu bekommen. Ein Knabe im Kamnitztale kam aus dem Klaubholzsuchen und traf in der Abenddämmerung einen Jungen mit einer roten Mütze auf dem Helmstege, dem er zurief, er solle ein bissel warten. Aber der antwortete ihm: „Wort ock du!“ Und da der Angerufene sich umdrehte, sah er am grauen Bart desselben, daß er der Wassermann war. Entsetzt warf er die Hocke von sich und lief davon; der Wassermann aber war immer hinter ihm drein und kicherte: „Worum wartst dö denn ne, hübscher Junge?“ Das dauerte so lange, bis dem Verfolgten der Atem ausging; es war bei Richtermüllers Tumpe, wo das rote Kreuz in der Buche hängt, und dort verschwand das Männel. Am Ufer des angeschwollenen Dorfbaches in Niederöls saß er ein andermal und schlug mit den Händen abwechselnd das rechte und linke Bein, dabei die Worte sagend: „Do fahlt a Flâk, an do fahlt a Flâk.“ Ein Schulknabe, der ihn beobachtet hatte, sprang hin, gab ihm einen Schlag auf die Schulter und rief: „An do fahlt â noch a Flâk!“ Dem davoneilenden Knaben rief der erzürnte Wassermann nach: „Wart ock, du Kal, du wirst ei enner Kuhstuf drsaufa!“ Als nun der Knabe später als Kuhjunge die Kühe auf einer sumpfigen Wiese hütete, fiel er und kam mit dem Gesicht in eine mit Wasser angefüllte Kuhstapfe zu liegen und ertrank.

Am schwarzen Sonntag fährt er in Zöllnei mit einer Kostarodwer über die Brücke. Begegnet er einem, so spricht er ihn an: „Setz dich ock naj, ich wâr dich hejmfoahre." Folgt das Kind dieser Einladung, so fährt er es ins Wasser, wo er's ertränkt. In Wichstädtel war es auch, wo einige Knaben für den auf den schwarzen Sonntag folgenden Sonntag Palmarum von einer am Wasser stehenden Weide Palmen ernteten. Ein Mann sah in der Adler das Männlein sitzen, das unverwandt auf die Knaben starrte. Er warnte die Knaben und da die nicht gehorchten, trieb er sie von den Weiden weg. Da drohte der Wassermann ihm mit dem Finger, denn er war böse, daß er ihm die Knaben, auf die er es abgesehen, entrissen hatte. An einem Teiche beim Dorfe Plaß im Riesengebirge, in dem der Vodnik wohnte, stand eine Weide. Wer eine Gerte vom Baume abriß, wurde ins Wasser gezogen, das war schon dreizehn Knaben geschehen; der vierzehnte fing darum, als er eine Rute abreißen wollte, zu singen an: Vodnik, ty dej mne ten prut, dokad' já mám na nej chut. Und ihm geschah nichts.

Einem auf dem Wege von Zöllnei nach Sinsdorf gehenden Weber erschien er wieder, als säße er im Wasser, und bat ihn flehentlich, ihn doch hinüberzuziehen. Es sei so kalt und er fürchte sich, durchs Wasser zu waten. Der mitleidige Weber reichte ihm die Hand; da zog ihn aber der Wassermann – denn dieser war es – ins Wasser, so daß er elend ertrinken mußte. Und wieder in Braunau überredete er eine alte Jungfer und machte ihr vor, daß sie sich hängen müsse. Er folgte ihr überall und rief immerfort: Häng dich ock! Häng dich ock! Und wie er es ihr vormachte, ist es so schön gewesen, daß sie nicht widerstehen konnte und wirklich sich hing. Der Planschmied jedoch hat sie zum Glück noch abgeschnitten.

Im Schwarzbrunner Walde, der sogenannten Krusche, jagte ein Jäger ein schwer verwundetes Reh. Eben wollte er losdrücken, da schwand der Boden ihm unter den Füßen, der Schuß ging fehl. Der Wassermann hatte ihn in den Sumpf gelockt. Zwei Jungfern aus Baumgarten, Krs. Frankenstein, die nach Pilz gehen wollten, hatten zuerst die Absicht, bei Dürrharta das Eis der Neiße zu überschreiten. Die Kirchgänger redeten es ihnen aus, das Eis sei bereits brüchig. Aber da ist ein schwarzer Dingrich (Kerl) gekommen, der hat sie verführt, es doch zu wagen. Das Wasser war richtig noch zugefroren und er ist dreist vor ihnen hinübergegangen. Kaum aber waren die Mädchen ihm ein paar Schritte nachgefolgt, da ging es knacks! und weg waren sie. Der Schwarze, es war der Wassermann, hat drüben am anderen Ufer gestanden und hell gelacht.

Schon einmal wurde erzählt, daß er oft Lumpen und Kleider ans Brückengeländer hängt. Aber auch rote Bänder, Tücher und Schnüre legt er aus. Damit verlockt er Menschen. Den vorbeigehenden Kindern rief er zu: „Kommt ock hâr, ich gâh euch schiene Fleckln." – Freilich hat ihn ein Bauer mal überlistet. Auf der Gablonzer Spitzberglehne, oberhalb des Kohlplanes, befand sich ein Börndel, dort wohnte er auch. Ein Bauer dengelte in der Nähe einst die Sense. Da hing der Wassermann eben an einem Gesträuch seine seidenen Bänder aus und wechselte sie nach einiger Zeit. Der Bauer hatte sich lange schon vorgenommen, ihm einmal eins auszuwischen, tat so, als dengele er weiter, schielte jedoch stets nach dem Wassermann und griff dann hastig nach seiner Sense. Mit einem Satze lief er bis zum Börndel, riß eine Handvoll Bändel los und suchte – Hammer und Dengelzeug im Stiche lassend – das Weite. Wohl hörte er's hinter sich locken: „Bauer, Bauer, host dan Klitschklotsch vrgassn!" aber er stürmte heim.

Nun müßte ich von jenen Fleischhackergeschichten noch erzählen, die überall gang und gäbe sind. Aber es sind die schon bekannten und ich verweise auf Grimm oder Zaunerts „Von Holden und Unholden". Der Fleischhauer ist verbost gewesen, daß immer der Wassermann das Fleisch betastete und hieb ihm dafür den Finger ab. Der hat ihn dafür mit einem roten Band erwürgt. – In Mohren bei Arnau hatte sein Erscheinen im Forstbach stets einen Dammbruch zur Folge. Einst sah ihn der Heger Schneider nun auf dem Deichdamme sitzen und Schuhe flicken. Er schoß nach ihm und das Gespenst verschwand. Nach dem Abendbrot legte der Heger sich auf die Bank und schlief ein. Da wurde er gegen 11 Uhr unsanft an seinen Füßen angepackt. Als er erwachte, sah er, daß es der Wassermann war, der ihn fortziehen wollte. Er wehrte sich, wie er konnte, klammerte sich an den Tisch, dann an die Stubentür und an die Bodenstiege. Aber der Wassermann schien zu siegen und zog ihn bis an die Haustür fort. Hier hielt sich Schneider verzweifelt fest an den Türpfosten an. Da schlug die Uhr 12 in der Mitternacht. Der Wassermann ließ ab und verschwand.

Zwei Fragen werden bei diesen Sagen wach: wie schützt man sich gegen die Ränke des bösen Geistes? und: warum ist er so sehr begierig, Menschen zu fangen? – Auch in Merzdorf bei Oschitz hatte ein Mann den Wassermann beim Zählen der Löcher in seinen beschädigten Hosen geschlagen. Das Männlein drohte ihm mit der Hand und sprach: Hättest du heute nur nicht zweibackenes Brot (Bähschnitte) gegessen, so würde ich dir's schon anders zeigen! In den Waráwateich bei Schleife mußten die Leute drum früher öfters frisch gebackenes

Brot tragen, sonst war es für niemand sicher, an ihm zu baden oder zu grasen. Bei Gablonz wieder half dem Bedrohten Maria selbst. Das ging so zu: Ein Mann ging an der Desse; der Wassermann grüßte, aber er dankte ihm nicht. Nun wollte er ihn hinunterziehen. Der Mann verrichtete schnell ein Gebet, worauf ihm eine weiße Gestalt mit einer Rute erschien. Das war die Muttergottes. Und nun verschwand der Wassermann. Der Überfallene aber zitterte an allen Gliedern und mußte nach Hause getragen werden. So lange er krank im Bette lag, sah er den Wassermann vor dem Fenster stehen. Bald darauf ist er dann gestorben. Seine Angehörigen aber errichteten eine Kapelle und in der brannte jeden Abend ein Licht.

Und nun die andere Frage: was tut er mit den Ertrunkenen? Doch dazu möchte ich etwas weiter ausholen. Dem Wassermann liegt es nicht einzig an ihren Seelen. Oft stiehlt er der Menschen Kinder und tauscht sie gegen ein eigenes um.

Ein Knabe, der schon zwölf Jahre war, konnte noch immer nicht reden. Sein Vater nahm ihn mit in die Stadt einkaufen, da kamen sie auch an einen Teich; aus dem rief eine Stimme: „Wo gehst du hin?!" Der Knabe antwortete: „Einkaufen!" – Jetzt wurde sein Vater böse; er dachte, der Junge hätte gern früher nicht reden wollen und warf ihn in den Teich. Und als er abends nach Hause kam und seiner Frau alles erzählen wollte, sah er den Sohn schon wieder am Tische sitzen. Da wunderte er sich, aber schwieg stille. Der Junge konnte vom Tage an reden. Ein zweiter Erzähler dieser Sage behauptet indes, das Kind habe „Wiegen walzen" geantwortet. Das ist ein fremdes und unerklärbares Wort und niemand kann sagen, was es bedeuten soll. Aber das läßt sich an dieser Geschichte feststellen, daß wohl die Heimat des Kindes im Teiche und nicht im Dorfe war, denn es verstand die Sprache des Wassers und antwortete ihm. War es des Wassermanns Kind, dann konnte es der nur gegen ein Menschenkind ausgetauscht haben, ohne daß es die menschliche Mutter gemerkt. Es war nichts als ein Wechselbalg.

Und das ist nicht sein einziger Raub. Ein Volkslied in Ober-Liebenau heißt:

Es war einmal ein Wassermann, der freit des Königs Töchterlein.
Er freit sie ganze sieben Jahr, daß er sie nicht erfreien konnt.
Es war einmal des Morgens früh, der Hof da alle voll Reiter stand.
Der Bräut'gam war ein geschwinder Mann. Er schwang sich von der Kolesse rô.

Er ging wohl in die Stube nein: Gott grüß euch, liebste Mutter mein!
Gott grüß euch, liebste Mutter mein! Wo habt ihr euer Töchterlein?
Sie ist droben auf der Kammer. Die Hände schlug sie zusammen:
Ach Mutter, liebste Mutter mein! Laßt mich noch ein Jahr eine Jungfrau sein!
Der Bräut'gam war ein geschwinder Mann; er schwang sich of de Kolesse druf.
Er fuhr fürwahr im Dorfe nou. – Und wie er auf die Brücke koum, –
Die Brücke war mit Eisa beschlohn, die hot schun viel der Wahne getrohn, –
Und wie sie auf die Mitte kam', der Brücke Boden fiele nou,
Die Braut, die schwamm om Sande. Der Bräutigam lag om Rande.
Zieht mir ein schneeweiß' Hemdlein an, doß ich ja leichter schwimmen kann.
Wie sie ein Stück geschwommen war, begegnet ihr ein schneeweißer Schwan:
Nehmt mir den Ring von meiner Hand, den gold'nen Ring von meiner Hand!
Die Mutter stand im Zimmer, ihr liebstes Kind sah sie schwimmen.
Ich hab's erkannt im Mondenschein, da sie ertrinken sollt im Rhein.
Wassermanns Mutter stand im Wasser; sie redete viel Fosse:
Mein Sohn, der hot die zehnte Braut, die ihm im Wasser ertrunken hat.
Jetzt noch eine, drnochrt wettr kejne!

Aber im Liede von der schönen Marie heiratet das Mädchen ihn und sie haben Kinder. Freilich kehrt sie einmal zur Oberwelt zurück und würde auch droben bleiben, wenn es ihr nicht um die sieben Kinderlein wäre, welche der Wassermann gleich und gleich mit ihr teilen will. Sie folgt ihm und er zerreißt sie unten im Tal.

Dieser Wassermann, der da des Königs Tochter erfreit, hat nicht viel mit dem dürftigen Kobolde der Dorf- und Waldbäche gemein. Doch finden sich Übergangssagen zwischen beiden Gestalten. Wenn nämlich des Wassermanns Weib untreu geworden ist und der rechtmäßige Ehegatte sie in der Fremde bei einem andern Wassermann suchen muß, erscheint der Freier der Königstochter wohl hoch zu Roß. Einem Manne namens Kahl begegnete er unterm großen Teich auf einem Schimmel. Kahl glaubte, es sei der Graf, und weil er Enzianwurzeln hatte, wandte er sich zur Flucht. Der aber hieß ihn bleiben, zog eine Wünschelrute aus seinem Mantel, gab Kahl das

Der große Teich. Stahlstich von Grünewald und Cooke, nach einer Zeichnung von Ludwig Richter

Der Großvaterstuhl, der höchste Punkt des Heuscheuerkammes. Stich von A. H. Payne, nach einer Zeichnung von Ludwig Richter

Pferd zu halten und sagte: Ich bin der Wassermann aus Breslau und will meine Tochter, die hier im großen Teiche verheiratet ist, besuchen. Wirft nun das Wasser weiße Wellen, komme ich wieder; wirft's rote, dann könnt ihr auch mein Pferd behalten. Aber er kam doch wieder und schenkte Kahl Pferdemist, den es hatte fallen lassen, fürs halten. Kahl sackte ihn ein. Aber er wurde immer schwerer und am dürren Holzhübel warf er ihn fort. Das, was zu Hause am Sacke noch hing, war Gold. Ähnlich auch Rübezahl, der mit dem Meerkönig im großen Teich kämpfte. Das kleine Bachmännchen aber kommt schlicht zu Fuß und übernachtet in eines Bauern Hütte ehe es ausgeht, die Frau rückzugewinnen.

Warum heiratet der Wassermann ein Menschenkind, wenn, wie die letzterwähnten Sagen bezeugen, es unten für ihn auch Frauen gibt? Darauf antwortet eine Sage aus Merkelsdorf. Da klopfte es eines Abends bei der Hebamme an die Tür und herein trat der Wassermann, der sie aufforderte, ihn sofort zu begleiten. Die Hebamme erschrak; doch eingedenk ihrer Pflicht folgte sie. Der Wassermann ging gegen den langen Berg zu über die Wiesen, blieb am Tauschwiesenbache stehen, zog eine Weidenrute hervor und hieb damit auf das Wasser. Das Wasserbett verwandelte sich in eine trockene Straße, welche zur Wohnung des Wassermannes, einer armseligen Schilfhütte, führte. Drinnen sah die Hebamme außer der dürftigsten Einrichtung einen mächtigen, mit einem breiten Sims versehenen Kachelofen stehen, in welchem ein Feuer angeschürt war. Der Wassermann fachte die Glut noch höher, verbot der Hebamme, in die Töpfchen zu schauen, die auf dem Ofensims in großer Anzahl standen, und verließ die Hütte. Die Frau aber lag abgehärmt auf einem Schilflager und weinte bitterlich. Auf der Hebamme Fragen antwortete sie nichts, sondern blickte nur ab und zu mit ängstlichen Augen nach den Töpfchen. Nachdem sie aber ein allerliebstes Knäblein geboren, brach sie in herzzerreißendes Schluchzen aus. Sobald sich nun die Wöchnerin ein wenig beruhigt hatte und eingeschlummert war, schlich sich die Hebamme zu jenen Töpfchen, hob leise von einem den Deckel und – fand in einer brodelnden Flüssigkeit ein winziges kleines Knäblein krabbeln, das sich mit Händen und Füßen gegen die kochende Masse wehrte.

Im Augenblicke erwachte die Wöchnerin und schaute mit Entsetzen und warnendem Blick auf die Vorwitzige. Schnell legte die Hebamme den Deckel wieder aufs Töpfchen und ging ans Lager der Frau. Im nächsten Augenblick trat auch der Wassermann in die

Wohnung und musterte mit wütendem Blick die Reihe der grauenerregenden Gefäße.

Vom Niedersande bei Braunau bat er einst eine Frau als Patin. Nach deren anfänglichen Weigerung öffnete er auch durch einen Gertenschlag das Wasser und eine Stiege führte beide hinunter in ein ganz grünes Gemach, das auch grün ausstaffiert gewesen ist und einen grünen Kachelofen aufwies. An diesem kochte sie der hilflosen, verlassenen Kindesmutter schnell eine Suppe und stößt dabei an einen der auf den Sims gestellten Näpfe. Es flog etwas davon, eine vom Wassermann gefangen gehaltene Seele. Als der bei seiner Heimkehr seinen Verlust bemerkte, fing er zu toben und wüten an; die Frau mußte sofort die Stätte verlassen und erhielt wie die vorige nur das Kehrichtgeschenk.

Es ist ein seelenlüsterner Dämon, der unter den Käsenäpfen am Kachelofen die Seelen aller Ertrunkenen bewahrt. Und darum wird auch die alte, dem Märchen entnommene, Sage von ihm erzählt, daß er von einem Fischer verlangt: Gib mir, was du zu Hause nicht kennst, so sollst du Fische fangen, soviel du nur immer willst. Der Fischer bedachte sich, konnte sich aber an nichts erinnern, was ihm in seinem Hause unbekannt wäre, und willigte ein. Als er mit Fischen beladen in seine Wohnung kam, hielt seine Frau ihm einen neugeborenen Knaben entgegen; den hatte er allerdings noch nicht gekannt. Wohl betete der Vater ohne Unterlaß, aber Bitten und Flehen half nichts. Der Knabe war schon herangewachsen und begleitete seinen Vater aufs Feld. Unterwegs kniete er an der Quelle hin, um zu trinken. Im nächsten Augenblick hatte der kleine Mann ihn schon hinabgezogen.

Hierher gehört auch jene aus Johannestal am Polzen erzählte Sage: Eine Frau konnte mit ihrem Sack Mehl, den sie im Tragekorb hatte, nicht weiter. Der Wassermann half ihr tragen, verlangte aber eine Gegengefälligkeit versprochen. Übers Jahr kam die Frau nochmal in die Gewalt des Wassermannes. Wieder saß er in Gestalt eines grauen Männels auf einem Erlenstumpfe mit einem Stab in der Hand. Er forderte sie auf, bei ihm Gevatterin zu werden, schlägt mit dem Stabe auf den Spiegel des Teiches und steigt mit ihr hinab in sein glänzendes Schloß.

Manche Magd aber ist auch durch Dreistigkeit zu solcher Patenschaft gekommen. In Baumgarten bei Frankenstein ging eine fremde Magd zum Teiche grasen. Da hebt sich eine merkwürdig dicke Kröte empor. Die Magd spricht: „Na, da werd' ich zu Paten steh'n, wenn du wirst niederkommen." Der Bauer verwies ihr die Rede: „Es wird dir einmal schlecht bekommen, deine Frechheit!" Die Magd aber lachte. Und richtig, nach einigen Tagen kommt schon ein kleiner Mann und lädt sie ein. Wie sie nicht will, besteht er drauf und meint, sie habe es ja versprochen. Am Sonntag ist sie dann auch mit ihm gegangen. Und nach der Taufe heißt er sie wieder gehen. Die Wöchnerin aber sagt: „Dort steht die Kehrichtschaufel, gib sie mir einmal her!" und schüttet der Magd das Kehricht in die Schürze. Die hat ihn oben natürlich gleich fortgeworfen, wie jene Hebamme aus Merkelsdorf, die noch dazu gesagt: „Wenn mir dar Wassermon sunste nischt gahn wullde, wie dos tumme bißla Kehricht, dos Zeug, dan Plundr kunnda sich â vult behâla. Na, ma kouns ju noch wegschmeißa." Hinterher fanden sie freilich den letzten Rest dieses Kehrichts als Gold an der Schürze hängen. Das Fortgeworfene aber fanden sie nicht und mochten sie noch so lange suchen.

Die Rolle des Wassermannes spielt in der mittelschlesischen Ebene die Wasserlisse, ein Name, den Gryphius bereits in dieser Form kannte, obwohl sich die Grenzen ihrer Herrschaft landschaftlich nicht eben streng ziehen lassen. Denn auch im nördlichen Böhmen kennt man in der Gablonzer Gegend das Teichelweibel, dessen Heimtücke derjenigen des kleinen, boshaften Wassermannes gleichkam.

Dagegen ähnelt die Liska beim Zeiskenschloß wohl eher den schönen, schmerzhaften Bildern Schwinds; ihr fehlt das Erdhafte und Naturverbundene dieser Geister. Ihr Teich ist ganz und gar unergründlich und soll mit dem Brunnen des Blücherplatzes in Breslau zusammenhängen. Nach einer alten Sage soll sie sich bisweilen im Teiche baden, ihre Kleider waschen und sie auf den diesen Teich umschattenden Gesträuchen zum Trocknen aufhängen. Wehe demjenigen, der sie dabei erblickt! Im Langseifersdorfer Teiche war einst ein Junge in ihrem Hause zu Besuch. Er mußte in einer Stube bleiben und sollte ihr ja nicht nachgehen. Er tat's aber doch. Da saß die Lisse in der Kammer in einer Wanne und badete sich; sie war aber halb Mensch, halb Fisch und schrie laut auf und jammerte, daß sie nun nimmermehr erlöst werden könne. Dann hat ihm eine zweite verboten, ihr nachzufolgen. Aber er lief ihr nach, eine Treppe höher. Da stand die Lisse und schrie vor Freuden auf: sie gab ihm drei Ohrfeigen und augenblicklich wurde der Junge in eine Wasserlisse verwandelt. Sie aber war nun erlöst.

Ein zweiter großer Sagenkreis beschäftigt sich mit den Töchtern des Wassermannes. Zaunert teilte bereits in seinem Buche „Von Holden und Unholden" die Sage von jener Wasserfrau mit, die der

Knecht mit zum Tanze nimmt und wieder zur Brücke zurückführen muß; sowie jene, wo des Wassermanns Töchter freiwillig zum Tanz kommen. Dazu hier noch eine schlesische Spielart: Swoar Musik und do kuam anne Wosserlisse und soatzte sich under die Maidel (von Borgsdorf am Queis) und humpelte mied um die Saule. Se drähte und flug mied da junge Karrlen goar flink rum. Abersch 's wuar ock a su, doaß d' Karrle moanchmol noach d' andern Maidel rimsahn. Se woarn wie verhext. De Lisse woar zu schiene, jeder Karrl vergoffte sich ei sie und wullte miedr tanzen. Uf amol wuorsch an andern Maidel urndlich gruslich. Där Lisse hotten die Kittel getruppt. Se hielten sich de Oogen a wing zu und kruchen ei a Winkel und schrien: D' Lisse! Do wuarsche weg. De Karrle furchten siech nu och und wullten nie derheeme giehn und meenten: De Lisse kummt und zieht ins eis Luch nunder vom Staige. Wie se nu olle ginge, doa plonschte es beim Puschluche und kloatschte und wuasch. Und das war sie. Die Töchter des Brzesowieer Wassermannes kamen seltsamerweise in weißen Kleidern mit lauter Maschen und Bändeln dran, während die Mittelölser in roten Kleidern erschienen.

Auch aus den Teichen von Sackisch kamen drei Nixen zum Tanz. Mit dem Schluß der 12. Stunde jedoch entfernten sie sich, ihre eifrigen Tänzer unter Verlockungen aufmunternd, ihnen zu folgen. Einmal begleitete sie ein Bursche bis zum Mittelteiche. Die Mädchen priesen ihr Reich und boten ihm große Reichtümer an, wenn er ihnen folge. Aber der Jüngling ließ sich doch nicht verblenden und jene mußten allein in ihr Reich wiederkehren. Die Sage erinnert an eine vom Heiligensee, die Wandervögel berichteten. Dort waren drei Burschen den Mädchen gefolgt, um zu erforschen, woher sie kämen. Durch den bekannten Gertenschlag öffnete sich das Wasser, sie kamen in einen Kristallpalast und wurden dort unten gut bewirtet. Und als sie sich anschickten, nach Hause zurückzukehren, füllten die Mädchen den Burschen die Mützen mit Kehricht. Der wurde jedoch so schwer, daß zwei das unnütze Zeug wegwarfen. Nur einem verwandelte er sich daheim in Gold.

Doch das sind Sagen, die nichts von jenen schweren Gesetzen verraten, unter denen die Wassergeschöpfe stehen. Wieder darf ich auf Zaunerts Sammlung verweisen. Der Wassermann riecht das Christenblut. Darum gibt er nur mürrisch den Töchtern Erlaubnis zum Tanz zu gehen. Die aus dem See bei Falkenberg (Oberschlesien) blieben an einem Abend länger, als ihnen erlaubt war. Den Burschen, die sie zurückbegleiteten, sagten sie: „Paßt nun auf! Sehr ihr weiße

Blasen vom Grunde aufsteigen, so wisset, daß uns nichts zugestoßen ist; wenn aber rote aufsteigen, begebt euch eiligst auf die Flucht, daß euch dann nichts widerfahre." Nach einer Weile sahen sie rote Blasen vom Grunde des Sees aufsteigen und hörten die Seejungfern hinter sich weinen und wehklagen. Am Morgen aber sahen sie nichts vom Wasser mehr, sondern statt dessen eine große Wiese.

Daß der Wassermann Macht über die Gewässer hat, wie aus der eben erzählten Sage hervorgeht, läßt sich auch noch aus anderen Beispielen folgern. Zum Beispiel wird die bei Rübezahl mitgeteilte Sage vom grauen Männel auf der Tschihanlwiese mir auch vom Wassermann erzählt. Als nämlich der Weißbacher Brettmüller zu wenig Wasser hatte, ging er zu einem Teich auf dem Feld und hat ihn öffnen wollen. Wie er nun angefangen hat und will das Wasser in den Mühlgraben schlagen, da ist ein kleiner Mann gekommen und hat gesagt, er solle aufhören, sie werden bald mal viel Wasser haben zum Treiben, er könnte sich die Mühe sparen. Als sie Mittag gegessen hatten, ist der Graben bereits ganz voll gewesen, die Räder sind rumgegangen – und dann hat es die Mühle weggerissen.

Ein anderer stritt sich mit einem Müller herum, der eines Tages am Mühlrade zu tun hatte und ins Wasser mußte. Da stieg es plötzlich höher und höher; der Müller beschwor den Wassermann, sein Leben zu schonen und versprach ihm dafür sieben Leben zu opfern. Sofort fiel das Wasser. Kurz darauf warf seine Hündin sieben Junge. Er trug diese zum Mühlbach und warf sie mit den spöttischen Worten hinein: Hier, Wassermann, hast du die sieben Versprochenen! Nicht lange darauf fiel ein Kind des Müllers in den Mühlgraben und ertrank. Ihm folgte bald das zweite und dritte in den nassen Tod. Da wurde dem Müller nur zu klar, daß sich der Wassermann die versprochenen Opfer hole. So sehr sich auch die zwei letzten Kinder vor dem Wasser in acht nahmen und bewacht wurden, bald zog man sie als Leichen ans Ufer. Als man das fünfte aus dem Wasser hob, glitt die Müllerin aus, fiel in den Graben und ertrank. Voller Verzweiflung stürzte sich der Müller jetzt selber ins Wasser und der Wassermann hatte die sieben versprochenen Leben.

Wie kann man sich seiner erwehren? Bähschnitten und andere Hilfen habe ich vorhin schon besprochen. Anders jedoch ist es, wenn er den Müller zur nächtlichen Zeit besucht, an dessen Feuer Frösche und Kröten garzukochen. In der Harazer Mühle im Kamnitztale hielt er jeden Tag mittags die Mühle an und setzte sich auf das Rad. Wenn morgen die Mühle wieder stehen bleibt, so jage ich dich fort! fuhr daraufhin der Müller den Mühlscher an. Als es den nächsten Tag wieder geschah, wartete dieser die Verabschiedung nicht erst ab, sondern machte sich selbst auf den Weg. Auf seiner Wanderung begegnete ihm ein Geselle, dem er sein Herz ausschüttete. Die Hälfte seines Ersparten gäbe er dem, der diesen Spuk bannen könne. Der Mühlscher erbot sich gern zur Hilfe. Mit einer tüchtigen Schnitte mit sehr viel Salz ging er – nachdem sie beide zurückgekehrt – in die Mahlstube und lockte den Wassermann mit der Schnitte so nahe an sich, daß ihn der Mühlscher ergreifen und fangen konnte. Mit Hilfe der anderen wurde er nun gebunden. Der Mühlscher ließ die Mahlstube heizen und bald war es so heiß, daß der triefende Gefangene zu trocknen begann, was nicht geringes Entsetzen bei ihm erzeugte, denn trocken hätten die Fluten ihn nicht mehr aufgenommen. Inständig fing er zu bitten an, und als er schwor, von nun an nicht mehr zu stören, gab man ihn frei. Auch in Hilbetten wurde ein Wassermann eingefangen und in der Stube an eine Kette angeschmiedet. Auf den Backofenstufen hatte er seinen Aufenthalt. Als aber die Müllerin nach dem Backen einmal vergaß, den Mehlring um den Brotkübel wegzuwischen, sprang er in den dadurch entstandenen Kreis und war verschwunden.

Auch in die Jintschener Mühle bei Oschitz kam oft ein Wassermann und ließ sich Fische braten. Wenn er nachher am Tische saß und sie aß, langte des Müllers kohlrabenschwarzer Kater mit zu. Und wehrte es ihm der Wassermann, dann zerriß und zerkratzte der ihn so jämmerlich, daß er nur winselte und stöhnte. Alle Beschwerden beim Müller nützten nichts; der Streit mit dem Kater endete stets mit des Männleins Niederlage, und so entschloß er sich denn, die Mühle für immer zu meiden, zur nicht geringen Freude des Müllers und seiner Frau. – Früher briet sich der Hodernyks auch in der Wassermühle zur Schleife nachts seine Fische. Mal waren Zigeuner mit Bären eingekehrt und einer der Bären kam heran zu den Fischen. Da schlug der Nix ihn mit dem Quirl über die Pfoten und sagte: Kusch, oder ich gebe dir einen Schlag! Wie er das mehrmals tat, griff ihn der Bär auch an, kratzte den Hodernyks und riß ihm die rote, buntstreifige Mütze vom Kopf. Dann blieb der Nix ein ganzes Jahr weg. Und wie er wiederkam, fragte er: „Habt ihr die schlimme Katze noch hier?“ – „Ja, und die hat neun Junge und die neun Jungen haben wieder je neun.“ Da sagte der Hodernyks: „Dann komm ich nie mehr wieder.“ Und ging.

Aber ihr Leben ist auch begrenzt. Mal war ein Bauersmann in Gablonz bei Schleife, der hatte viel Schulden und wußte nicht, wie er sich helfen sollte. So ging er eines Tages an den See zwischen Elend und Gablonz und wollte sich drin das Leben nehmen. Da kam der Hodernix und fragte: Was stehst du so traurig? – Ich habe viel Schulden und kann sie nicht bezahlen. – Der Hodernix sprach: Das ist nicht nötig, daß du dir drum das Leben nimmst, vielleicht kann ich dir helfen. Du sollst unterschreiben, daß du mir über Jahr und Tag zu bestimmter Stunde zurückkehrst und das Geld wiederbringst. Es kann aber auch sein, daß ich das Geld dann nicht gebrauche, weil alle Jahre einer von uns vom Gewitter erschlagen wird. Denn die Hodernixe haben viel Sünde begangen gegen Gott. Kommt aber das Los auf mich, so brauchst du das Geld nicht zurückzuzahlen. Und der Mann hatte Glück; er kam zur bestimmten Zeit an den See, aber den Hodernix traf er nicht mehr an.

Der oberschlesische Wassermann, der Utoplec oder Topielec, ist wohl im großen und ganzen der Bruder des eben besprochenen. Müßte man Grenzen ziehen, dann würden vielleicht die königlichen Gestalten deutsch, die schlesische Allgemeinform aber schon slawisch sein. Als Goldstück oder als goldene Uhr liegt er am Ufer und bückt sich jemand danach, so zieht er ihn hinein. An heißen Tagen kam er ans Land. Er hatte Flügel und aus dem linken troff Wasser.

Auch hier erscheint er als ein Tier; als Ferkel nahm ihn ein Bauer mit von der Wiese heim. Aber am Morgen fand er im Stall ein Pferd statt des Ferkels. Er schirrte es an und ritt hinaus. Da ging es im wilden Galopp mit ihm durch, der Wiese zu und sprang in den Mühlgraben. Der Mann, der nicht schwimmen konnte rief: Hilfe! da lachte es in der Flut und dann warf ihn ein Mann mit roter Mütze heraus und verschwand. Auch einem Müller erschien er so. Der hatte mal mittags seine Pferde geschwemmt. Auf einmal war ein drittes Pferd bei den zweien, ein Rappen. Als beide Pferde des Müllers in den Stahl geführt wurden, kam es auch mit. Der Müller wußte bald: Das ist der Wassermann. Der Rappen stellte sich auch im Stall mit an die Krippe und fraß. Und als Getreide eingefahren wurde, wollte er auch mit eingespannt sein. So fuhren alle drei ein. Dann ging es wieder in den Stall. Der Rappe blieb mehrere Tage da. Aber dann mochte ihm wohl das Futter nicht mehr recht schmecken, eines Tages war er verschwunden. Das Getreide, das er mit eingefahren hatte, lag nächsten Tages im Hofe ausgeschüttet.

Wie der im Gebirge und der Wendei läßt er sich fangen. Aber wenn ihn der Fischer nach Hause trägt, ruft's aus den Gräben: Iwan! Iwan!

und aus dem Fischbeutel tönt's zurück: Ich zapple noch im Sacke! (Jesczze sie miechù kiwian.) Oder im Bache ruft's: Echû! und aus dem Sacke antwortet er: Stechû! Sieh dich nur vor! ich stecke schon im Sacke!

Einen Fischer besuchte zwischen 12 und 1 Uhr des Nachts ein kleiner Junge mit roter Kappe und grünen Augen. Er rauchte eine kleine Pfeife mit einem Elfenbeinkopf. Regelmäßig forderte er Feuer und sprang ins Wasser. Und darauf fing jener eine große Menge Fische. Einmal jedoch konnte er ihm kein Feuer geben. Wütend und fluchend sprang er ins Wasser, dem Fischer gerade ins Netz. Mit aller Anstrengung war es nicht mehr zu heben. Als nun der Fischer nach Hilfe gegangen, zerrten fünf Männer wohl eine halbe Stunde – und was war drin? Ein mächtiger Stein, Schlamm rings herum, Kräutich und Dornen. – Als er in Orzesche einen Mann um Feuer für seine Zigarre ansprach, hätte jener auch gern geraucht und sagte darum: Feuer habe ich zwar, aber keinen Tabak. Der Kleine verstand den Wink und gab ihm fürs Feuer etwas Glimmendes in den Mund, das der Mann auch für eine Zigarre hielt. Er rauchte zwar tüchtig, zu Hause sah er jedoch, daß er nur einen Stock im Munde hatte.

Wie im Gebirge das Brot, so schützt ein Skapulier in den durchweg katholischen Gegenden Oberschlesiens. Das konnte ein Mann erfahren, dem auf dem Wege von Rakau nach Stolzmütz an der Zinna ein schwarzer Hund, der Wassermann, an der Seite lief. Er fragte: Was willst du? und der sprach: Ich möchte dich schon ins Wasser ziehen, wenn du das Ding nicht um den Hals hättest. Wer das hat, dem kann der Wassermann nichts tun.

Auch hier ist er ein Seelenfänger, aber das wird nicht ganz so deutlich. Doch heißt es, daß er stets in ein Haus gekommen sei, das Kind zu wiegen, bis es ihm einst die Frau verwies. Da streute er ihr im Regen das Heu auseinander und sagte: „Hättest du mich dein Kind aufziehen lassen, so hätte ich dir das Heu nicht zerstreut. Nun aber ist dein Kind mir verfallen, ich bin der Wassermann!" Mit einem häßlichen Lachen ist er verschwunden.

Auch in Groß-Strehlitz zerstreute er immer den Leuten das Heu. Da nahm der Urgroßvater mal einen Tisch und stellte ihn auf der Wiese auf. Die Seiten verhängte er mit einem großen Tuche. Oben drauf tat er eine Flasche Wein und legte Brot und Wurst dazu. Dann stellte er einen Stuhl zum Tische. Zuletzt kroch er darunter und wartete auf den Wassermann. An einer Seite hob er das Tuch ein wenig, daß er ihn kommen sehen konnte. Als er zwei Stunden gewartet hatte, stieg etwas wie ein Nebel vom Wasser auf und wandelte sich in den Wassermann. Er war einen halben Meter groß und hatte rote Kleider. Nun kam er an den Tisch, setzte sich auf den Stuhl und aß und trank, bis er betrunken war. Dann packte der Urgroßvater ihn und schlug ihn ohne Gnade mit seinem Krückstock, bis jener versprach, das Heu nie mehr herumzustreuen.

Ein Mann ging von Sohrau nach dem Kluszczower Teiche. Der Wassermann sprang heran; aber der Angegriffene wußte, daß man denselben durch Ohrfeigen, mit der linken Hand ausgeteilt, vertreiben könne. Er vergaß sich jedoch im Augenblick und ohrfeigte ihn mit der rechten Hand. Und darum ist er ihm unterlegen. – Vertrieben hat ihn ein Spielmann einst aus der Toster Mühle. Um Mitternacht ist der Wassermann hingekommen und wollte den Spielmann ins Wasser ziehen. Der aber fing an, mit der linken Hand auf seinem Instrumente zu spielen. Dann machte er, wiederum links, drei Kreuzzeichen, ergriff einen langen Strohhalm, machte mit seiner Linken drei Knoten hinein und band damit den Wassermann hinter dem Kachelofen an. Den Müllerleuten verbot er, ihm jemals einen Tropfen Wasser zu geben. Einmal waren der Müller und seine Frau fortgegangen und nur das kleine Töchterchen war zu Hause. Das bat er um eine Tasse Wasser und wie er davon getrunken hatte, ist er verschwunden und ward nicht mehr gesehen.

In Fürstlich-Sandau wohnte ein Schmied, der hatte kein Glück. Im Sommer schmiedete er nur bis 6, im Winter bis 5 Uhr abends. Einmal, es war im Sommer, kam ein Schäfer zu ihm. Er fragte: Was gibt es Neues? Der Schmied antwortete: Nichts Neues! Ich habe kein Glück. – Warum? – Jeden Abend kommt ein Wassermann zu meiner Schmiede. Ich kann deshalb nur bis 6 Uhr schmieden. – Woher weißt du, daß es ein Wassermann ist? Aus seiner Seite fließt immer Wasser und statt der Füße hat er Hufe. Ich weiß nicht, was ich tun soll, ihn zu vertreiben. – Da holte der Schäfer Weihwasser und Kreide, besprengte den ganzen Zaun mit Weihwasser und machte mit Kreide Kreuzlein daran. Dann sagte er dem Schmiede: Wenn der Wassermann kommt, mach ihm das Tor nicht auf! Am anderen Tage kam dieser mit einer großen Fuhre des Weges gefahren. Bei der Schmiede hielt er; die Pferde konnten den Wagen nicht weiter ziehen. Der Wassermann bat den Schmied, er möge ihm vorwärts helfen. Der Schmied tat es aber nicht; er fürchtete, ums Leben zu kommen. So kam der Wassermann einen Monat lang zu der Schmiede. Der Schmied aber ging aus dem Hofe nicht heraus, um zu helfen. Dann kam der Wassermann nicht mehr. Und der Schmied konnte länger arbeiten; er war für immer vom Wassermann erlöst.

Ein einziges Mal hat sich der Wassermann nicht boshaft und übelnehm'sch gezeigt. Das war der aus Czissowa. Als er auswanderte, riet er den Leuten, in deren Haus er jeden Abend verbracht, einen Damm zu bauen; das sei das einzige, womit er als ein armer Mann ihnen danken könne. Und er half selbst noch beim Ranholen des Sandes. Kaum war der Damm vollendet, so trat ein fürchterliches Hochwasser ein, und ohne den Damm wäre das Häuschen unfehlbar untergegangen.

Der Bergwerksgeist

In eben demselben Schlesien, in dem die Fülle der Wassermannsagen täglich sich noch vermehrt mit aller Fruchtbarkeit slawischer Phantasie, haust der Berggeist Skarbnik, der Bergwerksgeist. Die polnischen Bergleute nennen ihn auch Bergajst; gewöhnlich führt er jedoch den Namen Skarbnik, Schatzmeister oder -bewahrer, auch Zarny Pietrek, schwarzer Peter.

Auch in Nordböhmen und zwar in den Kohlengruben von Markausch und Sedlowitz rumoren Berggeister und Kobolde. Bei Stephansruh hat sich einst in der Gegend des „verlassenen Bergwerks" ein graues Männchen gezeigt, das, als ein Kuhhirte es anrief, einen Sack mit Geld fallen ließ und verschwand. Der Sack ist selbstverständlich nicht aufzufinden gewesen.

Im Thammer Schloß im Kreise Glogau hauste ein Herr, dem es sehr schlecht ging. Verzweifelnd ging er am Abend hinaus aufs Sprottebruch. Er setzte sich dort auf einen Weidenstumpf und dachte schon an Verkauf seines Grund und Bodens. Da stand ein kleines Männlein mit weißem wallenden Bart und schwarzem Lederwams vor dem Herrn. Es ließ sich den Grund seiner Verzweiflung nennen und sagte zuletzt: „Grabe nach, wo du hier sitzst und du wirst reich werden!" Mit diesen Worten war auch das Männlein ebenso schnell verschwunden wie es gekommen war. Nun ließ der Besitzer nachgraben, fand aber Woche um Woche nichts als Moorerde. Erst im Hochsommer gewahrte man, daß diese Erde auch brannte; man hatte Torf gefunden. Und endlich kam man hinter den Nutzen derselben. Nun wurde der Herr durch solches Schatzgraben tatsächlich von neuem reich.

Aus Dankbarkeit ließ er das Bild vom Ledermännchen malen und hängte es auf an einem Ehrenplatz. Wenn später jemand das Bild fortnehmen wollte, brachte es ihm Unglück und spukte und polterte tüchtig.

Sagen von einem Bergwerksgeist, wie ihn Theophrast Paracelsus im *liber de nymphis* ... usw. als Gnom schildert, haben wir kaum in deutschen Gebieten Schlesiens. Wohl deuten einige Rübezahlnachrichten auf solche hin und Burgklechner hat in Tirol ihn als Bergmönch beschrieben, der aus dem Harz in ein ringhältiges Kupfer Pergwerkh, haißt das Rüssengebürg, so den Gotschischen gehörig, ausgewandert. Da findet man Vill Knappen, auch Wälsch und andere leith, so diesen Arzt nachgehen, zu dene khomt der Ruebzogl bei unseren zeiten auf die arbeith in leiblicher gestalt, sagt Sye sollen Von der Arbeith abstehen, Sye richten nichts auß, das Pergwerkh seye sein und der Mentsch, dem es beschert, seye noch nicht gebohren, Thuet aber niemandt Kein ybel, allein aber hat er seine Kurzweill mit den Arbeithern; wenn dann die leith in das gebürg gehen und etliche tag miessen darauf Verbleiben, so nehmen sie desthalben allerley Proviante mit sich und feyr Zeig. So khomt bißweilen obgedachter geist und nihmet hinwekh die gekhochte Speisen und legt darfir ein Schissl Voll Krotten, Hegedexen und anderes ungeziffer an die stell, lacht und geht davon. – Aber in diesen Nachrichten scheint mir doch alles mehr auf Walen- als auf Bergwerksarbeit zu deuten.

Was nun den Skarbnik anbelangt, so scheint er schon einige Jahre hinter sich zu haben. Als 1364 die Beuthener ihre Priester erschlugen, hat auf den Befehl der heiligen Maria der böse Geist Szarlem die Gruben zerstört, indem er unterirdische Wasser in diese leitete. Andere wieder sagen, er habe die Leute zum Mord verleitet und sei vorher gesehen worden, mit der Jungfrau Maria kämpfend.

Heute erscheint er in allerlei Gestalten, bald als feurige Kugel oder Rädchen, die vor den Füßen hinrollen, bald als Steiger – und das ist seine gewöhnlichste Gestalt – dann wieder als Flamme, als Tier. Naht er als Bergmann, so kann man ihn an den roten Augen erkennen wie etwa den Wassermann an den grünen. Vor seinem Erscheinen summt eine Fliege im Schacht. Er soll ein Bergmeister gewesen sein, der solche Freude am Bergbau hatte, daß er Gott bat, ihm statt der seligen Ruhe im Himmel lieber doch die Erlaubnis zu geben, bis auf den jüngsten Tag in Gruben und Schächten umherzufahren.

Der Berggeist ist gar ein eigener Herr. Fluchen und pfeifen duldet er nicht; da fallen furchtbare Schläge auf den Frechen oder er naht dem unvorsichtigen Jungen, der pfeift, und erzählt eine Geschichte: Als ich vorhin zum Teiche ging, mit dem Hut Krebse zu fangen... Und langt nach dessem Hut, um ihn zusamt dem Kopfe abzureißen. Verlangt er Feuer, so darf man es ihm nur auf dem Helm der Keilhaue geben, sonst wird die Hand des Unvorsichtigen völlig versengt oder abgerissen. Um seinetwillen nehmen die Bergleute die Grubenlampe nicht aus der Hand einer Frau. Hat jene sie in Ordnung gebracht, so setzt sie sie hin und dann nimmt sie der Bergmann erst auf, sonst zürnt der Geist. Betrunkene schlägt er; und greift ein Bergmann den Steiger an, so zerreißt er ihn. Den zuletzt Ausfahrenden schlägt er oder zieht ihn zurück. Ein Grubenschmied, der den Skarbnik – er hat ein Pferdebein – einmal beschlagen sollte, trieb ungeschickt den Nagel in das lebendige Fleisch. Vor Schmerz gab ihm der Berggeist einen Stoß, daß er tot niedersank.

Als Bergleute einmal Kohle losschlugen, hörten sie's auf der anderen Seite ebenfalls schlagen. Da schwiegen sie und horchten, aber das Geräusch ließ nicht nach. Und das betrachteten sie als Warnungszeichen. Ebenso rief es einen Bergmann, welcher vor Ort schlief, dreimal: Jacek stan! (Jakob, steh' auf!) Als das zum dritten Mal geschehen war, stand er auf und lief fort. Er holte den Schlepper und kam zurück, da war die Stelle, wo er gelegen hatte, verschüttet. Einem anderen erschien das eigene Kind am Stollen und rief: Vater, kommt heim! Und dann verschwand das Kind sogleich. In aller Hast lief er nach Hause und fand es doch in der Wiege schlafend. Zur selben Stunde ist aber der alte Stollen eingestürzt. Am häufigsten erscheint er als Steiger und schickt die Arbeiter anderswohin; kaum haben sie dann ihren Ort verlassen, da bricht's auch schon mit furchtbarem Getöse zusammen. Wieder ist ein Bergmann spurlos davon. Die Bergleute, die mit ihm gearbeitet haben, erzählten, es hätte einen Ton gegeben, wie wenn eine Glocke anschlüge und dann ist er verschwunden.

In der Godullahütte herrschte auf einer Strecke „das Wesen der Geister". Kein Bergmann wollte dort trotz einer hohen Belohnung arbeiten. Endlich meldete sich, von der Not getrieben, ein alter schwacher Bergmann. Aber er mühte sich umsonst; die Sprengschüsse versagten. Wie er nun Mittag aß, fand sich ein Mäuschen ein, dem er von seinem Brot mitleidig gab. Dann bohrte es ein Loch in die Wand und verschwand. Das Loch versetzte der Bergmann mit einer Patrone, der Schuß ging los und acht Tage hatten die Schlepper mit der Wegschaffung der Kohle zu tun. Das Mäuschen ist eben der

Skarbnik selbst gewesen. In eben derselben Hütte hat ihn ein kränklicher Bergmann angerufen und er hat als ein kleines Männlein vier Wochen zusammen mit ihm gearbeitet. Jetzt förderte der Bergmann an einem Tage soviel, als früher kaum in einer Woche. Am Lohntage setzten sich beide auf ein Brett über einem verfallenen, tiefen Schachte. Der Bergmann teilte gewissenhaft die 99 Taler und einige Silbergroschen und Pfennige. Den letzten Pfennig, der übrig blieb, schob er dem Berggeist überdies hin. Doch dieser lehnte ab. Da schlug er vor, ihn zu teilen. Jetzt sagte der Berggeist: „Weil du so ehrlich gewesen bist, behalte den ganzen Lohn. Wehe dir, wenn du unredlich gewesen wärst. Sieh dich um, wo du sitzest." Da wurde der Bergmann kreidebleich, denn er sah, daß er auf einem Strohhalme saß.

Einem kränklichen Schlepper versprach er Hilfe, wenn dieser seinen Brotbeutel jeden Tag mit ihm teile und ewig über ihr Bündnis schweige. Lange ist das gegangen, und jener Schlepper vermochte sich sowie seine kranke Mutter aus Schulden und Not herauszubringen. Endlich aber wußte man es so anzustellen, daß er um seiner Schwester ehrlichen Namen willen erzählen mußte, wie alles zuging. Am nächsten Tage lag auf dem obersten Kübel Erz, den man zutage brachte, der Schlepper, zerrissen, und in den folgenden lauter kleine Stücke vertrockneten Brotes. Das war das Brot, das er dem Berggeist jeden Tag abgegeben.

Aus allen bereits erzählten Sagen geht schon hervor, daß der Berggeist der Hüter der unterirdischen Schätze ist. Ein Hauer, der sich durch seine Steigergestalt nicht täuschen ließ, fragte den Skarbnik dreist, wo er wohne. Der Geist antwortete: Im unterirdischen Gang des Steigerhauses! und nahm ihn mit, um es ihm zu zeigen. Da kamen sie an ein Haus, das mit Goldadern durchsetzt war, zu einem Springbrunnen, der Gold geregnet hat und dann an einen Teich, auf dem ein sehr großer Fisch schwamm. Am Springbrunnen füllte er sich die Taschen mit Gold. Drei Tage hatte man ihn oben bereits vermißt, als er zurückkam mit seinen Schätzen. Wieder ein anderer Häuer wurde vom Steiger, welcher den Ort befuhr, aufgefordert, mit ihm zu gehen. Sie gingen überall hin und der Häuer war fast geblendet vom Glanz der Silberschätze. Als er sich endlich umsah, befand der Häuer sich wieder vor seinem Arbeitsorte und hörte die Schicht schlagen. Er fuhr mit fremden Bergleuten aus. Zu Hause fand er Weib und Kind nicht mehr auf; die Leute kannten ihn nicht. Aber man konnte sich schwach erinnern, daß vor sehr vielen Jahren ein Mann in der Grube verloren gegangen sei. Plötzlich fing er jetzt an zu altern und wurde zum Greise und starb. Wie Rübezahl wanderte der Berggeist wohl auch in einigen Augenblicken nach England und wieder zurück.

Ein Schacht wurde verschüttet, in dem drei Bergleute arbeiteten. Sie hatten nur eine Lampe und wenig Brot bei sich. Da kam der Berggeist als weißer Mann, nahm ihnen Lampe und Brot und gab jedem ein ander Stück Brot und eine neue Lampe, beides sollte niemals zu Ende gehen. So blieben sie im verschütteten Schacht. Aber die Sehnsucht nach oben ward täglich größer, und eines Tages rief der eine: Ich würde gern sterben, wenn ich das Licht der Sonne noch einmal sehen könnte! Der andere: Wenn ich mit meiner Frau noch einmal Abendbrot essen könnte, möchte ich sterben! Und wenn ich mit meiner Frau nur noch ein einziges Jahr leben könnte! der dritte. Da krachte es im Gestein und eine Schlucht tat sich aufs ins Tageslicht. Froh stiegen sie auf. Als aber der erste die Sonne wiedersah, sank er um; der zweite starb, nachdem er zu Hause sein Abendbrot gegessen; der dritte nach einem Jahre. So hatte der Berggeist ihre Wünsche erfüllt.

Erdgeister

Der Skarbnik verhält sich zu den Erdgeistern, wie etwa Rübezahl zu den Puschmännel- und wilde Jägersagen. Sie, die Lutken der Wenden, die Herrlein, Fenix- oder Feensmännel und Querxe finden sich überall in den Anhöhen und Bergen des schlesischen Hügel- und Heidelandes. Was aus der Erde ist, das gehört ihnen. Ein Holzhauer machte sich einst ein Grübchen, um festen Tritt zu bekommen. Da kam er auf einen seltsamen Stein, der wie ein Karpfen geformt war. Den hob er auf und wollte ihn seinen Kindern nach Hause mitnehmen. Weil er ihn jedoch nicht auf die Jacke, sondern daneben warf, hatten die Zwerge Macht über den Stein und zogen ihn wieder hinab.

In Dittersbach bei Friedland in Böhmen erbaten und erhielten sie die Erlaubnis, im Zimmer einer Wöchnerin ein Gastmahl halten zu dürfen. In alle Freude und in ihr Tanzgetriebe kommt plötzlich ein neues Zwerglein ins Zimmer gestürzt, das die Hände über dem Kopfe zusammenschlägt und ruft: „O große Not, o große Not, die alte Mutter Pump ist tot!“ Da bricht das Gastmal ab; sie raffen alles zusammen und fliehen davon. Dann kommt der erste noch einmal und teilt der Wöchnerin mit, daß die Ahnfrau des Stammes gestorben und sie dadurch in Schrecken versetzt worden seien. Als Dank aber für ihre Freundlichkeit bei der Gewährung des Zimmers, schenkte er ihr einen goldenen Ring, einen silbernen Becher und ein Weizenbrot. So lange diese drei Dinge vereint in der Familie blieben, würde die immer größer und reicher werden. Der Ring aber solle allemal im Geschlecht des ältesten Sohnes bleiben und von dessen Frau getragen werden. Die glückliche Familie baute nun einen festen steinernen Turm, in dessen Innersten sie den Becher und das Brötchen verwahrten; den Ring aber trug die beschenkte Wöchnerin ständig an ihrer Hand. Als einmal eine Besitzerin dieses Ringes nach Jahren so unvorsichtig war, ihn zu verlieren, da hob sich ein schreckliches Ungewitter über den Turm und ein Blitz spaltete ihn und verschlang die verehrten Heiligtümer. Von jenem Tage an nahm auch das Glück der Familie dauernd ab und so erfüllte sich die Voraussage des Zwerges.

Es gehen sehr viele Sagen von ihren Festen. Im Florianiberge bei Habelschwerdt wollten sie einmal den unterirdischen Gang, der aus der ehemaligen Vogtei nach dem Berge führte, untersuchen und kamen zu einer Hochzeit der Erdmännlein. Sie sahen in einem großen Saale die kleinen Wesen mit blitzenden Lampen, da mußte einer von ihnen niesen. „Menschen!" schrien die Zwerge und löschten die Lichter aus. Im Finstern mußten sich die Neugierigen zurücktappen. – Doch feiern sie auch auf Waldwiesen ihre Tänze. So steigen in der Johannisnacht auf den Königshainer Bergen Gestalten, die Steinmänner, aus der Erde hervor, versammeln sich rings auf den Berggipfeln, springen von Stein zu Stein, bis sie auf der Platte des Totensteines zusammenkommen und paarweise gereiht, führen sie feierliche Tänze auf bis zum grauenden Morgen. Wenn aber ein Mensch sie tanzen sieht, bedeutet es sein und seiner ganzen Verwandtschaft Tod. Auch auf dem Tanzboden, einer Waldwiese der Auerwiesbauden, versammeln sie sich zum Tanz und dazu spielt ihnen ein kleines, graues Männlein auf einer Geige auf. – In Konstadt (O.-S.), der Ort war früher von Mooren umgeben, tanzten die Sumpfmännel auf den Wiesen. Sie trugen brennende Lichter und lockten die Leute in den Sumpf.

Aus Feindschaft gegen die Menschen sollen sie die Stadt angezündet haben, so daß die Kreuzburgerstraße, die Kirchstraße und das Pastorhaus in Flammen aufgingen. Danach sind sie verschwunden; es heißt, sie hätten sich in die Erde zurückgezogen.

Andere Erdmännel vergnügen sich mit dem Kegelspiel. Vor ziemlicher Zeit hüteten Hirten aus Obergrund an der Ruine auf dem Schloßberg nächst Reihwiesen. Als die Zeit des Vormittaggottesdienstes kam, vernahmen sie plötzlich ein Geklirr. Sie gingen dem nach und sahen hinter dem Wallgraben in der Nähe des Turmes, drei prächtig gekleidete Männlein, die sich mit Kegelschieben auf goldener Bahn unterhielten. Die Hirten wurden von ihnen aufgefordert, die Kugeln wieder zurückzuschieben und Kegel aufzustellen, was sie bereitwillig auch taten. Mehrere Stunden verstrichen, als sich die Hirten des Viehes erinnerten. Auf ein gegebenes Zeichen liefen sie fort, lockten und suchten ihr Vieh, vermochten es aber nicht zu finden. Endlich holten sie Hilfe im Dorfe und fanden es nun, sahen aber weder die Männlein noch das goldene Kegelspiel wieder. Und da sei angefügt, daß auch im Jeschkenwalde ein Hirt den Zwergen aufgestellt und als das Spiel beendet war, heimkehrte. Aber dort wollte ihn niemand mehr erkennen, er hatte Jahre im Walde zugebracht.

Aber im Berge feiern sie große Feste. Vom Kuchenbacken berichtete bereits Paul Zaunert eine Sage. Es heißt, die Fenismannla bei Kamnig im Grottkauer Kreise haben den schlesischen Streuselkuchen zuerst gebacken. Doch mag es nicht immer was Gutes gewesen sein. Der, den sie einem pflügenden Knecht gegeben, war oben blutig (Kl. Kauer, Krs. Glogau). Da packte den Knecht die Angst, er schwang sich aufs Pferd und floh, was die Pferde konnten, ins Dorf, verfolgt von den Feenstweibern. Sie holten ihn aber erst im Dorfe ein, wo sie ihm nicht mehr schaden konnten.

So leicht ist nämlich das Kuchenbestellen bei diesen Bäckern nicht. Ein Ackerknecht hat einst bei seiner Feldarbeit in der Nähe der Feenixhöhlen bei Matzdorf (Österreichisch-Schlesien) Rauch steigen sehen und vermutet, es werde von den Feenixweibeln gebacken. Da backt mir halt was mit! hat er gerufen. Sogleich ist ihm von unsichtbarer Hand ein mit grünem Leinöl bestrichener Krautkuchen unter der Drohung dargereicht worden, er müsse das Gebackene auf einem eisernen Tische verzehren, sonst sei es um ihn geschehen. Trotz aller Verwirrung ist ihm doch noch so viel Besonnenheit geblieben, daß er seinen Ackerpflug umgekehrt und die duftige Gabe auf der eisernen Pflugschar verzehrt hat. Da denke ich auch an jene Schleifer, denen die Ludki zwei Glas Bier während des Pflügens brachten und sagten: „Austrinken könnt ihr, aber es muß wieder voll sein!" Da sagten die Bauern zueinander: „Weißt du was, wir werden vull segen"

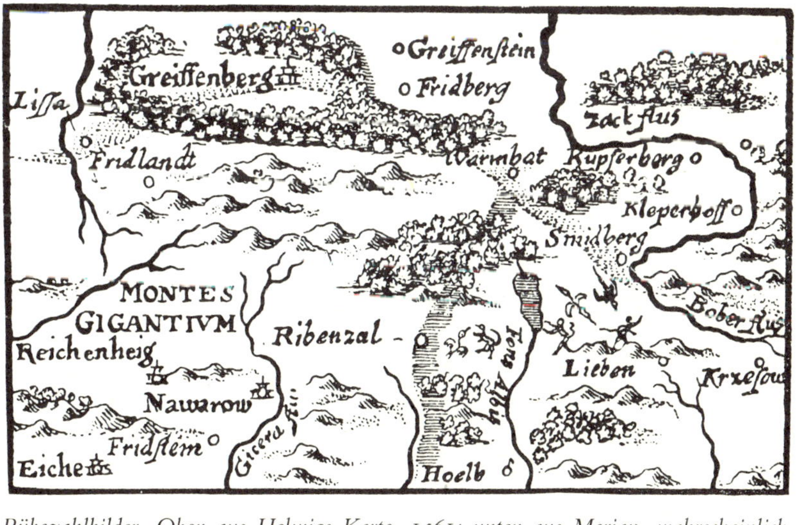

Rübezahlbilder. Oben aus Helwigs Karte, 1561; unten aus Merian, wahrscheinlich nach Aretins Karte 1619

Angebliche Darstellungen des Flins. Kupferstich aus Scriptores rerum Lusticarum, 1719

(Wasser abschlagen). Dann brachten ihnen die Lutchen Kuchen und sagten: Ganz aufessen und ganz lassen! Da sagten die Bauern: „Weißt du was, wir werden den Rand stehen lassen.“ Dann fingen sie an, aus der Mitte auszuschneiden. Die Lutchen sagten: Euch hat der Teufel den Verstand gegeben!

Die Tätigkeiten der Zwerge beim Backen und Brauen erinnern an die ganz ähnliche Beschäftigung der Puschweibel. Die kochen, wenn es im Walde nach einem Gewitter dampft und der Nebel zieht. Ja, auch der Hodernyks hat gebacken und seinen Kuchen unter den oben erzählten Bedingungen mitgeteilt. – Für das Backen standen den Lutchen zu Anfang nicht alle Geräte zur Verfügung. Sie kamen und borgten bei den Menschen und legten bei der Rückgabe gewöhnlich ein Geschenk ins Geschirr. Wenn einer ein Butterfaß lieh, pflegte er, weil er so klein war, ganz hinein zu kriechen und sich darin fortzukollern. Was sie zu zweien transportierten, trugen sie nicht neben-, sondern hintereinander. (Die in Gr.-Koschen haben noch bis in neuere Zeit die dasigen Sorbenwenden heimlich besucht und mit denselben Zwiesprache gehalten.) Aber sie haben alles verkehrt gesprochen. Wenn sie ein Backfaß haben wollten, sagten sie: Wir möchten eure Nicht-Backfäßchen haben! Und borgten sie sich ein Butterfaß: Wir wollen euer Nicht-Butterfaß haben, wir werden euch unsere Nicht-Buttermilch geben. Ein Schwammelwitzer Knecht pflügte und hörte dabei am Fenixmänndelberge ein tolles Geschrei: Gib mir auch eine Nebelkappe, daß ich kann nach Schwammelwitz zur Hochzeit gehen! Eine Nebelkappe! Eine Nebelkappe! Und der Hafer sticht ihn, daß er zum Loche hineinschreit: Gib mir auch eine Nebelkappe! Sofort reckt ihm ein kleiner Arm eine heraus. Nun geht er zur Hochzeit und niemand kann ihn sehen. Aber zwischen den Gästen, auf Schüsselrändern und auf den Tunknäpfen sitzen die Fenixmänndel und essen mit. Die Leute wundern sich schon, was heut alles gegessen wird, und es nimmt gar kein Ende mit Schüsseln und Krügen und wenn eine neue Schüssel aufgetragen wird, sitzen schon 4 oder 5 Männdel auf dem Rande. Eben kommt eine neue beim Knechte an, er faßt hinein, ein Fenixmänndel auch, sie stoßen zusammen; da schlägt ihm dieses wütend die Kappe vom Kopfe. Nun sehen ihn alle und fragen: Was machst du hier, Ignaz, du bist ja doch nicht eingeladen? und nun hat er's erzählt, was sie für Gäste neben sich hätten.

Da schielte wohl jeder rechts und links, aber niemand konnte was sehen. Dem Holzhacker auf der Ponsdorfer Hochzeit hatten sie streng verboten, zu lachen und als er es doch tat, wurde ihm die Mütze weggerissen.

Was sie nicht selbst erhalten, holen sie sich. Das hat die Frau aus Georgental erfahren, die in der Nähe des Grussteines über die Erbsen zu wachen hatte. Da kam ein kleines Männel mit einem Weibel um die Mittagszeit auf das Feld zu. Das Bürschchen watete in die Erbsen und das veranlaßte die Hüterin zu einem Ruf. Da waren Junge wie Weibel wie weggeblasen. Sie ging an die Stelle, wo beide verschwunden waren, konnte jedoch nichts mehr wahrnehmen. (Ihrer Vermutung nach war es ein Rüttelweibel.)

Doch hören wir auch von hilfreichen Zwergen und zwar aus der nordböhmischen Landschaft. Bei Schwarzwasser ist eines Schneiders Weib neugierig gewesen, aber ihr Erbsenstreuen hat eben den Ausgang genommen wie das zu Köln. In Langenbrück in der Grafschaft war früher der Dorfweg sumpfig, daß er hat überbrückt werden müssen. Die Leute ließen jedoch aus Mangel an Geld die angefangene Arbeit liegen. Da haben die Zwerge in einer Nacht fertig gebaut. In Markersdorf wieder hatte der alte Bittnerbauer mal seinen bösen Tag und fluchte und schimpfte, daß der Mist noch nicht auf dem Felde war. Da sind in der folgenden Nacht die Männel gekommen, und als die Mägde früh aufgestanden sind, war der Mist weg. Darum sagen die Leute noch jetzt, wenn es recht wiebelt und kriebelt: da geht es zu wie (in Hierschelmanns Hölle oder wie) in Bittnerbauers Miststatt.

Eifer und Freundlichkeit schlugen bei oft geringen Anlässen in Haß und Feindschaft um. Auch raubten die Männdel nicht ungern Menschen. Bei Dirschel unweit von Katscher in den Gipsgruben befinden sich Wassertümpel. Und als dort Leute einmal vorübergingen, da sauste ein Schiff an ihnen vorbei, welches von Fenixmännchen gesteuert ward. Das war das Schiff, auf dem sie die Menschen entführen, deren sie habhaft werden können. Unter den Hügeln befindet sich ein weites unterirdisches Reich, ganz von Wasser bedeckt, auf dem sie hin- und herrudern.

Besonders auf Wöchnerinnen haben sie's abgesehen. In Schwammelwitz ist einmal eine verschwunden. Und eines Tages pflügte ihr Mann am Fenixmannlaberge, und wie er mit dem Gespann an den Krebsbach kommt, da sitzt seine Frau am Wasser und wäscht. „Wo kommst du denn her?“ fragt der Mann. „Ich bin bei den Fenixmänneln, die haben mich geholt, ich soll ein kleines Kind ernähren.“ Da forderte er sie auf, mit ihm zu kommen, sie brauche ja nur über den Bach zu waten. „Ach“, spricht die Frau, „das ist nicht leicht, sie werden mich verfolgen. Hol dir das beste Pferd aus dem Stalle, bringe auch ein Gebund ungenetzten Flachs, einen Kamm und ein Stück Seife mit." Bald ist er mit allem wieder da, führt das Pferd durch den Bach, nimmt seine Frau vor sich und sie sagt: er solle reiten, was er könne, damit er sie unter Dach bringe, ehe die Fenixmännel sie einholen könnten. Aber da wimmelt's auch schon von Männeln, die hinter ihm laufen. Schon haben sie ihn beinahe eingeholt, da wirft er auf den Rat seiner Frau den Flachs hinter sich. Den mußten sie erst zerzupfen, und so hat er einen Vorsprung gewonnen. Dann wirft er, wie sie ihn beinahe schon wieder haben, den Kamm hinter sich und sie müssen den Flachs erst hecheln. Zuletzt wirft er die Seife, auf der sie ausgleiten. Und mittlerweile ist er im Hofe, hebt seine Frau vom Pferde und trägt sie unters Dach. Kaum hat er das getan, da wimmelt's auch schon im Hofe von Fenixleuten. Aber nun waren sie machtlos und mußten umkehren.

Auch Kinder stehlen die Erdmännlein; das sind die Wechselbälger, die streicht man ohne Erbarmen mit einem stumpfen Rutenbesen, bis einem das rechte Kind durch die Tür hereingereicht wird. Eine Mutter, die die davoneilende Unterirdische verfolgte, schlug auf den Rat eines Bergmännels drei Kreuze, und jene mußte das geraubte Kind fallen lassen; zu Hause war auch der Wechselbalg verschwunden.

Bei Wanowitz haben sie einen Wechselbalg damit angeführt, daß sie in Eierschalen Bier brauen wollten. Er sagte: do bin ech doch schont a so alt wie der ungarische Wald ond ech ho no noch so wos gesahn, doß ma ei Eierschalo Bier braut. Und da war es geschehen; man hatte ihn zur Verwunderung gebracht und er mußte fort.

Ein Isermädchen erzählte mir: Am Buchberg hat's Männdel gehabt, die waren klein und hatten weiße Bärte. Einmal kamen Holzmacher dorthin, die hat es festgehalten, sie konnten nicht mehr fort. Die Männdel haben sie mitgenommen und unter die Erde geschafft. Dort sollten sie bleiben. Und wenn sie Hunger hatten, ist ein Tisch raufgekommen mit Essen. Und als sie das verzehrt, ist er versunken und es sind ein paar Flaschen Wein rauf gekommen. So hatten sie es ganz gut; nur war es immer finster. Die Leute bettelten aber, die Männdel sollten sie wieder nach Hause lassen. Als sie heimkamen, waren sie 14 Jahre fort gewesen; unten hat's ihnen nicht einen Tag gedauert. Andere wieder haben sie auch hinuntergeholt. Die haben sich unten verheiratet; es hatte noch schönere Leute unten. Die sind dort ewig geblieben. Als sie die Hochzeit feierten, haben die Zwerge alles besorgt, mitsamt dem Schleier und dem Zylinder. Sogar ein Prediger ist unten gewesen.

Im Weiß-Keiseler Revier der Standesherrschaft Muskau liegen die Jungfernberge. Von dort sind immer drei Jungfern in die Schenken gekommen und haben getanzt. Und eine der Jungfern hat sich da einen angeschafft. Dem hatte sie versprochen, sie wolle ihn heiraten, wenn er mitkäme. Und er ist mitgegangen zum Jungfernberge. Da sollte er eine bestimmte Zeit warten, bis sie wiederkämen. Ehe sie aber kämen, würde die oberste Spitze des Berges sich öffnen und alle mögliche Herrlichkeit der Welt zum Vorschein kommen. Er hat dort auch gewartet und wie die Zeit war, kamen die drei und wollten, daß er mit in den Berg kommen sollte. Aber wie er sie nahen sah, ist er geflohen, – dann hat sich alles wieder zugemacht.

Von den Zwergenehepaaren weiß man gleichfalls viel zu erzählen. Wie jenes Puschelweibel in Hain hat sich in Gollendorf eins in die Hölle gesetzt und hat gesponnen, bis einmal ein Männel kam und geschrien hat: „Ackergrunoatee!“ Da ist es aufgesprungen und hat geschrien: „Es wird mein Mann sein! Es wird mein Mann sein!“ und weg ist sie gewesen. Wo anders haben sie mal ein Weibel eingefangen. Auch da rief unter den Fenstern das Männel: Ackerkrunee! Ackerkrunee, wo steckst du denn? Und das Weibel antwortete: „Täuberle, mei Mann!“ Und lief davon. Da hat das Weibel Ackerkrun geheißen und der Mann Täuberle. In Schwammelwitz aber hatten sie eine, die hieß Undine.

Dann sind sie alle ausgewandert. Es heißt, die Glocken haben sie vertrieben. Die Zwerge vom hohen Stein bei Braunau erboten sich, eine Brücke von Gold und Silber vom hohen Stein bis zur Spitze des Turmes zu bauen, wofern man von dem Vorhaben, Glocken in diesen zu hängen, absehen wolle. Doch davon wollten die Starkstadter nichts wissen und darum wanderten die Zwerge aus. Doch heißt es vom Sammelschloß bei Flachenseiffen auch, daß einst dort Querxe gehaust, die aber wegen ihrer Boshaftigkeit von den Umwohnern ausgerottet worden sind. In Österreichisch-Schlesien taten dagegen die Leute Petersilie in ihre Speisen. Das konnten sie nicht vertragen und zogen fort; doch sollen die Eisenbahnen auch Schuld gehabt haben, denn als man sie erbaute, sind alle Fenesleute auf Fässern und Sieben nach Amerika oder wie die Maren nach England geschwommen.

In Starkstadt setzten sich mehrere hundert derselben heimlich auf den Wagen eines Fuhrmannes, auf- und nebeneinander, sogar auf die

Speichen der Räder und ließen sich so wegfahren. Als sich der Fuhrmann, der nichts von dieser Ladung wußte, zufällig umsah, erblickte er das kleine Volk und schrie vor Schreck zu Gott um Hilfe. Im Nu waren die Zwerge verschwunden, bis auf den einen, der ihm den Fuhrlohn zahlte. – Aus Langenbielau erzählten mir Wandervögel, daß einmal der Bauer Adam an einem Johannisabend nach Sonnenuntergang noch auf seinem Acker war. Er gewahrte am Herrleinberge einen helleren Schein, der von den Quarklöchern kam. Schnell lief er hin und erblickte durch einen Gang ein mächtiges Gewölbe, an dessen Eingang ein großer Bottich voll funkelnder Goldstücke stand. Er griff hinein und griff ins Leere. Mit einem Male war es dunkel. Nur einen Galgen konnte er noch erkennen und unzählige kleine Männel huschten hin und her. Sie riefen: Packt ihn! und: An den Galgen! Man zerrte ihn hin, legte ihm eine Schlinge um den Hals und als er zappelte, konnte er nur noch hören, wie einer sagte: Willst du uns von hier fahren, so wird dir das Leben geschenkt. Komme dann morgen um diese selbe Zeit. Wenn nicht, dann bist du ein Kind des Todes! Er konnte nur noch ein Ja ausstoßen und – schon befand er sich schweißtriefend auf seinem Acker. Am nächsten Abend, als auf den Bergen Johannisfeuer brannten, stand er mit seinem Wagen vor ihrer Höhle. Als es stockfinster war, kamen die Männlein mit kleinen Laternen und schleppten Tonnen von glitzerndem Golde auf den Wagen. Sie luden auf, daß es die Pferde kaum ziehen konnten. Nun ging's im Galopp über Wiesen und Felder dem Zobten zu, wo der Bauer vor einer Höhle halten mußte. Nachdem alles abgeladen war, dankten die Herrlein ihm und schüttelten den Baum, dessen Blätter über den Wagen reichten. Sie fielen hinein wie dürres Laub. Als aber der Bauer nach Hause kam, waren die Blätter zu Gold geworden. Oft aber, ja in den meisten Fällen konnte der Bauer, der sie gefahren, niemand als etwa den Führer sehen.

Die Hermannla bei Wartha dagegen sind wie die Fenixmannla aus Kamenz, als letztere der Papst gebannt, mit Hilfe eines Kahnes über die Neiße gekommen. Aber der Fährmann hat bloß zwei Mannla gesehen, die hatten keine Hüte auf, die haben mit ihm verhandelt. Und wie sie eingestiegen sind, da ist der Kahn immer auf eine Seite getunkt, es mußten also noch viel mehr sein, die er nicht sehen konnte. Mit Birkenlaub haben sie ihm die Überfahrt bezahlt.

Als die von Klein-Düben auswanderten, kam vorher ein alter Lutk noch zu dem Pikazmüller, holte sich dort Verschiedenes und sagte: Wir müssen von hier fort. Wenn du uns sehen willst, so komm vor

Sonnenaufgang zum Berg, da wirst du uns sehen. Der Müller ging hin. Da waren so viele Lutken dort, daß er nicht alle durchzählen konnte, das wimmelte wie die Schafe.

Hausgeister und Kobolde

Den Zwergen nahe verwandt, ja oft mit ihnen verwechselt sind die Hausgeister oder Kobolde. Doch mengen sich Züge von den Feldgeistern, welche auf Heilighaltung bestimmter Zeiten dringen, mit ein. Einst erschien einem Schuster, welcher nach Feierabend arbeitete, eine Gestalt mit einer langen Nase und schleuchte ihn fort, ähnlich wie jenes Ding im Freiwaldauer Bezirk, eine Erscheinung in Lumpen phantastisch gehüllt, mit einer unheimlich langen Nase. Sie spricht zum Schuster: Sieh och, wos ich fer eene Noase ho! Der aber packt seinen Hammer, schlägt drauf, daß es so klatscht und spricht: Sieh och, wos ich fer eenen Hommer ho! Dabei verlor er jedoch das Gleichgewicht und fiel in das hinter der Bühne stehende Bett. Das war sein Glück, denn schon schoß das Unding durchs Fenster herein, schwebte über die Bühne und fauchte: Gut, daß du ins Ehebett gefallen bist, sonst hätte ich dir geholfen!

Ein Feldgeist, ein ähnliches Ding, erschien auf den Sandhübler Feldern, größer als ein natürlicher Mensch, alle Viere von sich gestreckt, mit Leinwandfetzen bekleidet und auch mit solchen in der Luft fuchtelnd. Er sang: Wos ho ich on, wos ho ich on? in eigentümlich näselndem Tone. Ein Bursche äffte das nach; da kam es auf ihn herabgesaust, warf ihn hin und her und bearbeitete ihn mit den Leinwandflügeln derart, daß er lange schwerkrank gelegen hat. Und das erinnert wieder an jenes weiße Etwas, das abends die Trachenberger am Wege hocken sahen. Ein wüster Gesell hat sich verschworen, das Ding anzusprechen. Am nächsten Abend ist er draufzu gegangen und hat gefragt: „Sag an, wer bist du und was machst du hier?" Da hat die Gestalt sich erhoben und ihn angehaucht und gesagt: Sieben-Naseweis.

Drauf ist die Gestalt verschwunden und jener erschrocken zu seinen Gefährten zurückgekommen. Als sie ihn aber recht betrachtet, hat er statt einer sieben Nasen in seinem Gesicht gehabt. Zu Hause hat er sich niedergelegt, ist krank geworden und nach 3 Tagen ist er schon gestorben.

Die Hampelbaude am Westhang des Seifenlehn. Stahlstich von W. Witthöfl, nach einer Zeichnung von Ludwig Richter

Aber ich wollte von den Hausgeistern sprechen. Einer von ihnen kam zu den Mägden im Grafenorter Schlosse, während sie auf dem Backofen in der Gesindestube schliefen, und wusch und flocht die herabhängenden Zöpfe. Als aber mal eine Dirne den kleinen Geist übermütig erhaschen und küssen wollte, ist er auf immer verschwunden.

Groß ist ihr Wille zu helfen und zu dienen. In Schleife hat einer dem Knecht, der noch so lange im Wirtshaus saß, die Pferde geputzt und dazu eins gepfiffen. Bei Dittersbach im nördlichen Böhmen kam ein Kobold zur Nacht, kehrte die Stube aus, stellte alle verschobenen Sachen an ihren Ort und reinigte sie. Der Wanderbursche, der ihm trotz der eindringlichen Warnung des Müllers die Schüssel mit Essen genommen hatte, sah alledem zu. Als aber der Hausgeist fertig war, zog er den Burschen herab von der Bank. Der Bursche drang auf ihn ein, drängte ihn auch in eine Ecke und wollte ihn schlagen, aber da klang ein spöttisches Lachen aus einem anderen Winkel. Lief er dorthin, so ging es ebenso. Da er nichts Rechtes ausrichten konnte, legte er sich aufs Neue zur Ruhe, aber der Kobold ließ nicht von ihm ab. Alles half nichts; erst nach Verlauf der Geisterstunde wurde der Bursche den Plagegeist los.

In Giehren war auch ein Mann, welcher den Kobold hatte. Zu ihm kam öfters ein Arbeiter aus dem Dorfe, um ihm beim Dreschen behilflich zu sein. Eines Tages aber sagte Engmann, das war der Bauer mit jenem Geist: Warte, ich muß erst schnell einmal in die Scheune sehen! Und als er wiederkam: Geh nur nach Hause! Die schwarze Maila (Katze) ist da! Am nächsten Morgen war schon ein solcher Haufe Korn ausgedroschen, daß ihn Engmann allein nicht fertig bekommen hätte.

Wir haben bereits erfahren, daß der Kobold für seine Hilfe Anspruch auf eigens für ihn bereit gestelltes Essen hat. So wurden dem Wertla (Wirtlein) in einer der Rennerbauden die Reste vom Mittagsbrot aufgehoben. Einmal hatte die Magd genascht und das Wertla zählte: Eins, zwei, drei, vier Kließla; das fünfte hat die Magd gefressen.

Nicht immer war man mit seiner Gesellschaft einverstanden. Als man in jenem Hause in den Rennerbauden neu baute und einziehen wollte, hörte man auch das Wertla singen: Ich plütschere, plätschere meine Füß und zieh mit ins neue Haus! Da ließ ihm der Eigentümer ein paar Schuhe machen, stellte sie an den Brunnen und kündigte ihm den Dienst. Das Wertla zog die Schuhe an und weinte laut; aber es wurde nicht mehr gespürt. Wahrscheinlich ist er, so wie die Diblik der Böhmen in einen Sumpf gegangen und ein wilder Diblik geworden.

So leicht ward man den Kobold nicht immer los. Das ist wie mit dem Spielmännchen, das einmal ein Bauer um jeden Preis von sich schaffen wollte. Und weil es nicht anders gehen wollte – er mochte ihn hintun, wo er wollte, immer kam er zurück –, steckte er endlich sein Haus in Brand, nachdem er ihn dort in den Schrank verschlossen. So schnell er konnte, lief er davon. Als er, vom Laufen müde, ausruhen wollte und sich nach seinem niedergebrannten Hause umsah, rief das Spielmännchen in seiner Tasche: „Gotts Blitz on Land! wie sei er gerannt, wär wer nî asû gerannt, do wär wer verbrannt!" Ein Borowitzer hatte den Drachen, und was das ist, werde ich gleich erzählen, der kam in Gestalt eines schwarzen Vogels. Auch er versuchte, in einen Neubau überzusiedeln, um ihn mit seinem alten Hause zurückzulassen. Aber am Abend vorher saß der unter der Traufe am Rand einer Wanne und rief: „Heit wosch ich mirs Gefieder, morne zieh ich mit niwr." Da hat der Bauer in Albendorf gebeichtet und er wurde vom Priester gefragt, ob er ihn wirklich los werden wolle. Dann schickte er ihn hinaus auf den Berg. Dort sah der Bauer seinen Hof in der Ferne lichterloh brennen. Nun fragte der Priester ihn wieder, ob er ihn los werden wolle, und der Bauer bejahte es; da sprach er ihn erst los. Der Hof aber ist dreimal abgebrannt.

In mehr oder minder nahen Beziehungen zum Hause stehen auch die Spillalutsche oder die Spillaholle, die Satzemsuse mitsamt dem Satzemkater, der Satzemziege und den Rilpen. Haben die Spinnerinnen nämlich am Feierabend noch nicht genug gesponnen, dann kommt die Satzemsuse als altes Weib, der Puschmutter ähnlich, und drückt ihnen eine glühende Spindel in die Hand oder setzt sich gar ihnen auf den Schoß, bis jene alles Versäumte nachgeholt haben. Die Eltern ermahnten darum ihre Kinder: Spennt, Kendala, spennt, de Spellalutsche kemmt; se guckt zu olla Lechlan rei, ebs Strânla watt bâle fertig sein. Im Kreise Grottkau sieht sie abends durchs Fenster, und wenn die Kinder nicht fertig sind, sagt sie: Verzage nicht, verzage nicht, warum spinnst du die Zahl am Tage nicht? Dagegen wußte in einem Dorfe bei Frankenstein eine Alte von der Spinnerin Spillahole nichts; sie kannte sie aber als böse Frau, welche durch Schütteln der Betten das Schneien bewirkt.

In Woitz bei Ottmachau hatten die Leute Holunderpappe draußen am Fenster stehen, daß sie steif werden sollte. Und als das Mädel mal wieder nicht fertig geworden war, sagte der Vater zur Mutter: Setz nur das Ding (Mädel) aufs Fenster naus zur Holunderpappe, da kann sie die Spillahulle mitnehmen. Beim Abendessen drauf spricht er: Sieh nur mal nach; ich höre ja nichts mehr vom Mädel. Und wie sie nachsehen, da ist kein Mädel mehr da und auch die Holunderpappe ist fort. Sie fragten überall rum, aber niemand hat mehr das Mädel gefunden. – Ob sie die Mickatrulle, so heißt die Alte auch, nicht wie in Niederwalde in den Wald geschleppt hat zum Spillalutschenstein? Nachts kommen dort sieben Lichter raus. Und unter dem Stein wohnt sie.

Ein Hausgeist ist auch der Spiritus. Meist stellt man sich unter ihm wohl einen Teufel vor. Schon oben erzählte ich die Geschichte von Theophrast und dem Spiritus, den er in einer Flasche gefunden, und in Nordböhmen nennt man den Hausgeist das Büchsmännl. In Oberschlesien erzählt man, daß der Teufel, aus einer Frau ausgetrieben, zuerst eine ganze Flasche füllte, aber darnach zur Größe eines Mistkäfers zusammenschrumpfte. Ein solcher Spiritus war das Spielmännchen, von dem ich vorhin berichtete und das der Bauer von einem Fuhrmann erhalten hatte.

Das war so zugegangen: Er hatte den Fuhrmann gebeten, ihm eins aus Wien mitzubringen. Der aber vergaß es und erst auf dem Rückwege erinnerte er sich des Auftrages. Leer wollte er nicht ankommen; da fing er einen schwarzen Käfer, der eben über die Straße lief, sperrte denselben in eine Flasche und brachte ihn mit. Und es ist tatsächlich ein Spielmännchen gewesen.

Der Glaube an den Geist in der Flasche ist durch ganz Schlesien verbreitet. Schon bei den Bannungssagen kam ich darauf. In Strehlen wurden um 1683 Prozesse darum geführt, und als man 1681 den neuen Eulenspiegel daselbst enthauptete, wurde erwähnt, daß er den Teufel oder einen Spiritum etliche Jahre bei sich getragen. – Einen Spiritus besaß die lange Plumpa-Huchhäusern aus Philos Heimatdorf ebenfalls; das war ein verzauberter „Wasserkäfer". Baute man irgendwo einen Brunnen und wollte sich durchaus kein Wasser finden, so wurde die Frau herzugerufen. Sie stieg mit dem Zauberbuch und dem Zauberkästchen, in welchem der „Wasserkäfer" steckte, auf einer Leiter den Brunnen hinab, las unten im Zauberbuche und öffnete das Kästchen. Krabbelte nun der Käfer heraus und kroch er im Grunde des Brunnens emsig umher, so war auf Wasser zu hoffen und es wurde dann fleißig weiter gegraben. Blieb aber das Tier wie tot im Kästchen sitzen, so war alle Mühe umsonst und man konnte den angefangenen Brunnen wieder zuschütten.

Ähnlich dem Spielding schaffte ein Wechseltaler Geld und auch er kam immer von neuem zurück in seines Besitzers Hand. Um einen zu erhalten, muß man in einen Sack eine schwarze Katze tun, mit Lindenbast zubinden und ihn Karfreitag nachts um 12 auf ein Grab auf dem Kirchhof legen. Der Satan wird dann den Sack aufknüpfen und ist man eher vom Kirchhof, als jener mit dem Aufknüpfern fertig ist, so findet man daheim den ewigen Taler; im anderen Falle aber bricht er einem den Hals. Oder man muß die Katze mit 99 Kreuz- und Querstichen im Sacke vernähen und am heiligen Abend an einer Kirche, welche drei Kirchentüren hat, dreimal klopfen. Jedesmal hört man ein Geräusch, das näher kommt. Beim dritten Mal öffnet sich die Tür und der Teufel fragt selbst heraus, was man wolle. Ich bringe einen Dachhasen und möchte einen Taler. Aber auch dabei heißt es entrinnen, ehe er aufgeknotet hat.

Nicht so sehr fest ans Haus gebannt ist jedoch der feurige Drache, welcher bei Ottag aus einem Sumpfe an der Grenzeiche stieg. Als lichter Strohle, fast wie ein Besen, erschien er dem Beobachter. Rot führt er Gold und blau Getreide mit sich; der graue Drache trägt Ungeziefer und läßt es über den, der ihm zuruft, fallen. Bei Morchenstern liegt an einem Feldrain der Drachenstein. Der zeigt noch deutliche Spuren von Ausruhen, ehe der Drache den Kamm überflog. Im Wendischen heißt er Plon und unweit Schleife sah ihn der alte Mudra auf einem Birnbaum (wie der wilde Apfelbaum plonc genannt).

Er ist ein Hausgeist und läßt es sich angelegen sein, das Eigentum seines Herrn zu vermehren. So hütete er ihm in Graustein, wie man in Schleife erzählt, die Pflaumen und rief ihn, wenn sich Diebe einfanden. Am häufigsten trug er zu. Für seine Freunde stahl er Getreide und Geld zusammen. In Brzesowie hatte eine Witwe mal ein Gewölbe (Laden). Der ging's so schlecht, weil ihr der Drache immer weggeschleppt hat. Drum hat sie sich in der Stube vorm Muttergottesbilde derschossen. Da haben sie den Drachen noch mal gesehen, auf einem Baum fünf Schritte vor jenem Hause. Er glich einer feurigen Schütte Stroh. Zuletzt ist er auf in die Wolken gefahren und nicht mehr wiedergekommen.

Am häufigsten holte er, wie schon erwähnt, Getreide. Als mal jemand auf den Boden des Schlosses Langenau unweit Lähn kam, hörte er etwas stöhnen und fragte erstaunt: „War kreßt'n do asu?" – „Na, do sôl ma a nie kressa, wenn ma an Malder Kurn ei a Nußschoale dricka mûß!" war die Antwort. Der Drache wird aus dem Ei ausgebrütet, das, halb so groß als die andern, am Ende der Legzeit von den Hühnern gelegt wird. Und in die Schale des Eies muß er das ganze gestohlene Getreide erst sammeln, ehe er's fortschleppt. Das Drachengetreide war aber leicht zu erkennen. Es ist an den Spitzen verpölvert. Ein Bauer aus Kreuzendorf wollte beim Füllsteiner Müller mal solches Getreide mahlen lassen. Wie der das Getreide aber sieht, mit den versengten Spitzen, fragt er: „Vetter, wu seid ihr denn här?" – „Inne, vu Kreizdurf." – „Do moahlt euch ock doas Getrêde allêne, ich wiel nischt wissen dervu."

Wenn man bei Gablonz den Drachen über sich ziehen sah, brauchte man nur unter einen Wagen zu kriechen und dreimal zu rufen: Schütt Hansel! So mußte er seine Bürde auf den Wagen legen. Aber das ist einem Fuhrmann beinahe schlecht bekommen. Wie der ihn ziehen sah, kroch er unter die Plane und schrie: „Hansl, schütte, schütte!" Da fielen auch schon grausam viel glühende Körnel herunter, bis die Plane voll Löcher war. Gewiß war das ein feuriger Drache; die lassen viel weniger leicht mit sich spaßen wie etwa die anderen. Als einst der Schaffer Iusel von Tannwald nach Morchenstern fuhr, rief er in der stockfinsteren Nacht: „Drache, lejcht mr!" da blieben die Ochsen stehen und rührten sich nicht vom Flecke. Das Zugtier fing an zu schwitzen und dem Fuhrmann fuhr der feurige Drache an den Kopf. Erst als der Jusel vor den zitternden Tieren dreimal mit seiner Peitsche den Weg gekreuzt, rückte der Ochse los und bald stand das Gefährt daheim. Als Anton Hübner aus Tschischkowitz beim Anblick des Drachens fluchte, stand er auf einmal ganz im Feuer. Zum Glück besann er sich eines für solche Vorkommnisse üblichen Spruches: Zeig mir deines Herrens Hof, ich zeig dir mei A . . .-Loch. Der Drache verschwand sofort. Übel erging es aber dem Staffen-Michl, welcher den Drachen in Seidels Scheuer fahren sah. Er schlich hin und erhielt einen gewaltigen Schlag über den Rücken. Sein Haar war ihm vom Kopfe gesengt. Aus der Scheunentür ragte am nächsten Morgen ein Stamm hervor, der war so stark und schwer, daß ihn Menschen nicht hingeschafft haben konnten.

In Maxdorf soll ein gewisser Scholze einen Drachen gehabt haben, der ihm alles zubrachte, was er sich wünschte. Einmal wollte Scholz zum Johannisfest nach Prag fahren und befahl auch dem Drachen, ihm Dr. Fausts Mantel zu verschaffen. Auf diesem flog Scholz mit seinem Nachbar, dem Schneiderwanz, nach Prag.

Geld mußte der Drache schaffen. Aber damit hat ihn ein Wende einmal betrogen. Der wollte ihn gern los sein. Da hing er an einen

Balken in der Scheune einen Strumpf auf, schnitt den Fuß weg und sagte zum Plon: Eher kriegst du nichts zu essen, als bis du den Strumpf voll Geld tragen wirst. Weil aber das Ende fehlte, wurde der Strumpf nie voll und der Plon mußte vor Hunger weg. Doch das Geld, das der Bauer von ihm im Hause hatte, ward lauter Pferdedreck; nur das verborgte blieb rechtes Geld.

Nun läßt sich der Drache nicht nur als Feuerstrahl, sondern auch als ein Tier oder Vogel sehen, obwohl nicht als das Fabeltier, an das man zuerst zu denken gewohnt ist. Feurig kommt er von Josefstal auf die Juselkoppe geflogen, wo er sich niederläßt und seine Pferdekeulen verzehrt. Meist tritt er als Hühnchen auf. Ein Mädchen, welches von Kritschen aufs Feld hinaus ging, fand im Korn ein Hühnchen sitzen, das war ganz verschnattert vor Frost. Und da tat sie's erbarmen, sie nahm es mit nach Hause. Als es am warmen Ofen ein wenig gesessen hatte, fing's an sich zu schütteln und häkte (spie) wohl einen Sack voll Korn. Oder solch Hühndel kommt unvermutet – Skrzatek nennt man's in Oberschlesien oder auch Skrzolek –, verkriecht sich unter das Bett und würgt dort einen Haufen Getreide aus. Kehrt man dann nicht Getreide und Huhn mit einem Besen hinaus, dann hat man es auf dem Halse. Und das nimmt manchmal ein böses Ende. – Es heißt, daß solche Hühnchen täglich drei Häufchen Korn hergeben. Ist aber der Bauer noch nicht zufrieden, so jagt es durch den Schornstein, wobei er ein Feuer von neunerlei Holz unterhält. Dann bringt es als feurige Schlange jede Nacht zehnmal mehr Korn, welches er durch den Schornstein herunterregnen läßt.

In Braunau, zwischen Klein-Krichen und Gläsersdorf im Kreise Lüben, beim dicken Wilhelm, heißt's wieder, soll das Geldhühndel sein. (Andere sagen, da geht es überhaupt um.) Das Geldhühndel ist auf dem Oberboden, dem müssen sie alle Tage Futter raufstellen, dafür legt's alle Tage ein silbernes Ei.

Daß der Drache als Hühndel erscheint, mag daher kommen, daß er aus einem Ei entstanden ist. 1771 hat ein Schuhflicker in Breslau das erste Ei einer schwarzen Henne von einer Frau unter dem Arm ausbrüten lassen wollen. Nach vierzehntägigem Brüten hat man das Weib ertappt und unter dem Arm verletzt gefunden.

An der Feldmühle bei Albendorf wurde zur Nachtzeit oder auch mittags eine schwarze Henne gesehen, welche unruhig umherlief, scharrte und dann verschwand. Ein schlimmer Wilderer ging einst des Nachts von Siebenhufen dorthin und gelobte dem Teufel daselbst einen Mord und seine Seele. Darauf sah er die Henne ein Loch scharren, ging näher und fand darin eine große Summe Geldes. Auch einer Frau in Deutschböhmen ist eine Henne beständig nachgelaufen, bis sie das Tier aufhob und mit nach Hause nahm. Die Mutter hieß sie die Henne fortschaffen, doch sie kam jedesmal wieder und spie drei Nächte hindurch Getreide, aber sprach dann: Bringe mich wieder dahin, wo du mich aufgehoben hast! Da fiel ihr ein, daß sie beim Aufheben des Tieres niedergekniet war. Sie suchte die Stelle, wo sich die Knieeindrücke befanden und setzte die Henne dorthin. Die Mutter behauptete, daß diese Henne der Wassermann gewesen wäre.

Wer solch ein Hühnchen besitzt, der muß es hegen und pflegen und ihm besonders im Essen was Gutes tun. Am liebsten von allem mag es Milchhirse. Die alten Chroniken sind voll von Berichten, daß da oder dort der Drache anzündete; so brannte Schweidnitz und Trautenau und von Liegnitz berichtete man, daß dort ein reicher Glaser, Balthasar Bürmann, den Drachen gehabt. Dem hat die Magd die rote Kuh für die schwarze gemolken und ihm die Milch zu heiß gegeben, worauf er angezündet hat. Da brannten an 700 Häuser ab. Der Mann, der den Drachen gehabt, wurde gefänglich eingezogen. Er hat sich erboten, zwei Tonnen Goldes zu geben; und da man das Gold, so ihm der Drache zugeführt, besichtigt und auf den anderen Tag wieder besehen hat, ist es ein ganzes Viertel mehr gewesen. – In Breslau in der Neustadt ist Feuer bei der Rhenischen ausgekommen, weil sie den Drachen am Abend Walpurgis zu heiß gebadet und ihm zu heiße Milch gegeben hat.

Auch in den Dörfern bei Gröditz, da hat's auf einer Stelle ein Geldhühndel gehabt. Dort hat die Frau mal abends weggehen wollen und hat vorher dem Hühndel die Suppe gekocht. Die ist noch ziemlich heiß gewesen; sie wollte aber nicht länger warten und setzte die Suppe die Treppe hinauf und ging fort. Aber wie sie ein Weilchen fort war, da brannte das Haus; das hat das Hühndel angezündet; es hatte sich verbrüht.

Der Teufel verlangte gar in Gablonz, daß als Entgelt für den Drachen das Leben eines Kindes geopfert wurde. In Gabersdorf macht er mit dem Bauern, dem er den Drachen gibt, aus, daß ihm gehöre, was er nicht wisse, und so erschleicht er sich das noch ungeborene Kind.

Auch die Hausotter darf man zu den Hausgeistern rechnen. Als in der Walachei bei Tannwald die Frau eine Hausotter am Brunnen tötete und vergrub, meinten die Nachbarn: Ihr hot's nej rajcht gemacht, ihr hot's Glöcke begroben. Im östlichen Deutschböhmen hatte die Magd einst gemolken. Da kam eine Otter und sah ihr längere Zeit zu. Endlich fragte die Magd: Willst du am Ende Milch haben? Die Otter kam schnell herbei und trank den ganzen Rest der Milch. Von dieser Zeit an kam die Otter zum Melken und die Magd gab ihr stets Milch. Bald merkten die anderen Mägda das und verrietens den Herrenleuten, welche die Otter zu töten befahlen. Es geschah, aber von Stunde an nahm der Nutzen des Viehes ab.

Im Hammertale der Grafschaft Glatz erblickt man am rechten Talrande unweit der neuen Schule ein kleines unansehnliches Häuschen, die Otternburg. Dort wohnte eine arme Witwe mit ihren acht Kindern. Die mitleidigen Nachbarn halfen ihr, wo sie konnten. Das Haus selbst aber mieden sie und es war auch nicht recht geheuer drin. Die Frau hatte nämlich eine Vorliebe für die Ottern. Ihr ganzes Haus war von Nattern angefüllt; in jedem Winkel, vom Boden bis zum Keller konnte man diese unheimlichen Gäste finden. Sie lagen auf Tischen und Bänken oder raschelten über die Dielen hin. Wie die Kätzchen in anderen Häusern bekamen sie auch ihr Futter. Gingen die Hausbewohner schlafen, so krochen die Nattern in die Betten der Kinder. Im Keller fand man sie zwischen den Ascheln und man sah mitunter wohl auch, wie eine oder die andere Natter den Kopf hob und in die Schüssel tauchte und von der Milch naschte. Im ganzen Hause konnte man keinen sicheren Schritt tun, ohne auf eine Otter zu treten. Geschah dies einmal, so schossen die Tiere jäh in die Höhe und zischten den Ahnungslosen an, ringelten blitzschnell an seinen Beinen empor oder verbissen sich in den Kleidern. Den Hausbewohnern aber taten sie nichts zu Leide. Da sie im Hause so gut gelitten waren, gefiel es ihnen auch, daß sie nicht mehr fortzogen. Es gab daher unter ihnen gar große und alte Tiere; so hat eine Frau einst auf der Schwelle eine Otter gesehen, die an zehn Schuh lang und stark wie ein Arm gewesen. Wegen ihrer absonderlichen Neigung gaben die Leute der Frau aus der Otternburg endlich keine Arbeit mehr und verboten ihr und den Kindern ihre Häuser. Es hieß, sie halte es mit dem Teufel und sei eine gefährliche Hexe. Da verkaufte sie endlich Haus und Hof und zog fort aus der Gegend. Wohin, hat niemand je erfahren. Als sie jedoch der alten Heimstätte den Rücken kehrte, da zogen die Ottern auch mit ihr fort. In langem Zuge folgten sie nach. Voran zogen die kleinen flinken Tiere, in gewaltiger Heersäule folgten sodann die älteren, in der Mitte des Haufens aber ein Tier von gewaltiger Größe und Länge. Auf dessem Haupte blinkte eine goldene Krone. Aalgleich durchschwammen die Schlangen den Kressenbach. Dann schlängelte sich der Zug die jenseitigen Höhen hinan, immer der Frau nach, die, das kleinste Kind auf dem Arme und ihre Lieblingsschlange um Hals und Brust gewunden, das Dorf verließ. Langsam und ohne sich umzuschauen, stiegen sie alle den Berg hinan. Endlich verschwanden Frau, Kinder und Ottern im Walde. Von ihnen hat man nichts mehr erfahren. Der neue Besitzer vertrieb die wenigen Zurückgebliebenen, aber ganz sind sie nie verschwunden.

Unheimliche Tierwesen

Vom Otternkönig habe ich eben gesprochen. Er ist die größte von allen Schlangen und trägt eine goldene Krone. Aus Zöllnei heißt es: Es gibt auch weiße Nattern. Wer sie fängt und das Fleisch genießt, versteht die Sprache der Tiere. (In solcher Weise hatte nach niederschlesischer Überlieferung der Bediente eines Gutsherrn im Sprottebruch jenem den nahen Tod weissagen können, indem er die diesbezügliche Weissagung dem Schnattern der Gänse an der Straße, welche der Herr und der Diener ritten, entnahm.) Nun heißt es im Zöllneier Bericht weiter: Nattern mit einer Krone auf dem Kopfe werden Natternkönige genannt. Eine reine Jungfrau kann ihre Krone erlangen; sie muß dazu ein schönes, reines, weißes Tuch ausbreiten. Die Schlange entäußert sich ihres Schmuckes, legt ihn auf das Tuch und geht trinken. Zurückgekehrt, findet sie ihre Krone nicht wieder, weshalb sie solange den Kopf an den Felsen schlägt, bis sie tot hinfällt.

Viele Sagen berichten vom Raube der Krone, welche ein Wunschding ist. So hörte ich in Gr.-Iser: Ein Junge ist unter das Wolfsnest (Steingruppe) gegangen; da fand er eine Otter auf einem Steine schlafen, die eine Krone auf ihrem Kopfe trug. Er nahm sie ihr fort und floh. Aber er mußte sie endlich doch lassen, wie jener andere, von dem der Gothl-Heinrich erzählte: Im Böhmischen fand ein Junge im Walde eine Otter mit einer Krone (– im südlichen Riesengebirge: Krînlnatter). Er wollte sie ihr vom Kopfe nehmen, aber als erst die anderen Ottern dazu gekommen, hat er sich doch gefürchtet. Doch ist er am anderen Tage noch einmal hingegangen und hat ein rotes Tuch mitgenommen, an jeden Zipfel einen Faden gebunden, und auf die Stelle gelegt, wo die Otter täglich zu Mittag ihre Krone hintat. Dann ist er mit einem Pferde hingeritten, und als die Otter die Krone aufs Tuch getan, hat er sie mit den Faden hinaufgezogen und ist fortgeritten. Aber die Otter hat gepfiffen und da sind viele erschienen, die ihn verfolgten. Er ist zwar über die Iser rüber gekommen und noch ein Stück im Busch auf dem Knieholzweg, aber dann hat er sie müssen fallen lassen, sonst hätten sie ihn zerfleischt. Immer am Pferde sprangen sie hoch und bissen nach ihm.

Gewöhnlich ist der Raub nicht so sehr glücklich ausgegangen; von manchem fand man nichts als die Knochen. Einer, der auf der Kesselkoppe die Krone raubte, rettete sich, daß er seinen Mantel abwarf und als sie den ganz und gar zerlöchert, das Pferd hinter sich ließ, während er sich in eine Baude flüchtete. Die Magd von der Heuscheuer wieder wechselte fortwährend ihre Richtung und rannte im Zickzack heim. Meist bildet ein Wasser die Grenze von eines Königs Reich und wer über das kommen kann, ist gerettet. Als eine Magd bei Odrau die Krone gestohlen hatte, kroch sie auf einen hohen Baum. Vor Grimm schlug der König die meisten Äste mit seinem Schweif herab, konnte sie aber nicht erreichen und barst vor Wut darum.

Daß es nicht rätlich ist, den Zorn des Königs zu wecken, versteht sich wohl von selbst. Im Heinersdorfer Walde, wo er unter einer mächtigen Eiche wohnte, und wo er sie durch ein Zischen und Singen, das Kindergejammer oder dem Summen der Hummeln ähnelte, zusammenrief, dort wollte ein Jägerbursche den Natternkönig töten. Aber sein Schuß ging fehl, er mußte fliehen und konnte doch nur entkommen, weil er den Wütenden sein Gewehr hinwarf. Von dem fand man am nächsten Tage nur noch die Eisenteile, das andere war völlig vernichtet. Und auf dem Wege von Muskau nach Spremberg, im Forst Wulfshain, hatte ein Mann aus Dubrauke, der sich dort einen Harkenstiel schneiden wollte, einen Haufen Schlangen, alle zusammengeringelt in einem Klumpen, gefunden. Er riß eine junge Kiefer aus und schlug unter sie. Auf einmal waren sie in der Luft und schwebten um seinen Kopf und so bis nach Hause vor seine Tür in der Adamsschenke. Einige Tage darauf war er tot. Das mag an jene geflügelten Schlangen erinnern, welche vor Zeiten im Riesengebirge hausten und Menschen anfielen.

Daß sich der Otternkönig mit Pfeifen Hilfe herbeiruft, wurde bereits erwähnt. Aber man kann auch ihn und alle Nattern locken, wenn man auf einem Otternpfeiflein pfeift; das ist ein durch den Stich einer Wespe entstandener Auswuchs auf einem Buchenblatte. Doch, heißt es im Kreise Brieg, hat man sie so zusammengepfiffen, wird man sie nicht mehr los und macht man im Pfeifen einen Fehler, zerreißen sie einen. Nun hat im Beuthener Walde ein Geselle die Ottern aus einer Mühle einmal davongeführt, indem er auf einer Flöte blies und über das Wasser in einen Wald schritt. Auf einer Anhöhe machte er eine Grube, in die er sie alle, die ihm im Zuge gefolgt, versenken wollte, aber da schoß der Otternkönig herbei und erwürgte ihn. So wurde die Grube sein Grab.

Eine besondere Kunst wollte auch jener Handwerksbursche verstehen, der seinen Kameraden, mit dem er durch einen Wald ging, fragte, ob ihn verlange zu wissen, wieviele Schlangen im Walde seien. Darauf setzte er sich auf einen Baumstamm nieder; der andere jedoch erkletterte einen Baum. Nun fragte der erste: Siehst du jetzt alle Schlangen? Drei Morgen sehe ich voll bedeckt! sprach jener vom Baume. Kommen noch immer welche? Ja, jetzt kommt eine, die langt über drei Beete. Da sagte der Schlangenbeschwörer: Das ist mein Tod! und verschied.

Im allgemeinen, nicht nur vom Otternkönig, heißt es, daß Schlangen die Menschen grausam verfolgen. Aus meiner Kinderzeit kann ich mich erinnern, daß wir vor einer Kreuzotter schreiend und rennend flohen, und daß wir uns selbst nach einer halben Stunde noch immer von ihr verfolgt glaubten. Das kommt mit dem überein, was Regell von einem Gebirgler versichert wurde, der im Groß-Aupatal bei der Aichelburg von einer schwarzen Otter angefallen ward, die sich zu einem vollkommen geschlossenen Ring zusammenlegte und wie ein Reifen hinter dem bergab Fliehenden hergerollt ist. Nur äußerste Eile vermochte ihn zu retten. Ebenso fürchtete man die Haselotter, deren Haut rotem Samt ähnlich glänzt; sie soll den Menschen in meterhohen Sprüngen verfolgen. Aber berührt man eine giftige Natter mit einem Eschenzweig, so verendet sie. Zieht man um sie mit einem solchen Zweig einen Kreis, so kann sie nicht mehr vom Fleck und ist gebannt.

Im Schöpsflusse bei Quitzdorf, wo's viele Krebse gibt, lebt auch ein Riesenkrebs, schwarz behaart und mit Menschenhänden. Auf einen Mann, der in der Mittagsstunde dort krebste und der sein Netz ausgebreitet hatte, um seinen Fang zu zählen, kam er zugekrochen mit schrecklich ausgestreckten Scheren. Der Mann ließ seinen Fang gern im Stich und floh davon. Ein anderer hat ihn einmal, wie etwa den Wassermann, im Sacke gehabt, der immer schwerer und schwerer ward. Und wie er nachsah, hatte er wirklich den Riesenkrebs im Netze. Loswerden konnte er ihn nun nicht, und da er den Fang doch

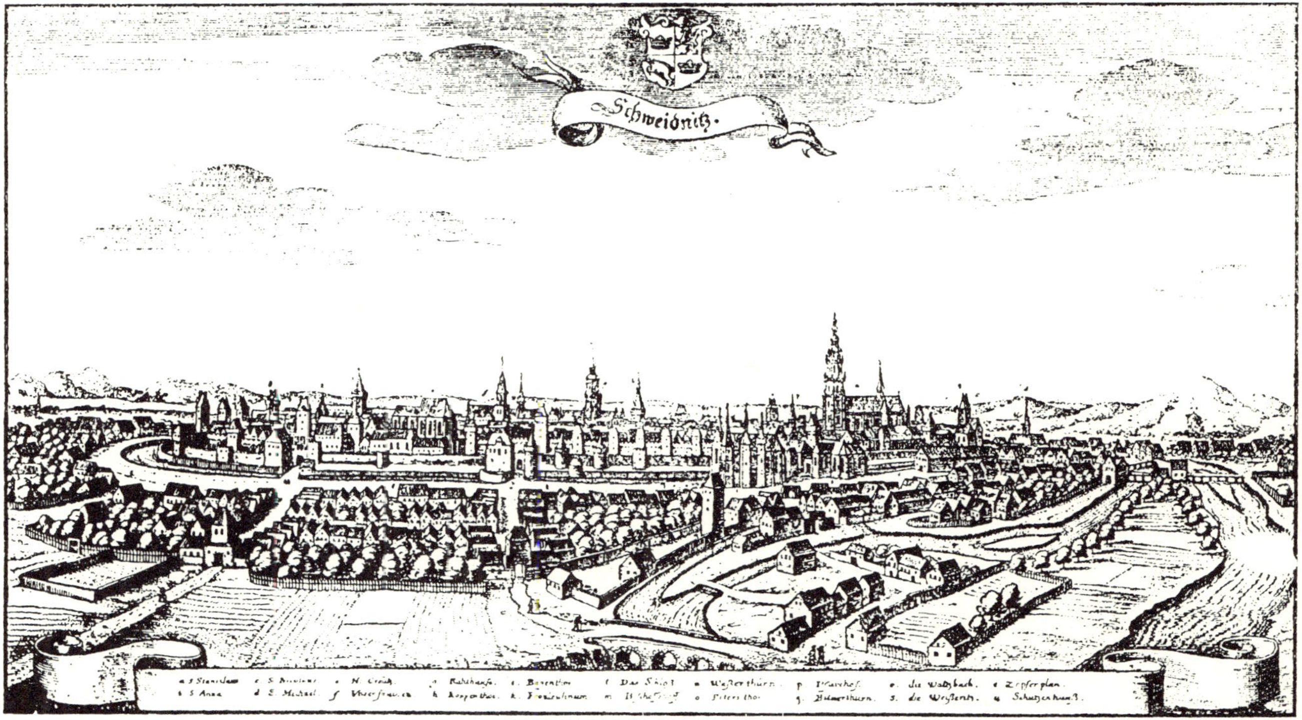

Ansicht von Schweidnitz. Kupferstich aus Zeiller-Merian, Topographie von Böhmen und Schlesien

nicht verlieren mag, trägt er ihn mit nach Hause. Aber da war er aus dem Netz längst verschwunden. – Im Puschalkenberge bei Grottkau, in dem die Pferdefüßigen hausen, wohnt auch ein Molch, der badet im Wasser; das wird dann milchig-weiß und ist nicht gut zu trinken. Wenn's aber klar ist, dann schadet sein Genuß nichts.

Doch eine Gruppe nicht-wirklicher Fabeltiere gab Anlaß zu Sagenerzählungen, die Lindwürmer und der Basilisk. Die Lindwurmsagen spielen vielleicht in jene Sagen der Krönlnatter hinüber, denn ursprünglich ist der Lindwurm nichts als ein außergewöhnlich großer Wurm (eine Schlange), wie er sich in einem verrufenen Hause Deutsch-Piekars noch heute befinden soll. Dort hat es nämlich in einer Wand ein Loch, das sich auf keine Weise zumauern läßt und eine große Schlange wohnt darin. – Es gibt auch Schlangen, die sich aufbäumen zu riesiger Größe und Feuer speien, als sie von Holzdieben angegriffen wurden.

In der Steinrücke des Querbacher Dreßler-Kramers lebte ein Tier, das jedesmal, wenn er die Steine fortschaffen wollte und sich der Steinrücke nahte, aus dieser hervorkam und ihn bedrängte. Er hat es nach dem Rat des in der schwarzen Kunst wohl erfahrenen Giehrener Pastors Schmidt dadurch bezwungen, daß er vor der Steinrücke niederkniete und sieben Vaterunser sprach, wobei er immer die siebente Bitte siebenmal wiederholte.

Was aber die Lindwürmer selbst anbetrifft, so waren sie, eine Plage und Qual des ganzen Landes, nicht so leicht zu bezwingen. Ein einziger nur, der Drache vom Gablonzer Drachenfelsen, der täglich eine bestimmte Anzahl von Menschen zum Opfer verlangte, die man durchs Los bestimmte, wurde durch einen Mann beschworen, der einen Stab in den Händen hielt und seine Beschwörungsformeln sprach. Der Drache brüllte zwar laut und klammerte sich an den Felsen an, so daß die Spuren der Klauen noch heute zu sehen sind, dann aber hob er sich langsam und floh davon. Zwar heißt es, die Drachen vom Kahlen Berge bei Gompersdorf seien von einem Priester bezwungen worden, aber das ist erst neuere Sage. Anfänglich hieß es, daß man den einen so fortgeschafft, daß man ihm ein mit ungelöschtem Kalk gefülltes Kalb vorgeworfen hat, oder eine Anzahl mit Kalk gefüllter Brote. Als er nun in der Biele trank, begann der Kalk in ihm zu kochen und tötete ihn. Der zweite fiel nicht darauf herein und da nichts anderes half, zündeten die Umwohner den Wald, in welchem er hauste, an, so daß er in seinen Flammen umkommen mußte.

Das ist im Grunde dieselbe Sage, die mir der Waldwärter Männich, der Enkel des Tapper in Gr.-Iser von den Schaffgotschen erzählte, die Sage, die aus der schriftlichen und romantischen Form ins Volk gelangte. Der erste Gottsche, ein Schäfer, hat durch ein Feuer die Greife, welche die Gegend verwüsteten, im Horst erstickt. Dafür hat er vom Kaiser Burg Greiffenstein erhalten. Wandervögel erzählen, daß, als Burg Greiffenstein erbaut werden sollte, ein Drache sich aus dem Brunnen herauf in den Rittersaal gewälzt habe, dem ein Greif folgte; beide begannen zu kämpfen und alle Arbeiter flohen. Nach Tagen betrat der Sohn des Erbauers die Burg und fand die Mauern geborsten und in der Halle den Drachen in seinem Blute, dessen Pestgeruch den Neugierigen fast erstickte. Statt des erwarteten Greifes sah er zwei Junge, die jedoch noch nicht flügge waren. Als er davonritt, folgten ihm die urplötzlich gewachsenen Vögel, die später als friedliche Vögel den Turm bewohnten.

Im Keller eines Hauses der Kupferschmiedstraße in Schweidnitz hatte es einen Brunnen und mehrere Mal sind in dem Keller Dienstmädchen verschwunden. Ein Mann schlich einer dreisten Magd, die sich trotz alles Warnens dorthin begab, einmal nach und sah durch den Türspalt, wie aus dem Brunnen ein Lindwurm aufstieg und sie hinunterzog. Niemand mochte sich mehr in den Keller wagen, bis ein zum Tode verurteilter Verbrecher sich dessen vermaß, wenn man ihm eine Rüstung aus lauter metallenen Spiegeln verfertige. Die schützte nicht nur vorm giftigen Hauch des Todes, sondern warf ihn auch auf den Lindwurm zurück, wodurch derselbe, betäubt, leicht erschlagen werden konnte.

Das ist nun keine Lindwurmsage mehr, sondern eine Nachricht vom Basilisken, wie man auch einen gesehen hat, als Herzog Georg II. von Brieg 1564 den Grund zum Gymnasium legen ließ. Denn da fand sich beim Abbrechen des Domkellers ein abscheulich giftiger Wurm, fast eine Elle lang und zwei Spannen dick. Bei der Aufspürung des Warschauer Basilisken hatte ein Schlesier den Hauptanteil und darum mag auch die Sage hier stehen. Es hatten sich nämlich zwei Kinder beim Spielen in einen Keller eines vor Jahren abgebrannten Hauses verstecken wollen, sind aber auf den untersten Stufen tot umgefallen. Der Magd, die sie am Abend suchte, geschah das nämliche. Als man die Körper mit Haken herausgezogen, fand man sie dick verschwollen, schwarz oder blau, die Augen lagen eigroß heraus, so daß die Medici urteilten, daß eine giftige Schlange unten ihr Nest haben möge, ja vielleicht gar ein Basilisk, welcher aus einem Hennenei von einer Kröte gebrütet werde. Niemand jedoch mochte den Keller durchsuchen, bis sich ein auf den Hals gefangener Schlesier, Hans Jaurer, bereit erklärte. Er ließ sich den ganzen Leib mit starkem Leder verwahren, auch ein Paar Gläser vor die Augen binden, die ihn im Gesicht nicht hinderten; dann wurden ihm an alle Teile seines Leibes Spiegel geheftet, daß man diesen abscheulichen Wurm durch den Widerschein seiner eigenen Gesichtsstrahlen töte. In eine Hand gab man ihm eine spitzige Gabel, in die andere eine brennende Fackel. Unten suchte er eine ganze Stunde lang alle Winkel und Ritzen ab, und da er nichts fand, forderte er eine frische Fackel. Hierauf bemühte er sich, einen anderen, mit Steinen und Schutt verfallenen Keller zu räumen und hineinzugehen. Indem er die Augen nun nach der linken Seite wirft, kommt ihm zufällig das Ungeziefer zu Gesicht, welches in einem Loche der Mauer, wie eine Henne gestaltet, aber verreckt, dalag. Solches zeigte er mit einem Geschrei an und empfing den Befehl, mit der eisernen Gabel das Tier herauszuziehen. Da ward es männiglich vor Augen gelegt. Die Medicis und alle Verständigen urteilten: es wäre ein Basilisk. Desselben Größe war wie die einer mittelmäßigen Henne und der Kopf beinahe einem indianischen Huhn (Truthahn) gleich, sein kronenförmiger Kamm gelb und blau gesprenkelt, der Rücken mit vielen erhabenen Flecken wie Krötenaugen punktiert.

Riesen, Tod und Teufel

Von göttlichen Wesen handelt dies Buch; von Wesen, die als erniedrigte Götter heute mit scheuer Angst als hassende und feindselige Gestalten betrachtet werden.

Die Riesen

Im allgemeinen hat Schlesien nur Spuren von Riesensagen. Waren in diesen anfänglich slawischen Ländern die Riesengestalten fremd, oder sind sie von anderen lebendigeren Wesen verdrängt worden? Ich glaube das letztere. In Arnau beunruhigten zwei Riesen die Stadt, und als selbst die Umgürtung des Ortes mit einer Mauer nichts half, überschüttete man die Eindringenden mit heißem Mehlbrei, blendete sie so und tötete sie dann. Ebenso schlimm wie diese beiden mögen die von Burg Edelstein gewesen sein, die eine Feste erbaut, aus der sie auf Menschen lauerten, und die sich von Menschenfleisch ernährt haben sollen. – Im Spitzberge bei Tannwald wohnt heute noch ein Riese, der ungeheure Schätze besitzt. Neben dem Berge fließt ein Bach, darin tränken die Hirten ihre Herden. Dabei geschieht es oft, daß ihre Kühe im Sande Gold- oder Silberstücke ausscharren, die jener Riese den Hirten sendet, denen er hold und gewogen ist. Ein Hirte aber, welcher den Riesen foppte und ihn anrief, verschwand im Berge und kam erst nach geraumer Zeit, aber ganz braun und blau geschlagen, zurück. In stürmischen Nächten haben Leute, die noch spät um den Spitzberg gingen, zuweilen ein fürchterliches Lärmen, Geklirr und Geheul aus dem Berge vernommen und dabei wurden Steine auf sie geschleudert. Geizigen stieß er einmal den Wagen um, und als sie sich abmühten, ihn aufzuheben, erscholl ein lautes Hohngelächter. Leute wollen den Riesen auch am Tage vor seiner Höhle gesehen haben, wie er auf seinen Schätzen lag und schlief. Im Wendischen war in Mühlrose der Müller ein Riese und seine Tochter war's auch. Von denen erzählt man die Geschichte, die man vom Riesenspielzeug auf Nideck weiß.

Festung Glatz in Niederschlesien. Kupferstich aus Daniel Meisner, Politisches Schatzkästlein. I. Buch, Teil 7. Frankfurt a. M. 1626

Der Tod

Der Tod ist ein unheimliches Wesen, das auszieht, nach eigenem Willen das Leben der Menschen abzufordern. Von den Verfallenen heißt es um Glatz: sie gehen in die Erlen. Als fahles Männchen wandert der Tod dem Hause des Sterbenden zu. In Polnisch-Oberschlesien wird er als weibliches, schlankes, mit einem weißen Gewand umhülltes Wesen mit grünen Augen gesehen. Am Wege von Hennersdorf nach Bielau erscheint ein langer und hagerer Mann, das „Biller Männel". Wer ihn sah, mußte sterben.

Anderswo dagegen denkt man sich ihn riesig. Bei einer Pest in Breslau sah man ihn nachts (nach anderen am Mittag) als unermeßlich hohes Knochengerippe mit zwei Schritten über die Stadt wegschreiten. Und 1680 ritt der Tod auf seinem falben Pferde durch alle Straßen von Breslau, mit wütenden Gebärden. Er kam auf die Herrengasse, da hieß es: Und ob auch Fürsten und große Herren in diesen Häusern wohnen. Ich reiß' herab den Mantel und Stern, niemand darf ich verschonen. Er kam auf den Ring, da hieß es: Heran, heran, krank und gesund, ihr Jungen mit den Alten. Der Platz allhier ist groß und rund, den Totentanz zu halten. Er kam auf die Schmiedebrücke, da hieß es: Schlagt wacker mit dem Hammer zu! Mein Pferd braucht auch

Hufeisen! Ich reite jetzt ins Grab zur Ruh, ihr sollt bald mit mir reisen. Er kam auf dieFleischbänke, da hieß es: Ochsen und Kalb ist nicht mein Speis', ich bin der Menschenfresser; von Hunger und Fasten ich nichts weiß; ich mach's euch auch nicht besser. Er kam zum Zeughause, da hieß es: Juchhe! Hier find' ich Handwerkszeug! Ihr habt es selbst ersonnen. Heraus die Büchsen und Spieße sogleich, mein Spiel hab' ich gewonnen. – Und eine Frau, die übers Friedrichswalder Köppl ging, sah, wie am Kirchhof ein Geist aus einem Grabe stieg, immer größer und länger wurde und schnurstracks auf Philipp-Wilhelms Haus zuging. Dort hat er um 12 drei fürchterliche Schläge ans Fenster getan und ¼ auf 1 ist's Rusel gestorben.

Ein Bauernknecht ging aus Rudelsdorf einst nach Lauterbach zum Tanz. Unterwegs gesellte sich ihm ein feiner junger Mann zu, mit dem er, gemütlich plaudernd, einige Male einkehrte. Kurz vor dem Dorfe sagte jener: Ich bin der Tod und gehe heut nach Lauterbach, um mir den Kapellmeister zu holen; mach' dich bereit, übers Jahr kommst du an die Reihe! Der Knecht hielt das für einen schlechten Scherz und ging auf den Tanzboden. Mitten im Saale, an die Säule gelehnt, stand sein Freund, für niemand außer den Knecht sichtbar; ja viele tanzten durch ihn hindurch. In einem Weilchen geht er auf den Kapellmeister los und versetzt ihm einen Backenstreich, daß jener wimmernd zu Boden fällt und stirbt. Dann geht er dicht an dem Knechte vorbei und sagt: Mach dich bereit, übers Jahr hole ich dich! Und so ist's auch gekommen.

Wieder tauchte im Golschwitzer Walde an einer Brücke aus dem Waldteich eine gespenstige Gestalt vor zwei Kindern auf und verbot ihnen, über die Brücke zu gehen, sie sei der Tod. Die Kinder erschraken, aber sie mußten doch heim und betraten deshalb die Brücke. Aber plötzlich stand auch der Tod in grauenhafter Gestalt neben ihnen und erfaßte sie; ein gellender Schrei der Kinder und sie stürzten ins Wasser, das über ihnen sich gurgelnd schloß.

Aber man kann ihn auch verweisen. So sah einmal Jank-Posselt die alte Predigern auf das Haus zukommen, ohne daß sie eintrat. Er hörte sie vielmehr im Vorhause diskerieren und wunderte sich, mit wem sie dort wohl sprechen mochte, denn es war niemand daheim als er. Das dauerte lange und er wollte schon nachsehen gehen, da kam sie ganz erhitzt herein und meinte: „Ihr könnt von Glück reden, daß ich kam; draußen lehnte der Tod an der Treppe. Ich habe ihn aber verwiesen, daß er ein Haus weiter geht." Richtig ist auch am sattn Oubte bei Lorenzen der Junge gestorben.

Im Kreise Neiße und in Österreichisch-Schlesien erscheint vorm Tode eines Menschen das Klagemütterchen. Das ist die Wehklage oder Gottesklage der Wenden. Als in der Neißemühle bei Muskau drei Menschen ertranken, hatte der Müller die Wehklage vorher gehört und gefragt. Sie antwortet stets ganz unbestimmt: Es betrifft nicht dich, sondern einen andern!

Von dieser božalos heißt es bei Schleife: Es hatten einst Leute einen Fliederbaum *(bez = Sambucus niger)*, den schlugen sie nieder und brannten das Holz in einem Kachelofen. Da kam des Nachts in der zwölften Stunde die Gottesklage und schrie immerdar: Weh euch! běda wam! Deswegen verbrennen die Leute kein Fliederholz im Ofen mehr; dagegen kann man es in einem Backofen brennen. Das Klageweibchen läßt sich gleichfalls verweisen; man schickt es dann, Nachbars Hund zu holen: Nuckwrs Hund watt vrracka! Und der muß dann zugrunde gehen.

Die Pest

Vornehmlich auf slawische Gegenden ist auch die Pest beschränkt. Sie muß in früheren Zeiten sehr schwer auf Schlesien gelegen haben. In Halbendorf blieben zweimal sieben weniger einen übrig. In Schildberg (Österreichisch-Schlesien) hatte im Jahre 1713 ein Haus am Markt einen neuen Eigentümer erhalten. Der untersuchte den Boden und fand in einem entlegenen Winkel ein Bündel mit alten Kleidern. Sobald er diese öffnete, wurde er von der Krankheit befallen. Diese griff so um sich, daß in ganz kurzer Zeit Schildberg auf zehn Familien ausstarb.

In Oels hat sich auf der Stadtmauer ein sehr geheimnisvoller Gegenstand befunden, der einen neugierigen Bürger veranlaßte, ihm näher nachzugehen. Als er den Gegenstand anrührte, breitete der seine Schwingen aus und flog über die Stadt; es war die Pest und der Neugierige starb als der erste.

Die Pest ward einst in eine hohle Linde in Nowag verbannt. Aber der Banner kam wieder, stieg in den Baum, brachte die Pest, ein großes schwarzes Tuch, heraus und flog mit diesem über das Dorf. Da starben alle außer dem Totengräber und einem Knecht. Nun hatte der Fremde prophezeit, es würde nur einer am Leben bleiben. Eines Nachts bangte sich drum der Knecht und fürchtete, er werde jetzt an die Reihe kommen. Aber da poltert's; der Totengräber ist von der Treppe gefallen und hat seinen Geist ausgehaucht. So blieb er für lange Zeit der einzige Mann im Ort.

Gebannt hat man die Pest wohl oft. Bei Tormersdorf ließ ein böhmischer Zauberer eine Pestgrube graben und bannte die Pest hinein. Sie kam wie eine blaue Wolke aus allen Orten gezogen und sank in die Grube. Nachdem er angeordnet, daß niemand sie wieder öffnen solle, sank er hinein und man sah nichts als eine Vertiefung mehr. – Als Nebelstreif legte sich einem Landmann die Pest – eine weiße Gestalt – in der Muskauer Heide auf die Schultern und wich, wohin er auch lief, nicht mehr von ihm. Endlich stand er vor seinem Hause; aber er wußte, daß, wenn er einträte, er seiner Familie und seinem Dorfe die Krankheit brächte. Da lief er wieder zurück ins Feld und endlich kommt er ans böse Ufer der Neiße. In seiner Verzweiflung faßt er den Plan, sich mit der Seuche im Flusse zu begraben. Da wich sie von ihm; als Nebelstreif zog sie über die Heide in einen nahen Berg, der sich auftat und sie aufnahm.

In Breslau träumte ein frommer Bürger zur Zeit der Pest: ein alter ehrwürdiger Mann erscheine ihm mit einem Büschel Blätter in seiner Hand. Der Träumende bat die Gestalt um Hilfe und Rat und diese empfahl die Wurzel vom Bibernell als Heilmittel gegen die Pest. Als erst der Greis seinen Traum erzählte, strömte das Volk in Massen hinaus, das Kraut zu suchen, und wer es im Glauben an seine Kräfte gebrauchte, blieb von der Pest verschont. Auch in dem wendischen Schleife ist einst der Tod herumgegangen und hat zu den Leuten gesagt: Hättet ihr den łoman *(Inula Helenium)* gegessen, so wärt ihr nicht so heftig gestorben.

Von der Viehpest wissen die Wenden viel zu erzählen. Es war einmal ein Mann Batko von Burg, der fuhr von Neudorf nach der Mühle. Unterwegs setzte sich eine Weibsgestalt auf den Wagen und der ward immer schwerer. Vor Angst sagte er nichts. Da fragte das Weib: „Warum sagst du nichts? Die Ochsen ziehen doch so schwer." – „Ich fürchte mich." Und das Weib sprach: „Du sollst dich nicht fürchten, dir soll nichts geschehen, ich bin der Tod vom Vieh. Du sollst deine Ketten nehmen und in das Faß stecken und sollst Lärm machen, daß dein Vieh mich nicht hört. Denn was mich vom Vieh im Dorfe hört, das ist des Todes." Dieselbe Nacht fiel alles Vieh, welches das Brüllen hörte; aber des Mannes Lärmen hatte sein und des Nachbars Vieh gerettet. In Schleife ist die Viehpest als großer Bulle durchs Dorf gegangen und welches Vieh da sein Brüllen hörte, das starb im Jahr. Nur wo die Leute mit Ketten gerasselt, ist es gesund geblieben.

Wind und Windin

Eine Reihe Sagen haften am Winde. Es heißt: dem Winde darf man nicht fluchen, sonst wirft er das Leichentuch oder den Sarg des Betreffenden von der Bahre. Weht aber ein steifer Wind, so sagen die Schlaupitzer: Entweder holt der Teufel einen Freimaurer oder es hat sich ein Kerl gehangen. (Stehen dagegen Lammlawolken am Himmel, dann ist eine fromme Seele bei den Seligen angelangt.) Im Riesengebirge heißt es, wenn es im Winter recht stöbert und der Wind braust: Heute sind alle (99) los und auch der Lahme ist nicht zu Hause geblieben. Die Wenden behaupten, wenn's draußen recht pfeift und um die Hausecke geht: Wêteror Hansko, der Windhans fährt vorbei. Einmal jedoch gingen Wind und Windin über Land. Bei der Gleiwitzer Kirche sagte sie: Warte auf mich, ich gehe bloß einen Augenblick rein. Heraus ist sie noch nicht gekommen, und er ist immer noch beim Kirchturm und knurrt.

In Oberschlesien und in Nordböhmen erzählt man von der Windin viel Sagen. Man nennt sie Melusine und sagt: In einem Dorfe lebte vor hundert und noch mehr Jahren ein schönes, aber hoffärtiges Mädchen. Es wollte hundert Hemden wie die Kaiserin haben. So nähte sie denn vom Abend bis an den Morgen fleißig wie eine Biene. Nähte Tag um Tag, hielt weder die Sonntage noch die Feiertage. Wenn die Glocken zur Kirche riefen, rauschte in ihrer Kammer die Leinwand. Hemd um Hemd wurde fertig; es fehlten nur wenige zum hundertsten. Wieder saß sie während des Gottesdienstes an einem Sonntage an ihrer Arbeit. Die Mutter machte ihr Vorwürfe. Sie lachte und sagte: Wenn ich hundert Hemden fertig habe, will ich auch zur Kirche gehen. Im selben Augenblicke erhob sich ein rasender Sturm, fuhr durch das offene Fenster und hui! hatte er ihr die Hemden entrissen. Ritz ratz ging die Leinwand in lauter Stücke, daß es nur so pfiff. Aus dem Sturm aber rief es: Weil du den Sonntag entheiligt hast, sollst du Hemden nähen bis das hundertste fertig ist. Melusine schrie vor Wut, daß es bis in der Kirche gehört wurde. Aber es nützte nichts; sie muß nähen und nähen. Immer wenn das hundertste Hemd fertig ist, kommt der Sturmwind, nimmt ihr die Hemden fort und reißt sie in

Nachod. Stahlstich von A. H. Payne, nach einer Zeichnung von Ludwig Richter

Fetzen, daß es so pfeift. Sie heult wütend auf und schreit, daß man es meilenweit hören kann; dann bekreuzen sich die alten Leute und flüstern: Hört, wie die Melusine heult!

Anders heißt es bei Follwark im Kreise Oppeln, sie sei eines Bauern eitles Weib gewesen, welche durch ihre Putzsucht den Mann ins Elend stürzte. Als sie nun einst mit einem Schleier am Werkeltag an seiner Scheune vorbeistolzierte, fluchte er ihr. Da riß ihr ein Windstoß den Schleier vom Arme; heulend lief Melizona, die eitle, dem Sturme nach, der große Fetzen vom Schleier riß, daß es nur so pfiff. In der Scheuer der Bauer schlug aber die Hände piff paff! zusammen und lachte und lachte. Melizona muß seit dem Tage dem Sturm nachlaufen, und wenn es in den Lüften gellt und rast, heißt es noch heute: Hört, wie die Melizona heult und der Bauer lacht! – Andere wieder sagen, die Melusine klage und heule, weil ihre Kinder hungerten und sie nichts hätte, womit sie sie sättigen könne. Man solle daher Mehl oder auch Brot auf das äußere Fenstergesims legen, damit sie es hole.

Im nördlichen Böhmen erzählen die Leute: Das Schloß von Nachod stehe auf einem großen Felsen. Die Raubritter haben es fest gebaut, indem sie Mörtel von Quark und Eiern machten. Nach ihnen gehörte es einem Grafen. Der hatte drei Töchter; die eine von ihnen war wie ein Fisch, die mußte sich alle Tage baden und hatte eine eigene Kammer dazu. Die beiden anderen heirateten reiche Herren; die Kranke bekam das Schloß, weil sie nicht heiraten sollte. Aber dann hat ein armer Herr sich gerade in sie verliebt, der mußte versprechen, zwei Stunden am Tage wird er nicht nach ihr fragen. Zehn Jahre hatten sie so gelebt, da hat's ihm keine Ruhe mehr gelassen, er wollte sehen, was sie machte. Er hat in ihre Türe ein Loch geschnitten, etwa wie einen Biehmen (10 Pfennig-Stück) groß. Und wie sie am nächsten Tage wieder in ihre Kammer ging, schlich er ihr nach. Aber er hatte sie noch nicht einmal ordentlich gesehen, da hatte sie ihn schon wahrgenommen. Sie machte die Tür auf, weinte und sagte: Jetz host de gebrocha, was de host versprocha, on ich muß wek vo do. Auf immer werde ich keine Ruhe haben und muß vom Winde leben. Sie gab ihm ihre Hand; auf einmal hatte sie Flügel bekommen und ist beim Schlosse in die Höhe geflogen und hat: Adje! meine Heimat! geschrien. Bis heute soll sie noch in der Luft herumfliegen, und wenn der große Wind geht und es macht hu-u-u-u – da sagen die Leute: Die Melusine heult.

In Oberschlesien ist auch von einem regenerzeugenden oder -sendenden Wesen die Rede. Es heißt: Wenn auf der Mostkach (auf den

Brücken) in Lenkau, Krs. Kosel, angefangen wird, das Gras zu mähen, so stellt sich regelmäßig anhaltender Regen ein. Die Leute sagen, sie hätten den *gniewuś*, einen zürnenden Geist, geweckt.

Teufelsränke und -listen

Alles, was unerklärbar geworden ist, gestaltete sich zur Teufelssage. Ob er im Riesengebirge an Stelle des Berggeistes trat oder in Beuthen an die des Skarbnik, ob er die Wassermannsage jetzt aufsaugt, immer, ehe sie ganz und gar verschwinden, münden die Sagen in ihm.

Als Dämon des Sturmes sitzt er im Zwirbel, dem Wirbelwind, und wenn man unterm ellbogenen Arm durchsieht, läuft er als Hase in ihm herum. Nun, über die Beziehung des Hasen zum Teufel erzähle ich bald noch mehr. Als Wirbelwind packte er einen Lästerer unter der Gromeiche bei Liatkower Heide und führte ihn weit fort in die Lüfte. Drei Meilen davon warf er ihn ab.

Wieder an Stelle eines Spukgeistes, wohl einer umgehenden Seele, hat er nach Lucae am Bollwerk „Siehe dich für" in Brieg die Schildwachen geängstigt, wo sich auch etliche Male Erhängte gefunden haben.

Wie aller Spuk birgt er sich unter der Maske von Tieren. Der Ritter von Schweinichen, der schlesische Kannenheld, erzählte aus seinem Leben: Einstmals rauften (als Knaben am Liegnitzer Hofe) Logau und Schweinichen miteinander. Und da niemand war, der sie voneinander brachte, kam eine Sau aus dem schwarzen Reuterzimmer den Wendelstein herauf, grunzte, davor sie sich gefürchtet und voneinander ließen.

Was es für eine Sau gewesen, kann leichtlich erachtet werden, weil keine im Schlosse gewesen. Gott aber hat uns beide behütet.

In Möhlten bei Glatz tat sich an einem Winterabend plötzlich in der Gesindestube ein Fenster auf und ein Ochse steckte den Kopf herein, den er nach einem Weilchen wieder zurückzog. Der Ochse sah einem sehr ähnlich, der im Stall stand. Darum ging eine Magd hinaus, um ihn anzubinden. Wie sie jedoch in den Stall kam, stand der gesuchte Ochse ruhig an seinem Platze, und kaum war sie zurückgekehrt, da stieß schon wieder ein Wind das Fenster auf und der geheimnisvolle Ochs steckte den Kopf herein. Nun wußten sie aber auch, was für ein Ding das war.

Der Bauden-Robert, der früher Wirt in der Michelsbaude war, kam einmal nachts durch das Pferdeloch. Da nahte der Teufel ihm wie ein Ziegenbock; aber er kannte ihn, weil er so viele Hörner hatte. Nun wollte er ihn anreden, doch ist das nicht so leicht, da muß man eine ganz bestimmte Form wissen; der Bauden-Robert sagte: Verfluchtes Luder! was willst du ock von mir! – Da mußte er gleich ausreißen. Der Teufel hat ihn getrieben bis heim.

Und auch in Steinau huckte er in Gestalt eines Ziegenbockes den Leuten nachts zwischen 12 und 1 Uhr auf, die von da, wo jetzt die Selterhalle steht, zum jetzigen Kriegerdenkmal wollten. Als im Oels-Doberneyer Wirtshaus ein Handwerksbursche, der Sachsenschneider, fleißig gezecht und ohne zu zahlen davongehen wollte, nahm ihm der Wirt das Geld selbst aus der Tasche. Dabei soll er jedoch mehr fortgenommen haben, als die Zechschuld betrug, und jener Handwerksbursche stieß schließlich die Drohung aus, er werde sich an dem Wirte rächen. Am nächsten Morgen erschien der Teufel in Gestalt eines Ziegenbockes, holte ihn ab und führte ihn bis zum sogenannten schwarzen Stege, wo schon der Sachsenschneider stand und ihm eine Ohrfeige gab, daß er zeitlebens sein Gesicht nach der Seite gewendet hatte. – Von der Falkenburg am Kyffhäuser aber erzählt eine Nordhäuser Sage, daß sie einst unfreiwillig hohen Besuch bekommen. Ein Herzog aus Schlesien ward in der Heimat von einem gespenstischen Bock aufgenommen, in kurzer Zeit durch die Lüfte geführt und endlich auf den Ruinen der Falkenburg abgesetzt. Halbtot und elend kam er nachts in die nahegelegene Falkenmühle und bat um Herberge.

Diese Bockfahrten erinnern an die Luftfahrten, die auch bei anderen Gelegenheiten vom Bösen berichtet werden. So hat sich den 7. März zu Breslau eine wunderliche Geschichte begeben mit Hannsen, einem Boten, der lange Sachse genannt, welcher auf der Olischen Gasse in einem Zechhause beim Bier gesessen, sich mit dem Schöps dermaßen bezecht und beschlemmt, daß er greulich geflucht und gescholten, den Teufel gerufen. Wie es nun finster geworden, hat ihn der Satan zum Fenster herausgezogen, viel Glasscheiben zerbrochen und fast die ganze Nacht in der Stadt umhergeführt. Da sich aber der elende Mensch besonnen und zu Gott um Gnade und Hilfe gerufen, hat ihn der Teufel fallen gelassen und ist von ihm gewichen.

Da fällt mir jene Geschichte ein, welche der Autor der Asiatischen Banise, Ziegler, einmal erzählt. Zwei Meilen von Bautzen befand sich in dem Dorfe Crischau (Krischa bei Görlitz) ein Gärtner namens Georg Senich, welcher zwei in der Satansschule erlernte Eigenschaften an sich hatte, nämlich das säuische Vollsaufen und das gotteslästerliche Fluchen und Schwören. Mit solcher Lebensart wollte er auch das 1596. Jahr anfangen und nicht besser beschließen. Daher setzte er sich am heiligen Neujahrstage in die Schenke und fing einen solchen Krieg mit den Kannen und Gläsern an, daß er sich endlich für überwunden erkennen und auf dem Tische einschlafen mußte. Als der Abend herbeikam, besuchte der Teufel den schlummernden Trunkenbold und führte ihn in einem grausamen Sturmwinde rücklings zum Fenster hinaus. Denn obwohl der elende Mensch jämmerlich schrie: Ach Gott, ich sehe nichts als die Sterne am Himmel! so konnte man doch das Licht nicht so bald anzünden, daß er nicht in den Lüften sollte fortgeführt worden sein. Sodann wanderte der höllische Seelenjäger mit ihm nach Weißenburg zu einer mit Pech erfüllten und siedenden Braupfanne, allwo er viel schwarze Männer nebst einer Wirtin erblickte, welche einander die Töpfe voll heißes Pech oder Bier zusoffen und ihn auch wider seinen Willen nötigten, aus einem Töpflein ebendergleichen zu trinken, welcher Trank ihm weit bitterer als Galle vorkam. Hierauf wollten sie ihn gar in die Braupfanne stürzen. Weil er aber den Namen Jesu in der großen Seelenangst so oft nannte, stießen sie ihn mit Ungestüm hinaus, dergestalt daß er, nachdem es Tag wurde, noch vor Weißenburg voller Angst und Schrecken stund. Nachmals aber nach Crischau zurückging und sich mit eifrigem Gebet zu Gott bekehrte. Unterdessen ward fleißig nachgeforscht und befunden, daß dieselbige Nacht in dem Städtlein nirgends ein Feuer unter einer Pfanne gewesen, hingegen aber hatte sich ein Getöse vieler Hörner, als ob es von Jägern geschähe, in der Luft hören lassen. Und eine Viertelmeile von besagtem Weißenburg war der Teufel einem trunkenen Schmied unterwegens in Gestalt zweier wohlgebildeter Weibspersonen erschienen, die ihn zur Unzucht anreizen wollten. Welche aber plötzlich verschwunden, als er das Zeichen des heiligen Kreuzes vor ihnen machte. Und 1551 hat er ein Weib, welches heftig geflucht und gelästert, in die Höhe geführt und in die nächste Pfütze geworfen, wo sie hernach mit verdrehtem Halse tot ist gefunden worden. – Um noch einmal auf das dem Satan wohlgefällige Trinken zu kommen, so sei erwähnt, daß sich davon eine lange und sehr ausführliche Sage findet. Anno 1643 tranken zu Bernstadt drei Soldaten in des Satans Namen dessen Gesundheit bei einem Leinweber, worauf der Gast sich alsbald einfand, den Anfänger bei den Füßen nahm, und ihn etliche Male mit dem Kopfe gegen den Ofen warf. Wie dieser aber etliche Male Jesus rief, verließ ihn der

Satan, fuhr oben durchs Dach und zerriß zween Balken und das Schindeldach.

Am besten bekannt geworden ist wohl die Sage vom Teufel zu Neurode. Den 29. September 1540 auf einem Schlosse nicht weit von Neurode hat ein reicher Junker, Siegmund Stillefriede gesessen, der viele seiner Nachbarn zu Gast auf einen Knoblauch gebeten. Und indem er längst aufwartet, sie sich allesamt entschuldigen, wird er ungeduldig, flucht und schilt und wünscht, daß die bösen Geister kommen sollen und seine Gäste sein. Dann geht er in die Kirche und hört dem Pfarrer (wie jener sagte) ein wenig für die Langeweile zu. Wie aber der Junker in der Kirche verzeucht, kommt ein großer Haufe schwarzer Reiter, wohl ausgerüstet und scheußlichen Gesichtes in den Hof geritten, sie rufen einen Knecht zu sich und sprechen zu ihm: Er solle seinen Junker aus der Kirche fordern und ihm anzeigen, daß die Gäste, die er zuletzt gebeten, alle willig gekommen seien, er wolle sie empfangen. Der Junker entsetzte sich ob der Zeitung, klagt dem Pfarrer nach vollzogener Predigt sein Anliegen, begehrt Rat und Trost. Auf des Pfarrers Ordnung geht jedermann mit schnellem Laufe aus dem Hofe und wird unterdem ein Kindlein in der Wiege vergessen. Die bösen Geister aber fangen an sich fröhlich zu machen, schreien und jauchzen nach der toben Art, sehen zu den Fenstern heraus, weisen etliche Gläser mit Wein, das Gebratene und die Fische, so zugerichtet waren. Als es der Junker neben den andern von ferne sieht, spricht er wehklagend: Ach, wo ist mein Kind? Wie er dies Wort kaum ausgeredet hat, zeigt ein greulich böser Geist das Kind zum Fenster hinaus und spielt mit ihm. Der Junker ist hoch bekümmert und spricht zu seinem getreuesten Diener: Mein, sage doch, was soll ich elender Mensch in der Angst tun? Der Knecht antwortet: Junker! ich will mein Leben Gott befehlen und versuchen, ob ich das Kind möge erretten. Der Junker spricht schnell: Jawohl, Gott der Herr stehe dir bei! Der Knecht hört auch des Pfarrers Sagen aus Gottes Wort und als er vor das Zimmer kommt, drinnen die bösen Geister schwärmten, fällt er zuvor auf seine Knie, befiehlt sich Gott und tut im Namen des Herrn die Türe auf. Die teuflischen Gespenster aber gehen in Menschen-, Schlangen- und anderer Tiergestalt in der Stuben herumspazieren; etliche laufen auf ihn zu: Was wiltu haben? Der elende Knecht schwitzt vor Angst; alle Haare, wie man sagt, gehen ihm zu Berge, redet aber doch den bösen Geist, welcher das Kind trug, an: Gib mir das Kind her! Der Teufel antwortet: Das Kind ist mein! Sage deinem Junker, er solle selber, als der Wirt zum Hause, die Gäste besuchen und das Kind abfordern. Der Knecht antwortet: Ich stehe jetzt allhier auf meinen Wegen, wie mir Gott befohlen. Vermöge meines ordentlichen Berufes und mit Beistand meines Erlösers nehme ich dies Kindlein dir. Indes greift er getrost nach dem Kinde; die höllischen Geister haben nichts geantwortet, sondern allein gepökelt und geschrien: Du Dieb, laß das Kind allhier oder wir wollen dich auf Stücken zerreißen! Diese Bedräuung hat der Knecht verachtet und ist ohne Verletzung aus dem Hofe gekommen. Die Teufel haben etliche Tage in dem Hofe verzogen, endlich sich auch wieder aufgemacht und sind verschwunden.

Wieder erzählt Praetorius: Der gemeinen Sage nach soll vorweilen zu Breslau ein sehr reicher Taschner gewesen sein, als von dem eine Gasse und nunmehr vermauertes Täscheltor ihren Namen erhalten haben. Es hatte aber endlich seine Weltvalet herangenaht. Dieser wollte er sich zur Wehr setzen und sie übertölpeln. Deshalb ging er, als seine schwache Stunde nahte zum Kasten und wollte lieber alles Geld verschlingen als vererben. Und hebt damit an zu fressen und einen gekrümmten Dukaten nach dem andern ins Magenlind zu senden, daß er auch darüber stehend seinen Geist hat aufgeben müssen. Die Freunde vertuschen es, so gut sie können und lassen den Goldschlukker ehrlich zu Grabe bestatten. Was geschieht? Wenige Tage hernach kommt der höllische Abgott in eines fremden Kavaliers Gestalt auf den Gottesacker und hält Nachfrage: Wo doch der reiche Taschner verscharrt liege? Der Totengräber will das Grab erstlich lange nicht verraten, doch tut er's endlich auf Zusagung eines Geschenkes und damit gehen sie beide hin. Wie sie gleich dabei sind, da ist das Grab schon ganz geöffnet und der Satan springt hinein, faßt den verfluchten Leichnam bei den zwei Beinen, legt ihn rücklings über seine Schultern, daß der Kopf ganz herunter gehangen und hebt damit an zu schütteln, daß aus dem Maul trefflich viel Gold zur Erde gefallen mit dieser Losung: „Totengräber, nimm doch das Geld, ich will den Beutel behalten!" und war damit über die Mauer gesprungen. Darauf es der Totengräber dem Rate kund gemacht hat; so soll auch daselbst noch heutigen Tages sich etwas Ungetümes verspüren lassen.

In Görlitz lebte ein fleißiger Schmied, der nur nicht eben auf Gottes Wort sehr viel hielt. Als nun ein Knecht bei ihm einstand, rothaarig, einäugig, lahm, der seine Arbeit in ganz unglaublich kurzer Zeit vollbrachte, wurde der Meister untätig, ja zuletzt fing er an zu trinken. Nun kam einmal spät ein Junker zu ihm in schwarzer Tracht, auf schwarzem Rosse, die rote Hahnenfeder auf seinem schwarzen

Barett, der bestellte ein eisernes Gitter um eine Gruft für einen hohen Preis; nur müsse es Mitternacht des dritten Tages fertig sein. Der trunkene Meister verpfändet im Übermut Leib und Seele dafür und bindet sich auch durch eine Blutsunterschrift. Am anderen Morgen heißt er den Knecht anfangen; der meint, das hätte er wohl an einem Vormittage herstellen und versprechen können. Am Nachmittag des dritten Tages sieht sich der Meister nach seinem Gitter um; alles ist fertig, es fehlt nichts als ein Ring; der Knecht aber ist verschwunden. Nun will er selbst den Ring herstellen, aber alles Eisen springt unter seiner Hand entzwei. Wie er sich müht, es gelingt nicht; mit dem Mitternachts-Glockenschlag öffnet sich die Erde und er versinkt. Seitdem ist er verdammt, unten zu schmieden, bis der fehlende Ring am Gitter sein wird.

So oft Menschen ihm helfen wollten und jenen Ring ergänzten, verschwand derselbe oder seine Leute hatten nicht eher Ruhe, bis sie den Ring abnehmen ließen. Den Nachtschmied kann man noch heut unter der Erde pochen hören.

Nicht immer zeigt der Teufel sein wahres Gesicht. Wir wissen aus den Schwarzkünstlersagen, daß er die Wunschdinger hatte, die er seinen Schützlingen lieh, um ihre Seelen damit zu fangen. So heißt's von dem Matz Schmott aus Strehlen, daß ihm sein Herr, der Scotus, in seine linke Hand etwas eingeheilt, das er nicht wisse, was es wäre, und diese Hand lege er auf die Person und spräche den Segen. Der Scotus hat ihm auch seinen Sichtspiegel gegeben, in Stein gefaßt, etwa drei Querfinger breit und lang. Ehe er den gebe, wolle er lieber verderben. Er liege bei Michel Marasen im Miste, man würde ihn aber vergeblich suchen. Von einem andern Teufelsbund erzählt man in der Freiburger Gegend. Dort fand sich bei einem Spinnereibesitzer in schweren Zeiten ein unansehnliches Männchen ein, das lahmte; von dem erhielt er nach stundenlanger Zwiesprache in seinem verschlossenen Zimmer Geld. Aber man wußte, wer dieser Kompagnon war, denn als er einmal bei einer Wanderung durch die Fabrik mit seiner Reitgerte auf eine Welle einschlug, standen alle Maschinen still. – Geld kann man von ihm nach Herzenslust kriegen. In Münsterberg hatte ein böser Mann die Hostie an einen Baum gespießt. Dann lästerte er Gott, indem er sagte: bist du Gottes Sohn, so hilf mir zu Geld! Plötzlich erschien ihm aber der Teufel und reckte ihm einen Sack voll hin. Da ging er in sich und beichtete es. Den Baumstamm hat man absägen lassen. Er wird in Münsterberg in der Pfarrkirche hinter dem Altar aufbewahrt.

Natürlich zieht er am Ende auch seinen Lohn. Als Schwarzkopps-Lurenz im Sterben lag, ward es in einer Nacht plötzlich taghell in seiner Stube, der Kranke flog unter gräßlichem Geschrei, wie von unsichtbaren Händen getragen, hinaus in den Schupfen. Die entsetzten Angehörigen trauten sich nicht, ihm zu folgen; auch hörte das Geschrei plötzlich auf und mit einem Male saß Lurenz wieder auf seinem Stuhle. Aber nur einen Augenblick hielt er sich aufrecht; dann fiel er herab und war tot. Noch lange danch erfüllte das ganze Haus ein Geruch wie von verbranntem Haar, und am Deckbalken waren durch den Teufel sieben Buchstaben eingebrannt worden, es konnte sie aber niemand lesen.

Nicht immer jedoch machte er kurzes Federlesen; Standespersonen wurden mit allen gebührenden Ehren abgeholt. Da rasselte ein von vier Rappen gezogenes Gefährt durch das sich selbst öffnende Tor, den Teufel vorn auf dem Bock. In Oberglogau hat er die Eiche dreispännig dem Edelmann vor die Burg gefahren. Und die drei Pferde, das waren des Edelmanns Vater, Großvater und eines benachbarten Herrn Vater, alles gewaltige Menschenschinder. Und, sagte der Teufel, ich hoffe, daß ich noch andere vier Lastpferde aus deiner Familie bekomme; ohne Zweifel wirst du eins davon sein. Der Teufel wird ähnlich mit ihnen umgegangen sein wie in der Buchauer Schmiede, wo ein vermummter Reiter sein Roß beschlagen ließ, das fortwährend dabei wimmerte. Auf einmal beim dritten Eisen hörte der Schmied auch eine bekannte Stimme: O wih, Gevatter! Da war's die Seele seines Gevatters, des Müllers, welchen der Teufel in dieser Nacht geholt. – In einem vierspännigen, roten Wagen fuhr er nachts zwischen 1 und 2 Uhr durchs Land, erzählen die Rokitnitzer (Krs. Beuthen). Die Pferde hatten zwar goldne Hufe, aber aus ihrem Maul kam Feuer. Im Wagen saß ein Mann ohne Kopf. Das war der böse Geist. Er fuhr durch alle Dörfer, suchte die Sünder und nahm sie mit in die Hölle. Ein Arbeiter, der ihm einst begegnete, wollte schneller als sonst zu Hause sein und sprang darum hinten auf, aber er ist nie heim gekommen, sondern wurde mit in die Hölle genommen.

Bekannt ist ja bereits, daß er sich auch in allerlei seltsamen Verkleidungen zu bewegen weiß. In Bunzlau hausten zwei Altaristen in einer Stube. Der eine hielt eine Katze, welche der andere nicht leiden mochte, und als nun jener einmal spazieren gegangen, da hat der zweite die Stube verschlossen, einen Stecken genommen und damit auf die Katze eingeschlagen. Die lief hin und her, sprang an die Wände, daß auch die Bilder und Briefe herunterfielen und endlich ihrem Peiniger an den Hals, daß er darniederfällt und stirbt. Sein Stubenfreund findet ihn tot und sieht doch sonst niemanden als die Katze. Die ist der bösen Würmer einer oder ohne Zweifel der Teufel selbst gewesen.

Alle Gehängten verfallen ihm. Es wurde gesagt, daß sie ihn durch die Schlinge zu sehen vermögen. Schulze Hantscho-Hanos erzählt, daß sich in Halbendorf ein Knecht einmal zum Spaß hängen wollte und eine Kette umtat. Auf einmal fing er an, sich von der Krippe zu ziehen, als täte ihn jemand an den Beinen ziehen, brüllte und konnte sich doch nicht lösen. Die Magd konnte die Ketten nicht mehr durchschneiden, der Bauer, den sie gerufen, hieb dann die Ketten mit einer Rodehacke entzwei. Hinterher erzählte der Knecht, ihm sei gewesen, als ob ein tiefes Loch wäre, in das er immer mehr hineingerutscht, und drinnen hätte ein schwarzer Hase gesessen. – Im Riesengebirge rief ein Mann, welcher von Lebensüberdruß geplagt wurde, einst: Wenn ich nur einen Strick hätte, so erhenkte ich mich gleich! Da rief der Teufel von einer Weide: Häng dich ock o'n Wiede! Häng dich ock o'n Wiede!

Beim Bauer in Boberstein droschen sie in der Scheune, als einer von Rohrlach die Kunde brachte, daß sich dort eine Frau aufgehängt habe, die aber noch einmal zu rechter Zeit losgeschnitten worden sei. Der Fall ward von den Dreschern lebhaft besprochen und dabei die Frage aufgeworfen, wie es solchen während der Zeit des Hängens wohl sein möge. Nach vielem Reden kam man auf den Gedanken, am mitanwesenden Kuhjungen die Probe zu machen. Der Großknecht drehte ein schwaches Strohseil und der Kuhjunge wurde trotz allen Sträubens an der Tennenwandsäule aufgehangen. Schon wollte man die Schlinge lösen, als ein Hase zum Scheunentor hereingehoppelt kam, auf welchen alle Jagd machten und dabei den Jungen vergaßen. Als die erfolglose Jagd zu Ende war, fanden sie den Jungen tot an der Säule hängen. Das war der Teufel gewesen, der sich in einen Hasen verwandelt hatte, um leichter eine arme Seele zu erlangen; die Frau aus Rohrlach war ihm noch einmal entwischt.

In Wischke hatten die Groß-Neundorfer Pferdehirten Gänse gestohlen; einer von ihnen stürzte auf der Flucht mit dem Pferde, ward von den Wischker Bauern gefangen und verriet seine Kumpanen. Zur Strafe sollte er während des Bratens der Gänse im „Feistebogen" liegen. (Die Hände, gefesselt, wurden über die an den Leib gezogenen Knie gezerrt, zwischen Kniekehlen und Unterarme wurde ein Stock geschoben.) Nun humpelte an der Höhle, wo das geschah, ein dreibeiniger Hase vorbei, der Gottseibeiuns selbst. Alles läuft hinter ihm her; inzwischen aber waren die Gänse vom Bratspieß ins Feuer gefallen und jener Unglückliche in dem dadurch entstandenen Qualm erstickt.

Wie Schwarzkünstler am Ende in des Leibhaftigen Krallen geraten, wurde bereits erzählt; aber auch an die Namen verdienter und wichtiger Männer knüpfen sich Teufelssagen. So war Godulla, der oberschlesische Zinkkönig, dem Volke ein Zauberer, der einen Pakt mit dem Teufel geschlossen hatte. Manche hatten ihn gesehen, wie dieser mit Pferdehufen und Schweif, zu anderer Zeit wieder mit einem Sack voll harter Taler in Ruda zum Schornstein hineingefahren ist. Drum wagte niemand, ihn zu bestehlen oder seine Person anzutasten. – Und ebenso geht in Oberschlesien die Sage von einem Grabdenkmal: Es steht auf dem Kirchhof Slaventzitz eine zerbrochene Säule. Der Fürst hatte einen Beamten, dem alle seine Unternehmungen gelangen. Das kam daher, daß er sich dem Teufel verschrieben hatte, denn an Gott glaubte er nicht. Als er einst nach Berlin wollte, um sich dort in Vergnügungen zu ergehen, sandte Gott einen brennenden Pfeil, welcher den Frevler auf der Stelle tötete. Auf Anordnung des Fürsten wurde die Leiche in ein Schauhaus gebracht und sollte am andern Morgen eingesargt werden. Als die Leichenbestatter am nächsten Morgen kamen, um den Toten einzusargen, war dieser aus dem Leichenhause verschwunden. Der Teufel war nicht mit der Seele zufrieden gewesen, sondern hatte sich auch den Körper geholt. Um nun der Witwe den furchtbaren Schmerz zu ersparen, wurde der Sarg mit Steinen gefüllt und nach der Heimat, nach Slaventzitz gebracht. Die Leichenträger wollen deutlich die Steine rollen gehört haben; auch war es ihnen kaum möglich, den schweren Sarg zu erschleppen. Der Fürst ließ dem Beamten als Denkmal eine hohe Säule setzen. Eines Abends waren damit die Leute fertig und verließen den Kirchhof. In der Nacht brach die Säule mitten durch. Wieder wurde sie aufgerichtet, aber wiederum brach sie mitten durch. Alle Anstrengungen waren vergeblich und so ließ man sie, wie sie noch heute zu sehen ist.

Daß sich des Wassermanns Tochter oder die Graben zum Tanz in der Dorfschenke einfanden, ist ebensowenig zu verwundern wie des Leibhaftigen Gegenwart. In einer Waldschenke erschien er, wo man noch in den Aschermittwoch hinein im Tanz sich drehte, als Jäger. Da sagte der junge Musikant zum alten: „Du, Vater, wer ist denn der Fremde, der da tanzt? Siehst du nicht, der hat ja graue Haare auf den

Fingern und Krallen?“ Da wird’s dem Alten klar, wer es ist und er läßt gleich ein Kirchenlied aufspielen. Das tat sofort seine Wirkung; der höllische Jäger fuhr mit starkem Brausen zum Fenster hinaus. Im Österreichisch-Schlesischen hat eine Magd lange keinen Tänzer gehabt, bis endlich einer kam, den sie nicht mehr los wurde. Und bald erkannte sie ihn auch, wer er war. Da gab ihr ein altes Mütterchen folgenden Rat: sie solle einen langen Faden spinnen und dessen Ende dem Teufel um den Fuß schlingen. Während sie spann, grub man in der Kirche unter dem Sôlbaume (Türschwelle) ein Loch. Abends kam nun der Teufel wieder. Die Magd schlang den Faden um seinen Fuß und eilte, als er gegangen war, der Kirche zu. Schon war der Teufel so weit gegangen, daß sie nur noch einen kleinen Teil des Fadens in Händen hatte, als sie ankam. Schnell zog man sie unter dem Sôlbaume durch, und man hatte sie kaum zur Hälfte durchgezogen, als schon der Teufel mit wildem Geschrei ankam. Aber es war zu spät, er mußte leer abziehen.

Als Freier hat sich der Teufel nicht selten bei jungen und stolzen Bauerntöchtern sehen lassen. So war in Lichtenberg eine, welcher kein Bursche gut genug war, bis endlich ein hübscher junger Mann erschien. Der ist am Hochzeitsabend mit seiner Braut verschwunden und hat Geld und Gut hinter sich gelassen. Am Morgen aber hörte der Vater sie im Olbendorfer Walde, in welchem die alte Schanze liegt, um Hilfe schreien. Da hatte er sie dem Teufel verheiratet. – Und wie er jenem Schmied bei Weißenberg als schöne Frau erschienen, so trat er auch Vetter Heinrich aus Langenbrück entgegen: lang wallte das dunkle Haar bis zur Erde über das blendend weiße Gewand herab, welches die mächtigen Pferdefüße zum Teil bedeckte. Bei einer bloßen Begegnung ist’s aber im Höllental unter der Höllenkoppe nicht mehr geblieben. Ein Schürzenjäger hatte die Angewohnheit, jedem Mädchen, das er im Dunkeln traf, mit offenen Armen entgegenzugehen und ihm einen Schmatz aufzudrücken. Als er das abends bei einem wunderschönen Mädchen im Höllental versuchte, verschwand das zwischen seinen Armen, häßlicher Schwefelgeruch erfüllte die Luft und überall her erscholl teuflisches Hohngelächter.

Auch Spieler machten mit ihm Bekanntschaft. In der Märzdorfer Mühle wurde stets viel gespielt. Eines Nachts hatte man schon kein Licht im Hause mehr, da holte man eins, das vor dem heiligen Johannes an der Boberbrücke gebrannt und spielte weiter. Plötzlich sah man mit Schrecken, daß unter dem Tisch ein Pferdefuß vorsah. Bei Gruna und Lichtenberg in der Hölle, das ist ein Tal zwischen beiden Dörfern, hat er einst mit dem Lichtenberger Vogt gewürfelt. Der hatte in Gruna nämlich alles verspielt, und weil man seinen Rock als Einsatz nicht nehmen wollte, sich frevelhaft verschworen, zu spielen, und müßte es mit dem Teufel selbst sein. Der setzte in jenem Tale, wo er ihm aufgelauert, mit einem Wurf 18. Voller Verzweiflung schüttelt der Vogt die Würfel und wirft 19; ein Auge ist aus dem einen Würfel herausgesprungen und liegt daneben. Und dazu schlägt's zwölf. Der Teufel verschwand und ließ das Geld zurück; wie's aber der Vogt einsacken will, ist es nur Menschenkot.

Mit Rübezahl hat er, auf dem Dache sitzend, geschustert. Dem Teufel ist's Ort heruntergekugelt, weil das Dach schräge war; Rübezahl dagegen hat seins im Dache festgesteckt.

Überlistet ist er oft worden: Der Giebel des Hauses Nr. 27 am Ring zu Breslau ist über und über mit Hörnern verziert. Ein junger Goldschmied hat es erbaut; aber ihm war das Geld dabei ausgegangen. Da ist ihm in der Nacht der Teufel erschienen. Der Goldschmied warf einen Ziegel nach dem Bösen und traf ein Horn. Darauf verschwand der nächtliche Gast, aber zu seinen Füßen entdeckte der Meister ein goldenes Horn. Daraus verfertigte er eine Kette für seine Braut; das übrige Geld verwendete er zum Weiterbau seines Hauses. Aber die Kette wog zentnerschwer an des Mädchens Halse und darum brachte der Meister das Gold lieber zum Bau des Elisabethturmes.

Natürlich lag auch die Frage nahe, wie man sich seiner erwehren könne. Daß er in Wahrheit sehr oft ein dummer Teufel ist, hörten wir schon. Auch riesiger Stärke kann er nicht widerstehen. Und die Unschuld bleibt von ihm unberührt. Er mußte den Knaben des Stillfried von Neurode in Frieden rausgeben. Einen schlesischen Edelmann, einen Flucher, schützte sein Knabe, indem er ihn fest umarmte und auch auf die Aufforderung: Knabe, nimm deine Arme weg! nicht hörte In Nitterwitz hatten die Knechte in der Spinnstube ihn einst zitiert, konnten ihn aber nicht mehr fortschaffen. Mochten sie noch so viel beten, sie konnten ihn nicht zurückbeten. Da bekamen sie große Angst und wußten nicht, was sie machen sollten. Es lag aber in der Spinnstube ein kleines Kind in der Wiege, das noch nicht sprechen konnte. Auf einmal fing's an zu flennen: Teufel weg! und machte ganz große Augen. Und da ist er verschwunden. –

Raten ist Teufels Spiel! das hat schon mancher erfahren. Als eine Gesellschaft in Gabersdorf mal Raten spielte, erschien plötzlich ein Pferdefuß an der Decke und der Teufel rief: Kling klang! was ist das? Niemand wußte es; nur ein kleines Kind in der Wiege, das noch nicht

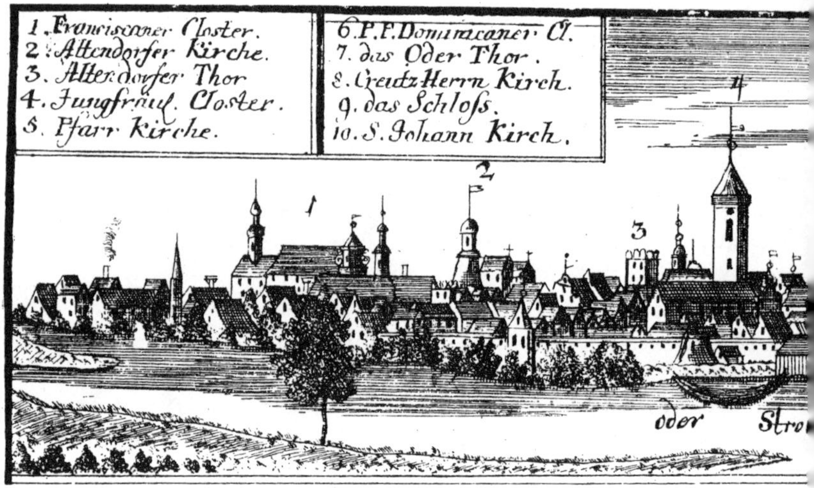

Ansicht von Ratibor. Kupferstich von J. Schleuen

reden konnte, antwortete: Der Löffel in der Schüssel! Hätte er diese Antwort nicht bekommen, so hätte der Teufel allen das Genick umgedreht.

Und in der Striegauer Gegend zeigte er Rätselratenden einen nicht erkennbaren Gegenstand im Fenster und fragte: Wos ist doas? Aber auch da vermochte niemand als ein Kind in der Wiege ihm zu antworten. Drachas Oarsch! Die nämliche Sage erzählt man im mährischen Teil des Kreises Ratibor vom Jaroschek.

Wie aber vermochte sich ein ihm mehr oder minder Verfallener noch zu retten? In Einsiedel hat er die Wallfahrtskirche erbaut, wofür er sich immer den zehnten Eintretenden ausbedang, wenn die Einweihung geschehen werde. Als nun die Zählung begann, ließ der einweihende Priester neun Menschen passieren und stellte sich plötzlich mit seinem Kruzifix als Zehnter selbst unter die Tür. Der unheimliche Erbauer weicht rückwärts, aber da reißt der Geistliche die Stola vom Halse, wirft sie ihm über; die Stola wurde zur Kette; die Menschengestalt des Erbauers weicht der bekannten. In einer finsteren Kammer hat man ihn in der Kirche hinter eiserner Tür angeschmiedet. – Die Stola hat auch in Ober-Wernersdorf dazu gedient, den Bösen zu überlisten. Dort hat er eine Wöchnerin beim Wasserholen geraubt und der blutjunge Kaplan beschwor den Geist, sie wieder zu bringen. Im Sturm geschah das auch; aber der Teufel legte sie außerhalb jenes Zauberkreises nieder, den der Kaplan gezogen. Da hat

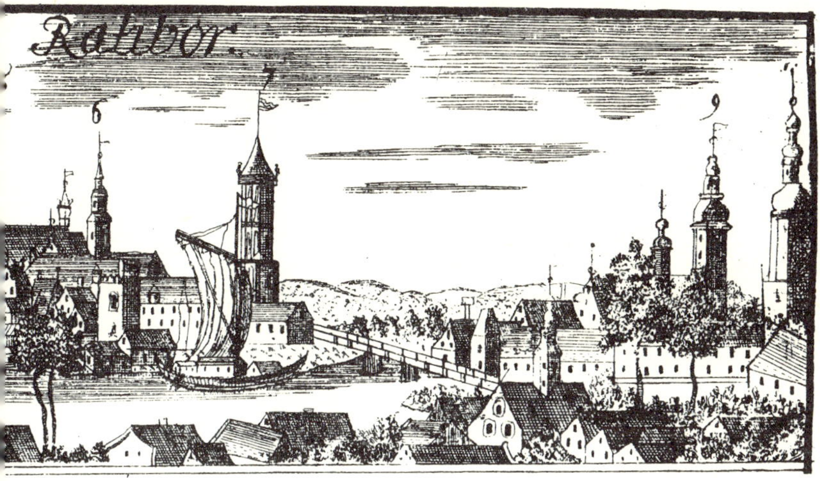

derselbe nicht, wie jener wollte, den Kreis verlassen, sondern die Frau mit seiner Stola hereingezogen und ihn so überlistet.

In Schlegel hatte sich einst ein Mann namens Zenker dem Teufel für 1000 Dukaten verschrieben. Fünf Jahre lief der Pakt und er sollte frei sein, wenn er nach Ablauf dieser Frist in einer Stunde von Schlegel nach Albendorf zu laufen vermöge. Der böse Tag kam heran und der Lauf begann. Zenkers Knie schlotterten; doch da erinnerte er sich der gnadenbringenden Muttergottes in Albendorf und er gelobte ihr, von dem Überflusse, den ihm der Teufel gebracht, ihre Kirche ausschmücken zu lassen. Da schwebte sie vor ihm her, seine Ruhe kam wieder und als die Stunde verronnen war, schritt er die Stufe der Kirche eben hinauf. Er hatte gesiegt und der zerrissene Kontrakt ward ihm vom Teufel vor seine Füße geworfen. – Dann stritten der Teufel und Maria einst um die Seele einer bußfertig gestorbenen Giftmischerin. Sie einigten sich darauf, daß der sie erhalten solle, welcher am Freitag Allerheiligen vom Köhlerberge bei Freudenthal am weitesten ausschreiten und dann feststehen werde. Der Teufel gelangte mit seinem Schritt auf die 3 Meilen entfernte Bischofskoppe, fiel aber dann nieder, dort wo noch heute kein Gras mehr wächst; Maria machte zwar einen kleineren Schritt, blieb aber stehen und gewann so die Wette.

Die Schlesier kennen auch Sagen vom guten Teufel. Ein armer Tagelöhner aus Polnisch-Oberschlesien fastete und betete neun Tage zu den Nothelfern um ganze 10 Taler für eine Kuh. Endlich brachte der Teufel die Summe und sagte: „Du hast mir eine schwere Arbeit gemacht. Tausende hätte ich dir sehr leicht verschaffen können aus den verborgenen Schätzen, die ich oder meine Gesellen bewachen. Solch kleine Summen aber habe ich nirgends finden können und habe am Ende sie einer armen Magd, deren ersparter Lohn es ist, stehlen müssen. Das habe ich noch nie getan!“ Und damit gab er dem Armen das Geld, aber zugleich auch eine Ohrfeige, an deren Folgen der nach drei Tagen starb.

Ein Helfer der Armen war auch der Teufel, von dem uns Pol erzählt. Nach Pfingsten 1549 hat Melchior Thessel, ein Edelmann zu Schweiting (Schwencknitz) beim Zobten, einen Gärtner etlicher Worte halber gefänglich eingezogen und ihm auferlegt, entweder zu verkaufen oder einen Graben ungefähr von 24 schillinge Ellen zu machen. Der Gärtner erwählt den Graben und hebt ihn an. Am dritten Tage kommt ein großer Mann zu ihm in einem schwarzen Rocke, Hosen und Hute, mit einem Grabscheit und fragt ihn, ob er nicht Hilfe bedürfe? Der Gärtner antwortet: „Ja freilich, ich habe aber nicht zu lohnen.“ Der unbekannte Mann spricht: „Du darfst mir nicht viel geben, ich will dir helfen!“ und hilft ihm. Da's um den Imbiß kommt, spricht der Fremde: Gehe heim und hole mir zu trinken. Der Gärtner geht hin, bleibt ein wenig über eine Stunde außen. Da er wiederkommt, findet er den Graben fertig. Da sieht er ausgeworfene Schollen drei Spannen breit, vier Spannen lang; den Graben so schlecht und eben, als wäre er gehubelt, mit einem harten Boden anderthalb Ellen breit und zwei Schube tief. Da der Gärtner darüber erschrickt und sich entsetzt, spricht der Mann zu ihm, er solle den Junker den Graben heißen besichtigen, wäre er nicht recht, so wolle er ihn besser machen. Der Junker wollte nicht kommen. Der Gärtner mußte doch endlich, als ein vermeinter Zauberer, verkaufen. – In Ruppersdorf ersoff eines Bauern Feld und da bot sich ein Fremder ihm an: Überlaß mir sieben von deinen Knechten und ich will dir mit ihrer Hilfe das Wasser ableiten, ehe es graut. Der Bauer wählte die sieben Ärgsten aus und als sie murrten, weil es Nacht sei, rief er: Wollt ihr nicht, geht zum Teufel! Da gingen sie. Am Morgen war über das Feld ein großer und breiter Graben gezogen, aber die Arbeiter kehrten nicht heim; bis Köchendorf und Bankau fand man ihre zerstückelten Glieder auf den Feldern. Sie waren zum Teufel gegangen.

Ob aber Rechbergers Knecht der gute Teufel oder vielleicht auch gar ein Engel gewesen, wer mag das heute noch entscheiden? Es heißt:

Den 9. Septembris 1537 starb zu Prage, liegt aber zu Freistadt im Grabe, welches er ihm bei seinem Leben hat machen lassen, Herr Hannes von Rechenberg, ein wohlversuchter teurer Held, der mit sonderem Ruhm in Ungarn, Moskau, Preußen Reuter geführt, welchem Dr. Martin Luther die Frage beantwortet: ob auch jemand, ohne Glauben verstorben, selig werden möge, davon im 6. Teil der Bücher Lutheri Wittenberger Druckes fol. 406 zu lesen ist. Er hat im Beisein vieler redlicher Leute erzählt, wie seinem Vater und ihm ein Knecht zu der Zeit, da König Matthias wider den Türken gestritten, viel Jahr treulich gedient hätte, also daß sie nie einen besseren Knecht gehabt hätten. Auf eine Zeit aber ward ihm ein Kredenzschreiben an einen großen Herrn vertraut, und da Herr Hannes meint, er wäre hinweg, geht er ohngefähr in den Stall und findet den Knecht auf der Streu bei den Pferden liegen und schlafen. Er ward zornig und spricht: wie das komme. Der Knecht steht auf und zeucht einen Brief aus dem Busen und sagt: da ist die Antwort. Nun war der Weg ferne und unmöglich einem Menschen, daß er in so kurzer Zeit da sollte gewesen sein. Dabei ward der Knecht erkannt, daß es ein Geist gewesen wäre. Bald nach diesem ist er auf eine Zeit von den Feinden bedrängt worden. Da hebt der Knecht an: Herr! erschreckt nicht! ich will zurück reiten und Kundschaft von den Feinden nehmen. Der Knecht kommt wieder und klappert feindlich. Da sie aber zusahen, da hatte er der Feinde Pferden allen die Eisen abgebrochen, darum konnten sie Herrn Hansen nicht folgen. Zuletzt ist der Knecht hinweg gekommen, da man ihn erkannt hatte.

Auch heißt es, daß er einmal seinen Herrn, der eines Todschlages wegen gesessen, freimachte; ihm aber vorher gesagt, er möge nicht so viel in der Luft mit den Händen fechten und Schirmkreuze schlagen. Das hat er auch versprochen und darauf hat ihn der Knecht durch die Luft fortgetragen. Als aber der Ritter sich so hoch oben sah, wurde er schwindlig, schlug ein Kreuz und rief: Herr Jesus, hilf! Da ließ ihn der Knecht in einen Wasserpfuhl fallen, kehrte heim, sagte es Rechenbergs Frau und verschwand.

Auch einem von Reichenbach in Schlesien hatte der Teufel eine Weile als Knecht gedient, sonder seinem Herrn einige Wissenschaft davon zu geben, bis sie endlich miteinander auf Reisen kommen und der Knecht den Herrn fragt, wo er die Streu wolle haben. Wie der Herr nun aus Ungeduld zu ihm sagen mag: es wäre eine närrische Frage, er solle sie oben auf dem Dache machen, wenn er wollte. Hat der Diener solches auch getan, also daß es viele Leute mit Verwunderung angesehen haben, und darauf für den, so er auch gewesen, erkannt haben. Da er denn bei seinem Abschied seinem Herrn referiert gehabt, daß er vielmalen auf ihn gepaßt, um ihn davonzuführen. Allein weil sein Herr so fleißig gebetet, hätte er niemals über ihn Macht haben können. Wie solches der Churfürst Friedrich Wilhelm aus dem Munde des von Reichenbach selbst erzählt hat.

Nicht immer erschien der Teufel allein. Den 4. Juli 1707 ging ein Witgenauischer Bürger verloren und wurde am 8. Juli erst ganz verschmachtet im Teufelswinkel aufgefunden. Dort hatte er große Anfechtungen ausgestanden: bald hat er Leute tanzen gesehen, bald allerlei Gespenste; bald hat ihm eine Stimme zugerufen: Erwürge dich nur, du mußt dennoch sterben! Fleißiges Beten hat ihn bewahrt, aber er sagte, wenn ihm auch gleich die ganze herrschaftliche Heide geschenkt werden würde, er dennoch nicht eine Nacht draußen sein wollte.

Seltsame Teufelsversammlungen geschehen oft auch auf Bäumen und einmal wurde der Pfarrer von Beneschau Zeuge. Der ging um 11 Uhr nachts, im Brevier betend, über den Kirchhof und hörte auf einer Linde sprechen, wie es zwölf schlug. Du, sagte eine Stimme, wir bekommen heute in Rom eine Seele. Wie werden wir sie aber holen? Der Pfarrer fragte hinauf: Wer ist dort oben? Und auf die zweite Frage erfuhr er, es seien böse Geister, welche es auf einen der Bischöfe abgesehen hätten, welche sich heute in Rom versammelten. Wolle er, so würden sie ihn mitnehmen. Der Pfarrer sagte zu, bedang sich aber aus, daß sie ihn in zwei Stunden hin- und heimbrächten und ihm nichts widerfahren dürfe. Dann ging er nach Hause und übergab seiner Köchin die Schüssel; in zwei Stunden werde er wiederkommen. Die Köchin aber hatte selbst eine Fahrt vor und es war ihr nicht recht, was sie erfuhr. Nachdem der Pfarrer sich in der Kirche priestermäßig gekleidet, ging er nach Rom. Dort wurde er mitten unter die staunenden Bischöfe gestellt. Er hörte erst eine Weile zu, dann sah er eine bekannte Person und sprach: Ihr beratet noch hier und wißt nicht, daß eine Köchin unter euch ist! Damit trat er hervor und versetzte einem Bischof – und das war seine verkleidete Köchin – eine Backpfeife. Auf einmal verbreitete sich ein Rauch und großer Gestank und er verschwand. Mit ungeheurer Geschwindigkeit trugen die Geister ihn heim. Eben schlug es 2 Uhr, da stand er wieder auf seinem Kirchhofe.

Von den Teufelssteinen bis zu den Walen

Teufelssteine und -spuren

Im Schlesischen hat der Teufel manche Spur hinterlassen. Im Trebnitzischen liegen etwa 50 Rittergüter; die Edelleute, welche sie einst begründet, verlor der Teufel aus seinem Sack, als dieser an den Trebnitzer Bergen ein Loch erhielt. – Als die Gr.-Wandrisser Kirche (bei Liegnitz) gebaut werden sollte, warf er nach der noch unfertigen von Mertschütz aus mit Steinblöcken. Die hl. Hedwig kam aber vom Himmel herab und behinderte die Zerstörung dadurch, daß sie die Steine auffing. Auf einem von ihnen hat sie gestanden, so daß ihr Fuß sich darauf abdrückte. Das ist der Gr.-Wandrisser Hedwigstein. Mit einem Felsblock wollte er die Kirche am Katharinenberge bei Mastig, mit einem anderen die Burg in Tost einwerfen Dabei betrog ein Pilauer Mönch einst den Teufel. In Czenstochau war eine besessene Frau; der Mönch schloß mit ihm eine Wette, daß, wenn er während einer Messe den jetzt im Walde von Hadra liegenden Stein von Czenstochau nach Annaberg bringe, jene Frau ihm gehöre. Der Mönch las aber die Messe bis zur Opferung und gab dem Teufel erst dann Bescheid, daß er den Stein wegtragen könne, da jetzt die Messe beginne. Der Mönch beeilte sich; beim letzten Amen war aber der Teufel erst in Hadra, wo er den Stein fallen ließ. Er gab ihm einen Fußtritt, dessen Spur noch heute sichtbar ist. In Roßberg hatte er seinen Sitz in einer Eiche und er verhinderte jede Ausbesserung der grundlosen Wege. Als ihn die Mönche beschworen, fuhr er aus und fuhr fort bis Slawkow hin, und seinen Weg bezeichnet ein breiter Sandstrich, der sich bis weit nach Polen hinein erstreckt. Der Weg war aber von nun an auszubessern.

Einem Steinmetz war einmal zur Strafe aufgegeben worden, einen Steintrog von namhafter Größe in den Warthaer Brüchen bei Bunzlau auszubauen. Er war aber wie immer liederlich und verbrachte die bestimmte Zeit mit Saufen und Nichtstun. In der letzten Nacht gesellt sich der Teufel zu ihm und hilft ihm, den Trog größer und schöner vollenden, als er bestellt worden war. Nach vollbrachter Hilfeleistung nimmt der Teufel zu seiner Belohnung den Steinmetz selbst, zerreißt ihn in vier Stücke und hängt diese um das Werk seiner Hände herum an den Bäumen auf. Der Steintrog war aber so groß geraten und von dem Teufel so eingerichtet, daß er bis auf den heutigen Tag von keinem Menschen hat von der Stelle bewegt werden können. – Mit dem Burgherren von Friedland in Böhmen, der sich der Unantastbarkeit seiner Burg rühmte, schloß er die Wette, daß er in die Steilseite des Felsens, auf dem der Turm Indica steht, mit einem Pflug Furchen ziehen werde, wofür der Ritter sein Sklave sein wolle. In der Nacht streckte der Blitz eines heftigen Gewitters den Ritter zu Boden, während die Diener den Fremden mit zwei Rappen den Felsen pflügen sahen; da wußten sie freilich, mit wem es der Herr zu tun gehabt hatte.

Ein Jäger im Isergebirge war in die Gastwirtstochter verliebt, aber er war dem Vater zu arm. In seinem Gram ging er naus ins Revier. Da kam ein Reiter, der ihn befragte, warum er sich denn so traurig habe. – Geh du nur deiner Wege, ich werde meiner Wege gehen! Aber der Reiter ließ doch nicht ab, bis er ihm einen Sack hinreckte, der voller Dukaten gewesen ist. Nur sollte er im Walde auf einem Stock seinen Namen unterschreiben. In 30 Jahren hole er ihn. Nach dieser Frist – er war verheiratet und hatte schon eine Menge Kinder – erschien jener Reiter. Der Jäger dürfe noch länger leben, wenn er ihn in einem Wettlauf besiege. Sie wollten zur nächsten Kirche laufen. Aber das war doch eine Meile. Der Reiter hatte ihn längst überlaufen, da hatte er ein Steindel in seinem Schuh. Und während er das rausmachen mußte, kam ihm der Jäger wieder zuvor. Vor Wut hat der Reiter Schwefel gespien. Aber er kriegte ihn nicht mehr ein. Das Steindel kam hinter dem Reiter her und ist dabei immer größer geworden. Dann blieb es am Eingang zur Kirche liegen. Am Morgen fanden's die Leute wohl, aber es hat niemand gewußt, wie es dorthin gekommen ist.

Es sagte einmal der Teufel zu einem geschickten Wagner: „Du Wagner", sagte er, „du Wagner, du machst mir zur Stunde doch kein Rad aus dem Baume, auf welchem jetzt noch mein Rabe singt. Kannst du das aber, so bist du mein Mann." Denkt der beherzte Wagner: Der Kerl will dich foppen! und er sprach: „Das ja, das will ich schon tun, aber du mußt mir mit dem Kopfe durch die dicke Teufelsmauer rennen. Kannst du das aber nicht, dann bist du, Gott verzeih mir's! ein sehr dummer und schwacher Teufel." Er dachte nämlich: Das trifft der Kerl so nicht und ich komme nicht erst in Versuchung, mein Rad zu bauen. Aber der Teufel fiel gleich ein und sprach: „Gut, ich fahre mit dem Kopfe durch die Mauer und du bindest mir aus jener Kiefer dort ein Rad!" Stellte sich an, spie Feuer und Flamme und rannte richtig mit dem Kopfe so wuchtig durch die Mauer, daß man bald auf beiden Seiten den Himmel durchblauen sah. Wie das der Wagner mit Schreck gewahrte, wurde ihm gar übel zumute. Nun fällte er geschwind den Baum und hämmerte und schnitt und pochte richtig in einer Stunde sein Rad zusammen. Der Teufel hatte hier seinen Mann gefunden; er trat deshalb näher an den Wagner heran und hob zu sprechen an: „Wagner, das war dein Glück, ich hätte dir das Genick gebrochen und du hättest keine Englein dazu singen hören." Das Loch, welches der Teufel zwischen Smržow und Kessel im Jeschkengebirge durch die Mauer gerannt hat, heißt aber heute noch das Teufelstor.

Sagen von Wetten mit dem Teufel, der eine Kirche, Mühle oder Brücke erbauen soll und durch den Hahnenschrei um seinen Gewinn gebracht worden ist, gehen vielfach um. Aber im Schmiedegrunder Engpasse bei Reichenstein verlor das Pferd des Teufels einmal sein Eisen; er kehrte darum in einer Schmiede ein. Trotzdem er sich zu verstellen suchte, erkannte der Schmied den Teufel an den Hörnern, die zwischen seinen Haaren vorkamen. Er nagelte dem Pferde, damit es zu Falle käme, das Eisen verkehrt auf. Nachdem er den Schmied gut belohnt hatte, schwang sich der Teufel auf seinen Rappen und will fortreiten; aber das Pferd wird störrisch, der Reiter immer gereizter. Mit seiner Haselrute schlägt er auf den Rappen ein, daß die Funken springen. Der Gaul aber rast wie besessen los und kommt an einen Felsen, der ein Tal überragt. Dort sprang das Pferd hinunter in die Tiefe. An der Stelle aber, wo es absprang, ist noch ein Hufeisen zu sehen.

Der Baumeister des Saganer Schlosses hatte mit dem leibhaftigen Gottseibeiuns einen Pakt abgemacht, daß dieser für den Preis seiner Seele dem Bildner alle die Fratzen zeigte, welche aus Fenstern und Türen des fertigen Flügels sahen. Doch bei der hundertsten, welche des Teufels wahrhaftiges Angesicht war, erfaßte den Künstler ein solches Grauen, daß er auf seinem Gerüste wankte und vom Leibhaftigen durch einen Windstoß heruntergeworfen und geholt worden ist.

In Hinter-Grenzendorf in der Nähe des Dornstes verbarg der Satan im Teufelsstein sein goldnes Geschirr, Teller und Töpfe, kam mittags hin, und ließ sich, auf dem Felsblock sitzend, die Mahlzeit schmecken. Nach ihrer Beendigung verbarg er das goldene Geschirr und verschwand. Buben stahlen es einst und seit der Zeit ist er nicht mehr dorthingekommen. Unfern davon, an der Südseite des Jeschkenbaches, erhebt sich der Silberstein. An ihm befand sich eine Höhle, welche dem Teufel als Einfahrt zur Hölle gedient haben soll. Burschen, welche in diese Höhle hineinriefen: Teufel, kumm raus und hull uns nei! sahen in ihr Feuer aufsprühen, so daß sie eiligst flohen.

Die Unterwelt

Suchten die Burschen den Eingang zur Hölle in einer Höhle des Jeschkenbaches, so heißt es in Schlesien wiederum, daß sich der Eingang zur Unterwelt im Tilleborn hinter Moisdorf bei Jauer befinde. Und an die Teufelssage klingt ebenfalls an, wenn man erzählt, daß das Schloß in dem früher viel größeren Lerchenborn bei Lüben in eine Wiese, welche die Hölle heißt, versunken sei.

Aber jenseits von allem Glauben schienen schon geographische Umstände die Unterwelt zu erweisen. Schickfus in seiner Chronik sagt: daß bei der Liegnitz auf der breslauischen Straßen die breiteste Brücke in ganz Deutschland sei, weil an diesem Ort der große See zu Cunitz, in welchem die köstlichsten und schmackhaftesten Karpfen gefangen werden, unter der Erde in den Koischwitzer See gehe, sie also beiderseits zusammenfließen. Der schon einmal erwähnte Teich auf der Tschihahnlwiese im Isergebirge hat überhaupt keinen Grund; als man in ihn einst ein gezeichnetes Klotz versenkte, ist dieses im Bober wieder zum Vorschein gekommen, ebenso wie eine mit einem roten Bande gezeichnete, im Brunnen der Hammerburg ausgesetzte Ente nach kurzer Zeit auf dem Hammersee unter der Burg herumgeschwommen sein soll.

Der Schneeberg bei Grulich im Glatzer Lande aber ist ganz mit Wasser angefüllt; im Innern desselben breitet sich ein See aus; wenn der Schniebarg zerrissen wird und diese Wassermassen sich in die Umgegend ergießen, dann kommt der jüngste Tag, das Ende der Welt. Schon einmal ist Ähnliches geschehen, denn man weiß, daß vor der Sintflut auf dem Heßberge bei Jauer schon eine Stadt gestanden haben soll. Von Anzeichen des Unterganges wurde bereits gesprochen; erwähnt sei noch, daß er eintritt, wenn Kupferberg, heute die kleinste schlesische Stadt, untergeht, sobald in ihr die größte Zahl der Menschen wohnen wird. 1795 ist in den Waschteich das Breslauer Vincenzkloster versunken. Die Leute, die nachts vorübergingen, sahen die Mönche zusammen mit den Nixen über das Wasser laufen.

1895 hat man dann einen Taucher hinuntergeschickt; der brachte einen goldenen Becher herauf. Sie haben ihn gefragt, wie es da unten aussehe, aber er mochte kein Wort erzählen, er ging auch nicht mehr hinunter und einen andern haben sie nicht gekriegt. Vor ungefähr 20 Jahren wurde der Teich zugeschüttet. Erst glaubte man, das ginge nicht, er wäre zu tief. Dann ist ein Wagen mitsamt dem Kutscher, der Sand gebracht, rücklings darin versunken. Heute haben die Leute noch Angst, über die Stelle, wo jetzt Anlagen sind, zu gehen; sie fürchten, daß sie versinken könnten. – Auch in der Nähe des Striegauer Karmeliterschlosses ist eine Kutsche mit Pferden und Reisenden im Sumpfe versunken. Zu stetem Gedenken befand sich eine von einem Töpfer verfertigte vierspännige Kutsche mit zwei Vorreitern – die freilich nach andern das Zeichen einer Heerstraße sein soll – auf dem Kirchdach.

Die Unterwelt ist ein Ort, in welchem manch böser Frevel abgebüßt werden muß, und viele Orte wie Menschen versanken, wenn das Maß überlief.

So stand einst auf der lahnen (= gebirgigen) Seite zwischen Groß-Krosse und Jungferndorf im Altvatergebirge ein Kloster, wo heute ein Sumpf und ein Teich sichtbar ist. Die Mönche vergaßen Beten und Kasteien und verschrieben sich dem Teufel. Einst pochte ein Bettelmann in finsterer Nacht an die Tür dieses Klosters, aber er wurde mit Hunden vom Hofe gehetzt. Da verwünschte der Alte das Kloster. Die Erde öffnete sich, vom Himmel fiel Feuer auf die Stätte; noch heute zeigen sich nachts um 12 die Mönche als Irrlichterflammen und plendern hin und her und winken und stehen bald still. Wer ihnen nachgeht, gerät in den Sumpf und muß ertrinken. Das ist die Mönchlade bei Krosse. – Um eines bösen Frevels willen versank auch die Laurichenburg im Schweidnitzer Kreise. Der Junker vollendete seine Untaten, als er die leibliche Schwester, die er als Nonne aus einem Kloster geraubt, zu seinem Willen zwang. Der Mönch, der sie rückfordern sollte und nur die Tote noch fand, verwünschte das Schloß. Am anderen Tage brachte der Koch einen seltsamen Aal auf den Tisch, welcher dem Junker so schmeckte, daß er ihn bis auf das letzte Stück verzehrte. Aber danach verstand er die Sprache der Vögel und hörte, wie der Haushahn, sein Liebling, krähte: Wehe! wenn die Sonne versinkt, wird die Laurichenburg untergehen wegen der Sünden ihres Herrn, mit allem, was darinnen lebt. Alle Vögel beklagten die Sünde des Herrn und immer tiefer sank die Sonne. Der Hahn riet ihm, wenn er sich retten wolle, das schnellste Roß zu satteln und eiligst das verfluchte Schloß zu verlassen. Das tat er. Aber der Koch, der von dem letzten Bissen des Aals gegessen und gleichfalls die Stimmen der Vögel verstand, kam hinter ihm her, fiel in die Zügel und bat, mitgenommen zu werden. Schon fühlte der Junker die Erde zittern, der Koch jedoch hielt fest, da schlug er ihm mit dem Schwerte den haltenden Arm vom Rumpfe und floh befreit davon. Hinter ihm aber versank die Burg und als er sich auf dem nächsten Hügel umwandte, war weder Hügel noch Dorf noch Burg mehr zu sehen.

Vom Seehirt wurde bereits erzählt, daß er versank, weil er das trockene Brot, das ihm als Hirte aufs Feld mitgegeben worden war, mit seiner Peitsche schlug; mit ihm versank der ganze Ort Hunstadt, um der Sündhaftigkeit und Üppigkeit der Bewohner willen, im Moosebruch bei Reihwiesen. Wieder im Katergrunde bei Philos Heimatort Kreuzendorf ist einst ein Wagen Kommisbrot in die Erde versunken. Der Fuhrmann hatte in seiner Angst ein Brot ums andere unter die Räder gelegt, weil keine Steine in der Nähe zu finden waren. Seit damals kann man ihn in den Nächten Hü! Hü! schreien hören. Die beiden Wälle bei Priedemost, Krs. Glogau, waren durch eine Brücke verbunden. Um auch im Sommer Schlitten fahren zu können, hat der Schloßherr Mehl streuen lassen, weshalb als Strafe des Himmels beide Schlösser untergegangen sind. – Wieder befindet sich auf den alten Friedhöfen von Neumarkt ein von Granit geschichteter Grabstein, dessen Inschriften schon lange verwittert sind. Auf einer Seite erkennt man deutlich eine aus dem Stein sich reckende Krallenhand. Derjenige, der sich dem Steine nähert, wird – auch am hellerlichten Tag von dieser Hand erfaßt und in die Erde hinabgezogen.

Manchem ist auch sein Fluchen böse bekommen und als der Hermannseifener Pfarrer, welcher nach Schwarzenthal zu einem Kranken ritt, am Kerberbach im Moraste stecken blieb, wußte er nach vergeblichen Bemühungen auch keinen anderen Rat als einige derbe Flüche. Kaum aber war das geschehen, als Mann und Roß versanken. Seit dieser Zeit ist der Kerberpfaff, wie ihn die Leute nannten, am Bach gesehen worden, den Kopf unter dem rechten Arm, das Meßbuch in der linken Hand, die Füße in Schnallenschuhen. Weil er den Weg an dieser Stelle nicht mehr fortsetzen konnte, erschwert er den Wanderern noch heute das Heimkommen und führt sie oft stundenlang irre. Sehr schwer versündigten sich die Leute in einem Wirtshaus beim Städtchen Katscher, an einem Feldwege nach Gut Annenhof. Dort trieb man es stets arg, aber an einem Karfreitag hatte man ein besonderes Vergnügen geplant. Während die Leute zur

Kirche gingen, schlachtete man ein Schwein, wozu die Karfreitagsliturgie von einigen Burschen gesungen wurde. Sofort begann ein Poltern und Knirschen; das Gasthaus versank mit allen Gottlosen in die Tiefe. Danach trat Wasser an seine Stelle. Heute noch kann mancher Wanderer aus diesem Wasser am Karfreitag Musik emporschallen hören. Von dem, was unten geschieht, berichten auch andere Sagen. Im Walde zwischen Mastig und Pradelberg stand ein verzaubertes Schloß. Ein Reitersmann, der im Vorbeireiten einkehrte, um Hunger und Durst zu stillen, fand im Speisesaale bei der gedeckten Tafel eine schlafende Gesellschaft. Nachdem er sich dort gesättigt, dankte er mit den Worten: Habt Dank für Speis' und Trank! und entfernte sich. Draußen fragte ein Diener, mit welchen Worten er für die empfangene Labung gedankt habe. Auf seine Antwort hin erfuhr er, daß alle erlöst worden wären, wenn er mit den Worten: Vergelt's Gott! gedankt haben würde. Darauf verschwand das Schloß. Ein hohes, hölzernes Kreuz bezeichnet die Stelle, wo es gestanden.

Einen Gehängten hatte der Mühl-Hannes im Übermut eingeladen. Der kam und als er ging, lud er den Hannes wieder. Er schickte einen Boten, dem solle er folgen. Am anderen Tage holte ihn einer ab zum Mahlerstein. Sie schritten durchs Felsentor über marmorne Stufen in einen prunkenden Festsaal. Musik und Tafelfreuden erwarteten ihn. Eben wollte er eine Schöne küssen, da schwindet alles; er findet sich am Fuße des Mahlersteins. Wie er ins Dorf heimkehrt, erscheint ihm alles fremd; die Linden, die er als schwache Stämmchen kannte, sind groß und stark. Fremde Gebäude stehen da. Sein Haus bewohnen Fremde. Und als er dann seinen Namen nennt, jagt man ihn fort: Mühl-Hannes habe vor hundert Jahren freiwillig die Hölle aufgesucht. Da geht er zurück und sucht aufs Neue, Gott gnade seiner Seele! den Eingang zur Hölle.

An viele schlesische Wüstungen knüpfen sich Sagen. Sie seien untergegangen, heißt es, um Übermut und um Sünde willen; in Kriegen zerstört, versunken. Seltsam ist aber das, was eine handschriftliche Überlieferung von Benckwitz erzählt: „Im Sommer 1837 wanderte ich in Schlesien und und kam auf dem Wege von Dambrau nach Polnisch-Leipe durch einen großen Wald mit etwa 80jährigem Bestande, in welchem sich noch deutliche Spuren eines Dorfes, welches ehedem dort gelegen, erkennen ließen. Ich erfuhr, daß dort das Dorf Benckwitz gestanden, welches vor etwa hundert Jahren auf außerordentlich eigentümliche Weise seine sämtlichen Einwohner mit einem Male verloren habe. Auf eingehende Fragen wurde mir mitgeteilt, daß ein Mädchen aus Benckwitz, welches in einem anderen Dorfe diente, am Sonntag Nachmittag ihre Eltern besuchen wollte. Das Mädchen kam ins Elternhaus, fand dieses offen – und alles tot. Sie geht ins Nachbarhaus – alles gestorben. Sie geht von einem Hause zum anderen, und da findet sie vielfach die mit häuslichen Hantierungen im Augenblicke des Todes beschäftigt gewesenen Insassen genau in der Stellung, wie sie vom Tode überrascht wurden. Eine Frau mit den Händen im Teig beim Backen, eine andere beim Kartoffelschälen usw. Endlich nach völliger Durchirrung des ausgestorbenen Heimatdorfes findet sie im letzten Hause einige Knechte beim Kartenspiel und auf ihr Klagegeschrei, daß alle Bewohner außer den Spielern im Dorfe gestorben seien, wird ihr von diesen mitgeteilt, daß sie beim Spielen vor einigen Stunden nötig hatten, das Schlüsselloch der Tür zuzustopfen, weil ein gelber Strahl hereingedrungen wäre. Die Spieler begaben sich mit dem Mädchen nochmals auf die Durchwanderung des Dorfes und fanden alles bestätigt.

Von Leuten, die während des verhängnisvollen Ereignisses in der Nähe des Dorfes gewesen waren, wurde ausgesagt, daß sich bei fast klarem Himmel eine gelbe Wolke über Benckwitz gesenkt, daß diese Wolke sich nach einigen Minuten wieder gehoben hätte, und genau in der Zeit, wo die erwähnte Wolke das Dorf belagert hatte, muß das Sterben der Insassen erfolgt sein."

Zu Stein verwandelt

Ich habe bereits erzählt, daß Menschen, welche am Brot gefrevelt, in die Unterwelt haben versinken müssen. Bei Kieslingswalde in der Grafschaft wurde ein Hirtenjunge für solche Sünde dagegen in Stein verwandelt, und in Lähn ward eine Frau, die am Fronleichnamstag buk, das Brot im Backofen zu Stein. Während eine jähzornige Frau in Panewnik, der während des Gebetsläutens das Brot in den Sand gefallen war, „das ist zum Teufelholen!" fluchte und das Brot mit den Füßen trat. Das Brot fing an zu bluten. In der Küche meckerte es wie ein Ziegenbock. Sie fühlte plötzlich eine kalte Welle über sich ergehen und zwei heftige Ohrfeigen auf ihren Wangen. Alle fünf Fingerabdrücke waren noch tagelang zu sehen.

Für ihren Ungehorsam, sie wollte mit der Mutter durchaus zur Kirche gehen, anstatt das Haus zu hüten, verwünschte in der Gegend

Die Goldberger Straße in Liegnitz. Stahlstich von Joh. Poppel, nach einer Zeichnung von C. Würbs

Die Kiensburg. Stahlstich von Grünewald und Cooke, nach einer Zeichnung von Ludwig Richter

von Tost eine Mutter die Tochter zu Stein. In Halbendorf im Kreise Oppeln geschah eine ganz merkwürdige Verwandlung. Da ritt ein Reiter, ohne Kopf und verkehrt auf dem Pferde, durchs Dorf, während die Leute zur Kirche waren. Die Kinder liefen ihm nach; ein einziger Knabe, ein Kranker, konnte nicht mit. Den fragten die Mütter, die aus der Kirche kamen, als sie die Kinder nicht mehr fanden. Er zeigte den Weg; die Mütter irrten bis in den Wald und fanden die Kinder, in Stein verwandelt, dort im Gestrüpp einer Schlucht.

Die Sagen gehen endlich in die vorhin erzählten über. Bei Paulsdorf, Krs. Oels, ward eine Magd vom Blitz in einen Stein verwandelt. Niemand hat ihn beerdigt und er rückt nun dem Dorfe näher. Wenn er es einmal erreicht haben wird, dann muß es untergehen.

Die wandernde Glocke

Die Glocken sind nicht nur totes Erz. Ein wenig von den Schicksalen, deren Verkündigung sie dienen, haftet an ihnen und mag ihnen wohl eine Seele gegeben haben. Unruhe treibt sie. Die der Laurenzkirche versank in einen Tump bei Gabel. Die zu Pawonkau im Kreise Lublinitz verschwand ganz plötzlich vom Turm, weil sie noch nicht getauft worden war. Das Katharinenkloster, das auf dem Katternberge bei Deutsch-Wette gestanden, versank, als man zu Ehren des in Deutsch-Wette auf dem Gutshofe gestorbenen Hundes die Glocken läutete und ein Begräbnis veranstaltete, wegen solcher Entweihung des Geläutes. Später fand man die große Glocke, dort wo das Kloster gestanden; eine Sau wühlte sie aus; die mittlere fischte man aus dem Wehrtümpel der Biele; sie hängt in Polnisch-Wette.

Im Kriege zwischen Polen und Böhmen vergruben die Glatzer einst ihre Glocke auf den Comturwiesen. Die Zeugen jedoch verstarben und man vergaß die Glocke. Einst hütete nun ein Hirt auf jenen Wiesen und als er eintrieb, blieb ein Schwein auf dem Weideplatz zurück. Es wühlte mit seinem Rüssel in der Erde, als es der Eigentümer am nächsten Tage fand. Man schaute genauer hin und fand in der entstandenen Vertiefung den oberen Teil einer Glocke; freudig hoben die Bürger der Stadt den Fund. Aber kein anderes Zugtier als ein Stier vermochte den Wagen mit der Glocke zur Stadt zurückzubringen. Darum hing man in der Pfarrkirche zu Glatz als Weihgeschenk einen

Ochsenkopf auf. In Tharnau bei Grottkau wühlte ein Eber aus dem Kirchhübel eine Glocke und eine Sau half ihm dabei. Darum brummt die Tharnauer Glocke noch heute beim Läuten: Bör (Eber) wühl! Sau findt! Auch die verschwundene Pawonkauer Glocke wühlte ein Borg, als eben der Hirte ein frommes Lied während des Hütens sang, heraus und auch sie klingt noch heute: Wieprz *mi*e wyrot (Der Burg hat mich herausgewühlt).

Im Walde bei Trachenberg bildet die Bartsch eine kreisartige Bucht, den See. In dieser versenkten und bannten die Heiden einst eine Glocke, die nur in der Johannisnacht um 12 aufsteigt, zu klingen beginnt und wieder versinkt. Ein Fischer, der eben die Netze ausgespannt, als sie erschien, fuhr nahe an sie heran, und als sie sich bereits über den Rand des Kahnes senkt, entfahren ihm die Worte: Herr Jesus und Maria mein, die Last drückt mir das Boot herein! Aber da war der Zauber gebrochen, die Glocke versinkt und niemals hat er sie mehr gesehen.

Die Glocke liebt ihre Heimat und als die polnischen Juden vor hundert Jahren die Glocke der Lubschauer Kirche stahlen, brachten sie das beladene Gespann kaum tausend Schritt vom Dorf, denn da begann die Glocke zu läuten. Die Diebe flohen und die Dorfleute holten ihr Eigentum zurück. Nach Starkenbach in Nordböhmen war ungerechterweise die Hennersdorfer Glocke gelangt. Bei einem Brande versank sie in der Erde. Jeden Palmsonntag, wenn in der Kirche die Passionen gesungen werden, dreht sie sich seither einmal um und wandert auf diese Art Hennersdorf zu. Zur Zeit befindet sie sich unweit der Kirche dieses Dorfes unter einer Scheuer. Am Palmsonntag klingt sie zuweilen. Hat sie sich bis an die Oberfläche der Kirche emporgearbeitet, dann aber wird Hennersdorf ein Gnadenort.

Versunkene Schätze

In vielen Dingen ähneln die Schatz- den Glockensagen. Man muß beim Leben der Schätze schweigen; sie wandern, wie man in Österreichisch-Schlesien glaubt; in mancher Nacht sieht man das Geld im Feuer auflodern und herumziehen, welches man das Geldwittern nennt. Überhaupt kann man Schätze oft in Gestalt eines Lichtes sehen; der auf dem Junkersberg bei Lauban erscheint als eine brennende Korngarbe. Im Hause eines Häuslers in Zöllnei sah man des Nachts häufig in einer Ecke ein Licht flackern, ohne daß etwas verbrannte. Die Leute gruben dort; da hörten sie draußen ein schreckliches Gerassel und ein Gepolter. Erschrocken gingen sie hinaus. Da sahen sie einen schwarzen Ziegenbock über die Treppe herunterkommen. Sofort stellten sie das Graben ein und seitdem hat auch das Leuchten in jener Ecke aufgehört. Bei einem solchen andauernden Brennen des Schatzes sagte man wohl in Brzesowie, eine tschechischen Gemeinde der Grafschaft, das Geld reinigt sich. Einem Jäger, der nichts vom Brennen des Geldes wußte, geschah einmal das Folgende: Er war auf dem Uschauer Berg bei Altzetlisch auf dem Anstande. Eben hatte er sich sein Pfeifchen angestopft und suchte in seiner Tasche nach einem Feuerstein, als er einige Schritte vor sich ein Häufchen glühender Kohlen sah. Er ging hinzu, nahm eine davon und steckte sie in sein Pfeifchen. In demselben Augenblicke brach aber ein Hirsch aus dem Dickicht hervor. Darüber vergaß der Jäger des Rauchens und eilte dem Hirsche nach, bis er ihn erlegte. Als er aber des anderen Morgens seine Pfeife hervorholte, sah er darin statt der Kohle, die er in der Nacht hineingelegt, eine Goldmünze. Er eilte alsogleich zu dem Platze, wo er den Kohlenhaufen gesehen hatte, aber von Goldmünzen war dort keine Spur mehr.

Auch mit den überirdischen Gewalten müssen die Schätze im Zusammenhang stehen, denn man hat bis vor kurzem im Isergebirge geglaubt, daß, wo der Regenbogen aufhöre, ein Schatz vergraben liege.

Sonst aber findet man hin und her im ganzen Lande Schätze vertan, in Burgen und alten Gemäuern ebenso wie in Bergen oder an den verschiedensten Orten. Sogar in der Agnetendorfer Schneegrube, wo einmal ein Fremder derart geängstigt wurde, daß er den Führer bat: „Bringen Sie mich hier fort, bringen Sie mich hier fort!" Pflügner trug den Verängsteten huckepack auf den Mädelkamm. Etwa in halber Höhe bemerkte er eine Brunne (überhängende Felswand), aus welcher ihm Edelgestein in allen Regenbogenfarben entgegenstrahlte. „Schauen Sie doch einmal dort hinüber!" rief er dem Fremden zu, der aber wandte sich schaudernd ab und rief noch ängstlicher: „Bringen Sie mich hier fort!" Am andern Tage war von dem blitzenden Edelgestein natürlich nichts mehr zu sehen, so eifrig auch Pflügner danach suchte. In eben derselben Schneegrube hat man vor 80 Jahren auch eine goldene Wurzel entdeckt, so dick wie eine Mühlwelle. Weil aber die Grundherrschaft den Finder nicht mit dem Roden beauftragen wollte, hat dieser sie so verhext und vertan, daß niemand sie wieder hat auffinden können. Dies Wurzelwerk soll bis in die Gegend des Greiffensteins sich unterirdisch ausbreiten. Vielleicht hängt sie zusammen mit jener goldenen Welle, die am Schaumflössel bei Flinsberg im Berge verwünscht sein soll und durch den Hasenstein bis Hermsdorf reicht. Wieder bei Kukus auf einer Wiese wuchsen einem Schläfer drei Goldruten zu und das geschah bei dreien Malen; dann aber versagte sie ihm um seiner Geldgier willen der Geist, der ihm im Traume erschienen, und all sein Schlafen auf diese Weise nützte nichts mehr.

In den Gansbauden sitzt eine goldene Gans auf goldenen Eiern, und unter dem alten Schlosse bei Tost befindet sich ein See, auf dem eine Ente auf goldenen Eiern sitzt. Man spricht zuweilen wohl auch von einer Henne, die in dem Schlosse Brzezinki bei Gleiwitz brüten soll, und man erzählt, daß jeder Besitzer, welcher das Dorf verkauft, sich ausbedingt, daß, wenn man im Schlosse einen Schatz finden würde, ihm ein Teil abgegeben werde, ein Recht, das sich Graf Gaschin von Trost auch vorbehielt.

Immer in bösen Zeiten suchten die Reichen ihr Hab und Gut der Erde anzuvertrauen; die schwieg fein still. Räuber retteten so ihre Schätze, wie es Mandube in Schloß Pöpelwitz bei Breslau getan haben soll. Und gingen die Läufe kunträr, dann scheuten auch die Feinde nicht, ihre Kriegskassen schleunigst zu verscharren. Ich kann mich noch gut erinnern, daß um die Wende des vorigen Jahrhunderts bei Liegnitz mit langen Stäben nach den französischen Kriegskassen gesucht worden ist, und auf den Feldern des Nixdorfschen Gutes in Plagwitz hat 1813 – verborgen durch eine Karree westfälischer Infanterie – der General Puthaud den die Kriegskasse enthaltenden Wagen in einen Sumpf versenkt. In Radl war auf der Köppe eine große Steinrücke, an welcher sich oft ein feuriger Hahn zu zeigen pflegte. Man grub und fand eine Kriegskasse. Dieselbe war aber so schwer, daß vier Paar Pferde kaum imstande waren, sie fortzuschaffen. In der Scheuer, in der sie stand, spukte es von da an und man sah auch den feurigen Hahn. Da brachte man sie zurück. Jetzt konnten zwei Kühe den Wagen ziehen, obwohl es bergauf ging. Kaum hatte man sie am früheren Orte abgeladen, als sie mit Krachen versank. Am Anfang des 30jährigen Krieges haben der Pfarrer und der Bauherr von Katholisch-Hennersdorf bei Lauban alle Schriften und Gelder in kupferne Bratpfannen eingesponnen und auf die Felder des Gutes hinter der Kirche vergraben. Beide überlebten den Krieg nicht und niemand kannte die Stelle, wo die Bratpfannen liegen. Noch vor Jahrzehnten brannte der Schatz zuweilen auf und Männer, die am Tage nicht geflucht haben durften, wollten ihn in der Christnacht heben. Aber er ist noch heute nicht gefunden. So schlau versuchten die Schmiedeberger damals wohl auch zu sein; aber Kosaken klebten auf kleine Kinderhände zauberische Lichter, welche verlöschten, wo ein Schatz lag.

In den Mauertürmen von Leobschütz haben die Türken ihre Schätze vergraben, und in einem Hause der Stadt Trautenau bewacht ein verwünschter russischer Prinz einen Schatz.

Von Zeichen, welche den Ort der Schätze anzeigen, weiß man in Ratibor. Dort sieht im Schloß der steinerne Kopf eines Mongolen auf den in der Mitte des Hofes befindlichen Brunnen oder die gegenüberliegende Brauerei. Es geht die Sage, daß an der Stelle, nach welcher der Kopf seine steinernen Augen gerichtet halte, ein großer Schatz liege. Im Minoritenkloster von Beuthen haben die Mönche die silbernen Statuen von Christus und den zwölf Aposteln vermauert. An den Tagen, an denen der Vollmond scheint, soll dessen Schein durchs Schlüsselloch der Kirchtür den Ort anzeigen, wo die silbernen Apostel aufbewahrt und verborgen sind. – Die Schätze der Burg Neuhaus bei Waldenburg kann man dagegen nur heben, wenn man die Schlüssel findet, deren Formen auf einigen Steinen im Hofraume eingehauen sind, und die auf einen Felsstein eingemeißelten Buchstaben H G S zu deuten vermag. Der Schlüssel zu den Schätzen der Abendburg liegt bei dem bis jetzt noch nicht aufgefundenen Siebeneckenstein in der Nähe des roten Flosses. Nur durch ihn erlangt man die Schätze. Man muß ihn aber in derselben Mitternachtsstunde wieder an seine Stelle zurückbringen, sonst verschwindet das eingeheimste Gold. Den Schlüssel zu den Schätzen im Porprichkeller bei Buchwald, Krs. Landeshut, besaß ein Bauer, der ihn gern los gewesen wäre und ihn darum einst mit auf die Schneekoppe nahm, wo er ihn in den kleinen Koppenteich versenkte. Als er nach Hause kam, fand er ihn zu seinem größten Erstaunen wieder auf seinem Platze liegen.

In der Ruine Landeck (Krs. Ratibor) sind viele Schätze vergraben. Während der Passionszeit erscheint auf der Landecke ein Eber mit einem Schlüssel in der Schnauze. Wer ihm denselben entreißt, während der Priester die Passion in der Kirche liest, der hat sein Glück gemacht. Den aber, dem es nicht gelingt, zerreißt das Tier und verschlingt ihn. Wieder vom Katzenstein bei Jakobsthal (Paß zwischen Riesen- und Isergebirge) heißt es, daß in demselben zwei goldene Kegel und eine Kugel verwahrt liegen. Der Eingang öffne sich nur am Palmsonntag, wenn der Priester dreimal mit dem Kreuz an die Wand klopft. Auch sagt man, daß an Fronleichnam, wenn die Prozession im nächsten Ort den dritten Altar erreicht, der Felsen sich als eine prachtvolle Kirche auftut. Aber zwei schwarze Kater, welche am Eingang auf einer Tonne hocken, lassen nur Sonntagskinder ein.

In Gottesberg bei Waldenburg lockte ein Zwerg einst einen Mann, in den Keller zu gehen; es würde ihm ein Gespenst begegnen, aber er solle zu ihm: Alle guten Geister... sagen. Darauf ist das Gespenst verschwunden. Als beide, der Zwerg und er, um eine Ecke gingen, sagte der, er solle den Stein vom Rahmtopf runternehmen und sich den Topf rauf in die Stube tragen. Und oben, da war jener voll Gold. – Ähnlich sah einst ein Stummer aus Polkendorf im Riesengebirge, der in der Mittagsstunde auf einer Birke saß und Ruten schnitt, unter dem Baum ein kohlschwarzes Männlein, das Geld in eine Kiste zählte und ihm winkte, herabzukommen. Vor Schrecken schnitt er sich in den Daumen der linken Hand, fiel zur Erde und lief nach Hause, um Freunde zu holen; aber sie fanden nichts mehr, Männlein und Schatz waren verschwunden. Und auch im Biehmschen Hause in Giersdorf i. R. hat einst ein graues Männel zwei Mädeln, welche zum Spulen dorthin gekommen, es war da früher eine Weberei, eine kupferne Pfanne mit Geld unter der Treppe angeboten. Nachdem es die Mädchen mehrere Tage lang mit seinen Bitten verfolgt, haben Pastor und Lehrer und Schulze alles besehen. Durch einen Umstand ist ein Donnern und Rollen entstanden und die Pfanne ist verschwunden gewesen. Der Geist hat sich noch acht Tage lang gezeigt, geweint und geklagt, es werden viele Jahre vergehen, ehe wieder jemand geboren wird, der den Schatz heben könnte. Im Jahre 1860 ist der Schlüssel der Geldpfanne noch immer vorhanden gewesen, jetzt aber wohl verloren gegangen. Von Männern, welche an der Hundepforte zu Braunau standen, kauften zwei Tuchmacher während der Passion am Palmsonntage für einige Heller gedörrte Pflaumen. Und sie erhielten die Taschen voll. So mochten sie nicht zum Friedhof, wo die sie Gräber der Angehörigen hatten besuchen wollen, gehen; kehrten erst um – und fanden zu Hause statt der Pflaumen Goldstücke in ihren beiden Taschen.

Oft aber ist der Schatz herrenlos, d. h. der Teufel bewacht ihn in Person. Daß solche Schätze aufbrennen, erzählte ich schon. So brennt er auch im Kamnitztal auf der Tischerkoppe. Als einst im späten Herbst die Künich-Beate nach Hause ging, blieb sie, da es sehr neblig war, auf halbem Wege bei einer Freundin. Weil diese jedoch eine

Die Schneekoppe. Stahlstich von Grünewald und Cooke, nach einer Zeichnung von Ludwig Richter

Bettnässerin war, so kamen die beiden mitten in der Nacht (es schlafen oft mehrere Personen in einem Bett) in Streit und die Beate lief aufgebracht davon. Sie kam am Feuer auf der Tischer-Koppe vorbei. Ihr grauste, aber die Gier, mit leichter Mühe Reichtümer zu gewinnen, ließ sie doch näher schleichen. Sie wollte eben einen beherzten Griff in die Flamme tun, als daraus plötzlich ein Untier hervorsprang, während ein giftiger Dunst dem Boden entstieg, der sie betäubte. Am nächsten Morgen fanden die Leute sie noch bewußtlos liegen und die Beate blieb von der Zeit an wirblig im Kopfe. Sonst hilft wohl, ein Stück Eisen oder etwas Geweihtes ins Feuer zu werfen, so wie ein Derschauer (Krs. Oppeln), der etwas geweihte Kreide an einen Bindefaden band und an dem Baum aufhing, unter welchem das Feuer lohte. Am Abend, als wieder der Schatz aufbrannte, schoß er den Bindfaden durch, die Kreide fiel in die Flamme, welche erlosch, und er fand einen Haufen Geld.

Wäre das Heben der Schätze leicht, dann möchte schon längst kein Bröckchen Gold und kein harter Taler mehr in der Erde verborgen sein. Nun aber wird beispielsweise verlangt, daß, wer den Schatz im Schnallenstein in der Grafschaft heben will, am Karfreitag, während die Verehrung des heiligen Kreuzes in der Pfarrkirche zu Rosenthal stattfindet, hinaufgeht und ein hölzernes Kreuz mitnimmt, dessen Figur genau dieselbe Länge und Breite hat wie er selbst, wenn er mit ausgespannten Armen sich hinstellt. Mit diesem Kreuz kann er den schätzebewachenden Hund von seinem Lager stoßen. – Viele Hindernisse werden erwähnt. So rutschte, als ein paar in der Ruine Hammerstein nach Schätzen gruben, die lange eiserne Brechstange 'nein in den Berg, sie konnten sie nicht derhalten – weg war sie, sie wußten nicht wie. Die sechs schwarzen Pferde, mit denen der alte B. in Bernsdorf einen gefundenen Schatz heimfahren ließ, hat man danach zu nichts mehr gebrauchen können.

Beim Porprichkeller liegt unter einem sargförmigen Stein ein Schatz. Ein Bauer schlug mit der Wünschelrute den Stein, da fing derselbe an, sich zu bewegen und das Gold drunter klang. Nun schaufelte er die Erde unter dem Stein weg; aber je mehr er wegschaffte, desto größer wurde der Stein, so daß er die ausgehöhlte Stelle immer wieder füllte.

Wie schädlich das Umsehen beim Schatzgraben ist, erfuhr das Mädchen schon, das Gold im Ofen im Sande gefunden. In Weißbach erzählte man außerdem, daß in den Mittagssteinen verwünschtes Gold sein solle. Da sind einmal drei Männer gegangen, Gründonnerstags mittags zwischen zwölf und eins, und haben den Schatz heben wollen. Aber sie sollten sich nicht umsehen. Wie sie hinkommen, fängt's an zu regnen, dem einen gerät ein Ästel in den Hals, und wie er's rausmachen will, hat er sich dabei umgesehen. Da hat er wieder heimgehen müssen. Die andern sind weitergegangen; aber da stolperte der zweite, sah sich um und mußte also zurück. Dem dritten hat's oben allerlei vorgemacht, und es hat hinter ihm geblitzt, so daß er sich umsah. Da war es eben vorbei. Ebenso töricht ist es, zu sprechen. Und weil das immer so ist, versucht der Böse mit tausend Listen die Schatzgräber zum Schwatzen zu verlocken. Als der Karfunkelstein auf dem Porschberge (Gablonz), welcher so groß wie ein Butterfaß war, gehoben werden sollte, nahte den Gräbern ein Reiterzug, an dessen Ende ein Mann mit einem Schwanze auf einem dreibeinigen Bocke ritt. Der fragte einen der Schatzgräber, wie weit seine Vordermänner schon seien? und bei der ersten Silbe der Antwort versank der Stein.

Wieder einmal – man suchte eben den sogenannten Brautschmuck im schwarzen Teichl von Laban – kam er an Krücken hinter einem im wilden Galopp lossprengenden Reiter. Man antwortete ihm nichts, bis er treuherzig sagte: „Nu werde ich ihn wohl bei der Kapelle einholen." Ein Witzbold konnte sich nicht enthalten zu sagen: „Den Teufel wirst du einholen!" Sogleich verschwand der Schatz. Nützt alles sonst nichts, dann bauen einige schwarze Gestalten – wie an den Höllesteinen bei Markersdorf – ein Galgengerüst und sprechen: „Wan häng mr denn zuerscht?" – „Dann ei dr rutn Weste!" schlug einer vor. „Ja ja", riefen die andern und: „Mei, mich hängt dr nej," der Betroffene. Aber mit seinem Ruf sank der Schatz und auch die bösen Gestalten verschwanden.

Übel wäre es beinahe einst Schatzgräbern in den Grenzbauden (südlich von Schmiedeberg i. R.) ergangen, mit denen ein Knabe suchen war. Sie hatten an der Fichtiglehne im Schweidnitzer (Schwazer) Keller gegraben, schon stand die Pforte des unterirdischen Verließes halb offen, da rief der Knabe: Ich seh' ihn. Im selben Augenblick schlug die Pforte weit auf, und aus der Höhlung kam einer auf einem halben Ziegenbocke hervorgesprengt, der die erschrockenen Leute bis zu der Stelle, wo heute das Spritzenhaus steht, verfolgte, indem er ausrief: „Klipperla, klapperla, werd euch schon kriegen!" Erst die Antwort der Männer: „Du bist vom Teufel, wir aber wollen zum Herrgott!" scheuchte den unheimlichen Gesellen in seine unterirdische Behausung zurück.

Es gehen viele Sagen, daß solches Geld Unheil und Kümmernis gebracht. Der Müller Staffa in Anseith hatte am Palmsonntag in den Geldlöchern der Elbeberge Geld gefunden. Als er es herausnahm, kam der Waldheger, den er um seine Mithilfe bat; aber plötzlich verschwanden Heger und Schatz; der Müller mußte sich mit dem bereits Herausgerafften begnügen. Nachher erkrankte er und bekam ein schreckliches Reißen in die Hände. Er glaubte, schuld sei, daß er den Schatz nicht ganz habe heben können. Um seine Schuld zu sühnen, vermachte er einen Teil des Geldes zu Messen, das andere vergrub er hinter seinem Hause und erhängte sich. In Katscher bei Leobschütz weiß man, daß es gefährlich ist, von einem Geldfeuerchen zu raffen; denn wenn das Feuer dabei verlischt, ist man verloren, verwünscht. – In den Ruinen der Hedwigskapelle bei Röchlitz nahe Goldberg traf einst ein Junge fremde Männer, denen er täglich für reichlich Geld Lebensmittel brachte, nachdem er unbedingte Verschwiegenheit versprochen. Das hielt er, bat aber einmal, seinen Vater mitbringen zu dürfen. Und dieser hatte auf seinem Wege dorthin nichts Besseres zu tun, als im Wirtshaus zu prahlen und das Geheimnis auszuplaudern. Kaum hatte er die verräterischen Worte gesprochen, so wurde ein heftiges Klopfen an das äußere Fenster vernommen und eine laute Stimme rief: „Täuber! Täuber! Sogleich verließ er mit dem Sohne das Gasthaus – und niemand hat sie mehr wiedergesehen. Das Geld, das daheim hinterm Schornstein gelegen – der Junge hatte es dort verwahrt –, war gleichfalls fort, ohne daß jemand weiß, wer es geholt. – Ein Bursche, welcher die Schätze im Ballenstein heben wollte, kam stumm und krank mittags zurück; niemals ging er mehr aus dem Hause. Als er das nächste Jahr Palmsonntag – dem Hebetag – auf der Bank lag, warf es ihn plötzlich in die Höhe und schleuderte ihn in die Mitte der Stube. Er wurde tot aufgehoben. Und das geschah zur selben Zeit, als in der Kirche das Evangelium gelesen wurde.

Woran liegt das? Nicht alle Schätze sind jedem bestimmt; auf manchem ruht eine Verwünschung oder ein Fluch. (Am klügsten tut darum der, dem ein Geist etwa einen Schatz bietet, daß er den selbst graben und ausschütten und teilen heißt.) So kann der Schatz am Schaumflössel erst gehoben werden, wenn der Name der Grafen Schaffgotsch erloschen ist. Es war dort einmal einer, dem sollte der Kopf kürzer gemacht werden. Weshalb, weiß man nicht recht. Einige sagen, er sei ein Falschmünzer, andere, es sei ein Mann gewesen, der sich in dem alten Turme angesiedelt und heimlich nach Erz und Silber gesucht habe. Als ihm das Urteil gesprochen, bat er den Grafen

Schaffgotsch, der damals das Recht über Leben und Tod hatte, wenn man ihm das Leben schenke, so wolle er die ganze Straße bis Friedeberg mit lauter Talern (silbernen Pfennigen) pflastern. Wenn man ihm das Leben nehme, so werde er alles verbannen, solange der Name Schaffgotsch existiere. Da schickten sie nach Friedeberg (wo früher die Schaffgotsch residierten) und ließen fragen, was geschehen solle, hatten aber den Kessel mit siedendem Öl schon bereit. Wie aber der Bote von Friedeberg zurückkam und mit dem Tuch wehte, verstanden sie es falsch und dachten, sie sollten den Mann rasch zu Tode bringen und steckten ihn in den Kessel mit dem heißen Öl. Aber er hat noch alles vorher verwünscht.

Über manche Schätze hält aber der Teufel selbst seine Hand und das kommt so. Als auf der Doländer Seite in Zöllnei eine geizige Frau einst zum Sterben kam, schickte sie alle ihre Leute aufs Feld und vergrub ihr Geld in der Stubenecke. Dann setzte sie sich auf die Stelle und rief: „Satan kumm har! Do üwerga ich dir mai Gald. Met dam Siechl, was ich zusiechle, muß dar Schotz uffgesiechelt warn." Aber der älteste Sohn hatte versteckt dem allen zugesehen, und als er sah, daß die Mutter im Sterben liege, nahm er den Leichnam und setzte ihn auf die Stelle, wo der Schatz vergraben und versiegelt war und rief: „Satan kumm har. Ga mrs Gald wieder; mit dam Siechl, wos zugesiechelt is, tu ich's wieder uffsiecheln." Sofort öffnete sich die Grube, der Sohn hob den Schatz und teilte ihn redlich mit seinen Brüdern. –

Soviel von vertanen Schätzen. Aber auch solche, die irgendwo in den Berg verschlossen, unzähligen Findern genügen möchten, sind nicht leicht zu erlangen. Ich kann mich aus meiner Jugend der Sage vom Rabendocken noch erinnern: Eine Mutter ging in der Christnacht in jenen Felsen, fand Gold und setzte ihr Kind zur Erde, um mehr hinauszubringen. Aber als sie umkehrt, das Kind zu holen, schließt sich der Fels. Im nächsten Jahre ging sie noch einmal hin, fand wieder den Eingang offen und rettete ihr Kind. Dieselbe Sage, wobei hinzugefügt wird, daß das Wiedergefundene einen Apfel hält, hörte ich von der Abendburg, von den Mittagssteinen bei Haindorf, bei denen ein gelber Streif anzeigt, wo sie aufspringen. Auch in der Hainkirche bei Haindorf vergaß die Mutter ihr Kind; sie fand es stumm wieder, und es vermochte nicht zu erzählen, was es erlebt, während es von der Harzkirche hieß, da sei auch eine Frau hineingegangen mit einem Kinde, zwei Hunde saßen auf dem Tische, zwischen viel Geld; der eine hat gesagt: Raff! Raff! – aber der andere sagte: Raff nicht! – Da ist die Frau hinaus gelaufen, die Tür ist hinter ihr zugeschmissen worden, und das Kind hatte sie drin vergessen. Als sie das nächste Jahr hinkommt, da ist das Mädel ein Wechselbalg gewesen, der einen Apfel in seinen Händen hatte.

Im Erzgebirge bei Panewnik hatte die Mutter das Kind vergessen. Sie fand es am nächsten Karfreitag fröhlich auf der Stange sitzen. (Die Stange, auf der Fensterseite gegenüber dem Ofen, dient zum Aufhängen der Betten usw.) Sie fragt das Kind: „Von was hast du das ganze Jahr hindurch gelebt?" – „Von dem Mehl, das die Müller den Bauern vorenthalten haben." – „Was hast du denn das ganze Jahr über getrunken?" – „Die Milch, welche die Händler den Käufern zu knapp bemessen haben." – „Wie kommt es denn, daß du das ganze Jahr über nicht von der Stange gefallen bist?" – „Deine Gebete haben mich festgehalten." – Im Kreise Beuthen war eine Mutter auf dem Felde schatzsuchen. Sie setzte ihr Kind zu einem Feuer und ging zum nächsten. Aber als sie zurückkehrt, ist alles verschwunden, die Andacht war vorbei und die Subella hatte das Kind geraubt. Im nächsten Jahre zur Passionszeit fand sie es wieder am Feuer sitzen, um das es wie ein Sturmwind heulte. Aber für immer hatte das Kind ein blaues Mal im Gesicht. – In der Brauerei der Wüstung Stonsdorf hat einmal eine Mutter in der Christnacht auf einem Stein ihr Kind sitzen lassen, im nächsten Jahr wiedergefunden. Als nun das Mädchen 16 Jahre alt war, ging es mit seiner Mutter wieder an jener Stelle vorüber. Da sagte es mit einem Male: Mutter, hier ist meine Ruhestätte! eine unsichtbare Glocke fängt an zu läuten und es verschwindet. Das Teufelsloch im Svičin bei Oberprausnitz steht am Palmsonntag und Gründonnerstag kurze Zeit offen; wehe aber dem Lüsternen, der sich versäumt. Ein Niederprausnitzer Bauernbursche hatte zur Vorsicht für einige Tage Lebensmittel bei sich; würde er eingeschlossen, so, rechnete er, müsse er bis zum Gründonnerstag im Berge stecken, dann würde sich wieder der Ausgang öffnen. Der Bursche kam aber nicht wieder und blieb verschollen.

Oft ist nur die Torheit der Menschen schuld, die ihnen den Eingang für immer verschließt. Ein Knabe Eduard fand einst an einem Pfingsttage auf der Nordseite des alten Schlosses Sternberg im Altvatergebirge eine Blume, die er an seinen Hut steckte. Darauf erblickte er einen Kristallpalast; auf einem Throne saß eine Jungfrau, die ihn zum Nähertreten einlud und ihn in einen unterirdischen Saal führte. Eduard durfte von Schätzen einstecken, was er nur konnte. Als er umkehren wollte, rief ihm die Jungfrau zu, das Beste nicht zu vergessen. Er griff nach einem glänzenden Stein, der ihm besonders gefiel, und entfernte sich. Noch zweimal hörte er die Mahnung, da wurde er bange und lief hinaus. Krachend schlug hinter ihm die Tür ins Schloß, daß er betäubt zu Boden stürzte; als er erwachte, fühlte er eine Verwundung an seiner Ferse. Jetzt erst vermißte er seinen Hut mit der Wunderblume; nun wußte er, was das Beste gewesen, das er vergessen. – Auch einem Liebauer riet einst ein graues Männel, das ihm zum Schätzeheben aufforderte, indem es auf ein Kruzifix wies: Vergiß den Besten nicht! Das graue Männel führte ihn auf den Lindenberg zu einem mit Gold gefüllten Kasten, hinter welchem ein Postament mit zwei Kerzen stand. Es sagte: Wenn du jetzt zwischen die beiden Kerzen den Besten, das Bild des Heilands, stellst, so gehört das ganze Gold dir und die hier verbannten Seelen werden erlöst. Das graue Männchen verschwand und der Mann, der das Kruzifix vergessen, floh, von dem schrecklichen Geheul, Gewimmern und Schreien, das bald anhub, verjagt, wütend über sich selbst nach Hause.

Im Isergebirge träumte einem Grenzdorfer: Geh auf die Dresdener Brücke, dort findest du dein Glück! und da das mehrere Male geschah, folgte er seinem Traum und machte sich auf die Reise. Er war schon einige Tage verdrießlich auf der Augustusbrücke auf- und abgegangen, als ihn ein Kaufmann fragte, was er denn suche? Es hat mir geträumt, ich würde reich werden, antwortete ihm der Bauer, wenn ich auf die Augustusbrücke ginge. – Ach, sagte der Kaufmann, Träume sind Schäume; wer achtet auf die. Mir hat ja auch geträumt, in Grenzdorf an der böhmischen Grenze sei unter einem Stein im Brunnen ein Kessel mit Gold vergraben. Der Bauer merkte sich das, ging heim und hob den Schatz.

Walen

Schon seit vier- oder fünfhundert Jahren werden die schlesischen Schätze gesucht. Die ersten, die ein Gelüsten nach ihnen trugen, waren „die Walen, fremde Goldsucher, Reffträger und Terminierer, die sich freilich gar stille verhalten mußten, weil ein nachsetzig Volk in den Bergen lebte, wobei besonders über die Schreiberhauer Aschenbrenner in der Glashütte“ geklagt ward. Wir wissen von diesen Walen heute außer den Sagen noch aus den Walenbücheln, das sind Anweisungen, wie und wo ihre Nachfolger die Schätze der Berge zu finden vermögen. In diesen Walenbücheln steckt ein gut Teil Kenntnis der Berge. So heißt es: Auf der Iserwiese am Riesenberge (alter Name für den weißen Flins) liegen viel Körner ganz blau Edelgesteine, gut Erz, gediegen Gold und Silber und mancherley Ebentheuer, item (liegt da) der Buchberg, die Iser fließt hart daran weg. Eine halbe Meile darunter (Riesenberg) liegt ein Schloß wüste (altes Schloß) und an einem Stein ist ein Mann ausgehauen, der weist mit zwey Fingern auf ein Kreuz an einem Stein (Andreas-Kreuz, ein Walenzeichen, wurde festgestellt; von dem andern Zeichen gehen noch Sagen) und fließen Wasser zur rechten und linken. Sechs Gewend von Mohnstein (Mohhennrich), darauf die Hand weiset (der Mohhennrich ist gerade vom alten Schloß besonders deutlich in einem Bergausschnitt zu sehen), magst du suchen. Aus dem wüsten Schloß fließt ein Wasser, gehe dem nach, da wirst du viel gewachsen Gold finden." – Besonders berühmt in diesen Walenbücheln waren der Zobten, die Abendburg oder güldene Aventrotburg, der Stein mit den sieben Ecken, das rote Floß von der Abendburg, die Goldgruben im Isergebirge unter dem weißen Flins, die kleine Iserwiese, wo auf dem Buchberg eine Orla (Urle) stand, unter der eine Quelle entspringt, die Gold enthielt.

Uns ist, wie schon gesagt, eine Reihe der alten Walenhandschriften überliefert, davon als zeitlich erste die des Antonius Wale von Florenz, der sich als Breslauer Bürger um 1430 nachweisen ließ, seines Neffen Johannes Wahle, weiter die eines Hans Mann aus Regensburg und schließlich Antonius Wegweiser im Gesenke und Philippus Melanthon Walenbüchlein ebenda. Zeichen, auf welche in diesen Bücheln Bezug genommen worden ist, wurden auch aufgefunden, so etwa am Gabelstein (südlich Schreiberhau), am alten Schloß auf der Iser, am Kynast und in der Nähe von Löwenberg wie auf dem Tafelstein.

Man war im Riesengebirge nicht gut auf sie zu sprechen. Sie überhoben sich und pflegten etwa bei Maffersdorf und Neuwald zu spotten: In Böhmen wirft mancher Hirt einen Stein nach seiner Kuh, welcher mehr wert ist als jene. Auf Befehl eines Landesfürsten hat man einmal das Mundloch eines Stollens im Löwengrunde, den sie abbauten, mit einem eisernen Tor verschlossen und sie so einem kläglichen Ende preisgegeben. Um dieses Frevels willen wurden die Schätze auf 600 Jahre verwünscht. Ein in Schreiberhau lebender Gebirgsführer hat einen fremden Herrn zu einer irgendwo tief hinten im Walde murmelnden Quelle begleiten müssen. Der Quelle, die aus goldhaltigem Grunde entsprang, entstiegen fort und fort kostbare Perlen. Da habe der fremde Herr mit beiden Händen den Goldsand und die Perlen herausgeholt und alle seine Taschen damit gefüllt und mit den Worten: So, nun habe ich genug für mein Leben! den Heimweg angetreten. Der Gebirgsführer sei, sobald der Fremde ihn entlassen, nach jener Stelle zurückgeeilt, habe sie aber nirgends mehr auffinden können.

Sie lassen sich ungern bei ihrem Geschäft belauschen und wehe dem, der versuchte, ihre Fundorte auszubeuten. So heißt es, daß einst ein Lauscher von einem Ziegenbock entführt worden ist. Freilich änderte sich, als man die Walen vergaß, sofort die Sage: Ein Mann hieß Lorenz, der hatte in den Goldgruben am Lämmerwasser (unter der Grünen Koppe) Gold geholt. Als er zurückkehrte und bei der Isermühle war, da ist ein schwarzer Ziegenbock gekommen, der ist ihm zwischen den Beinen durchgewutscht, so daß er rittlings oben saß, und ist mit ihm bis zur Iser gelaufen. Dort hat er den Mann in den Sand geworfen; er selber ist aber über die Iser gesprungen und hat das Gold mitgenommen.

Mit diesem Ritt kommt auch überein: die Walen reisten auf Mänteln aus dem Süden, oder wie's in Nordböhmen heißt, auf einem Luftballon; ein Fremder, der so gekommen, hat in den Wäldern östlich von Stiebnitz das Silber gegraben, bis ihn der Schnabelmüller einmal verbannt. Geschieht es aber, erzählt ein alter Naturbeschreiber, daß einer oder der andere angetroffen wird, so setzt er eine gewisse Kappe auf, die ihn unsichtbar macht, nimmt einen unsichtbarmachenden Stein, auch wohl dergleichen Kraut in die Hand, wie dann einem Schaffgotschen Jäger widerfahren ist, daß, als sie einen solchen Goldgräber mit einem Häcklein in der Hand angetroffen hatten und ergreifen wollten, er alsbald vor ihren Augen verschwunden ist und das Häcklein in der Lufft fahren gesehen. Ein Bürger in Breßlau erzählte mir auch glaubwürdig, daß er einmal vier Italiener gesehen und mit ihnen zu Mittag gespeist, sie auch öffters vorhin gesehen und gekannt habe. Als sie nun wol gezecht gehabt, hätten sie hinder dem Wirtshauß einen Mantel ausgebreitet und ihn gleichfalls invitiert ... Da seyen sie mit einer unglaublichen Geschwindigkeit durch die Lufft geführt worden.

Ein Böttcherlehrling, welcher am Urlebrunn im Rabengebirge Reifen schnitt, sah in der Luft sieben mit langen grauen Mänteln bekleidete Männer daher geflogen kommen, welche sich niederließen und Gold zu suchen begannen. Im Riesengebirge in Agnetendorf wohnte bei einem Sommer stets ein unheimlich aussehender Fremder, ein Welscher aus Italien. Das eine Jahr blieb er aus, statt seiner erhob er sich, wie Sommer beim Futtermachen war, das Heu in menschlicher Gestalt, vom Winde emporgewirbelt. Sommer schleuderte sein Messer in den Wirbel und Messer wie Gestalt verschwanden. Drei Tage später erschien ein Welsche, der etwas hinkte, beredete Sommer, ihn nach Italien zu begleiten und nimmt ihn mit fort durch die Lüfte. Dort findet Sommer an einem prächtig gedeckten Tisch sein Messer, das er dem Fremden ins Bein geworfen.

Ein Jäger begegnete bei den Quarklöchern am Glatzer Schneeberg einst einem Welschen. Dieser sagte dem Jäger, daß er hier viel verborgene Schätze wisse und bereit sei, ihm sechsmal von denselben einen Teil zukommen zu lassen, wenn er sich verpflichte, das siebente Mal ihm, dem Welschen, zu gehören. Der Jäger sollte einen Vertrag darüber mit seinem Blute unterschreiben. Als Beweis für das Vorhandensein dieser Schätze führte der Fremde ihn in die Quarklöcher, deren Wände sich plötzlich öffneten; beide gelangten in einem großen Saal voll Gold, Silber, Edelgesteinen und alten Münzen. Als aber der Jäger mit seiner Zusage zögerte, hieß ihn der Welsche sich auf seinem auf der Erde ausgebreiteten Mantel niederlassen. Kaum hatte er das getan, so erhob sich ein heftiger Sturm und führte ihn davon; fast bewußtlos langte er in einer fremden Stadt an; es war Padua. Nachdem er sich von seinem Schrecken zum Teil erholt, sah er sich um und bemerkte plötzlich in einem hohen schönen Hause den ihm bekannten Welschen, der lächelnd auf ihn herabblickte. Der Jäger ging zu ihm und bat inständigst, ihn wieder nach seiner Heimat zurückzuführen und dafür alle Schätze zu behalten. Nach einigem Zögern reichte der Welsche dem Jäger einen Trank, worauf derselbe in einen tiefen Schlaf verfiel. Als er erwachte, befand er sich wieder auf einem Stein in der Nähe der Quarklöcher.

Die Walen, welche im Glatzer oder Altvatergebirge gewesen, stammten zumeist aus Padua, die hüben im Riesen- und Isergebirge aus Venedig. Einer derselben, Jeremias Vinzentz, erwähnt in einem Bericht, daß er von dem im Riesengebirge gefundenen Schätzen zu Venedig Haus und Hof aufgeführt habe; an ihm wären die Worte *Montes Korkonosch* (oder *chrysocreos) fecerunt nos dominos!* angebracht. Man erzählt, daß Wallenstein, um sich darüber Gewißheit zu verschaffen, seinen vertrauten Diener Johannes Walter nach Venedig geschickt habe, und daß derselbe ihm diese Angaben bestätigt hat.

In Neustadt unter der Tafelfichte haben Welsche sehr lange nach Gold gesucht. Sie fanden auch das Goldbörndl und gruben einen Stollen, bis sie auf eine Goldader trafen, so stark wie eine Wagendeichsel, die sich bis Neustadt ziehen soll. Aber die haben sie nicht gehoben. Er ist erst einem Menschen beschieden, der stets bereit sein wird, den Armen zu helfen. Sobald er zum Manne heranreift, entsteht ein Krieg zwischen den Armen und den Reichen. Jener wird auf der Seite der Armen stehen und nach dem Kampfe als Sieger sein weißes Roß aus dem Goldborn tränken. Dabei wird es mit seinen Hufen die goldene Ader zutage fördern und eine gesegnete Zeit beginnt.

Textnachweise und Anmerkungen

Das Sagenbuch, welches ich – auf einen Band gekürzt – hiermit vorlege, bedarf einer gewissen Rechtfertigung. Denn es scheint unnütz, nach Kühnaus großem Werk, das zu bewundern ich nicht müde werde, eine zweite schlesische Sammlung herauszubringen. Doch rechtfertigen wohl zwei Gründe den Versuch. Einmal wurde durch Kühnaus Arbeit das schlesische Fundgebiet längst nicht erschöpft, – die Sagen der schlesischen Wenden waren z. B. ganz fortgeblieben, obwohl die oberschlesischen Polen berücksichtigt worden sind –, zum andern war sein Buch eine Sammlung, ein Rüstzeug für die gelehrte Forschung, keine Darstellung, wie sie das Volk sich wünscht. Und volkskundliche Dinge gehören doch allererst dem Volk. Mir scheint, daß neben Grimms Sammlungen auch Heines „Elementargeister" wichtig gewesen sind. Eine solche Darstellung, ein lebendes Buch zu geben, die Sage so zu erzählen, wie sie die Leute im Dorf erzählen, in engster Verbindung und Verknüpfung, das ist mir Ziel gewesen. – Ferner schien mir notwendig, die schlesische historische Sage aus ihrem Dornröschenschlaf zu erwecken. Freilich handelt es sich dabei um einen ersten Versuch und längst nicht alles konnte mitgeteilt oder nur angedeutet werden. Doch wird in den Nachweisen noch manches zu finden sein, was durch die Kürzungen dem Text genommen wurde. Freilich hat da Schmalhans auch Küchenmeister sein müssen.

Das Buch gibt ein nicht ganz getreues Bild der tatsächlichen Verhältnisse. Um Vollständigkeit zu erreichen, wurden auch seltene, abweichende Stücke aufgenommen; sie rücken so neben die allerhäufigsten, als hätten sie dieselben Verbreitungsgrenzen.

Die Randlandschaften Nordböhmens und Mährens, soweit sie schlesisch besiedelt sind, haben gebührend Raum gefunden.

Die schlesische Sagenforschung hat bis ins 20. Jahrhundert nur ganz gelegentliche Ansätze zu Sammlungen aufzuweisen. Weinhold mischte Deutsches und Slawisches, wie seine Märchensammlung, die Bartsch aufschrieb, dartut. Ich kann es darum nicht so sehr schmerzlich finden, daß er nicht ausgiebiger gesammelt hat. Erst Kühnau bedeutet für Schlesien, was Müllenhoff, Bartsch, Kuhn und Schwarz,

Bolkoburg und Schweinhaur. Stahlstich von A. H. Payne, nach einer Zeichnung von Ludwig Richter

Totalansicht von Glatz. Stahlstich von G. M. Kurz, nach einer Zeichnung von C. Würbs

Panzer, Pröhle usw. für andere deutsche Gaue bedeuten. Ich habe das hier zum Ausdruck bringen wollen, indem ich alles, was er in seiner Sammlung bereits mitteilte, nach ihm zitierte. Da möchte ich freilich, was aus gelegentlichen Richtigstellungen ja deutlich genug hervorgeht, betonen, daß ich durchaus selbständig arbeitete und daß mir Kühnhaus Buch nur als Anhalt notwendig war. Denn ich arbeitete so, als habe sein Buch nie existiert. Ich sage das auch darum, weil nun die Möglichkeit besteht, ohne noch einmal zu den Quellen zurückgehen zu müssen, einzig durch den Vergleich einer Sage bei ihm und mir, deren Herkunft ganz sicher festzustellen. Nur etwa ein Viertel der „Kühnauschen" Sagen wurden hier übernommen, nämlich soweit sie Züge der schlesischen Sage bezeugten, für die ich keine Parallelen im ungedruckten Material vorfand. Rühmend möchte ich ferner auf die Arbeit hinweisen, die Theodor Siebs für unsere schlesische Volkskunde tat. Und dankend habe ich außer den vielen Mitarbeitern das Entgegenkommen der beiden großen Breslauer Sammlungen, der Universitäts- wie der Stadtbibliothek zu erwähnen. In den Nachweisen wurde auf möglichste Knappheit Wert gelegt. Ich kann den Wert eines Nachweises, besonders in landschaftlichen Sammlungen, nicht darin sehen, daß die gesamte deutsche Literatur Zeugnis ablegen muß. Es scheint mir wichtiger, die enge Nachbarschaft eingehender zu befragen, denn schließlich trägt jeder Volkskundler den Stoff aus den bekannten Werken sich selbst zusammen, während die kleinen lokalen Sammlungen ihm unzugänglich bleiben.

Häufig gebrauchte Werke wurden Band, Seite, evtl. Band, Nummer Seite – durch Kommata getrennt – wie folgt, zitiert. Werke mit wenig Ausbeute sind nur im Text genannt. Die gebrauchten Abkürzungen sind folgende:

Kühnau, Richard, Schlesische Sagen 1910–13. Bd. 1–4. Mit fortlaufenden Nummern	K
Kühnau, Richard, Sagen aus Schlesien 1914	k
Goedsche, schlesischer Sagen-, Historien- und Legendenschatz 1840	Goe
Grässe, Sagenbuch des preußischen Staates II.	Grä
Philo vom Walde (Johannes Reinelt), Schlesien in Sage und Brauch 1883	Philo
Haupt, Sagenbuch der Lausitz I. II. mit Nachträgen 1862	H
Vernaleken, Mythen und Bräuche des Volkes in Österreich 1859	Vernaleken

Grohmann, Sagen aus Böhmen 1863 . . . . Grohm
Peter, Volkstümliches aus Österreich-Schlesien II. 1867 . . . . Peter
Knötel, Oberschlesische Sagen I. II. 1907. 1911 . . . . . Knö
Klose, Führer durch die Sagen- und Märchenwelt der Grafschaft Glatz 1888 . . . . Klo
Patschowsky, Sagen des Kreises Landeshut . . . . Patschowsky
Vug, Schlesische Heidenschanzen 1890 . . . . Vug
Müller-Rüdersdorf, Der Nachtjäger und andere Geister des Isergebirges 1921 . . . . M R
(Eine Sammlung ohne Angabe der Fundorte; darum nur kritisch zu gebrauchen; meist tauchen die Sagen in lokalen Zeitschriften lange vorher auf.)
Scriptores rerum Silesiacarum I. ff. 1835 ff. . . . . *SS rer Siles*
Lucae, Schlesien curieuse Denkwürdigkeiten I. II. 1689 . . . . *Lucae*
Cureus, Newe Chronica des Hertzogthumbs Ober- und Niederschlesien, verdeutscht durch Heinrich Räteln 1601 . . . . Cureus
Schickfus, Jakob, New vermehrte schlesische Chronica 1625 . . . . Schickfus
Pol, Nikolaus, Jahrbücher der Stadt Breslau (um 1625) herausgegeben 1813 ff. . . . . Pol
Aelurius, Glaciographia 1625 . . . . *Aelurius*
Naso, Phönix redivivus 1667 . . . . *Naso*
Böhmische Chronica *Wenceslai Hagecii*, deutsch durch Johannes Sandel 1596 . . . . Hagec
Sinapius, schlesische Curiositäten I. II. 1720 . . . . Sinap
Krebs, Der Sudetenführer 1852 . . . . Krebs
Drechsler, Sitte, Brauch und Volksglaube I. II. 1903. 06 . . . . Drechsler
Bunte Bilder aus dem Schlesierlande I. II. . . . . B B
Schroller, Schlesien, Glogau o. J. . . . . Schroller
Ruffert, Sagen der Stadt Neisse 1918 . . . . Ruffert Stadt
Ruffert, Sagen aus dem Landkreis Neisse 1918 . . . . . . Ruffert Land
Schulenburg, Wendisches Volkstum 1882 . . . . Schulenburg
Hoffmann, Adalb., Schlesiens Geschichte und geschichtliche Sage im Liede 1897 . . . . Hoffm
Mitteilungen der schlesischen Gesellschaft f. Volkskunde 1894 ff. . . . . Mitt

Schlesische Provinzialblätter 1–130, 1785–1849	Prb
Schlesische Provinzialblätter, Neue Folge 1–14, 1862–75	Prb N F
Rübezahl, Blätter f. Volkshumor, Mundart und Heimatkunde, Schumburg-Tannwald (nicht mit Prb N F, die auch Rübezahl hießen, zu verwechseln!), N F 1899 ff.	Rübezahl
Mitteilungen des Vereins für Geschichte der Deutschen in Böhmen 1863 ff.	D B
Langer, Das östliche Deutschböhmen 1901–13	ö D B
Zeitschrift des Vereins für Geschichte und Altertum Schlesiens 1856 ff, ...	Zeitschr
Das Riesengebirge in Wort und Bild 1881–98	Rgbg
Der Wandrer aus dem Riesengebirge 1882 ff.	Wandr
Altvater 1885–1912	Altv
Oberschlesien 1902 ff.	ObS
Schlesien 1907–13	Schles
Oberlausitzer Heimatblätter 1918–21 Görlitz	Oberlaus Heimatbl
Vierteljahrsschrift für Geschichte u. Heimatkunde der Grafschaft Glatz 1881–91	Gl Vi
Breslauer Erzähler 1800–1810	Bresl Erz
Mitteilungen des nordböhmischen Exkursionsklubs 1878 ff.	Exk
Jahrbuch des Gebirgsvereins für das Iser- und Jeschkengebirge 1891 ff.	Jahrb
Zeitschrift des Vereins für Volkskunde (die von Weinhold begründete!) 1891 ff.	Zeitschr f. Volkskd

Die „Beiträge zur Heimatkunde des Kreises Steinau", Herausgeber Czaika-Steinau, sind eine unregelmäßig erscheinende Beilage zum Steinauer Kreis- und Stadtblatt.

Die Abbildungen auf den Seiten 35, 128, 217, 309 und 330 sind entnommen aus: „Ansichten von Deutschland" Bd. 8, Darmstadt 1850, die Abbildungen auf den Seiten 51, 52, 83, 127, 147, 148, 173, 235, 261 und 283 sind entnommen aus: „Das Riesengebirge", Leipzig 1841.

Seite 2/3: Silesia Ducatus. Topographia Bohemiae Moraviae et Silesiae das ist Beschreibung und eigentliche Abbildung der Vornehmsten und Bekandtigsten Stätte und Plätze in dem Königsreich Boheim und einverleibten Landern, Mähren und Schlesien. Am tag gegenen unndt Verlegt durch Matthaeum Merian in Frankfurt 1650

Zur Aussprache:

Das Schlesische verschmilzt das a und o zu einem Mischvokal; er konnte hier leider nur durch ao wiedergegeben werden, die also als ein Vokal zu lesen sind. Ähnliches gilt für uo (z. B. S. 212) und ua.

Gestern und Ehegestern

SEITE

Slenz: Thietmar, Chronicon in Monumenta Germ. SS. III. 822–855; vgl. 13
ObS II, 379ff. Götzendienst (z. B. Laserwitz: Büsching, Blätter f. d. ges.
schles. Altertumskd. 1820, S. 36, 44ff.); Märzdorf: Lehrer Werner, März-
dorf a. B.; etwa dasselbe erzählt von der Frauenburg Müller, Burgvesten
377; Goldn. Hain: Preußker, Blicke in d. vaterl. Vorzeit I. 108. *Flins:*
Bergemann, Flinsberg u. seine Heilquellen 1827, 7ff. dazu K 1154 u. Frl.
Kiesewalter, Kunzendorf (vgl. vorher Volckmar, Reisen in das Rüsenge-
bürge 1777, I. u. 3. Reise; dort auch Totenstein, Schaumflössel, wozu
angebl. aus Volksmund Mitt 1919, 160); Priester mit Hahn: Mosch,
Riesengebirge 1858, 346; vgl. S. 311 (Flins wird hier als Totengott ange-
nommen. Dem steht entgegen, daß ihn die Eilenburg. Chronic. I. 195 in SS
rer Lusatic. II. 228 als Waldgott schildert); *hlg. Hufe:* H II. 198. *Weigsdorf:* H 14
113. Goldentraum: K 1189. *Schanzen:* Rübezahl NF 7, 186. Totterngräber: 15
Vug 271. Heinzenburg: Prb NF 1862, 650. *Heidenjungfrau:* Aelurius 124–29
u. K 1932 nach Büsching. In Braunau: K 341.

Der neue Glaube:« *hlg. Hedwig:* Goe 55ff. u. 185 nach Vita sct. Hedw. in
SS rer Siles II. zu Trebnitz vgl. Gründungssage von Rauden: ObS 3, 788 u. 17
Knaben Wunderhorn II. 468. (Hedwigsbrunnen an vielen Orten; neu in
einer Sage, die F. W. Bischoff in Neumarkt von seiner Kinderfrau hörte.
Hedwigsteine häufig, vgl. z. B. S. 265.) – *Czeslaus:* Pol. I. 69. Glatzer 18
Parallele: Aelurius 337. 337. Tatern vor Breslau: Beckenstein wahrh.
Beschreib. vornehm. Händel 1606,9. Auch sein Bruder, der hlg. Hyazinth,
den man in Oberschlesien verehrt, rettete durch Wandel über den Fluß die
Monstranz vor den Tatern (Gozzolis Bild im Vatikan), vgl. Zeitschr 15, 505.

Tatern: Grässe II. 175 nach gr. Hedwigslegende von 1504. Bresl Erz
1801, 68ff. bringt ein Volkslied davon, das in des Knaben Wunderhorn
überging (Halle 1891) II, 466ff. Mach F. W. Bischoff verband ein unterirdi-
scher Gang das Kloster u. das Haus in der Constadtstraße, wo man die
Fürstin tötete. Der Sage liegt die Ermordung einer vor den Tatern aus Kiew
geflohenen Fürstin in Neumarkt zugrunde: Grünhagen, Gesch. Schles.
1864, I, 67. – Schlacht: alter Vers; Hoffm 23 Anm. Die Schilderung der
Schlacht: Vom Fluchtruf spricht Dubrav edit. Francf. 1687, 426. Zauber-
fahne: Goe 211. Heidersdorf: Geschwends Flurnamensammlung des Zob-
tengebietes. Taternmütze im Wappen Mitkämpfender: Sinap I. 469 u. öft. –
Habelschwerdter Turm: Klo 67. *Kynast:* Martini, Handbuch f. Reisende 1827, 22
132 u. K 28. *Grodziskoburg:* Zeitschr 24, 292. *Goldberg: Wandr* 181, 167f.
nach Lucae II. 1666. Schächte verdeckt: Volckmar in Okonom. Nachr. d.

SEITE patriot. Gesellsch. 1777. V. S. XIX–XXI. Ruisbroek: Vug 413 Anm.
Zweite Schlacht: Krebs 94 (Prb 1785, 2, 114 u. N F 11, 519). Siebenschläfer:
Schaetzke, Schles. Burgen 1912, 33 (Sch. bringt meist „romantische"
Sagen).
Peter Wlast: Schatz: Cur 50 nach Dlugosz. Traum: Geyer, Gesch. u.
23 Sage d. alten Schlesierlandes 27. Ich traue dieser Sage nicht; sie ist wohl
willkürlich übertragen. Blendung: Boguphal in Mon. Pol. II. 250ff.
24 **Herzöge, Junker und Pfaffen:** Die *Hänse von Sagan:* Hans I. Lucae II.
1087, 1079, 2205 erg. Bresl Erz 1805, 786. Hans II. Cur 324–73; vgl. SS rer
Siles IV. 18f. Hoffm 67. Ziegler, tägl. Schauplatz d. Zeit verwechselt beide.
Ein Hans v. Sagan taucht auch in einer Königsberger Wappensage auf:
Ostpr. Sagenbuch = Inselbücherei 176, Nr. 75. Die Klage über die Qual des
Durstes auch in Schles. Bergwerkssagen z. B. NR 330. Hans I. will in der
Mitte des Kirchenganges begraben sein, damit alle für seine Sünden das
Grabmal treten; dieselbe Sage teilt Herr stud. phil Raschke aus Bischdorf,
Krs. Kreuzburg, von einem Grabmal mit; vgl. auch des Knaben Wunder-
26 horn II. 469f. – Hans v. Tschirn: Vug 284 u. K 1325. – *Nikolaus v. Oppeln:*
Pol II. 171. *Buttenträger:* Cur 84. HERZOG KÖBERLIN: CUR 91. *Des Liegnitzer
Herzogs Mahl: Liegn.* Chronik in SS rer Siles 12, 98ff. *Johann v. Görlitz:* H II.
27 103[b]. *Der Milchkauf:* Pol I. 114. *Eingemauert:* K. A. Müller, Burgvesten 1837,
505 Anm. (von der Stiefmutter einigem. Prb. N F 1862, 653 aus Zölling,
Knö II. I aus Zabrze, ObS 9, 98 aus Gleiwitz. Nordböhmische Sage: E.
Francisci lust. Schaubühne II. 999. Von Reichenberg (Böhmen) hat man ein
Volkslied von einem daselbst lebendig vermauerten Fräulein: Journal des
28 Luxus u. d. Moden 1812, 654). Hungerturm: Wahrendorff, Liegnitzische
Merkwürdigkeiten 1724, 62. – *Die Hunde:* im Schweidnitzischen = Alten
Grottkau: nach Islers handschriftl. Chronik Mitt 9, 74. Vgl. Schulenburg 84
u. Die Grafschaft Glatz 1908 III. 85f., wo die Sage vom Freirichterhof
Rathen bei Wünschelburg erzählt wird. Dort hatte die ungetreue Frau die
Kinder, die sie geboren, während der Ritter auf einem Kreuzzuge war,
ertränkt; vgl. Schulenburg 84. (Sagen von vielen Kindern z. B. Bedenk-
stein, wahrh. Beschreibung vornehmer Händel 1606, II; Hagec zu 1270;
29 Krebs 121.) Hündlein verscharrt: Schles 5, 349. – *Essen und Trinken:* Nach
einer in Töplinwoda verbrannten Handschrift, Schaetzke, Schles. Burgen
16. Joh. Kern, Schlesiens Sagen 1867, 169f., Preußker, Blicke in d. vaterl.
30 Vorzeit 1843, 45; vgl. Ruffert, Stadt Neisse 4ff. Der Ritter von Liebenau.
Schles 7, 202. Bierkriege: Schles Heimatbl I. 424f. Als 1631 der Schlesier
Nickel von Loß, Stiftshauptmann von Merseburg, sich wegen der Annähe-
rung der Kaiserlichen sorgte, riet ihm sein Narr: Nicol, mein Rat wäre, wir
blieben hier; es ist in der ganzen Welt nicht besser als zu Merseburg, da es gut
Bier hat: Sinap I. 612f. Lehrer Becker, Schmottseiffen. Boleslaus ißt
30 Hühner: Cur 103 u. Sinap I. 307.
Aus schlesischen Städten: Aelurius 97, auch handschriftl. Chronik des
32 Georg Promnitz in Die Grafschaft Glatz 12, 10. Landeskrone: Sinap I. 572 =
Pol I. 167. – *Eingemauert:* (siehe S. 292) Mitt 22, 96; vgl. Schulenburg 39. Im
Schloßhof Friedland in der Nähe des Brunnens, ein schwarzer Stein; dort

soll jemand eingemauert sein: DB 26, 322; vgl. auch Zeitschr f. österr. SEITE
Volkskd. 7, 127. *Beil im Turm: H II.* 74 u. Schulenburg 4. Eisenberg: Schles
5, 431 mit Abbildg. Vgl. die nordböhm. Pumphutsage Erk I. 136 aus
Heiligenbeil. – *Meister und Junge:* Strehlen: Görlich, Gesch. d. Stadt Strehlen 33
334, Breslau: mündl. aus Breslau. Breslauer Sünderglocke: Reisebeschrei-
bung des Bildhauers Ertinger in München, Hofbibliothek Cod. germ. 3312
= BB II. (1903) 348 u. Siebs in Mitt 9, 124; vgl. Schulenburg 4 aus Görlitz.
Guß der Sau: Archiv von u. für Schlesien 1812, 28. – *Der diebische Ratsherr:*
Naso 91ff. Neues Schlesisches Allerlei 485: „Man erzählt eine ähnliche 34
Legende auch noch von einer andern Stadt, mir dünkt von Glogau." –
Mutter u. Wolf: Naso 232 u. Wandr 117, 87. Auch aus Schlegel bei Neurode
Gl Vi 10, 56. *Spielmann:* H II. 172 u. Wandr 71, 203 Anm. 3. Vgl.
Vedenstedt, wendische Sagen 396, Nr. 5. Kern, Schles. Sagen, Legenden
usw. 1867, 159ff. Auch in Milkendorf: Ztschr. f. Gesch u. Kulturgesch.
Osterr. Schlesiens 6, 86. Statt des Wolfes erscheint eine Wildsau: Brzesowie
b. Cudowa: öDB 12, 29ff. Aus Nordböhmen: Erk I. 82. – *Schwarze Kluge:* 36
Patschowsky 7f. – *Feuersnot u. Pestilenz:* Ziehpantz: Grä II. 303. Goldberger 37
Weihnacht: Prb 1786, 2, 59ff. Das Kriegsnotgeld der Stadt stellte die Szene
dar: die Sage lebt heute noch in der Gegend. – *Lustige Geschichten:*
Münsterberger Löwe: Philo 51 (Der böhmische Löwe lag über dem M.
Stadttor). Der Glatzer Löwe: Gl Vi 8, 189. (Der böhm. Löwe war
zweischwänzig). Reichensteiner Hasenjagd: Gl Vi 7, 85; arme Sünder v. d.
Sprotte: Prb N F 1863, 713. Winzig: Schles Heimatbl II. 13. Schächerbier: 38
Oberschles Monatsschrift 1788, 79.

Auf den Dörfern: *Neckereien:* Mondlöscher und Kümmelböller: Jahrb
19, 99. Jungfernteich: DB 27, 95. Wogs Madel: Vug 221. Aus Göhe im 39
Jeschkengebirge: vor Jahren kamen Nachtvisitationen durch den Vorsteher
häufig vor. Bei einer solchen öffnete die Frau, die wie damals üblich, bloß –
ohne Hemd – im Bette lag, die Tür, im Glauben, ihr Mann komme heim.
Der Vorsteher zog unter seinem Rock eine Laterne vor und beleuchtete die
auf der Treppe wartende Eva. Die langte, um sich vor seinen Blicken zu
retten, nach einer Backschüssel, die auf der Leibe (Laube) stand, erwischte
aber unglücklicherweise eine solche ohne Boden. – Der Göher Schulze hatte
eine Klägerei zu schlichten und stimmte dem zuerst Aussagenden zu: Du
host rajcht. Dem zweiten antwortete er: Du host oh rajcht. Da ließ sich vom
Backofen her die Frau Schulzen also vornehmen: Nu, olle beide könn se
doch ne rajcht hon. Du host ou rajcht! entschied der Schulze: Jahrb 10, 61.
Derartige Geschichten gehen unzählige in Schlesien; vgl. auch mein Volks-
buch „Luntroß" u. Zeitschr. f. Gesch. u. Kulturgesch. Osterr.-Schlesiens 2,
192 wie Oberschles Heimat 12, 138f. Strenge Vögte: Geßler: ObS 15, 85.
Oberföster Kratzer vgl. S. 177. – *Rehhans:* Klo 48f. Die Märchen vom
starken Hans in meinen „Märchen der deutschen Schlesier". Vgl. auch
Schulenburg 9ff. *Die Horkaer Bauern:* Oberl Heimatbl 1919 nr. 6. (Die Sage, 40
daß Untertanen freiwillig die Schatzkammer ihres Herrn füllen, eine
Parallele zur Habsburgsage: Sinap II. 196.)

SEITE **Raubgesindel:** (Vgl. mein Volksbuch „Luntroß“ c. 31, 95.) *Räuber:*
Hammerschlag: Bechstein, Sagenbuch 541. Dreschflegel: öDB 10, 105f.,
41 Menschenmarter: Rgbg 31, 7. *Schätze versteckt:* öDB II. 126. Straße mit
Talern pflastern: RgBg 45/46, 65. *Weg mit Mehl* H II. 199, mit *Erbsen gestreut:*
Goe 196ff. Diess. Sage vom Siebenhubener Raubschloß: Schaetzke, Schles.
Burgen 20. – Quitzdorfer Raubschloß: H II. 231; siehe auch S. 293f.
42 Bauernmagd auf Liebenau: Wandr 369, 70. *Räuberzauber:* (Stieff) Schles.
histor. Labyrinth 198–224 u. Lucae II, 2234; Schrammhans erscheint in
Lindners Katzipori als Zauberer. Böhm. Mörder: E. Francisci lust. Schau-
bühne II. 797. Vgl. auch Lichtstern (= Lucae) Schles. Fürstenkrone 381. –
Räuberhauptmann Schmidt: Rgbg 47/48, 15. *Dreiste Magd:* Schellenburg:
43 k 208, Brieg: Grä II. 202. Vgl. S. 133. Wahrscheinlich handelt es sich um
eine Entwicklung folgender Art: Gang zu elbischen Wesen oder Dämonen,
Geistern, Gang zu Räubern (daß Elbensagen zu Räubersagen werden, vgl.
S. 186 u. 39), endliche Form der Sage: Mitt 21, 140f. – *Raubritter:* Schnabel:
Landfahrer (Gaublatt d. schles. Wandervögel) 1919 Heft 3/4, 43f.; vgl.
44 Erk 6, 129f. Schwarze Christoph: Goe 183 u. Schles 6, 373f. Prb. 1791, 13,
148 (wiederholt SS rer Siles 3, 47) u. Wernicke, Chronik d. Stadt Bunzlau
1884, 130. Sein versunkenes Schloß wußte meine Mutter noch. Den
Raubritter von Konstadt, ObS, verriet ein Diener, indem er am Fenster
rechts und links vom Dasitzenden Lichter aufstellte, so daß die Belagerer
leichtes Ziel hatten: Lehrer Seidel, Breslau. – (Räuber- und Raubrittersagen,
die von einer Flucht durch *verkehrte Hufeisen* wissen: Alta 20 Nr. 1, 55. Vug
373, Klo 40, Oberlaus Heimatbl. 4, 121. Am Reitstein: Jahrb. 6, 28.
Klingelzug zwischen befreundeten Raubburgen: Alto 7 Nr. 4, 25. In den
geraubten Gütern Feinde verborgen: Müller, Burgvesten 1837, 384. Vgl. auch
Firmenich, Germaniens Völkerstimmen II. 332.) – *Raubschützen:* Förster
Kammer, Wolfshau. *Ritt auf dem Hirsch:* Cogho, Volkssagen aus dem
45 Riesen- u. Isergebirge 1903, 87f. u. Partsch, Schlesien I. 376f. (Fahrt mit
Hirsch: Schles. histor. Labyrinth 1737, 237 u. C. Hautpmann: „Zwei echte
Adepten“ in „Nächte“.) Förster verbrennen Raubschützen: Carl Haupt-
mann „Waldleute“, das eine Reihe von Wilddiebsagen enthält, die H.
mündlich erfuhr. Säuen vorgeworfen: Frau Oberförster Mügge, Ober-
Gebelzig, O.-L. Vgl. Oberschles. Heimatbl. 7, 90. – *Zigeuner:* (siehe
S. 107f.) Wahrendorff 87; doch vgl. R. Pischel in Festschr. z. 200jährigem
Jubiläum d. Universität Halle 1894, Sonderabdr. 6ff. – Sagen von Paschern
mußten der Raumbeschränkung halber fortbleiben; ich verweise auf Carl
Hauptmanns „Waldleute“. – Aus demselben Grunde blieben die *Pest- und
Totengräbersagen* fort; man findet die wichtigsten, die den Herrensagen
parallel gehen: Prb N F 11, 356. Totengräber zu Frankenstein: Aufzeichnung
des Braunauer Schullehrers Breßler, siehe Zeitschr. 10, 179f. Pol 5, 32f.
Schickfus 4, 102, Henelii, Silesiogr. I. Rap. 7, 103, Lucae II. 2237, 1970 u.
Schles. Fürstenkrone 307. Breslau: Pol 5, 37. Guhrau: Burmann, Schlesien
1884, 351f. (nach Angabe des Richters), Lucae II. 2234f. Neue Sammlung
merkwürd. Geschichten von unterird. Schätzen 1756, 4078 nach H. Ludolfs
Schaubühne 3, 783; fast derselbe Wortlaut, nur ausführlicher bei Ziegler,

tägl. Schauplatz d. Zeit 1695, 997f. nach Theatr. Europ. 7, 1024; Wünschel- SEITE
burg: Gl Vi 2, 78ff. Strehlen: Görlich Gesch. d. Stadt Strehlen 447 u. Anm. Als Zaubermittel: getrocknete Pestbeulen, Kröten, Ratten, Quecksilber und Horn von Pferdehufen: Gr. Frömrich, Cistercinserabtey Camenz 1817, 121 nach einer Handschrift von 1626. Vgl. Kiesewetter, Geheimwissenschaften 1895, 629f.

Juden: Sprottau: Mitt 5, 58. Laokoongruppe: Bresl Erz 1801, 601: Juden
und Tartaren: Worbs in Prb 1804, 40, 214. – *Hostienschändung:* Oelsner (nach 47
Pol u. Eschenloer, Geschichte d. Stadt Breslau ed. Kunisch 1827) im Archiv f. Kunde österr. Geschichtsquellen 1865, 57ff. Capistrano als Judenhetzer: Eschenloer 13 (Capistranosagen: Acta santorum 10, 57; der Bericht seiner Begleiter liegt auf der Breslauer Stadtbibliothek; siehe auch Cur 153, Zeitschr II, 210 u. H II. 299), Glatz: Kypselos = Kästner, glätzische Sagen 1838, 76ff. nach Kahlos Denkwürdigkeiten 112f. vgl. auch Aelurius 405f. u. Grä II. 188 nach Wedekind, Gesch. d. Grafschaft 196. Sagen von Hostienschändung auch aus Schweidnitz: Naso 120 u. Schickfus 4, 86; aus Glogau: Schickfus 4, 178; aus Striegau: Zeitschr. 6, 378; aus Oels: Philo 35f. – *Messiashoffnung: Lucae* 2, 2208. (Von Brunnenvergiftungen durch Juden: Sinap II. 179. Eine auf Schlesien übertragene Juden-Schwarzkünstlersage, in der von ihrem bösen Zauber die Rede ist: Clemen, Flugschriften aus den ersten Jahren der Reformation I. 174.)

Gelehrte: Scultetus u. der Komet: Oberlaus Heimatbl 3, 7. Theophrast 48
Paracelsus: K 1582. Vgl. Exk 4, 250f. Müller, Beiträge zur Geschichte des Hexenglaubens in Siebenbürgen 1854, 26 u. Anm. zu Twardowski S. 301 Nach Jul. Hartmann, Theophrast von Hohenheim 1904, 142 war P. auch in Breslau. Der Schlesier Joh. Montanus besaß einen großen Teil seiner Schriften. Ps. Einfluß auf Abraham v. Franckenberg, Jakob Böhme u.
Johannes Beer (S. 66) steht außer Zweifel. Görl. Luftfahrer: Oberlaufs 46
Heimatbl III. 33. (Über *schles. Astrologen* (vgl. S. 119f.) siehe Sinap II. 598, K 1588: ein Astrolog sagt einem Mörder die Todesart voraus, hat Aelurius 314f. aus des berüchtigten Hosemann tract. de republica p. 2f. entnommen; ihr Wert wird dadurch zweifelhaft. *Alchimisten:* K 1558, Samuel Reyher, Dissertatio de nummis ex auro chymico factis 138 = Karl Christ. Schmieder, Gesch. d. Alchymie 1832, 380ff. Prb. 1863, 9 Görlich, Gesch. d. Stadt Strehlen 402. Der Schneider Chr. Kirchhof von Lauban: Kopp, Die Alchemie 1886, I. 149. DB 19, 139. Vielleicht gehört hierher die Nachricht, daß in Neumarkt ein Domherr von Hulden-Lobenstein als Teufelsbeschwörer und Hexenmeister entlarvt wurde: Schles 6, 445, und die Sage von der Enthauptung Berthold Schwarz: Lucae I. 102.)

Reformation-Sektierer: *Feindschaft gegen Priester:* Wandr 149, 37, Sinap
I. 1050 Cur 123. *Luther* zog Hussens Ausspruch auf sich selbst: L. Werke, 49
Erlanger Ausg. 25, 28; nach Grässe, Sagenbuch d. Königreichs Sachsen 1855, 31 Anm. heißt Luther auf tschechisch Schwan (?). L Sohn des Teufels: K 1306. Gans gestohlen: ObS 6, 207. L liegt nach oberschles. Glauben unter einer zerbrochenen Säule auf dem Kirchhof Slaventzitz ObS 10, 1 u. 36, vgl. S. 258, L Kopf, zusammen mit dem seiner Käthe u. eines Schweines

SEITE angeblich am Altstadter Kirchturm (Trautenau): Rgbg 43/44, 14. – *Ref. in Neukirch:* Prb NF 1871, 54f. *Christ. v. Gersdorf:* H II. 241. *Kirche verspielt:* Bresl Erz 1805, 583 u. 1806, 338. *Ribisch in Prag:* Zeitschr 41, 195*f.* – *Pastor*
50 *Luther:* Oberlaus Heimatbl 4, 40. *Langer Gottesdienst:* 3. Nachtrag zu H u. Exk. 5, 233a. Drei Predigten: Oberlaus Heimatbl 3, 7. *Pastor Arndt:* Bresl
54 Erz 1801, 821 nach Lenschners Spicileg. 45. *Schwenkfeld:* Stimme: Sinap II. 988. Eckel: Gl Vi 10, 317; eine ähnliche Sage von Luther: Kawerau, Briefwechsel des Justus Jonas I. 350 = Arch. f. Kulturgesch. 10, 455. Vom Teufel verloren: Lucae II. 2143 und Compendiöse Cosmographia Augsburg 1735 I. 112. Grünhagen behauptet Zeitschr. 15, 47f., daß die Sage eine protest.-theologische Erfindung sei. Vgl. S. 265. Ezechiel Metth: aus den Aufzeichnungen des Braunauer Schullehrers M. Breßler in Zeitschr 10, 187.

Glaubenskriege: *Hussiten:* Balbinus Epit. rer. Bohem. lib. 4, c. 2, p. 478,
54 u. Pol I. 183. Bunzlauer Bier: Wernicke, Bunzlau 102 nach Holsteins
55 Handschr. Braunauer Frevel: Hagec II. fol. 23. – Goldberg: Schles. Allerlei 1784, 707f.; ähnlich weiß Burmann, Schlesien 1884, 242 von einem Ball der belagerten Glatzer 1742 auf den Mauern. Vgl. die Wappensage Sinap I. 438 u. 736. Alt-Wilmsdorfer Kirche: K 1787 Friedlander Spion: DB 26, 110f. Der unverwundbare Propst: Klo 2f. geht zurück auf Chronik der Augustiner in Glatz: Bresl. Staatsarchiv D 159 p. 38 = Zeitschr. 3, 38f.; dieselbe Sage in Neiße: Zeitschr. 15, 406. (Die sogen. Bunzlauer Lucretia (Naso 179ff.), das Mädchen, das seine Unschuld mit dem Tode verteidigt, ist nach Wernicke, Bunzlau 75 der Sage des Einfalls der Polen in Litauen – vgl. Grä I. 74 – nachgebildet; vgl. die Habelschwerdter Parallele: Aelurius 219, die Hosemann, berüchtigten Angedenkens, hergestellt hat: Hosemann tractatu
57 de vera vitae conjugalis constantia 128.) *Schischka* kommt: Wernicke 102. Der Schischkakopf aus der Gröditzburg ist der Kopf des Architekten Wendel Roskopf aus Görlitz. Tschischke u, das Rüttelweib: öDB 13, 55f. Tschischke u. die Kriegskasse: ebd. 12, 146. Vor Schloß Friedland: DB 26, 110. Ziskatrommel: Gl Vi 6, 267f.
58 *Wallenstein:* in Goldberg: Schles. Fürstenkrone 210f. u. Wahrendorff, Liegnitzische Merkwürdigkeiten 1724, 399f.: Die Sage bei Goe 179f. weiß von einem vorbedeutenden Traum des Schülers unter den Weiden des Spielplatzes. (Wallensteins Horoskop s. S. 341, bei Helbig, Wallenstein u. Kaiser Ferdinand im Winter 1633/34. 1852 nach dem Original der Dresdner Bibliothek.) Keppler fügte folgende Deutungen 1608 bei: Domus I: Vnd weill Mercurius so genau in oppositu Jovis stehet, will es das Ansehen gewinnen, als werd er einen besonderen Aberglauben haben und durch mittel desselbigen eine große menighe Volckhs an sich ziehen oder sich etwa einsmal von einer Rotte so malcontent, zu einem Haubt- oder Rädtlführer aufwerfen lassen. Domus VII: Daher würd der Gebohrene Unbarmhertzig, ohne eheliche und brüderliche Liebe, niemand achtend, nur ihme und seinen Wohllüsten ergeben, hart betrüglich ungestümm vnd streitbar. Domus IX: Weill aber der Mond verworffen stehet, so würdt ihme diese seine Natur zu einem mercklichen Nachtail und Verachtung bey denen, mit denen er

vonversiret hat gedeyen, das er für einen lichtschewen, einsamen Vnmen- SEITE
schen würdt gehalten werden.

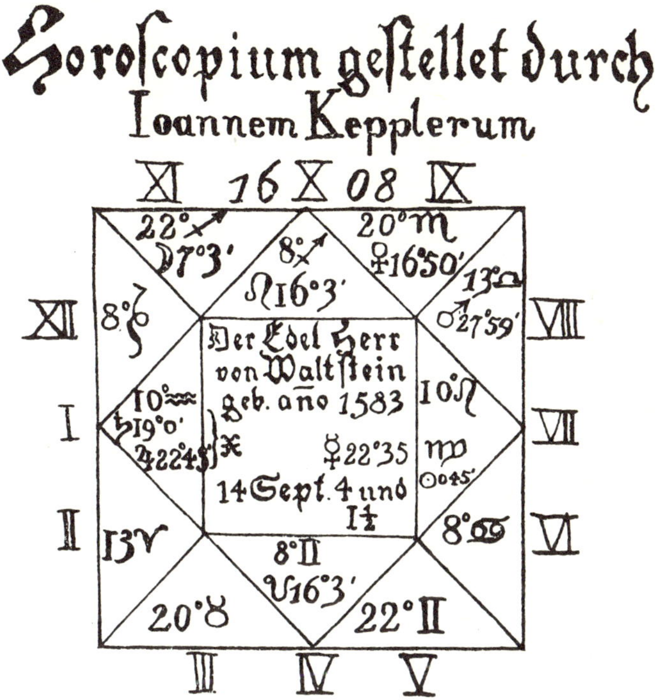

Ein Losbuch, bezeichnet als General Wallensteins Würfelspiel, nach Prb 1803, 38, 227ff. auf der Bresl. Stadtbibliothek. Vgl. auch S. 25. – *Wolf und Lamm:* Goe 274ff. Grä stellt Thiele als arroganten Schwätzer dar: nach Bresl Erz 1802, 614 lockt Schaffg. das Unglucksorakel durch Prahlen selbst 59
herbei. Vgl. Bemerkungen auf einer Reise durch einen Teil des schles. Gebirges, Breslau 1793, 168 und W. Alexis Jugendarbeit „der Kynast"; Büsching, Bruchstücke einer Geschäftsreise 1813, 319.

Die Schweden: Flucht vor ihnen: Eisenmänger, Chronik v. Schmiedeberg 61
67f., Vug 254, Peter II. 129, Vug 127, Zeitschr 10, go nach Zimmermanns Chronik. *Schwedenschanze:* Partsch, Schlesien I. 375; die meisten schlesischen Schanzen werden Tottern- oder Schwedenschanzen genannt; so seltsamerweise auch die Schwedenschanze bei Oswitz, die bis Anfang des 19. Jahrh. der Weinberg hieß: Prof. Seger. Zu den Schanzensagen Hagec 1179: der Feind wird mit den Helmen voll Erde verschüttet. Schweden im Moor der Sprotte versunken: BB 8. – *Neiße errettet:* ObS 10, 244. Wittichenau durch verhüllenden Nebel geborgen: Oberlaus Heimatbl 3, 39. *Gleiwitz:* Nach Aufzeichnungen eines Teilnehmers der bis vor kurzem noch

SEITE stattfindenden Dankprozession: Schles 6, 283 f., vgl. Schummel, Reise
62 durch Schlesien 1792, 90f., Dieselbe Sage 1740 von Glatz: Zeitschr. 19, 6.
Totenhügel und sieben Kreuze: Peter II. 127f., vgl. auch K 32.

(Listige Stadtüberfälle: Gewappnete im Heuwagen usw.: Pol I. 117f.
(BB 16, 135) Gl Vi 5, 215. Ernst, histor. Bilderhaus 942.)

Gegenreformation: Oppersdorf in Grünberg: Lucae I. 434. Jauer:
Schles. Fürstenkrone 1685, 138.f nach Gottfr. Schultzens Chronik. Dort
auch die Sage des sich verfärbenden Kirchturmknopfes, die Lucae II. 2234
hat. Belehrung der Breslauerin: Zeitschr. f. Volkskd 4, 91 nach Balbinus
Relatio progressus in exstirpanda haeresi. Dort auch eine 2. Sage, für die
eine Parallele Prb N F 11, 357 steht. 1707 war in Langseifersdorf a. Zobten
Streit um die Kirche. Der Herzog von Brieg entschied, daß die, welche
zuerst in Brieg die Kirchenschlüssel abholten, Eigentümer werden sollten.
Die Evangelischen gingen zu Fuß, die Katholischen fuhren. Aber die
Katholiken konnten nicht durch die Flüsse, weil ein Unwetter kam. Die
Evangelischen überholten sie und kamen eben mit den Schlüsseln die
Treppe herunter, als jene wie verrückt angefahren kamen: Geschwend,
63 Flurnamensammlung. – *Jesuiten:* Schubart, Chronik von 1735, 13; Abdr. in
Prb. 1788, 7, Literar. Chronik 110 u. 174f. Ähnliche Sagen kenne ich auch
aus meiner Kindheit. – Oppelner Teich: Schles. Fürstenkrone 644. –
Gegenbewegungen: Karl XII. Burmann, Schlesien 1884, 78. Buschprediger:
Zeitschr. 10, 90f. u. 342, 344. Prb. 1866, 720ff.; Predigersteine in der
Riesengebirgsliteratur (Wandr., Mosch: Opferstätten u. Steinaltertümer,
auch im Anzeiger f. Kunde der deutschen Vorzeit N F 1857, 153 ff.; Regell in
Festschr. f. Weinhold 131–151; auch DB 26, 218; Exk 39, 75 f. Jahrb. 16, 86.)
Das Kinderbeten: Wandr 93, 85; Gl Vi 10, 340. Zeitschr. 9, 218 ff. stellt es als
Nachahmung schwedischer Feldgottesdienste 1707 dar; Zeitschr II, 18 ff.
dagegen als Nachwirkung der Buschgottesdienste. Auch Christian Günther
hat als Kind daran teilgenommen, ebd. 9, 218 ff. u. Grünhagen, Gesch.
Schlesiens II. 408. Katholische Kinderprozessionen 1713 aus eigenem
Antrieb: Lebensbeschreibung des hlg. Franziscus Xaverius, Neiße 1714 =
Die Grafsch. Glatz 14, 36.

Türkenzeit: Luftgesicht: Lucae II. 2238. – Dünnewalds Schloß: Schles 5,
397f. Zwischen Senftenberg und Pottenstein an der wilden Adler haben
gefangene Türken (nach andern die Jesuiten) einen Stollen, das „Loch“
64 durch den Felsen brechen müssen: Paudler, Sagenschatz aus Deutschböh-
men 88 f. – Spork: Wandr 352, 28.

Friedrich der Große: Prager Studenten, Bauer Margner: Grünhagen,
Aus d. Sagenkreise Friedr. d. Gr. 8 f., 32 f. ebd: Versteck unter Maischbütte.
Abt Stusche: G. Frömrich, Cistercienserabtey Kamenz 1817, 158, vgl.
Schlesien ehedem u. jetzt 1806, 468 ff. Baron Trenks Verrat: Wandr 240,
153. Baron Warkotsch: Schummel, Reise durch Schlesien 366 u. Vug. 300f.
Anm. (Verrat zugunsten der Preußen: ObS 3, 185 f.) Grünhagen sieht in
65 diesen Verratgeschichten Sagen vom Typ des dummen Hans. – *Soldat u.*
Madonna: Neiße: Krebs 173; vgl. Ruffert, Stadt Neisse 24 f. Hennersdorf:
66 Lehrer Werner, Märzdorf a. B., dem sie sein Vater erzählte. – *Höher nuff:*

k 212. Korn, im vorigen Jahr gegessen: Prb. N F 1862, 652. Der häufig im SEITE
Sagenkreis Friedr. d. Gr. auftretende Scherz: Wenn sie kommen, kommen
sie nicht! wird im Riesengebirge von einem Gutsherrn erzählt: Wandr 315,
9.

Napoleon: Himmelszeichen: Lehrer Werner, Märzdorf a. B. Models-
dorfer Bauern und Marodeure: Mitt 21, 133 von meiner Mutter. Soldat am 67
Brunnen: Mit 21, 129f. von meiner Großmutter. Auf dem Tanzfleckel:
Gerh. Schneider, Gr.=Iser. Im Zwickergrund bei Görrisseiffen heißt eine
sumpfige Schlucht der Reitergrund. In diesen soll 1813 ein Reiter samt dem
Pferde versunken sein. Die Jungfrau Anna Müller sammelte dort einst in der
Mittagsstunde Beeren. Da hörte sie es in der Ferne deutlich blasen, der
Schall kam immer näher und plötzlich jagte ein Husar an ihr vorüber, der
ebenso schnell wieder verschwand. Sie erschrack und konnte den Heimweg
nicht mehr finden, sondern gelangte nach langem Umherirren ins Nachbar-
dorf Görrisseiffen: Lehrer Becker, Schmottseiffen. Vgl. auch M R 310.
Jeromes Bad: Zeitschr. 40, 12 u. Gl Vi 5, 150. – Aufhebung d. Erbuntertä-
nigkeit in ObS: Kn II. 136. Die Franzosenzeit hat für ObS. tatsächlich eine
erste Aufhebung der Erbuntertänigkeit bedeutet. Die Wenden erzählen
dasselbe vom alten Fritz: Veckenstedt, wendische Sagen 94. – Unglückszei-
chen: Zeitschr. 40, 120ff., 52. Schles 6, 599. Krebs 105. – Spuk auf dem
Helleiden: Lehrer Werner, Märzdorf a. B. vgl. aus Flinsberg: Niederlaus
Mitt 3, 64. Blücher und d. goldene Turm: Prb N F 1852, 653. (Eine in diese
Zeit verlegte Wundersage: K 1871.)

1870 und 1914: K 1919 u. 1887. – Zigeunerprophezeihung: aus meiner
Jugend. Vgl. Veckenstedt, wendische Sagen 28: Deutschland wird so klein 69
werden, daß es unter einem Birnbaum Platz hat. Ende des Krieges: Mitt 20,
51f. B Zeichen: Freiherr v. Richthofen, stud. phil.: Breslau u. meine
Mutter; auch Breslauer Kinder sprachen davon. Hlg. Hedwig bewahrt
ObS: ObS 16, 452.

Die Dinge der Zukunft

Ewige Jude: Philo 35. Burg Ballenstein von ihm verwünscht: K 1655. Vgl. 73
außerdem Mitt 12, 81 ff. und Zeitschr. 20, 357f., nach der er schon 1624 in
Schlesien auftauchte; auch Görlich, Gesch. d. Stadt Strehlen 1853, 482. –
Männer im Zobten: Grimm DS 144 ergänzt nach Franckenbergs Aufzeich- 74
nung, die in Angelus Silesius Besitz war und aus dessem Nachlaß von
Fibiger und dann Henelius in Silesiographa renovata abgedruckt wurde.
Franckenberg hatte bereits in Böhmes Lebensbeschreibung – vgl. S. 73f. –
und Joh. Beers Gewinn und Verlust (das von Joh. Springer, seinem Discipul
abgeschrieben und 1624 Fr. in trewen communiciret worden ist, und das er
1634 (1639) in Amsterdam herausgegeben hat), davon gesprochen. Fr.
Aufzeichnung = Mit 20, 14. Fr. fügt hinzu, er habe weiter nicht vernom-
men, ob obedientia spirituum der Not- und Gehorsamszwang der Geister
oder was anderes in dem Buche enthalten sei. Mit 20, 99ff. spricht Bohn

SEITE über die Sage und Beer und sagt: „Hier sucht einer mit dem Schlüssel
christlicher Mystik die verschwundene Pforte zu öffnen." Vielleicht spielen
75 aber auch alchimistische Dinge herein. – *Helfenstein:* Grimm DS nach
Grundmann Geschichtsschule 1677. (Sagen von uraltem Wein in Häuten
76 noch oft: DB 5, 34; Frentzel, Chronik v. Hoyerswerda 1744, 234.) – *Subella*
im Turm: Philo, Aus der Heemte 1882, 92f. Die polnische Form: Drechsler
540. Im Dillenberger Walde bei Eger weissagte die Sebila Weiß, daß Eger
unterginge, wenn die Eiche dreimal grün und dürr werde: zweimal ist's
schon geschehen: Erk 9, 130, vgl. Unser Egerland 4, 17. Heuscheuerjung-
frau: BB 307. Ringelkoppe: K 597. – Schlafendes Heer in Schönwald: K
1928. Roßberg: Przibilla, Oberschles. Märchen u. Sagen 49. Knoop, Sagen
d. Provinz Posen 51. Siebenschläfer: K 1924. Landeskrone: K 1921. Im
Hausberg bei Hirschberg, im Bittnergraben bei Braunau schlafen auch
Heere. Himmelssoldaten: Grohm 2. Ganz Böhmen wird einst von Rossehu-
fen zertreten sein, nur der nordöstliche Teil des Landes sich frei halten, „dem
Tau des Feldes gleich, der durch eine Umzäunung geschützt wird"; endlich
erwacht das böhmische schlafende Heer im Blanik: Schwebel, Tod u.
ewiges Leben 379; vgl. S. 71f. Plonizkaberg: Veckenstedt, wendische Sagen
325 Nr. 2, 3. – Die Endschlacht: Beginn: K 1925 u. Schles. Zustände im 1.
Jahrh. d. preuß. Herrschaft 1840 = Der Oberschlesier 1920, Nr. 23, 12.
Koischwitzer See: K 1922. Sultan erschlagen: K 1926. Seeborn: K 1923.
Eiche bei Camenz: Schwebel, Tod u. ewiges Leben 371f. Vgl. auch Prb. N F
1861, 194. Eine Sage von der endlichen Türkenschlacht bei Brieg ging in
Rosenkreuzerkreisen: Zeitschr. 27, 23. Auch die Tschechen erwarteten nach
dem Temps die Wiederkehr des Kronprinzen Rudolf u. ihre Befreiung
78 durch ihn: DB 38, 200. – *Weltende:* Untergang v. Breslau: K 1906, VGL. S. 72,
von Liegnitz: Schles. Fürstenkrone 1685, 645, wo der Bericht folgt, daß
Karpfen mit Charakteren noch einmal gefangen worden seien. – Christi
Wiederkunft: K 1893 u. Philo 42. – Antichrist: K 1901 u. von Beuthen:
79 Mitt 8, 46. Der Braunauer Heiland: K 1933. – *Einzelne Propheten:* Harpers-
dorf: Cur 503ff. = Schickfus 237. Der braun'sche Michel: Guda Obend-
Kalender 1912, 71ff. zum Schwan vgl. S. 46f. zu Prag S. 70, zu Camenz
81 S. 69. Rischmann: K. 1935 u. meine Mutter; *Jakob Böhme:* Herrn Abraham
von Franckenberg auf Ludwigsdorf, eines gottseligen Schlesischen von
Adel und vertrauten Freundes des sel. Autoris gründlicher und wahrhafter
Bericht von dem Leben und Abschied des in Gott selig ruhenden Jakob
Böhme. Vgl. mein Böhmebuch im Gotik-Verlag.

Mächte und Meister

85 *Zaubrische Zeit:* Weihnachten: *Wasser zu Wein:* Antonie Preißler, Vorder-
Krausebauden u. Grohm. Vgl. Bresl Erz 1801, 804f., Vernaleken 290f.
Philo v. Walde, aus der Heemte 1882, 93, Schroller III. 396, Wir Schlesier I.
90 usw. *Pferde sprechen:* A. Preißler u. Schroller III. 391 (aus ObS BB 399). In
Karlshof, Krs. Neumarkt, sagte man, daß eine Magd die Kühe belauschte.

Die Kuh erzählte, sie werde nächstes Jahr keine Milch geben, da man sie als SEITE
Zugtier benützen werde, der Ochse, daß unser Fuchs die Magd am dritten
Feiertag auf den Kirchhof fahren werde. Die Magd, erschreckt, wollte
gehen, aber der Ochse riß sich von der Kette und gabelte die Magd tot.
Nachher legte er sie in die Krippe. Die Kuh wollte noch etwas sagen, aber
die Turmuhr schlug eins: Von einem Breslauer jungen Burschen. *Die weiße*
Kuh: öDB 9, 60. *Lichtorakel:* A. Preißler (vgl. Weizenhören: Schroller III. 86
322). Blick nach *Dachgiebel:* Jahrb. 11, 70. Das *Mahl am hlg. Abend:* K 1618.
Zwei Gäste u. ein Sarg: Erasmus Franzisci, höllischer Proteus 816f. –
Otternfarnsamen: öDB 11, 166, Anm. und *Johanniswurzel:* Niederlaus Mitt 3, 87
67.

Zaubrische Dinge: Wünschelrute: K 1626. *Wechseltaler:* K 966, P. Wincklers
Selbstbiographie von 1678 in Zeitschr. 3, 130f. *Triangel:* Jahrb. 11, 70; 88
Sichtspiegel: Lucae II. 2220; dieselbe Sage wurde mir vom Kartenleger, der
ihn erkannte, saß in der Kiebitze, einem Gasthaus zwischen Goldberg u.
Neudorf a. Rennwege. Der Sichtspiegel des Mannes aus Schwarzwasser:
K 1576 u. 1577. *Siebdrehen:* Junker-Heger, Kl.-Iser. Verdorren: Kaisers- 89
waldau und Jäger, Dorfchronik in DB 4, 22. *Die Teufelsnägel: Klo* 112f.
Mühlwehr: K 1631; *Hostienzauber:* öDB 9, 60 (zu Festmachen vgl. Zeitschr.
13, 439 u. Lustig, Gesch. d. Stadt Myslowitz 1867, 352, wo Saumilch
genannt wird). Erbschlüsselzauber: Mitt 21, 149 u. Klo 31.

Fluch und Wunsch: *Gebete:* Frentzel, Chronik v. Hoyerswerda 195; 93
Fluch: öDB 11, 132 aus Gießhübel. Vgl. Mitt 21, 143. *Fluch im Gewitter:*
Sinap I. 122f. Strafe für *Falschschwur:* K 1781 mit dem Zusatz: was aber der
geistliche Herr bei der Beschwörung der dämonischen Gewalten wahrge-
nommen, das will er keiner Menschenseele verraten, sondern mit ins Grab
nehmen. Schlosser in Breslau flucht: Alban Stolz, Schreibende Hand 29.
Grenzeid: DB 26, 219, Jahrb 1892, 6, vgl. Schulenburg 84, Lucae II. 2208f.
und Erk 17, 331ff.; *Eid der Pfarrköchin:* Gl Vi 2, 271. *Hankabrunnen* bei 94
Collm: Frentzel, Chronik v. Hoyerswerda 1744, 204. – *Verwünschungen:*
Burgberg Schönau: K 1640. *Steinsägen:* Grohm 273; vgl. Jahrb 15, 52 u. 16,
163f. u. DB 27, 96. *Wasser auf den Kirchhof verwünscht:* K 1645. 95

Schwarzkünstler: *Ihre Künste: Diebbannen:* öDB 9, 57. *Pascher zwingt
Vieh:* Gastwirt Kittelmann, Gr.-Iser. *Kasermandl:* Joh. Krause, Gr.-Iser. Das
Kasermandl ist in den Alpen der Hauselbe der Sennhütten; das Vorkommen
der Sage im südlichen Riesengebirge ist wohl auf die Einwanderung
Schwatzer Bergleute zurückzuführen, vgl. Regell in BB 1, 162. Rgbg 55/56,
6. *Fernzauber* des Schäfers. K 1575. *Aus Hölle zitieren:* K 1563 (vgl. MR 88f.: 96
der Meffersdorfer Oberpfarrer Hiltmann zitiert den Teufel). *Loch vermauern,
durch das der Tod herein kann:* öDB 12, 157; vgl. S. 88. *Der Herr v. Groß-* 97
Särchen: K 1548 *Herr v. Friedland* macht Soldaten: DB 26, 322. *Feuerreiter:*
Mitt 21, 132 von meiner Großmutter. Backtrog schützt vor Feuer: Prb.
1798, 28, 172ff. im Auszuge. In Brzesowie wurde mit einem Tisch
Feuerzauber getrieben: Guda Obend Kalender 1913, 93. Blut von frischge-
schlachtetem Kalb stillt Feuer: Lucae II. 2204. Feuermann: K 1559. – *Der
Höllenzwang.* Die Sage liegt in sehr vielen Varianten vor. Schumburger 98

SEITE Wunderdoktor (=Kittel): Grohm 315f. Lehrjunge in Adersbach: öDB 10,
101f. Der Ludwigsdorfer Höllenzwang: K 1636. – *Leben u. Tun schlesischer*
99 *Schwarzkünstler: Barbierla:* K 1553. *Krummhübler Laboranten:* Manuskript:
das sudetische, sonst Riesengebirge genannt, Anfang d. 18. Jahrh. = Wandr
33, 10 u. Wundervolle Schneekoppe 61. *Chirurg v. Brieg:* Schles. Fürsten-
krone 811; eine der wenigen schles. Faustsagen. *Twardowski: Przibilla,*
oberschles. Märchen u. Sagen 1912, 72f. nach Lompa. K. W. Woycicki
(übers. Lewestam), polnische Volkssagen und Märchen 1839, 77ff., bringt
bei den Tw.-Sagen auch diese. Der poln. Räuber Tw. und der ungarische
Eisenlaba werden zerrissen und mit gekochten Heilkräutern begossen; nach
sieben Monaten gewinnt ihr Leichnam wieder Kinder- oder Jünglingsge-
stalt: Rochholz in Germania 5, 201. Vgl. dazu Zeitschr. f. österr. Volkskd.
100 18, 36ff. *Barthek:* K 1572. *Dr. Kittel:* Erk 5, 1ff. Ein tschechisches
Sprichwort: Ani Kittel ti nepomůže = Selbst Kittel kann dir nicht helfen:
Exk 3, 89, u. 8, 224 wie 33, 2. Den Sagenkreis Dr. Kittel untersucht K. W.
Fischer; er hat eine Reihe von Sagen als Fälschungen nachgewiesen. *Die*
101 *Nistlerjungen:* K 1579. *Der alte Reinsch:* Philo (aus Langendorf?) ObS 9, 567.
Rotbart-Kehrab: K 1565; Klose in SS rer Siles 3, 92 = Görlich, Gesch. v.
Strehlen 97 kennt einen Rotbart von Strehlen als Falschspieler 1509; Vugs
Anmerkung, daß „Kehrab" von einem Ereignis bei der Belagerung von
Kufstein herrühre, liegt eine Notiz Bresl Erz 1809, 714f. (woher?)
103 zugrunde. *Die Tappern:* K 1552 u. Mitt 21, 147ff.; aus Gr.-Iser von Olga
Gläser, der Richter-Gustaven, der Frau Hirt, dem Junker-Moritz usw. Jahrb
1893, 49ff. wird das im Auszug mitgeteilte Gedicht abgedruckt – Leiche der
Tochter und eines Försters –, das auf einer echten Sage beruhen soll. Die
Tappernsagen knüpfen an tatsächliche Geschehnisse an; der Schwarzkünst-
ler war der im Wahnsinn gestorbene Großvater des jetzt auf der Iser als
Waldwärter lebenden Lobel Männich, der noch vom Geheimnis umwittert
ist. Totenkopfzauber: öDB 10, 113f. – *Freischützen:* Tamann: Jahrb. 11, 67;
vgl. Leutelts Roman Die Königshäuser u. Paudler, Sagenschatz d. Deutsch-
böhmen 1893, 67. Den Wald rein machen: öDB 9, 63. Der Tutafranz aus
Sandau bei Lähn zauberte sich das Wild ans Fenster und schoß es dann. Er
besaß auch den Höllenzwang: Lehrer Werner, Märzdorf a. B. Vgl. zu den
Freischützsagen auch K 1586 der alte Jägerpeter, wozu Der gemittliche
106 Schläsinger 1898, 54 heranzuziehen ist. – *Brauer- und Müllerkünste: Ungezifer*
anhexen: Mitt 7, 49f.; der Latschenmacher in Schmiedeberg klebte einen
Zettel mit dem Namen dessen, dem er die Läuse aufsielen wollte, auf ein
Stück Speck, umwickelte beides mit einem besonderen Leinwandlappen
und steckte es in einen Zwickomssenschober; war der Speck aufgefressen,
so stellten sich die Läuse ein. John der Brauer: K 1569. Müller machen
Ratten: Jäger, Dorfchronik in DB 9, 152. Mühlradzauber: K 1573. Kerbe-
107 mühle: K 1551. – *Zigeuner:* K 1555; Bauerntochter behext: K 1584. Daß die
Zigeunerweiber allerhand bösen Rachezauber übten, war in meiner Jugend
noch allgemeiner Glaube. – *Freimaurer:* Teufel verschrieben: Tod mit 64:
Joh. Preißler und Albert Hallmann, Gr.-Iser. Umzug der Loge: K 1606.
Freimaurertracht: nach meiner Schwester. Anrühren und Geschenke brin-

gen Unheil: Mitt 21, 134f. nach Frau Briefträger Krause, Kaiserswaldau. SEITE
Ewig verloren: Alban Stolz, Schreibende Hand 1878, 86f. Tod: Mitt 21, 134
nach meiner Schwester.

Hexen: *Ältere H.-Nachrichten:* Frommann, de Fascinatione, Norimb. **109**
1675, 757, K 1350 – 70, außerdem schles. Chroniken und die bekannten
Silesiographen. *Allgemeines:* Schroller 3, 258f. u. 278. – *H. erkennen:* öDB 6,
201–04. K 1443. Bunzlauer Monatsschr. 1792, 245: alle Kleider verkehrt
anziehen und auf allen Vieren rücklings zum Kreuzweg kriechen. –
Hexenfahrten: Mit 21, 156. *Wirbnelwind:* Winckler: Zeitschr 3, 128 Anm. u. **110**
Prb 1795, 21, 271ff. gekürzt. 271ff. gekürzt. *Regenzauber:* ebd. 22, 357f.
Wetterzauber des Glaser Ejden: Jahrb 11, 71; auf dem Oberjoseftaler Wirts-
hause hing ein Glöckel, dessen Klang das Wetter bannte, bis sich der Wirt
selbst das Leben nahm; dann ging seine Kraft verloren: Jahrb 7, 59. *Mond:* **111**
Hermsdorfer H.: Mitt 13, 108; die Gottwalden: ebd. 21, 150. Goldentraum:
siehe S. 14. *Noch einmal ihre Fahrten:* Peterstein: Altv 3, Nr. 4/5. Mittel-
schles.: K 1386, aufs Riesengebirge öDB 12, 36. Krajnkos Birnbaum:
Schulenburg 79. Die Königshainer sammeln sich am Guckelsberg, um
gemeinsam zum Bruchelsberg zu fahren: H II. 169. *H.-Mahl:* K 1444. Magd
von Niederhof i. R.: K 1454. Helf Gôt on Säns Gôt: K 1423. *Singende H.-* **112**
Schwärme: K 1395. (H. verwandeln durch Halfter den Kuhjungen zum **113**
Reittier: öDB 9, 60f. K 1427 usw.) *Katzen und Kröten:* K 1382 Geschundene
Katze wieder lebendig: Mitt 13, 82, Siebenjährige K. werden H. oder
Teufel: K 1425 u. 1226, In Slatin bei Trautenau wird eine 7jährige Natter eine
H.: öDB 5, 41. H.-Kater als Mörder: K 1212; vgl. 1383 u. 1437. Als Kröte: K
1421. – *Butterhexe:* K 1441. Butter wird zu Mist durch Kreuzzeichen auf dem
Näppel: K 1436. Knecht Daniel und die Teufelssalbe: K 1400. An Brücken:
K 1409. *Melkzauber:* über Misthaken streichen: K 1447, aus Axtgabel drei **114**
Ringel sind: Jahrb 11, 71; bei der Neustadtler hängen am Balken über dem
Butterfaß drei Milchtropfen: Zeitschr. f. österr Volkskd 13, 132. Die Magd
fragt beim Melken, wo soll ich denn anfangen, im Ober- oder Niederdorf:
Drechsler 633. *Gegenzauber* auf der Iser: 4 setzen sich um eine Schüssel
Wasser und schlagen das Wasser mit Ruten; die Hexe spürt jeden Schlag.
Das haben sie bei Adolfs auf Schwedlersplan gemacht und da ist sie
gekommen und hat gebettelt, daß sie aufhören möchten. *Berühren:* Liesbeth
Vielhauer, Gr.-Iser. Hierher gehören auch die vielen Sagen von klugen
Handwerksburschen, die im fernen Walde aus dem Messergriff melken,
vgl. Mitt 21, 153 nach Förster Kammer, Wolfshau, bestätigt von der
Schwiegertochter des Hirt. Pastor in Schleife will die H. *erlösen:* Schulen-
burg 77, vgl. öDB 11, 41. *Graszauber:* öDB 12, 36: K 1431. – *Krankheiten:*
K 1391. Schmerzen im Arm: Wandr 168, 134f. *Läuse:* ebd. 135. *Philtra:*
(Am Urquell 6, 13); Klose in SS rer Siles 3, 100f. *Herbeikochen des Schatzes:* **115**
K 1630. – *Die Wirtschaft der Hexe:* K 1411. *Die Würmer fressen sie:* Schulen- **116**
burg 80. **117**

Die wandernde Seele

SEITE

119 *Doppelgänger:* MR 242f. Breslauer Doppelgänger: K 1541. Neisser: K 1542.
Der Alb: Die Seele wandert als Maus: Mitt 21, 131 nach meiner Mutter;
als Katze, während die Mora wie tot daliegt: Der Oberschlesier 3, 70. Seele
geht trinken: K 1510; vgl. S. 22f. u. Schulenburg 80. Alb als Zugwind:
121 K 1458. Donnerstag am schwächsten: Mitt 1, 46. Nachtpferd: K 1485. *Mora:*
K 1501 Mora und ihre Jungen: K 1535. Eine Ethymologie des Namens Mora
123 aus Nordböhmen: Exk 15, 169. *Albmachen:* Mitt 21, 131 nach meiner
Mutter. Alb schnitzt ein Kind: Rgbg 65, 6 u. K 1537. Alb bringt Lehmkind
in die Stube, will es umtauschen, sonst wie die hier erzählte Sage: öDB 12,
173. Alb bringt Wechselbalg zum Umtausch: der wird mit Ruten gestri-
chen: nach Demuth, polit. Bezirk Trautenau: Rübezahl N F 8, 38. Alb als
kleines, buckliges Männel: K 1514. *Im Apfel:* Mitt 21, 152 nach Förster
Kammer, Wolfshau. Als Backbirne: Niederlaus Mitt 3, 294. Als Alte mit
Stabel: Mitt 13, 84. – *Bäumedrücken:* Köchin auf dem Tauentzienplatz:
Borowitz: K 1532: Die Weidenauerin drückt: K 1530. Bullen totdrücken:
Mit 21, 151f. nach Liesbeth Vielhauer, Gr.-Iser; vermutlich aber wohl aus
124 ObS. *Schutz gegen den Alb:* Hand aufstützen, Holz gelb: aus Gr.-Iser von
Richter-Gustav Willi. In Flinsberg hat er ja auch braune Finger: Wandr 2, 6.
Albfuß-Pentagramm: ebd. Alb wird mit Knüppel geschlagen: ObS 10, 252.
Beim Namen rufen: K 1478. Albspruch: K1518; vgl. auch Meinert, alte
deutsche Volkslieder im Kuhländchen 1817, 44. Mit Waffen nach ihm
schlagen: öDB 12, 172. Punktiertes Kleid, Balg: ebd. Poln. Baudis: Drechs-
ler 545.

125 **Die arme Seele:** *Die letzte Stunde: Vorzeichen:* Ruffert, Landkreis Neiße
11 a. Tod aus astrologischen Sätzen: Sinap I. 76, II. 598. (Vorahnung des
eigenen Todes durch ein spielendes Kind: Richter, histor-topograph. Be-
schreibung d. Striegauer Kreises 1829, 446f.) Rose im Bresl. Dom: Pol,
Hemerologium, handschriftl. Ergänzung: Zeitschr 13, 231. Schloß Neu-
kirch: Schaetzke, schles. Burgen 30. – Licht im Rathause: Naso 90 u.
Berckenmeyer, curieuser Antiquarius 1720, 758f. Neisser Uhr: Ruffert,
Stadt Neiße 9. Glöckchen im Tejsl: K 1920. – Richtschwert: K 1911. –
Hebamme weiß Todesart voraus: öDB 10, 120. Esser schlag tot: aus meiner
Kindheit, allgemein. Vogel warnt: K 1915. Schneemann zieht Blitz an: aus
der Handschrift einer Frau M. Müller, Schreiberfrau für Carl Hauptmann. –
Tischler macht Sarg nach eigenem Maß: K 1914. – Die Mutter des kranken
Kindes gerufen: Mit 21, 145 nach Liesbeth Vielhauer, Gr.-Iser. Anpochen:
K 1170. (Trei Tropfen Blut aus Nase: Frentzel, Chronik v. Hoyerswerda
129 1744, 227.) – *Sterbestunde:* Lastwagen: K 1899. Geräusch von Füßen: K 1913.
130 Seele muß durch Schneekaulen: öDB 12, 156. – *Selbstmörder:* Erhängter in
Gr.-Iser: Frau Krause, Gr.-Iser vgl. Oberschles. Heimat 2, 110 u. öDB 12,
126. Durch Schlinge Teufel gesehen: Benda, Gesch. d. Stadt Gablonz, 1877,
466. Mancher will die Seele sogar flattern gehört haben: Heimatkd. d.
Hohenelber Bezirks 636. Zeigefinger eines Erhängten: Frau M. Müller,
Schreiberhau in einem Manuskript für Carl Hauptmann. Selbstmörder hält

Wache: Drechsler I. 340. Fordert Strick: K 639. Brennende Leiche: K 6. SEITE
Leuchtendes Heu. K 653. – *Unschuldig Gerichtete:* Lauf mit Kopf in der Hand: K 3. Linde auf Nikolaifriedhof in Görlitz: Lehrer Wittich, Breslau u. K 1637 a. – Zweimal sterben: Olga Gläser, Gr.-Iser; das Volkslied: Mitt 14, 100f. (Das *Bahrrecht* ist zu erwähnen; vgl. K 1, dazu Protokollbücher d. Fürstensteiner Archivs in Zeitschr. 15, 128 noch von 1662.) – *Wie's drüben ist:* öDB 131
12, 142 u. 143. Pfarrköchin muß erscheinen. Die Graffschaft Glatz 4, 64. Der Tote ohne Hemd: Zeitschr. f. Volkskd 1, 23. *Begräbnis:* Stern vor Sarg: Sinap I. 203. Sternschnuppe: öDB 9, 47.

Hausspuk: Einen ausführlichen Bericht über Poltererscheinungen in 132
Slaventzitz enthält Just. Kerners Seherin v. Prevorst. Mann mit Sense: Gerh. Schneider, Gr.-Iser. Gespenst geigt: Mitt 21, 144 nach Liesb. Vielhauer, Gr.-Iser. Rote Katze: Mitt 21, 144f. nach Liesb. Vielhauer u. Gertrud Möhwald = Wendels Trudel. Wasser wallt: Gl. Vi 10, 331. (Es nimmt dem 133
schreibenden Förster die Feder aus der Hand: Geschwend in seiner Flurnamensammlung des Zobtengebietes, Manuskr.) Gespenster im Kuhstall: Martin Burghardt, Würgsdorf b. Bolkenhain. Kühe ausgemolken (erinnert an Alp- u. Vampirsagen): Joseph Hollmann, Gr.-Iser. Kopf im Zimmer: K 94. Kind erscheint: K 122. Henne u. Küchlein: Mitt 3, 22, Stein bewegt 134
sich: ebd. 3, 22, Bild muß an seinem Ort bleiben: Gl Vi 10, 94 u. 95. (Bildspuk aus Schloß Lissa vgl. Orchideengarten I. Nr. 12, St. 17.) Ring in Wunde: K 140; die Sage stimmt überein mit Kl. Ströbe, nordische Volksmärchen I. 307f. Geschwängerte verbrannt: Mitt 21, 140 nach Frau Urbanitz, Berlin. – Bieresel: K 156; vgl. Deutsch-Böhmerland 1901 u. Exk. 3, 47 wie 14, 128f. – Schichtmeister von Giehren: K 120. Pferdefuß: 135
K 121. Pferd mit Schild: K 122 b. Frau als Schwein: K 129 u. 155. – Tränen 136
aufsammeln und ausgießen: ObS 10. – Wirt schneidet Siede: Mitt 9, 25. Magd verfolgt Knecht: Gl Vi 10, 94. – Wiederkehrende Wöchnerin: K 95 u. 109; vgl. Mitt 3, 19. Die Singejungen: ObS 11, 223f. – *Eigentum läßt nicht* 138
ruhen: Mefferdorfer Bett: Gertrud Bettkober, Gr.-Iser in Mitt 21, 150 u. Niederlaus Mitt 1894, 59ff., vgl. Schulenburg 84. Gespenst legt sich ins Bett: Mitt 21, 136 nach meiner Großmutter. Die fehlenden Niederschuhe: nach meiner Großmutter in Mitt 21, 136f. Die Gotthelfen: Mitt 21, 150 nach Holzmeister M. Junker, Gr.-Iser. Die Sage wurde hier sehr gekürzt. – Der 139
Pfarrer mahnt ein *Versprechen* ein: H I. 201. Läuten als Pflicht: Mitt 21, 135f. nach Frau Hain, Kaiserswaldau. Graf Gaschin kommt wieder: Philo 54 u. K 145. – Breslauer Spuk: Drechler in Globus 10, 268. Mährschützer Spuk und Hilfe dagegen: K 135. Erlösung des Geistlichen: K 124.

Die weiße Frau: Aus praktischen Gründen soll hier, trotzdem zwei 140
Sagenkreise sich mengen, das ganze Gut, also sowohl Spuk- und Schlangenjungfrausagen, in einem geboten werden. – *Hausspuk:* Adelsdorf: Mitt 21, 141
132f. nach meiner Mutter. Curtwitz: K 91. Die Schwarzwasser w. F.: K 147. An der Falkenauer Schanze: Vug 217. Eichendorff sieht die w. Fr.: 142
Unwesentlich gekürzt nach dem Bericht von Storms Tochter 1918 in „Niedersachsen" u. Psychische Studien 45, 322ff. – *Vorspuk:* Stieff, schles. histor. Labyrinth 1737, 278. In Gr.-Wilkau: Prb N F 1870, 173. Krappitz:

SEITE Sinap II. 190. Liegnitz: Geyer, Geschichte u. Sagen des alten Schlesierlandes
o. J. 78. Die w. F. Bertha von Rosenberg, die auf dem südböhmischen
Schlosse des Namens spukt, erscheint in Schles. durch Sinap II. 193 ff. (nicht
195 wie K. hat). Über die Quelle vgl. „Böhmerwaldsagen" Anm. zu S. 138.
Naturspuk: Agnetendorf: Mitt 6, 19. Am Langwiesenflos: Mitt 21, 141
nach Liesb. Vielhauer, Gr.-Iser. An der Ludwigsbaude: Ernst Preißler, Gr.-
143 Iser. Schlüsseljungfrau: Goe 142 f.; die Burggräfin von Landeck wirft dem
Müller (vgl. S. 129) auch ihren Schlüsselbund nach und trifft ihn am Fuß,
wo er zeitlebens einen schwarzen Fleck behielt: Oberschles Heimat 10, 119 f.
– Schätze versprochen: Peter II. 51. Auf dem kahlen Berg: Aus dem
Manuskript der Frau M. Müller, Schreiberhau f. Carl Hauptmann. Am
Schafstein: Lilie, polit. Bezirk Geblonz 557. Falkensteine bei Polaun:
144 öDB 12, 164 f. –*Erlösung d. weißen Frau:* Sieben Häupte: K 233. Zangenberg:
K 229; die dort unter 4 behandelten Aufzeichnungen stehen wohl mit Laus.
Monatsschr. II. 359 in Zusammenhang. Vgl. auch Niederlaus Mitt 3, 66 f.
145 Harfenstein: Grohm 47 f. Mit Hasel schlagen: K 232. Das Kind soll erlösen:
öDB 2, 217 ff. Der alte Renner erzählt: K 247 a. Auf feurigem Eber: K 236;
146 vgl. Altv VII. 2, 9. Was Neugeborenes erlößt: Schulenberg 82. Über neun
147 Raine: Rgbg 2, 64. (Vgl. Erlösung der Hummelfrau: BB 307 f.).
150 *Ruinenspuk:* Karpenstein: K 224. Der Keller der Schellenburg: K 240, Nr.
3. Spuk im Liegnitzer Schloß: Lucae II., 1316. Mönch mit Münze: abd.
1407. Mönch in unterirdischem Gange: Büsching, Blätter f. d. schles.
Altertumskd. 1820, 72. Kröte an der Kobelsburg: K 223. Mann auf Lade: K
225. Spuk in Wasserburg: Schätzke, schles. Burgen u. Schlösser, 75.
151 Läusepelz: ebd. 76. Hund fliegt ums Dach: K 210. Am Quingstein: K 219.
Am Hammerstein: Jahrb 16, 164 f.
Der Kirchhof: Essen aufs Grab: Vug 61. In Trebnitz fand man in
heidnischen Gräbern brennende Lampen: Schles. Fürstenkrone 405. Hand
aus dem Grabe: Mitt 21, 140 nach Frau Dunkel, Kaiserswaldau. Böse
152 Tochter bestraft: Philo 63. Die habsüchtige Tote: Mitt 11, 89 f. Grabstein
weint: Jakob Böhmers Werke, Ausgabe v. 1730, Bd. 8: Epistolae theosophi-
cae 22. Frobelwitzer Grabstein: Prb. N F 1871, 242, verteidigtes Grab: öDB
11, 135. Klo 19, vgl. Zeitschr. f. deutsche Mundarten 1912, 346 f. Urne voll
153 Rauch: Seger in Mitt 11, 9. – *Sie lassen ihrer nicht spotten:* Dreiste Magd, vgl.
S. 293 u. Mitt 21, 140. Die mitgeteilte Form stammt aus Alzenau. Toter
fordert seine Mütze: Oberschles Heimat 13, 118. Der bekehrte Trinker: K
39. Der Flinsberger Bierfiedler: nach der Frau des Viktor Neumann; vgl. die
von der Richter-Gustaven mitgeteilte Form Mitt 21, 140. Eine Variante des
Waldwärters Gläser, Iserkamm sagt: Ihr Toten, ihr Toten sollt auferstehn
und mit mir zum Branntwein gehn. Der lange Baum: K 51: Das Zischkerbe:
öDB 10, 114.
154 Kirchenspuk: Gl Vi 2, 272. Sporks Gruft in Kukus: Wandr 352, 28.
155 Kästchen auf d. Kirchenbank: Ruffert, Stadt Neiße 15. Spuk in Kath.-
Hennersdorfer Kirche: Lehrer Werner, Märzdorf a. B. Erlösung d. Hostien-
frevlers: K 196. Perlen fallen beim Ave Maria: K 194. *Gespenstermette:*
156 öDB 12, 143; vgl. ebd. 152 f. aus Kamnitz: Zeitschr. f. österr Volkskd 4,

304f. Kirche als Schafstall: Mitt 21, 130 nach meiner Mutter. Meffersdorfer Nachtwächter: K 15 u. 14. SEITE

Totentanz: in Neiße: Mitte 11, 88 aus Unterredungen aus d. Reiche d. Geister I. 248, vgl. K 18, wobei auf die novellist. Umgestaltung der Sage durch Apel-Laun hingewiesen sei. Die von Goethe nach Breslau verlegte Totentanzsage geht nach K 19 Anm. auf eine böhmische Unterlage zurück. – Gespenster, die den Kirchturm erklettern: Schof-Toft: öDB 12, 12f. u. K 23. Stollstaffla: Rgbg 11/12, 16ff. In diese Sagen vom Raub des Totenhemdes mischen sich vielleicht Vampirsagen, wenigstens verbindet Calmet, von Erscheinungen der Geister 1757, II. 180 in einem Bericht aus Liebava, Mähren, beide Sagen. Die arme Seele ißt Vorräte fort: K 20. 157 158

Vampire: Groß-Neundorf: K 171. Pfennig im Mund: K 160 u. 161 oder Stein: Zeitschr. f. deutsche Mythologie IV. 266 Landeshut: Mitt II, 81 nach ObS I. 838. Klappers Arbeit Mitt Bd. II. Die Hexe von Lewin: K 191 in kleinen Abänderungen nach dem Hagec-Bericht. Hierher gehört auch BB 306. Kunze von Bendschin: K 185 gekürzt. Schertz Nachricht: bei Calmet II. 26; vgl. Martin Zeiler Theatrum tragicum 1628, 24ff. Mund vernähen: Sender-Kürassier und August Schneider, Gr.-Iser. Upiory und Strzyga: K 182 (der Name Seiga K 182 ist wohl aus Strzyga verlesen). Schuster-Thes: Zeitschr. f. Gesch u. Kulturgesch. Osterreich-Schlesiens 6, 86f. – Vampirepidemien entwickelten sich aus Einzelfällen, so Eywanschütz = Eibenschütz in Mähren Anfang des 17. Jahrh., 1357 in Blow, Böhmen, 1553 in Schlesien; vgl. Kiesewetter, Geheimwissenschaften II. 608. Zwei böhmische Vampirsagen nach Hagec teilt Praetorius Anthropod. Plut. 519ff. mit (Levin und Caden) eine dritte aus Böhmen Minsicht, Schauplatz nachdenklicher Geschichten p. 4, fol. 6 und endlich: Hexen u. Vampire in Nordmähren: Zeitschr. d. deutsch. Vereins f. Gesch. Mährens u. Schlesiens 8, 201ff. Eine Reihe nordböhm. Fälle, wie sie z. B. Sleidan. Cent. part. III. lib. 33 § 74 = Ziegler, tägl. Schauplatz d. Zeit 1695, 1379f. bringen, beruhen wohl auf sexuell-perversen Begebnissen. – Im Besitz des Dr. Chamizer, Leipzig, befindet sich eine Handschrift, die eine Beschwörung enthält gegen die Neigung der Toten, lebende Personen mit Todesgewalt heranzuziehen oder sonst zu schaden. Diese Schutzformel wird einem R. Schalom aus Neustadt (welches?) zugeschrieben: Mitt f. jüdische Volkskd. 1912, 134f. 159

An Mordstätten und Galgen: Schirmschlag: Liesbeth Vielbauer, Gr.-Iser. Scherenschleifer: Mitt 21, 161. Stimme im Frauenteich: Mitt 21, 132f. nach meiner Mutter. Licht im Galgen: Eisenmänger, Chronik v. Schmiedeberg 94. Am Töppendorfer Galgenberge: Mitt 21, 137f. als ein Schulerlebnis von meiner Mutter. Flinsberger Galgen (der kaum existiert haben wird): Frida Männich = Gothl-Heinrichs Frida, Gr.-Iser. Vogel auf Kreuz: K 73. 161 162

Spuk an Schlachtorten: Auf dem Kritschberge: öDB 12, 153f. Der Protestant kann nicht sterben: RgbG 41/42, 11f.; vgl. Grä II. 339, aus Sorau, wie Festgemachte nicht sterben können. Schwedentrommler: K 34. Arme Seelen retten vor Soldatenheer: Mitt 4, 50. Schatzgraben in den Schwedengräben: Rgbg 5/6, 100f. Auch unter den Feldern von Pitschen, wo 1588 Erzherzog Maximilian von dem polnischen Großkanzler Zamojski geschla- 163

SEITE gen wurde, hört man gespenstischen Schlachtlärm: Rübezahl NF 7, 256.
Siehe weiter S. 61.
164 **Naturspuk:** *Arten und Gestalten:* Der Erste und Letzte: Klo 15. Zu zwölf
Wanderern findet sich in der Nacht plötzlich ein dreizehnter, der sich trotz
alles Zählens nicht ermitteln läßt; Leitmeritz: Erk 42, 57. Spuk sieht ins
Fesnter: NR 237. Frauengestalt mit Taufkind: Mitt 21, 139 nach Frau
Krause, Kaiserswaldau – Der alte General: Niederlauf Mitt, 3, 59ff.; vgl.
165 K 251 u. 253 u. MR 253 letzter Absatz u. Am Urquell 6, 222. Das
gespenstische Liebespaar: die alte Viktor Neumann, Gr.-Iser. Eine ähnliche
Sage erhielt ich von Martin Burghardt, Würgsdorf b. Bolkenhain. Niesen:
ÖDB 10, 107. Sack voll Gebeine: K 153. Im schwarzen Teich: ObS 16, 412.
166 Wachsen ins Riesige: ebd. 9, 314; vgl. Schulenburg 83. Der General mit gläs.
Stiefeln: K 606. Tunkel von Hohenstadt: Altv 11, 1, 3.
Nächtliche Reiter: Der Heckbereiter K 347. Meineidiger reitet: K 350. Der
167 weiße Reiter: öDB 12, 152F. Hockt auf: K 346. Am Ballenstein: K 352. Der
Schimmelreiter : öDB, 2, 30. Auf dem Wege Kath.-Sennersdorf–Schrei-
bersdorf preschte ein Reiter wie verrückt über die Felder, schob plötzlich
zusammen und war verschwunden: Lehrer Werner, Märzdorf a. B. Die
Toten reiten schnell: K 351; vgl. das Volkslied Mitt 14, 48. – *Übergänge zur*
168 *Nachtjägersage:* Ritter vom Dornst: Lilie, polit. Bezirk Gablonz 447. Dr. âle
169 Zedlitz: Globus 10, 243f., Herzog Bolko reitet zur Hölle: Eschenloer I. 170.
Erbrichter mit Hundeschar: K 335. Am Knappenberge: K 327. Reiter ohne
Kopf kommen aus einer Tanne: öDB 12, 16.
Kutschen und Leichenzüge: Herr von Festenhof: K 357 (aus der Iglauer
Sprachinsel). Die Schlittenfahrt: Oberlaus Heimatbl I. 24. Reiter auf
Ziegenbock: Mitt 20, 195f. Kutsche in Meffersdorfer Allee: Niederlaus Mitt
170 3, 59ff. – Das geheimnisvolle Vorgespann: Grafschaft Glatz, 14, 61.
Leichenzug an der Seifenwiese: Mitt 21, 132 nach meiner Großnutter.
Kloster Schmottseiffen versunken: Lehrer Becker, Schmottseiffen. Vom
Sperberg nach dem Winkelberg: Lehrer Werner, Märzdorf a. B. – Der
Leichenwagen: K 361. Sarg über dem Jeschken: Leutelt, Königshäuser 8 u.
171 114. *Heerleiche:* Rgbg 37/38, 60.
Der Mann ohne Kopf: Bei der elezchen Fichte: öDB 13, 99. Auf dem
Zinnastege: K 309. Bannt Reiter: K 299; vgl. öDB 13, 99f. Das Schnaum-
richmännchen: Beck in Hyckel, schles. Sagenborn 65f. u. in Das Bober-
Katzbachgebirge 1914, 3, 51.
172 *Aufhucken:* Weigel-Köchin: ObS 9, 567. Heuelse: Mitt 21, 138 nach Frau
Dunkel, Kaiserswaldau u. Jugenderinnerungen. Katze huckt auf: ObS 16,
412. Die kämmende Frau: K 146. Gespenst in der hohlen Eiche: Ober- u.
Niederlaus. Chronik III. Papierfrau um das Rad: Der Oberschlesier 1920,
173 Nr. 41, 4. Aufhucken dem, der nicht vergibt: öDB, 6, 196f.
Was Geister tun und treiben: Wäsche schweifen: Lehrer Becker, Schmott-
seiffen, vgl. S. 125. Alte Jungfern scheuern Magdalenenbrücke: K 1401;
174 Patschkauer Jungesellen ebd. Neustadtler alte Jungfern: Zeitschr f. öfterr
175 Volkskd 13, 132u. 133. Zähne ziehen: Olga Gläser, Gr.-Iser. Rasieren: öDB
12, 145. Kartenspieler auf d. Endewiesen: K 533 ergänzt nach Rübezahl NF

1902, 79, wo nur vom Fluchen und Schimpfen, nicht aber vom spukhaften SEITE
Spiel die Rede ist. Die Spieler waren Fronleichnam aus heiterem Himmel
vom Blitz erschlagen worden, spuken dort in Gewitternächten. Der Mann
versteckt sich und wird bemerkt. – Das Paket nach Michelsdorf: K 604. Die
nächtlichen Sämänner: H I. 188.

Graue Männel: Ein blaues: MR 160. Das Glogauer Männel: Frau Revier- 176
förster Förster, Gr.-Iser, die aus Glogau stammte. Jagt Schafe: K 716. An der
Steinauer Fähre: Beiträge zur Heimatkunde d. Kreises Steinau 1922 Nr. 4.
Lockt in den See: K 549. Weicht auf Fluch: Olga Gläser, Gr.-Iser. Wie 177
Husaren gekleidet: MR 159. Das weiße wird schwarz: Olga Gläser.
Fahlmännchen, aus Mohren: Rübezahl NF 6, 225. Groorôk: Landfahrer,
Gaublatt d. schles. Wandervögel 1919, Heft 3/4, 42. Der Steinauer Groorôk:
Beiträge zur Heimatkunde d. Kreises Steinau 1922 Nr. 4. Der Märzdorfer
Schäfer: Mitt 21, 134 nach meiner Großmutter, vgl. Schulenburg 63 aus
Muskau.

Verbannte: Auf hundert Jahre verbannt: Lehrer Werner, Märzdorf a. B. 178
Kratzer (hat tatsächlich gelebt: Prb. NF 12, 308): K 484. Bauer in den Sumpf
getragen: K 506. Der Tote wird während des Begräbnisses gesehen:
Gemittliche Schläsinger 1897, 44f. Rote Sau mit Ferkeln: K 482. Jesuit
bannt: K 502. Haar erbleicht: Niederlauf Mitt 3, 65. – Mit vier Pferden: Mitt 179
21, 134 nach meiner Schwester. 12 Servietten: K 509. In der 18. Kalesche: K
485. Geigenfriedel: K 468. Pfannenfranz: K 518. Im Sack forttragen: Josef
Effenberg aus Weißbach. Vogelhannes gebannt: Mitt 21, 153, Revierförster 180
Förster, Wolfshau. – Macht Platz: K 465. Als Hummel: K 474. – Rückkehr:
Bober ausschöpfen: Lehrer Werner, Märzdorf a. B. Eiserner Pfahl: K 475.
Tangelsnulden sammeln: K 472. Kanzler von Heinrichau: K 487. *Spuk an* 181
Bannorten: Gründelgeist: K 569. Auf dem Siegritz verbannt: K 511. Im
Mönchspusch: Mitt 21, 133f. nach meiner Großmutter, vgl. Mitt 8, 59 u.
13, 109. Die Tabakpfeife: Mitt 21, 163. *Erlösung:* Drei Aspen: Prb 1865, 182
558f. Pfannenfranz: K 518. Im Gärtel: Mitt 21, 137 nach meiner Groß-
mutter.

In der Buchbergkapelle: Ernst Preißler, Gr.-Iser. Auf diese Sage geht wohl
die verderbte Form der Sage bei MR 42ff., die aus öDB 12, 165ff.
entnommen wurde, zurück, ebenso wie die Notiz in Müller-Rüdersdorf,
das Isergebirge = deutsche Wanderungen Bd. 5, Braunschweig 1914, 44.
Pferd lebendig gemacht: Von meiner Mutter.

Spuk in Tiergestalt: Fisch mit Menschenkopf: Mitt 21, 157; Niederlaus 183
Mitt 3, 65 weiß dabei noch vom Ausschöpfen des Teiches mit Topf ohne
Boden. Taube auf Karre: MR 285. Weiße Gänse: Mitt 21, 159. Enterich:
Schulenburg 84. Die Drothe: Hoffmann v. Fallersleben Monatsschrift von
u. für Schlesien I. 411 aus M. Koblitzens Frankensteiner Chronik. Die
Füllawiese: Lehrer Werner, Märzdorf a.B. Fillagrabla: Geschwend, Zobte-
ner Flurnamensammlung, Manuskr.

Katze: Katerbrücke: Die Grafschaft Glatz 11, 7f. Klausenkatze: Wandr. 184
176, 91 u. 272, 130 Anm. I. – *Rinder:* blinde Pfütze: Mitt 21, 131f. nach
meiner Großmutter. Im Schöpsflusse: H I. 88. – *Hunde:* Lehrer Kriegel, 185

SEITE Berlin. Bei den Sonnensteinen: Lengsfeld, Sagen d. Kreises Reichenbach 1931, 25 nach Jäschke, unsere Berge. Am Langwiesenfloß: Mitt 21, 142 nach Hermann Sender, Gr.-Iser. Weißer Hund bei Gr.-Strehlitz: ObS 9, 314f. Auf der Boberbrücke: Lehrer Werner, Märzdorf a. B. In Schreiberhau: Wandr 168, 135; auch in Gleinitz am Zobten kommt ein schwarzer Hund aus dem Dominalteiche: Geschwend, Zobtener Flurnamensammlung. Sperrt Brücke: K 318. Reißt Pferde: K 311. Die Schölerbauern aus Johannestal:
186 öDB 12, 143f. Hundeschar: K 276. – *Tierscharen:* K 376. Hasen: K 1213. (Auch am Klein-Bielauer Brechhause am Zobten ist es nicht geheuer; ein Hase oder manchmal ein Mann ohne Kopf ängstigen dort die Menschen: Geschwend, Zobtener Flurnamensammlung.) Nachtschäfer: Vernaleken 41.

Vermummte Gestalten und das Uhaml: Mitt 20, 196. Uhaml: öDB 12, 16. Nach Drescher: Globus 10, 240 ist der nordböhmische Uhêmlich der schlesische Unhêmlich = Unheimlich, Spuk, Gespenst.

187 *Bäume und Irrflecke:* Irrende Stiefel: K 526; schon Praetorius scheint davon zu wissen: Anthropod. Pluton. 1666, 203. Schwarze Kugel: M R 243. –
188 Tanne blutet beim Sägen: K 562. Im Strauch: K 572. In den Stôk verwünscht: Ernst Preißler, Gr.-Iser. Weide versponnen: Geschwend, Zobtener Flurnamensammlung, Manuskr. Schwarze Fichte: Mitt 21, 137 nach meiner Großmutter. – *Irrfleck:* Frau des Viktor Neumann, Gr.-Iser. Schrei-
189 berhauer Irrweg: Wandr 168, 135. Purzelbock löst: K 537.

Nicht vom Fleck kommen: Mitt 21, 138f. nach meiner Mutter. Jakobs Grab: Zeitschr f. Volkskd 1908, 153. Am Kochhäusel: Mitt 21, 159f.

190 *Gespenstige Musik, Wind und Wolken:* An der Bildbuche: Die Frau des Viktor Neumann, Gr.-Iser. Wirbelwind im Heu: Mitt 21, 139 nach Frau Briefträger Krause, Kaiferswaldau. Bienenschwarm: Lehrer Werner, Märzdorf a. B. Gorhhala: K 576. – *Musik:* An der Knorpelbuche: Jahrb 17, 57. Auf der Waldwiese: Zeitschr. f. Volkskd 1908, 20 u. 17, vgl. Exk 23, 325. Glöcklein am Huhnhaus: Lehrer Becker, Schmottseiffen. Weiße Frau mit
191 Eulen: K 564. Die klagende Stimme: H II. 99 Anm. 2. – *Wolkichte Gestalt:* K 280. Am Langwiesenfloß: Mitt 21, 141 nach Liesbeth Vielhauer, Gr.-Iser.

Irrlichter und Feuermänner: Ungetauft gestorbene Kinder: Isergebirge allgemein. Seelen der Schadewalder: M R 187. Das Schwesterchen: K 260.
192 Das Feuermännel bei Schlaupitz am Geiersberge: K 392. Leiten nur: Mitt 21, 146 nach Gothl-Heinrichs Ida, Gr.-Iser. Irrweg nach Friedland: Gothl-Heinrichs Frida, Gr.-Iser. Der gr. Leuchter: Mitt 21, 130 nach meiner Großmutter.

Als Skelett: K 382. Hand mit Licht: öDB 12, 134. Ich und alle bösen
193 Geister: ebd. 135. *Irrlicht = Grenzsteinträger:* K 439. (Spukorte von Irrlichtern gibt Zeitschr f. Gesch. u. Kulturgesch. Österr.-Schlesiens 6, 85 an.) Feldmesser: K 427. Oder es sind die alten, fortgeschickten Schaffer K 405 oder diebische Klingelbeutelträger: K 417. Im Fegefeuer: Mitt 9, 53. – *Wie man richtig dankt:* K 428. In Starkstadt dreimal danken: K 456. Bei Neiße: K 418. Der Spielmann u. das Irrlicht: K 420. Mit der Peitsche geschlagen: öDB 11, 46. Mit Besen geschlagen: Zeitschr f. deutsche Mundarten 1912, 275 =

Guda Obend-Kalender 1917, 85. Hilft Säen: K 424. Hakenmann: Klo 39. SEITE
Gr.-Leuchter: Mit 21, 156; leuchtet Kutscher: Gothl-Heinrichs Frida, Gr.-
Iser. Rotstumpe: K 385. Strohmann: Zeitschr. f. Volkskd. 1908, 153 u. a. O. 194
feurige Frau: Goe 101f.

Spuk im Bergwald: Joathans: Wandr 215, 133f. Vogelhannes: Die Graf- 195
schaft Glatz 11, 20f. u. Mitt 21, 153 nach Förster Kammer, Wolfshau; dazu 196
K 621 u. 628. Dumlichhirt: K 608. Auf der Juselkoppe: Jahrb 17, 134. Der 197
Muhu: ebd. 84. Barfuß: Drechsler II. 180. Bottamon: Rgbg 11/12, 23. Der Stämmischmann: Altv 9, 5, 41ff. Seehirt: Vernaleken 365f. u. K 610. In den Saganer Kammlerbergen hauste der Kammler, ein Erdgeist, in einer Höhle, deren unterirdischer Gang unter Bober und Queis fort bis Priebus führte. Oberlaus Heimatbl 4, 119ff. erzählen von ihm raubritterähnliche Sagen vom Überfall auf Bauernweiber, deren Kommen er vermittels eines Klingelzuges erfuhr: reitet auf einem Pferde mit verkehrten Hufeisen, so daß ihn die lauernden Bauern nie erwischen; schenkt Kindern für ihre gesammelten Beeren Semmeln, die sich zu Hause in Pferdeäpfel wandeln; wird endlich gefangen und erhält vor dem Tode einen letzten Wunsch zugebilligt, er darf nämlich die Erde mit der Spitze des kleinen Fingers noch einmal berühren, fliegt darauf mit seinem Rosse hoch in der Luft und streut den Nachblickenden Pfeffer in die Augen.

Rübezahl und andere Geister

Rübezahl: Namen: Siebs in der Landeskunde von Frech und Kampers II. 199
358 u. Mitt 10, 53. Zeitschr. 12, 503; in einem Aufsatz, in dem Knötel die Ermländer aus Schlesien (Münsterberg) ableiten will, erscheint der Name ebenfalls: Prb N F 14, 58; die Deutung der Schles. Zeitung 1921, Nr. 571 sei nur der Kuriosität halber erwähnt. – Die R.-Literatur bis Praetorius hat Zacher in der Festschrift der Ortsgruppe Breslau des RGV. 1906 zusammengestellt. Literatur verzeichnete wahllos Sturm in den letzten Nummern der Zeitschrift Rgbg. Die letzten Untersuchungen lieferten Zacher u. Regell in den Mitt. Eine Untersuchung der Praetoriustexte: de Wyl 1909 in: Wort und Brauch, Bd. 5. Zacher vertritt Mitt 10, 33ff. die Ansicht, R. sei ein Gebirgswaldgeist, was übrigens schon Prb N F 12, 594 mit Hinweis auf den baskischen Berggeist Bassa Jaon versucht wurde; Regell in Wandr 284, Mitt 15, 98ff. Mitt 15, 165ff. u. Mitt 16, 1f. stellt fest, daß R. ein Bergwerksgeist des südlichen Riesengebirges sei; Siebs zieht Mitt 8 u. 10 die Folgerungen. Neue Texte veröffentlichte Zeitschr f. Volkskd. 1904, 177ff. 1908, 1ff. u. 151ff. u. 1912, Rgbg 11/12, 23, Exk 16, 340 u. Schlesische Heimatblätter I. Nr. 8 u. 12 (1908). U. Jahns in Schles. Zeitung 1888 Nr. 463 u. 475 = Zeitschr f. Volkskd 11, 336f. mitgeteilte Sagen scheinen mir nicht so unbedingt glaubwürdig, wie Weinhold und andere annehmen. Über seinen Geigenfriedel siehe im Folgenden; wenn Jahn die Sage „die Prinzessin vom Kynast und der Fiedeldritze“, die nebenbei völlig unecht klingt, von einem 80jährigen Weber haben will, der sie von seinem Groß- und Urgroßvater

SEITE hatte, und wenn seine Aufzeichnung 1882 erfolgte, so rückt die Sage in ihrer
Entstehung ins 18. Jahrhundert, während die Kunigundensage erst 1797
auftaucht, – das läßt mindestens den Wert der Sage zweifelhaft erscheinen.
Daß Jahns Glaubwürdigkeit übrigens schon längst in anderen Sammelge-
bieten angezweifelt worden ist, ergibt Urquell 5, 11, 46 Anm. 2.

Rybecal = Rzepior: Archiv f. Religionswissenschaft 3, 190; Geigenfriedel
von Jahn zuerst vorgebracht. Geigenmännchen: Wandr 199, 74; vgl. S. 168
u. 202. R. als Hirschreiter: Mitt d. Wiener anthropol. Gesellsch. 1896, 2367
= Wilke in Mannusbibliothek 10, 118ff. Vgl. Helwigs Karte von 1561, wo
R. als geschwänzter Dämon mit Hirschgeweih erscheint. Nach einer
oberschles. Sage war R. ein Jäger, der zur Strafe für Sonntagsentheiligung
bis zum jüngsten Tag im Gebirge jagen muß: ObS 11, 261; hier dürfte auch
Praetorius Anthropod. Pluton. II. 332 wie S. 188 anzuziehen sein. Mönch
201 mit Saitenspiel: Balbin, Miscellen I. cap. 6 § 2, 3. – *Bergwaldspuk:* Mönchs-
gewand, so auch das Bild in der böhmischen Mappa, die nach Josef Blau die
1619 in Prag von Paul Aretin von Ehrenfeld edierte Karte ist; ein Irrtum
(Zeitschr f. österr Volkskd. 16, 122), wie DB 45 ergibt. Neckereien:
Schwenkfeld u. andere Sammlungen im Übermaß. Die Aufzählung der
Tiererscheinungen erinnert an Lavater, de spectris cap. 19. Fahrt durch
Schmiedeberg: Wandr 99, 11f. – Irreführen: Grosius Magia 1597; vgl.
Český Lid (= Zeitschr f. Volkskd 3, 468) nach Zalansky, Prag 1618. –
Gärtchen. Daß er eines Liegnitzer Schusters Sohn und ins Gebirge gebannt
worden ist: Stieff im schles. historischen Labyrinth 171 nach der Lieg-
nitzischen Schlacht-Chronik, einem verschollenen Buch. Nach Melchior
Heber, Böhmens Burgen und Bergschlösser 5, 145 ist er der Sohn eines
Toten und einer Lebendigen (also Vampir, wie die Slawen glauben). Siehe
auch Melchior Wentzel, Ursprung des Lebens 1707. R. Gärtchen: öDB 2,
219f. u. Zeitschr. f. Volkskd 21, 147, 127. R. Wurzelgarten: Praetorius
203 Satyrus Etymolog. 9. – *Wetterherr:* Bei Hogolie: Wandr 359, 122 Anm. 3.
R. ist der Nachtjäger: S. 202. Regnet Kubfladen: Seyfried... Abdruck
Rgbg 61/62, 71. Das Unwetter am Teich: Naso 318. Als Wolkenkuh:
Zacher, R.-Annalen Nr. 5, Praetorius, Daemonologia Rubinz. 2, 65,
204 Blocksberges Verrichtung 43. – *Mittagsdämon:* R 846. *Überschwemmt Schle-*
sien: Jahrb 1894, 42 u. Wandr 66, 144; dieselbe Sage mit Ortsangabe:
Lindner, zweite Reise: Wandr 230, 186, nach denkwürdiger Antiquarius des
Elbe-Stromes 1741 Rgbg 34, 115; Zeitschr f. Volkskd 21, 131f. 133, 142f.
146. Erinnert wohl an das Schlagen der Klause, das die Bergleute im
südlichen Riesengebierge R. zuschrieben: Hüttels Chronik von Trautenau
205 an. 1576: daraus leitet Regell den Bergwerksdämon ab. Schüttet Hügel bei
Nimkau auf: Wandr 183. – *Schatzhüter:* von Walen als Hüter angesehen:
Balbins Miscellen 1679 lib. I. cap. 6. R. ist ein Wale: Wandr 134, 159 aus der
Spindlerbaude. Walenbericht: K 2158 Nr. 1. Unwetter auf den Schatzsu-
cher: St. R. Artelmeier, des aus der Unwissenheits-Finsternis erretteten
Natur-Lichts 1. Teil 1699, 84 = Rgbg 61/62, 71f. Am Flietzberge im
Riesengrund: K 1007 erweitert aus schles. histor. Labyrinth 175f. Schatz-
kammer: Albert Hollmann, Gr.-Iser. Weißwurzelgraben: Laura Gläser,

Iserkamm. Steinwurzeln: Laura Gläser nach einer Erzählung des Hanne- 206
Lobels, ihres verstorbenen Mannes. – *Schatzspender:* Kegelspiel: Mosche-
rosch, Discursus histor. polit. 1641, 529. Gras, Späne zu Heu: Praetorius,
Daemonologia Rubinzalii II. 85 u. 87. Leiht Geld: ebd. III. 38. – Auch der
Berggeist des Taunus, Riebe (davon Ribhain am kl. Feldberg) war Inhaber
aller Schätze des Gebirges: Jung, Regierungsbezirk Wiesbaden 1870, 14. – 207
Nach England: auch der Skarbnik geht in fünf Minuten nach England u.
wieder zurück. Nach Island: Preußker, Blicke in d. vaterländische Vorzeit 2,
9. Vgl. S. 189. – Daß man dem R. *Opfer* brachte, berichtet Grohm 319 nach
Bienenberg, Altertümer 1779, 129. Man opferte ihm schwarze Hähne an
den Elbquellen; vgl. S. 13.

Vielleicht sind die romantisch arg verderbten Sagen vom Steinmännchen
im Waldenburger Bergland, die Schaetzke, schles. Burgen u. Schlösser 144
erzählt, auf einen ähnlichen Geist zurückzuführen.

Waldgeister: Cogho, Volkssagen aus d. Riesen- u. Isergebirge 21f.
Schatz im Baum: M. Burghardt, Würgsdorf. Graues Männel *schickt Sturm:*
Ferdinand Schlüter hörte in der Isermühle, Gr.-Iser, diese Sage vom
Schindelmacher selbst erzählen. Ergänzt durch die Nichte Olga Gläser, Gr.-
Iser. Beim Langwiesenfloß: Mitt 21, 141 nach der Richter-Gustaven, Gr.-
Iser. Männel mit Schlapphut: K 551. Mit dreistützigem Hut: K 316. Männel
erscheint Holzdieben: K 841. Steinerne Säge: K 831. Erscheint beim
Beerensammeln: Lehrer Becker, Schmottseiffen. Stehlen Pflaumen: Pauline
Hollmann, Gr.-Iser. Wächst: K 833. Die Männdel von den Dreisteinen:
K 832. – Der Kanonier wird *verschleppt:* Zeitschr f. Volkskd 1908, 18. 209
Aasessend: öDB 12, 28. Graben: Schulenburg 68; vgl. S. 38f. *Alt wie der
Wald:* öDB 10, 115. Der Waldheger Kastner aus Oberdorf schlief unter
einem Baume. Als er erwachte, umgab ihn ein lichter Schein und er sieht
drei kleine Männel mit langen grüngrauen Bärten, die sprechen: Hm, hm,
schon sehr, sehr lange hausen wir hier; schon dreimal war hier Wald und
dreimal war hier Feld und du bist uns noch nicht zu Gesicht gekommen;
darauf sind sie verschwunden: Guda Obend-Kalender 1914, 86.

Puschweibel: Namen: Zeitschr f. Volkskd 1908, 151, Rgbg 11/12, 18, 210
K 813, öDB 13, 52. Rittelweibel = Schwarzspecht. Rgbg 24, 41. Schaukelt:
öDB 13, 54. Strejweibel: öDB 13, 52. Bergfrau von Oberwittig: Jahrb 7,
68ff. Silberlaub für die Ziege: Josef Effenberg, Weißbach, Pelzelweib: öDB
13, 58. Lausen: ebd. 53. Spinnen beim Lausen: ebd. 10, 116. Buschmänn-
chen schenkt Faden: ebd. 13, 63. Spinnen Grôbart = Usnea barbatos: K 813;
es heißt auch, Sie feuern Grôbart. Die Flechte wird im Riesengebirge
Rübezahlsbart genannt. Sitzen Steine aus: K 813; im Riesengebirge nennt 212
Mosch in Opferstätten und Steinaltertümer 1855 = Lausitzisches Magazin
1855 u. Anzeiger f. d. Kunde d. deutschen Vorzeit NF 4, 153ff. eine Reihe
solcher Steine, dazu wäre der Buschweibelstein bei Giersdorf: Wandr 322,
125 wohl noch nachzutragen. Vom Nachtjäger gejagt: Mitt 21, 149 nach
Waldwärter Gläser, Iserkamm. Gott walte es: Praetorius, abenteuerliche
Glückstopf 1669, 253f. Rübezahl jagt sie: K 1065. Weiße Sperlinge: K 814.
Böhmerland erst in Fürstenhand: Zeitschr f. Volkskd 1908, 153 u. an vielen

SEITE Stellen, O. Jäger, Dorfchronik in DB 4, 23.– Mickadrulle: K 818 u. 825.
Dornstweib: Leutelt Könighäuser a. versch. Orten; vgl. auch Benda, Gesch.
d. Stadt Gablonz 483 ff. Vertauschen Rinder gegen Wechselbalg: Wandr 325,
168. – Die Puschweibel kochen: allgemein in Gr.-Iser. Wenn im Gebirge die
weißen Nebel aus dem Walde steigen, sagt man in der Gegend von Lauban:
die Bergweibel schießen aus dem Busch: Zeitschr f. deutsche Mythologie
III. 377.
213 *Lichel kommt raus:* K 813. Deuto: K 810. Hipelpipel: K 741. Andere
oberlaus. Zwerge rufen: Urban ist tot! oder: der König ist gestorben:
Zeitschr f. deutsche Mythologie 4, 216 Anm. 's Metusl is gestorben: öDB
13, 63. Husten und Schnupfen vorbeilassen: ebd. 10, 115. Frau eines
214 Windgeistes: K 822. Walpurgis: K 827 u. 828. Die Kümmmernislegende in
Schlesien behandelte ObS 18, 271 u. Mitt 3, 81 ff.; Exk 17, 317 ff u. 327 f.
Der Nachtjäger: Allgemeines stellt öDB 4, 55 ff. aus Rgbg 11/12, 16 ff.
u. Grohm Aberglauben u. Gebräuche 3 ff. zusammen. Auch der Muhu (vgl.
S. 175) erscheint als Sturmgeist: Rgbg 37/38, 64. Kinderstimmen: Rgbg 30,
126 = Taubmann 75. Waldjäger: österr. Schlesien = K 1107, in Böhmen
Waldförster K 115, dort auch wilder Jäger; Feldjäger im Vorgebirge der
Grafschaft: K 1084; in der Lausitz und dem böhmischen Niederland
Banditter (nach Exk 4, 315 kennt den auch Luther schon), Schömbrig,
Heidut (der seinen Mantel in die Sonnenstäubchen hängte, so fromm war er,
dann aber, als dieser einmal fiel, zum Jäger und Nachtjäger wurde: K 1120;
die Wenden nennen ihn nocny jagař: Zeitschr f. Volkskd 3, 96. Buschjäh-
215 hala: K 1131. Ritter vom Wildenstein: Altv 3, 6, 98 f. Dr âle Schernhaus:
Globus 10, 243. Rübezahl ist der Nachtjäger: K 1065 u. Schroller 3, 363. Der
Bergwerksgeist war früher Bergmeister, wie Rübezahl früher Jäger war, der
zur Strafe für seine Sonntagsentheiligung im Gebirge bis zum jüngsten Tag
jagen muß: ObS 11, 261 Anm. 3. Der Woyden: K 1056. Am Rillgenstein
(Rillgen sind Pfifferlinge = Cantharellus cibarius): K 1062. Im Fiebigtal:
ebd. Als Popel und Schlange: K 1072. Als Kuckuck: K 1095. Mit Hetzpeit-
216 sche: K 1099 u. 1076. Jagt Puschweibel: K 1061 und arme Seelen: K 1103. Als
218 Schatzspender: K 1058. Schenkt Sechser: öDB 13, 99. Entzückt Menschen
im Sturm: Rgbg 11/12, 21 (vgl. Exk 22, 149) u. Grohm, Aberglauben u.
Gebräuche 5. (Den Rufer ertränkt: Rübezahl NF 6,225.) Rufer muß mit
jagen: K 1125. – Bläst Horn: öDB 13, 90 f. Helmseffs Abenteuer: Jahrb. II,
219 68 f. Seine Beute: öDB 13, 97. K 1105 u. 1115. Wirft Menschenviertel:
220 K 1109. Bannen durch Salz: K 1066. Geweihtes Salz: K 1124. Kind ratet zu
Salz: öDB 13, 98. Bannspruch: Rgbg 11/12, 7. Petersilie: K 1105. Roter
Knoblauch: öDB 13, 99. Braucht ihr noch eine: Jahrb. II, 69. – Grüne
221 Wenzel: K 1127. *Schutzmittel:* Johannesevangelium: K 1074. Fromme
221 Lieder: K 1052. Schießen: K 1126. *Als Schütze:* Legt an: öDB 13, 92 f. Schuß
fällt: K 1116. Mit Holzgewehr: K 1137. Wohnt im Stock: Josef Erlebach aus
222 Ober-Hohenelbe. Im Brechhäusel: öDB 13, 95 f. In der Schaue mit Töch-
tern: K 1082. – *Nachtjägers Meute:* Mitt 21, 149 nach Liesbeth Vielhauer, Gr.-
223 Iser und Holzmeister Moritz Junker ebd. Wirft einen Sack voll Hundel ins
Haus: öDB 13, 92. Nicht rühren: K 1092. Nicht treten: K 1088. Über

Graben helfen: K 1065. Der Rollmüller: Schulenburg 62. Zahl der Hunde: SEITE
vîl schillige schworze Hundla, die baffza vîl schillige Môl: Mitt II. 104.
Sieben: Lehrer Werner, Märzdorf a. B. Vierzehn: Wandr 178, 113. Werden
zu Moos: K 1070. Vgl. die Miff-Maff-Hundla oder Waldhendla, die
kohlschwarz aus den Baumwipfeln herunterkamen, im Eichwald bei Zie-
genhals K 1731. Keule zu Holz: Schulenburg 63 (Wölfe werden bei seiner
Meute genannt in Stefansdorf, Krs. Neumarkt: Schroller 3, 361). – *Reitende
Jagd:* Schlachtlärm in der Luft: Die Viktor Neumann, Gr.-Iser. Gefallene
Preußen: K 1130. Sporn: K 1139. Bei Költschen am Zobten erscheint er auf 224
rotem Schimmel im Gewittersturm, als grauer, hagerer Mann ohne Kopf
oder mit verkehrt im Nacken sitzenden Knochenschädel. Der Atem des
Tieres ist feurig. Einige meinen, es sei der gehenkte Reiter, so heißt nämlich
eine Kuppe des Költschenberges: Führer durch das Zobtengebirge und seine
Sagen, Verlag Brieger, Schweidnitz, 3. Aufl. S. 15. – Ludwig Weniger, der
die Harier an der Oder sucht (wie Regell, Festschrift d. Ortsgruppe Berlin d.
Riesengebirgsvereins 1908, 30ff. am Zobten), erklärt ihr schwarzes Heer
(Taciti Germania 43) als eine Nachahmung des feralis exercitus, der
wütenden Heeres: Archiv f. Religionswissenschaft 9, 201ff. – Auch eine
Form der getr. Eckartsage erscheint im Gebirgsvorlande im Kreise Neu-
stadt: Der wilde Jäger geht den Pregebach in Deutsch-Rasselwitz ent-
lang; auf der Brücke steht ein Mann, der warnt die Leute, hinüberzugehen:
K 1087.

Feldgeister: Kindesraub: öDB 12, 27. Die Fleischbänke: ebd. 12, 14f.
Bewohner des Puschalkenberges: K 1214. Daemones meridiani: Rübezahl:
K 846. Pfaffentümpel: Lucae 2169. Fischer in Kattern bei Breslau: Schroller 225
3, 340. In der Lausitz treibt das Mittagsmännchen Schabernack: K 843. Die
Mittagsfrau und ihre *Fragepein:* Lausitz: K 842, Oberschlesien: K 850. Stein
eingesessen: Schulenburg 45. Mittagsgespenst in Diehsa: K 845. Merkt euch
den Fleck. Niederlaus Mitt 3, 225f. (Das Gespräch handelt vom Lebenslauf
des Flachses, bis er Leinen geworden und endlich die Leinwand zerrissen
wird.) S. 151. In Böhmen huckt die Polednice Wöchnerinnen auf und der
Polednicek durchstreift die Fluren, um die zu strafen, die ihn beschimpfen:
Grohm III. Wischer Frau: K 849. Feierabend: Klo 59; vgl. auch die Sage von
der Scharfensteiner Burgfrau Mathilde: Exk 15, 286. Sonntagsarbeit ver- 226
pönt: Ruffert Landkreis Neiße 32. Beim Ährenlesen, K 848. Die gute
Stunde: K 723. Haferjunge: Der Oberschlesier 1920, Nr. 40, 5.

Wassermann und Lisse: I. *Im Gebirge und Niederschlesien. Gestalten:* 227
K 898, als Mann ebd. und allgemein als Gans: K 899, Ziegenbock: K 960;
Pferd: K 901, Kalb: K 955; Hausotter: K 956, Hase: K 893 Nr. I. In roter
Kleidung: oft, z. B. K 863 oder öDB 13, 67, Jahrb II, 69f. usw. Als graues
Männel: öDB 12, 22f. Geigt: öDB 13, 66f. u. 68f. u. 69; vgl. S. 199 u. 190.
Schneidern und spinnen: K 864. Waschen: K 880. Er spult: öDB 10, 189f. 228
Böse Stunde: K 942. Drei Opfer am Totensonntag: öDB 8, 59. Die Stunde ist
rum: ebd. 13, 70. Schlawer See: Prb NF 1862, 652. In der Gegend von
Ratibor fordert die Oder vor Johannis drei Menschenleben: ebd. II, 335f.
Was das Wasser fragt: öDB 8, 62. – Aufhucken: ebd. 13, 70. Ladet ab: 229

SEITE ebd. 13, 72. Am Polzen: Erk 7, 238ff. Pollermann: ebd. 7, 175. *Als Fisch gefangen:* öDB 8, 48. Den Wodernyks gefischt: Schulenburg 57f. Der
230 behaarte Fisch: öDB 8, 61f. – Durstqual: ebd. 7, 171. Wart ein bissel: Jahrb II, 69f. In Kuhstapfe ertrinken: öDB 7, 169f. Kastenradwer: ebd. 8,
231 60. Beim Palmenpflücken: ebd. Vodnik vom vierzehnten Knaben gebannt: Grohm 155. Zieht Weber ins Wasser: öDB 8, 62. Häng dich ock: K 950. Als Reh: öDB 13, 81. Verlockt Mädchen: K 872. Legt Bänder aus: öDB 13, 69 u.
232 79. *Fleischer und Wassermann: K* 932. Erwürgt einen Fleischer, der ihm den Finger abhackte; tötet seine verspäteten Töchter, und erscheint auf einem Felde den Leuten, die Kornpuppen aufstellen, als feiner Herr, der in 10 Minuten Regen prophezeit, obwohl kein Wölkchen am Himmel steht: Zeitschr f. Gesch. u. Kulturgesch. Osterr.-Schlesiens 13, 99f. Zieht Heger ins Wasser: öDB 9, 59. – Bähschnitte *schützt:* Erk 7, 285f. Brot in Teich:
233 Schulenburg 60. Maria hilft: öDB 13, 81f. – Stiehlt Kinder, *Wechselbalg:* Mitt 21, 143f. nach Richard Schneider, Karlsthal u. Gothl-Heinrichs Frida, Gr.-Iser. Das Volkslied vom Wassermann: öDB 7, 185f.; vgl. das von der
234 schönen Amarie: K 954. Wassermann *sucht Frau* oder Tochter: Zeitschr f. Volkskd 21, 138f.; vgl. auch die auf Rübezahl übertragene Sage: K 1688.
237 Das Bachmännchen: öDB 8, 54f. – Die *Hebamme* geht in den Tauschwiesenbach: öDB 8, 50f. Patin des Wassermannes: ebd. 49f. Gib, was du nicht
238 kennst: K 935; vgl. meine schles. Märchen. Wassermann Stabträger (Psychopompos?): Exk 7, 238ff. Magd als Patin: K 871.

In Schlesien heißen die Mummeln Wassermanns oder Popelmanns Negel (= Nelken), so Alzenau, Krs. Goldberg-Haynau. In Nordböhmen haben die Kinder ein Kreisspiel: Wassermann, reiß mich nicht nein, ich geb dir einen goldenen Stein; meine Mutter möcht sich kränken, wenn du mich möchtest hier ertränken: Rgbg 34, 130. Ähnlich singen die Kinder in Reichenbach, Schlesien, von der Wasserlisse: Weinhold in Zeitschr. f. Volkskd 5, 131ff.; Köhler, Volksbrauch im Vogtlande 184 teilt dasselbe Spiel vom Nix in der Grube aus Reichenbach im Vogtlande mit.

239 *Die Wasserlisse.* Von Wasserfrauen in der Oder weiß schon Lucae 2, 2158. Teichweibel: Benda, Gesch. d. Stadt Gablonz 503ff. Die Liska: Schaetzke, schles. Burgen u. Schlösser 170 u. K 866 Anm. Besuch bei der Lisse: K 869. *Wassermanns Töchter:* Partsch, Schlesien I. 378. Brzesowie: öDB 7, 170. Mittelòls: Die Grafschaft Glatz 13, 49. Schenken Geld: Landfahrer, Gaublatt
240 d. Schles. Wandervögel 1919, Heft 3/4, 44f. Tötet verspätete Töchter: K 892; vgl. Der Oberschlesier 3, 70.
241 Überschwemmt: Gothl-Heinrichs Frida, Gr.-Iser. Sieben Opfer: Zeitschr f. Volkskd 11, 203. Besucht den Müller und hält die Mühle an:
242 öDB 13, 70f. Gefangen am Backofen: ebd. 7, 171. Des Müllers Kater:
243 Exk 7, 240f. Der Hodernyks und *die schlimme Katze:* Schulenburg 59. – Tod durchs Gewitter: ebd. 59.

Der Utoplec. Goldstück, goldene Uhr; Flügel: Der Oberschlesier 3, 650. Als Ferkel und Pferd: K 927 Nr. 10. Fährt als Pferd mit ein: Der
244 Oberschlesier 3, 69. Als Fisch beim Namen gerufen: K 926 Nr. 4 u. 927 Nr. 7. Raucht und bittet um Feuer: K 922 Nr. 7 u. 927 Nr. 7. Skapulier

schützt: Der Oberschlesier 3, 69. Wiegt Kind: K 927 Nr. 10. Zerstreut Heu: SEITE
Der Oberschlesier 3, 650f. Durch linke Hand bezwungen: K 925 Nr. 5. u. 245
922 Nr. 2. Vom Schäfer vertrieben: Der Oberschlesier 3, 651. Wassermanns
Dank: K 926 Nr. 1. – (Sitzt als weißes Kind mit grünen Augen im Brunnen:
ObS 9, 516. Durch Bär vertrieben, kommt aber wieder, als ihn der Müller
beruhigt: ObS 12, 646 u. 647.)

Der Bergwerksgeist: Namen: Archiv f. Religionswissenschaft 3, 185 u. 246
K 1012. Wie Rübezahl will er mit „er" angeredet sein: ObS 11, 261.
Berggeister in Nordböhmen: öDB 13, 64f. Ledermännchen: Lehrer Schnei
der. *Rübezahl:* Burglehners ausführliche Beschreibung d. gefürsteten Graf- 247
schaft Tirol in Prb N F 13, 74ff. – Der Szarlem: Beuthener Priestermord als
Ursache des Erliegens schon Pol I. 132. Curäus 111; der Geisterkampf:
ObS 2, 133 = Mitt 9, 78f. *Aussehen* und Erscheinung: ebd. u. K 1013. Wer
war der Sk.?: K 1011. Fluchen und Pfeifen verboten: K 1019 u. 1016. Auch
Tanz und die Anwesenheit weiblicher Personen entweiht die Grube:
ObS 11, 261. Lampe nicht aus Frauenhand: Drechsler 544. Wie man Feuer 248
reicht: Mitt 8, 47. Hufbeschlagen: K 1015. *Warnt:* K 1029. Durch Rufen: K
1030, als eigenes Kind: K 1031. Glockenton deutet Verschwinden eines
Bergmanns an: K 1033. Als Maus und Helfer: K 1037 Nr. 1. Die redliche
Teilung: K 1038. Verlangt Brotanteil: K 1040; aber einem Geizigen verwan- 249
delt er das Brot in Kohle: ObS 11, 261. Schatzhüter: *Wohnung* im Goldge-
birge: K 1042. Gang durchs Bergwerk: K 1043. Verschwindet er im Gestein,
so sieht man in der Öffnung Gold, Silber, Edelsteine glänzen; gelänge es
einem Bergmann, ein Stück seines Gezähes in die Öffnung zu werfen, so
würde der Gang mit allen Schätzen offen bleiben: Mitt 13, 74. Wanderung 250
nach England und zurück wie Rübezahl: ObS 11, 262. Erfüllt drei Wünsche:
K 1035.

Erdgeister: Ziehen Stein in die Erde: K 711. Mutter Pump: K 803.
Hochzeit im Berge: K 773. Fest der Steinmänner: H I. 193. Auf dem 251
Tanzboden: K 778. Sumpfmännel: Lehrer Wrana, Konstadt. Kegelspiel: 252
K 220. Im Jeschkenwalde: K 779. *Kuchenbacken:* K 752, Nr. 1. Ohne Salz:
K 743. Blutig: K 766. Kuchen und Bier an eisernem Tisch: Schulen- 255
burg 171 (Backen des Hodernyks: ebd 58). Borgen Gerät: H I. 43. Verkehrte
Sprache: Schulenburg 170. Auf die Schwammelwitzer Hochzeit gehen: 256
K 755, Nr. 3 u. Ponsdorfer Hochzeit: K 768, Nr. 2. Von den Zwergen im
Nußstein b. Weißbach erhält einer eine Kappe, die er aber wieder verliert, als
er von einer Hochzeit etwas mitnehmen will. Die Gäste schlagen ihn und
den Heimkehrenden necken die Zwerge: Philipp, wo ist die Kappe;
Rübezahl N F I. 69f. In den Erbsen: öDB 13, 54. Die neugierige Schneiders-
frau: K 168, Nr. 4. Pflastern Straße: Klo 72. Beim Bittnerbauern: Exk 6,
195. *Menschenraub:* Die Wasserwelt der Fenixmännel: K 764. Raub der
Wöchnerin: K 755, Nr. 4. Wechselbalg: K 789 u. Praetorius, Anthropod.
Pluton. I. 424f. (K verdruckt 365f.) Drei Kreuze schlagen: K 792. *Alt* wie
der ungarische Wald: K 763. Die verschwundenen Holzhauer: Olga Gläser,
Gr.-Iser. Jungfernberge: Schulenburg 13; vgl. auch 83. – *Zwergenehepaare:* 258
Ackergrunotee: A 797. Täuberle, mein Mann: K 798. Undine: K 799. In Alt-

SEITE Waltersdorf b. Habelschwerdt spielen die Kinder: Tuslamutter, das Kind ist in den Schoten gewesen: Zeitschr f. deutsche Mundarten 7, 263. – Von Glocken *vertrieben:* K 774; doch heißt es aus Langenöls am Zobten, daß auf dem Läuteboden und Kirchhof die Mannla ihr Wesen treiben: Geschwend, Flurnamensammlung. Ausgerottet: Schaetzke, schles. Burgen u. Schlösser 1912, 70f. Petersilie: K 768, Nr. 3. Nach England geschwommen: Drechs-
259 ler 544. Die Starkstadter fahren fort: K 775. Die Langenbielauer: Wander vogel Schubert aus Langenbielau übermittelte mir die Sage als von ihm aufgenommen, aber sie steht bereits im Führer durch das Zobtengebirge und seine Sagen, Verlag Brieger, Schweidnitz, 3. Aufl. und scheint auf K 747 Nr. 2. zurückzugehen. Hermannla: K 748. Die Kamenzer fahren fort: K 751 Nr. 7. Die Klein-Dübener: Niederlaus Mitt 3, 293. Die Venusweibchen von Milkendorf sitzen in den einzelnen Gliedern der Hemmkette und darum kommt der Wagen nicht vorwärts: Zeitschr f. Gesch. u. Kulturgesch. Österr.-Schlesiens 6, 86. Bergmann spricht von Zwergsagen aus der Gegend von Löwenberg (K 742), hat aber keine mitgeteilt. Meine Nachforschungen 1920–22 hatten kein Resultat. Prb N F 14, 103 enthält aber die Nachricht, daß bei Flachenseiffen im Walde ein Berg (Burgberg) liege, von dem ein alter Krugwirt wußte, daß dort die Querxe gehaust hätten; es waren aber sehr böse Menschen und darum wurden sie von den Bewohnern der Umgegend verachtet und ausgerottet; ein noch kennbarer Brunnen und eine Kegelbahn, welche einst von den Teufeln bei ihren Spielen gebraucht worden wären, existieren noch. – Auch am Prudelberg bei Stonsdorf, auf dem Rischmann prophezeite, ist ein Querxloch: Mosch, das Riesengebirge 290. Ich möchte an diesem Orte einen Irrtum berichtigen. Vernaleken 227 teilt aus Altstadt im nördl. Mähren eine Sage von der Einladung des Trollen mit, die aus seiner Sammlung in neuere Bücher übernommen wurde, die aber, wie Keightley-Wolffs Mythologie der Elfen 1828 I. 204 ausweist, aus Jütland stammt.

260 **Hausgeister und Kobolde:** Ding mit langer Nase: K 720. Lumpengestalt mit langer Nase: K 1839. Wos ho ich on: K 1838. Siebennaseweis:
262 Goe 101 f. Hausgeist flechtet Zöpfe: K 772. Putzt Pferde: Schulenburg 74. Schlägt Burschen, der sein Essen nahm: Vernaleken 235f. Das schwarze Maila: Mitt 20, 195f. Das Wertla: K 729. Kobold *austreiben* durch Schuhgeschenk: ebd. Diblik: Vernaleken 239f. Spielmännchen: K 662. Drache zieht mit um: K 695. Aus Oberschlesien und den Gebirgsstädten erzählt man: Ein Bauer will seinen Spiritus los sein und vergräbt ihn, findet aber den Käfer wieder in seiner Tasche. Er spricht: Hättst du nicht so tief gegraben, möcht ich Schaden genommen haben. Und als er ihn in die Luft schießt: Hättst du nicht gar so scharf geladen, wär ich zerpufft ganz ohne Gnaden. In eisernem Behälter wirft er ihn in ein bodenloses Gewässer und läuft fort; beim Stolpern und Fallen fühlt er wieder seine bekannte Schachtel: Wärn wir nicht so flink, wir hätten müssen kläglich ersaufn. Endlich will er ihn auf einem Holzstoß verbrennen und er reitet davon; doch da hört er die Worte: Täten wir nicht so tapfer rennen, mußten wir verbrennen. So hat er ihn behalten: Rübezahl N F 9, 108f. Vgl. Woycicki, polnische Volkssagen u. Märchen

SEITE

1839, 85f. – *Spillalutsche* usw. K 718 u. 719. Glühende Spindel: K 719. 263
Spinnt, Kinder, spinnt: K 722. Verzage nicht: K 714. Holt ein Kind: ebd.
Mickatrulle: Drechsler 542. Spillalutschenstein: K 722. Der Vers „Verzage
nicht ..." taucht auch in einem oberlaus. Weberlied auf: Oberlaus Heimatbl
3, 29. Die Satzichziege stellte man sich in Milkendorf, Österr.-Schlesien, als
häßliche, alte Frau vor, die eine glühende Spindel im Munde hat und in der
alten Grenzeiche wohnte: Zeitschr f. Gesch. u. Kulturgesch. Österr.-
Schlesien 6, 85. Schüttelt Betten aus: Schroller 3, 375.

Spiritus. Vgl. S. 45f. Büchsmännl: Taubmann, Sagen 40f. Spiritus = 264
Teufel aus Frau ausgetrieben: Oberschles Monatsschr 1788/89, von da im
Auszug ObS 3, 749. Spielmännchen finden: K 662. Das Spielmännchen,
welches in keinem Element umkam (siehe oben), war für 2 Dukaten gekauft
worden. Der neue Eulenspiegel hat ihn: Görlich, Gesch. d. Stadt Streh-
len 400ff. Wasserkäfer: ObS 9, 566. Wechseltaler erlangen: Drechsler 394. 265

Der feurige Drache. Aus Sumpf: K 681. Farbe: K 691 u. 687. Ruheplatz:
öDB 13, 113. Der Plon: Schulenburg 50. Hütet die Pflaumen: ebd. Schleppt
fort: Mitt 12, 223. Getreidedrache. Wer kreißt denn so: K 672. Aus
Hühnerei: K 688. Drachengetreide ist verpölvert: K 678. Schütt Hansel: 266
öDB 13, 88. Drache, leucht mir: ebd. 113. Zeig mir deines Herrn Hof: ebd.
Drache wie ein Wiesbaum: K 696. Mantelfahrt: Grohm Aberglauben u.
Gebräuche 22. Gelddrache betrogen: Schulenburg 50f. Verzehrt Pferdekeu-
len: Jahrb 17, 234. – *Drache als Hühndel:* K 682. Skrzatek: K 685 u. 680. Vom 267
Erwerb des Hühndels handeln auch Bunzlauer Monatsschr 1790, 237 u.
Rübezahl N F 9, 108f. Geldhühndel: Mitt 21, 139 nach meinem Vater, der
aus Klein-Krichen stammt. Brüten unter dem Arm: Pol Hemerologium,
Nachtrag = Zeitschr 13, 332. Henne scharrt Schatz hervor: Klo 106 = Mitt
9, 76. Henne ist Wassermann?: öDB 13, 77. Hühnchen zündet: Liegnitz:
Chronica Comitatus Glacensus Habelschwerdii 1618 in Gl Vi 6, 86. Breslau: 268
Scheps Annalen in SS rer Siles 11, 141. Gröditz: Mitt 21, 139f. nach meiner
Mutter. Verlangt Seele des Kindes: öDB 13, 88; K 693. *Hausotter.* Das Glück
begraben: öDB 12, 136f. Trinkt Milch: ebd. 10, 118. Die Otternburg: Die 269
Grafschaft Glatz: 3, 22f.

Unheimliche Tierwesen: *Der Otternkönig.* Weise Nattern: öDB 11, 166. 270
Sprache der Tiere erlauscht: Prb N F 1866, 105. Raub der Krone: Gerhard
Schneider u. Gothl-Heinrichs Frida, Gr.-Iser. Mantel und Pferd geopfert:
K 694. Zickzacklauf: K 988. Magd von Odrau: K 986. Der Jägerbursch und
der König: M R 197, ohne Angabe der Quelle. Ottern schweben durch die 271
Luft: Schulenburg 48. Geflügelte Schlangen: K 694. Otternpfeiflein:
Rgbg 24, 35. Keinen Fehler machen: K 980. Otternkönig erwürgt den 272
Pfeifer: K 982. Der Handwerksbursche pfeift die Ottern zusammen:
Schulenburg 48f. Schlange rollt hinterher: Wandr 178, 115. Esche bannt sie:
Rgbg 65, 8.

Lindwürmer und Basilisken. Riesenkrebs: K 970 Molch: K 883. Lindwurm 274
in Deutsch-Piekar: Mitt 8, 51. Riesige Schlangen und Holzdiebe: K 995.
Tier in der Steinrücke: Mitt 21, 155. Eine Steinrücke ist im Isergebirge ein
aus Feldsteinen zusammengelesener Steinwall, der meist an Grenzen oder

SEITE zwischen Garten und Feld errichtet wird. S. 11f. bezeichnet der weiße Flins oder weiße Steinrücke einfach den Kamm zwischen Hochstein und grüne Koppe, der oben, auf dem schmalen Kammstege, mit faustgroßen Quarzstücken übersät ist. Gablonzer Drache: Grohm 224. Am kahlen Berge: K 1003; vgl. Jahrb 18, 74 die Vertreibung der Drachen im Johnswalde.

275 Lintwurm am Greifenstein: Waldwärter Männich, der Enkel des Tapper, Gr.-Iser und Landfahrer, Wandervogelgaublatt 1919, Heft 3/4, 47; eine zweite ins Volk gelangte, literarische Sage vom Greiffenstein bringt Henne – Am Rhyn, die deutsche Volkssage 1879, 141, während Goe die bekannte romantische Form, die in die Weite ging, erzählte. Der Basilisk im Brunnen:

276 K 994. Im Brieger Domkeller: Breslauer Erz 1807, 625. Der Warschauer Basilisk: E. Francisci, lustige Schaubühne 2, 476ff. In Breslau ist 1672 ein Basilisk zu sehen gewesen: Zeitschr 13, 233.

Werwolfsagen wurden aus jüngerer Zeit nicht aufgefunden, doch scheint der Glaube an die Verwandlung eines Menschen in ein Tier noch in Gr.-Iser zu bestehen, wenn anders die Geschichte von Gerhard Schneider einer Auslegung fähig ist: Eine Katze sagt einem Mann, der an einer Bude (altem Häuschen) vorbeigeht: In drei Tagen wirst du ein Löwe sein. Er wurde es und weil er Weib und Kinder hatte, fraß er sie. Im Hause scheechte es dann und einer, der hineingegangen ist, hat drin Ohrfeigen gekriegt. Wahrscheinlich ist doch hier durch eine Hexe, die als Katze erscheint, der Mann, der ihr Geheimnis erspäht hatte, in einen Werwolf, und da der Wolf jetzt fast vergessen ist, in das bekanntere Tier, den Löwen verwandelt worden. Ich halte die Sage, darauf läßt auch der Ausgang schließen, für echt K 1539 läßt sich durch Mitt 12, 184 und Gl Vi 9, 146 = Göbelsche Chronik erweitern. Auch die Breslauer Nachricht bei Praetorius Anthropod. Pluton. 2, 264 wäre heranzuziehen. In ObS darf man in den Zwölften den Wolf nicht nennen, sondern muß vom Unflat, Ungeziefer oder Gewürm sprechen, damit man samt der Herde nicht von Wölfen zerrissen wird. Denn in der Zeit gehen die Werwölfe um: Drechsler 3.

Riesen, Tod und Teufel

277 **Die Riesen:** Nur Spuren: Weinhold in Prb 1861, 194. Riesen von Arnau: Schles 5, 676; vgl. die rationalisierende Fassung: K 1150. Um 1350 hatte das Arnauer Stadtwappen die Riesen noch nicht: DB 11, 22. Burg Edelstein: K 1149. Der Riese im Spitzberge: Grohm 213f. Riesenspielzeug: Schulenburg 68f.

278 **Der Tod:** In die Erlen gehen: Klo 23. Fahles Männchen: K 1168. Als weibliche Gestalt = Smierč. K 1160. Biller Männel: Lehrer Werner, Märzdorf a. B. Der Berichterstatter vermutet in dem Namen die ältere Form Bielauer Männchen. Tod in Breslau: Bresl Erz 1802, 678ff.; Fülleborn

279 bezeichnet das Lied als echte Volkssage. Aufwachsen: öDB 12, 158. Begleiter zur Tanzmusik: K 1155. Auf der Brücke: K 1157. Tod verweisen: K 1172. Das Klagemütterchen. K 724. Wehklage Bože sedlešce: K 706b.

SEITE
Kein Fliederholz verbrennen: Schulenburg 73. Nachbars Hund wird ver- 280
recken: öDB 6, 199.
Die Pest: Vgl. K 707 aus dem Wendischen: das böse Weib Slaczona. – Das
große Sterben in Halbendorf: Klo 22; in Schildberg: Altv 12, 2, 74. Auf der
Oelser Stadtmauer: K 1178. In hohle Linde verbannt: K 1177. Pestgrube bei 281
Tormersdorf: K 1176. Die Sagen sind fast alle slawischen Ursprungs; so läßt
sich die nächste, der Muskauer trägt die Pest zum hohlen Ufer: K 1175, in
Polen: K. W. Woycicki (Levestam übers.) polnische Volkssagen und Mär-
chen 1839, 23f., 58f., 61f. = Hanusch, die Wissenschaft des slawischen
Mythus 1842, 322f. u. aus ihm Tylor, die Anfänge der Kultur 1873 I. 292
nachweisen; die schlesische Form stammt aus Liebusch, Sagen u. Bilder von
Muskau 1860, 15. Bibernell hilft: Bresl Erz 1800, 504f. loman = Alant:
Schulenburg 102.
Viehpest: Lärmen, dann stirbt das Vieh nicht: Schulenburg 136. Als Bulle:
ebd. 137. In Burg behielt der Bauer allein sein Vieh, der den Viehtod ins
Dorf gefahren; der Tag wird heute noch durch Enthaltung von Feldarbeit
gefeiert: nach der Chronik von Spreewitz BB I. 65f.
Wind und Windin: Begräbnis: Am Urquell 2, 67. Alle 99 und der 282
Lahme: Rgbg 11/12, 22. Wĕteror Hansko: Schulenburg 68. Wind u. Windin
gehn über Land: ObS 14, 498. Melusine: ObS 14, 687f. u. 16, 413. Ihre 284
Kinder hungern: Mitt 2, 598ff.; aus einem Dorf bei Trachenberg: Schroller
3, 339. Das Fischweib Melusine: öDB 10, 190f.
Regendämon. Gniewuś: ObS 17, 50.
Teufelsränke und -listen: Im Zwirbel: Schulenburg 46. Teuflischer 285
Wirbelwind: K 1223; vgl. Woycicki, polnische Volkssagen u. Märchen 63.
Erscheint den Wachen: Lucae 2, 1364. Als Sau: Prb 1788, 8, 205f.; vgl. auch
seine Selbstbiographie, edit. Oesterley. Als Ochs: K 1248. Als Ziegenbock: 286
Mitt 21, 142 nach Richter-Gustavs Willi; Heimatkunde d. Kreises Steinau
1922, Nr. 4, öDB 10, 104f. Fahrt zur Falkenburg: Prb NF 13, 580 nach der
Leipziger Illustrierten Zeitung Nr. 1630. Der lange Sachse: Pol 2, 189;
Gl VI 9, 143 Anm. I. Der Teufel in Krischa: Ziegler, historisches Labyrinth
d. Zeit 1701,812. Ein Weib entführt: aus Michael Wehls handschr. Chronik 287
Prb NF 11, 641. Teufelsaustreibung: per membrum genitale eines Mäd-
chens. Schlesien ehedem u. jetzt 1806, 281. *Saufgelage:* Lichtstern (= Lucae) 288
schles. Fürstenkrone 1685, 403. Die lausitzische Sage: Ein Junker verhindert
eine Schlägerei beim Zechgelage, wird in der Nacht von Teufeln gequält, bis
auf sein Beten ein Engel erschien und ihn zum Aushalten ermahnte. Danach
wurde er von den Teufeln übel geplagt, aber er ließ sich trotz alles Drohens
nicht verleiten, ihnen zuzutrinken: H I. 186 nach Frenzel, histor. natur. 3,
1453. Manuskr. ist sehr bekannt gewesen und ebenfalls von Praetorius
Blocksberges Verrichtung 573ff., Hildebrand Theurg. 297, Hondorff
Promptuarium I. fol. 281f. überliefert worden. Sie bildet eine Überleitung
zur Sage vom: Teufel in Neurode: Pol , 113f. Kirchhofs Wendunmuth
erzählt diese schon 1601 ohne Nennung des Ortes S. 162; in der handschr.
Chronik eines Habelschwerdters von 1618 wird sie schon auf Neurode
übertragen, aber da kommen nur ein Edelmann in schwarzem Samt und

SEITE goldener Kette und drei Knechte; der Herr will sie empfangen, sieht aber, daß es der Teufel ist, flieht; das Schloß steht seitdem leer: Gl Vi 7, 87. Auch die Chronik des Kaspar Exner (wann?) hat: Teufelsspuk auf dem Schlosse zu Neurode: ebd. 10, 331. Dadurch rückt das Datum der Übertragung dieser Sage nach Neurode von 1625 (= Aelurius Glaciographia 230ff.) auf 1618 und Aelurius hat außer Hahn, Kirchenbuch 1615, 40f., der allgemein Schlesien als Ort angibt, und der des Ael. Quelle war, noch örtliche Überlieferungen ähnlich der Habelschwerdter Chronik benutzt; wahrscheinlich hat er doch die dort vorhandene ursprüngliche Sage durch die Hahnsche ersetzt und so verdrängt (Knoblauch-Gastmahl). (Wie zum Trinken nötigt er zum Spiel: Pol 3, 166f.) Wucherer in Breslau: Praetorius, der abenteuerliche Glückstopf 1669, 461f.; vgl. Paudler, Sagenschatz aus
290 Deutsch-Böhmen 1893, 62. Der Nachtschmied: K 1201; vgl. Rübezahl NF 7, 155f. Der Scotus: Görlich, Gesch. d. Stadt Strehlen 399. Der lahme
291 Besucher: K 1210. Der Hostienfrevler: Mitt 2, Heft 3, 19. Der böse Tod Lorenz Schwarzkopfs: Jahrb. II, 69. In Kutsche: K 1241. Teufel Eichenführer: K 1343. Das Roß beschlagen: K 1245. Der Feuerwagen (Ducha): Oberschles. Heimat 13, 116. Der Kater des Altaristen: nach Holsteins handschr. Chronik. Wernicke, Chronik d. Stadt Bunzlau 1884, 112; vgl. S. 99. *Gehängte verfallen ihm.* Hantscho-Hanos Knecht: Niederlaus Mitt 3,
292 227. Häng dich an eine Wiete = Weiden- oder Birkenrute: Rgbg 28, 52. Dreibeinige Hase in Boberstein: Wandr 320, 91. Im Feistebogen: Landfahrer, Wandervogelgaublatt 1919, Heft 3/4, 49f.; vgl. K 1250. Godulla:
293 ObS 2, 742. Grabmal zu Slaventzitz: ObS 10, 36. Teufel als Tänzer: K 1295
294 u. 1308. Als Freier: K 1216. Als schöne Frau: 1218 u. 1252. *Als Spieler:* Lehrer Werner, Märzdorf a. B. Würfelt mit dem Vogt: K 1320 u. Oberlaus Heimatbl 4, 130, wo es ein Schneider ist, der in Lichtenberg alles verspielt, nach Rachenau in den Kretscham gehen will, dort weiterzuspielen, aber unterwegs den Teufel als seinen Herrn trifft und mit ihm würfelt: BB I. 306f. bringt eine Sage, wo der Teufel als Jäger wegen Falschspielens in Streit gerät; man schlägt mit dem Stuhlbein nach ihm, ein Donnerschlag, und das Wirtshaus im Tscherbeneyer Tal ist versunken, statt dessen liegt dort der Teufelsstein. – Schustert mit Rübezahl Wette: Zeitschr f. Volkskd 21, 138.

295 *Der betrogene Teufel.* Haus mit Goldhörnern: Schles 7, 374. Knabe schützt den Vater: K 1292; so schützte sich auch Twardowski gegen den Teufel, siehe S. 86f. Teufel weg: K 1297. Raten Teufelsspiel: K 1336. Drachas
296 Oarsch: K 1323. Der Jaroschek: Oberschles Heimat 9, 84f. In Stola gefangen: K 1311 u. 1315. Wettlauf: K 1314.

297 *Der gute Teufel.* Bringt 10 Taler: K 1346. Der Teufel und Thessel: Pol 3,
298 143. Nach de Wyl, Rübezahlforschungen erscheint die Sage 1566 bei J. Fincelius, Wunderzeichen noch vom Teufel, und Bütner, Epitome I. (der sie aus dem Vogtland bezeugt), bei Praetorius zuerst von Rübezahl. Er verlegt sie ins Jahr 1532. Erst vor kurzem scheint sie auch auf den Kynast übertragen worden zu sein: U. Helbig, Rübezahl, der Herr der Berge 1909. Teufelsgraben: K 1341 Nr. 2. Rechbergers Knecht: Pol 3, 92; der 2. Teil der Sage, die Luftfahrt: Grimm DS 174. Dieselbe Sage im Meißenschen:

Fülleborn im Bresl Erz 1802, 402. Als Jahr wird 1520 angegeben. Sinap I. SEITE
115 weiß, wo er von Johannes von Bor spricht, nichts von der Sage. Die 299
Streu auf dem Dache: Petri Goldschmid höllischer Morpheus 1704, 178f.
Teufelsscharen: Frenzel, Chronik v. Hoyerswerda 1744, 211f. Feste: K
1224; vgl. die wohl aus Lokalsagen entstandene Novelle Uffo Horns:
Gevatter Schwanda. Die Reise nach Rom: K 1307. 300

Von den Teufelssteinen bis zu den Walen

Teufelssteine und Teufelsspuren: Trebnitzer Edelleute verloren: Prb 301
NF 1866, 36f. Hedwigstein: Freiherr v. Richthofen, stud. phil., Breslau.
Mastig: öDB 10, 105. Tost: nach Lompa ObS 10, 189. Kirche von
Schadowitz einwerfen: Guda Obend-Kalender 1917, 84. Er schleudert einen
Stein vom Zobten nach dem Turm der Breslauer Elisabethkirche; der Stein
liegt zwischen Tinz und Roberwitz im Rabenpusche: Schube, aus Schlesiens
Wäldern 1912, 191. Wette mit Teufel: Lompa bei Przibilla, oberschles.
Märchen und Sagen 1912, 49. Teufelstrog bei Wartha: Heinze in Iduna und
Hermode 1812, 85. Turm Indica: DB 25, 403. Der Jäger und der Teufel: Josef
Effenberg, Weißbach. Teufel und Wagner: Jahrb 6, 78f. Pferd verkehrt 302
beschlagen: von einem Langenbielauer Wandervogel. Schloßbau: Jander, 303
Sagan 10. Teufelsgeschirr: Jahrb. 17, 83. Eingang zur Hölle: ebd. 17, 73.
Die Unterwelt: Tilleborn: Prb N F 1861, 196. Lerchenborner Schloß: 304
ebd. 1868, 206. Die breiteste Brücke. Schickfus 4, 62. Grundlose Teiche:
Tschihahnlwiese: Jahrb 1894, 41. Hammersee: ebd. 18, 72. Schneeberg:
öDB 2, 31. Heßberg bei Jauer: Prb 1807, 45, 198. Kupferberg: öDB F B 11,
520. Breslauer Waschteich: Frau Fuchs, Breslau, die lange am Waschteich
gewohnt hat. Auch auf dem Geiersberg (Zobten) ist ein Schloß versunken
dort, wo noch eine Schlucht zu sehen ist: Prb 1866, 91. Kutsche versunken:
Richter, histor.-topograph. Beschreibung d. Striegauer Kreises 1829, 339. 305
Mönchslade: Altv 9, 5, 49f., vgl. S. 29f. Laurichenburg: K 1727. Seehirt: 306
K 1756. Brotfuhrwerk versunken: ObS 9, 567f. Die Wälle bei Priedemost:
Schlesien Vorzeit in Wort und Bild 6, 101, wo auch ähnliche Sagen vom
Grötschberg und Litroschine bei Preichau, Krs. Steinau, mitgeteilt werden.
Auch im Kunitzer See ist eine Stadt versunken: BB 99. Stein auf Kirchhof
Neumarkt: F. W. Bischoff, Breslau.
Kerberpfaff: Rübezahl N F 7, 254. Gasthaus versunken: Der Oberschle-
sier 2, Nr. 40, 5. Verwunschenes Schloß: öDB 10, 105f. Gehängter geladen:
Jahrb 1893, 49ff. 307
Untergang v. Benckwitz: handschr. Mitteilung aus Buckow in der
germanist. Abhandlungen, Festschrift f. Weinhold 236f.
Zu Stein verwandelt: Kieslingswalde: K 1767. Brot zu Stein: Lehrer 308
Werner, Märzdorf a. B. Von der Mutter verflucht: ObS 17, 186. Die Kinder
zu Stein: K 1947. Vom Blitz zu Stein verwandelt: K 1737. Am Falkenstein
(Isergeb.) ist ein Schloß versunken, in dem ein Mönch sein Gelübde brach,
als er die lüsterne Schloßfrau umarmte. Da war St. Martin aus der Kammer

SEITE getreten u. hat das Schloß in einen Felsen verwandelt. Noch heut sah man
St. Martin bei Vollmond auf dem Falkenstein: Jahrb 1894, 56ff.
311 **Die wandernde Glocke:** Im Tump bei Gabel: Jahrb 18, 79. Pawonkau:
K 1946. Dem Hunde geläutet: K 1939. Die vergrabene Glocke von Glatz: Gl
Vi 7, 286. Tharnau: K 1940. Vom Burg herausgewühlt: K 1946. Die Glocke
312 in der Bartsch: K 1943. Von Juden gestohlen: K 1947. Die wandernde
Glocke: K 1960. Auf dem Hirtenplan hütete ein Hirt die Schweine. Plötzlich
scharrte ein Schwein dicht am Hirtenborn und brachte eine große Glocke
zutage. Diese hängt jetzt noch in der Kirche: Lehrer Werner, Märzdorf a. B.
Auch die Glocken bei Jendrychow, Krs. Tarnowitz, und die von einem
Kloster in Beuthen ObS kündeten die Stelle an, wo eine Kirche versunken
war: ObS 15, 210, vgl. Zeitschr 41, 381. Die in Nieder-Langseifersdorf
versunkene hören Sonntagskinder noch läuten: Prb 1866, 91.
Versunkene Schätze: Geldwittern: Vernaleken 137. Als brennende
313 Garbe: K 2068. Licht in der Ecke: öDB 11, 128. Geld reinigt sich: K 2113.
Die glühende Kohle: Grohm 290. Regenbogen: Am Urquell 6, 223.
In der Schneegrube: K 2029. Goldene Wurzel: K 2136. Goldene Welle:
314 Niederlaus Mitt 3, 72 (Urnenfund). Goldene Gans: Rgbg 5/6, 96. Schloß
Tost: K 1995. Im alten Turm der Freudenburg legte eine Dohle einst goldene
Eier, Schaetzke, schles. Burgen 142 nach Klose. Brzezinki: Tygodnik Polski
39 u. 40 nach Lompa. Graf Tost bedingt sich Anteil: ObS 10, 546. Mandube:
Bresl Erz 1800, 753 u. 1809, 216ff. *Kriegskassen.* In Radl: öDB 12, 164 nach
Lilie, polit. Bezirk Gablonz 547. Kathol. Hennersdorf: Lehrer Werner,
Märzdorf a. B. nach seinem Vater, einem Kathol.-Hennersdorf: Lehrer
Werner, Märzdorf a. B. nach seinem Vater, einem Kathol.-Hennersdorfer.
315 Lichter auf Kinderhänden: Eisenmänger, Chronik v. Schmiedeberg 60. –
Türkische Schätze vergraben: Prb N F 13, 296. Russischer Prinz: Rgbg 38/
39, 6. – Zeichen: Mongolenkopf: Prb N F 11, 519. Apostel: Przibilla,
oberschles. Märchen u. Sagen 48f. nach Lompa. Neuhaus: K 1979. Abend-
burg: K 2026; er liegt unterm Gabelstein: K 2158 und wird von einem alten
Manne Himmelschlüssel oder Schlüssel zum Himmel genannt: ebd. Por-
prichkeller: K 1974. Eber mit Schlüssel: Oberschles Heimat 10, 120ff.
Kegelspiel im Katzenstein: Rgbg 5/6, 78 (= W. Winkler, Schreiberhau 1889,
316 93) u. K 588. *Graues Männel* = Zwerg bietet Schätze an: Martin Burghardt,
Würgsdorf b. Bolkenhain. Schwarzes Männel unterm Baum: Rübezahl N.
F. 7, 254. Im Biehmschen Hause: Wandr 320, 95. Auch der Feuermann läßt
sich bei vergrabenen Schätzen sehen in Gießhübel: Guda Obend-Kalender
1917, 85. (Vgl. auch schlesischer Robinson 2 = Historischer Schauplatz sehr
merkwürdiger Geschichten von unterirdischen Schätzen 1747, 290f.) Die
Pflaumen: K 2117a. – Schatzaufbrennen: Jahrb 11, 70. Derschauer Schatz:
318 K 2095. Schatzheben: Kreuz nach Körpermaß: K 2011. Stange rutscht ab:
Jahrb 16, 164. Pferde unbrauchbar: K 2083. Sargförmiger Stein: K 1975. In
Weißbach hat ein Mädel Kühe gehütet und dabei einen Ofen im Sande
gebaut. Auf einmal hat im Ofen Gold gelegen. Wie sie sich noch darüber
wundert, ruft eine Stimme hinter ihr: Mädel, deine Kühe gehen ins Korn.
Und wie sie sich umgesehen hat, ist das Gold wieder in den Boden

gesunken: Mitt 21, 146 nach Gothl-Heinrichs Frida, deren Mutter aus SEITE
Weißbach stammte.

In den Mittagssteinen: Ella Möhwald, Kl.-Iser. Karfunkelstein: öDB 12,
169. Brautschmuck: ebd. Den in der roten Weste: ebd. 170. In den 319
Grenzbauden: Wandr 178, 213. Als man den Schatz in Kröbsdorf (Krobsdorf b. Friedeberg a. Queis) hob, kamen ganze Regimenter Soldaten vorüber und allerhand Spuk. Aber die Leute blieben still. Wie sie aber den Schatz sahen, rief einer: Da, sieh den Kasten. Sofort gab es ein gewaltiges
Krachen und der Schatz versank: Niederlaus. Mitt 3, 67. Schatz bringt 320
Unheil und Krankheit: öDB 10, 110. Verloren, wenn Feuer erlischt: K 2088. Die Männer bei der Hedwigskapelle: K 1973. Ballenstein: K 2063. – Schätze verwünscht: Schaumflössel: Niederlaus Mitt 3, 72. Mit dem Siegel: öDB 11, 127f.; vgl. ebd. 124f., wo mit einem schwarzen Ziegenbock zugesiegelt worden ist.

Mutter und Kind im Berge: Rabendocken: von meiner Mutter. Abendburg: 321
Lotte Kammer, Gr.-Iser = Mitt 21, 146f. Mittagsteine: ebd. nach Ella Möhwald, Kl.-Iser. Harzkirche: Mitt 21, 150, nach Gothl-Heinrichs Frieda, Gr.-Iser; vgl. dieselbe Sage von der Hainkirche: Rübezahl N F 5, 153f.,
Jahrb 1894, 45. Das Kind auf der Stange: ObS 14, 588f. Subella raubt das 322
Kind: K 2097. Meine Ruhestätte: K 1969. Der kluge Bauernbursche: Rübezahl N F 5, 117. Vergiß das Beste nicht: Altv 3, Nr. 1, 8f. Das vergessene Kruzifix: K 2035.

Traum vom Schatz auf der Brücke: MR 49; es ist die einzige Sage aus
reichsdeutschem Gebiet und wohl nur vom böhmischen Nordrand her 323
eingeschleppt (Gersdorf ist böhmisch-evangelische Emigrantensiedlung); in Nordböhmen ist sie vom Bergwerksbezirk Joachimsthal bis ins Isergebirge hin nachweisbar: DB 12, 298 u. 15, 163, Exk 15, 237 u. 7, 229 = Paudler, Sagenschatz 1893, 19f. Auch bei dem Breslauer Mystiker Quirin Kuhlmann, Breslauer lehrreicher Geschichts-Herold 1673, 185ff. erscheint sie. Vgl. Zeitschr f. Volkskd 19, 286ff. u. 10, 432ff. sowie Veckenstedts Zeitschr f. Volkskd 1890, III. 4.

Walen: Reffträger: das Reff ist das Tragegestell, mittels welchem die Gebirgsbewohner Lasten auf den Kamm tragen; man vermutet, daß auch der Name Reifträger mit Reff zusammenhänge. Klagen über die Gebirgsbewohner: Wandr 128, 83 u. 154, 109f. Das sogenannte Hermsdorfer: Wandr
132, 53; Coghos Deutung daselbst ist wohl unbrauchbar; er schwankte 324
selbst. Die im Text vorgeschlagene wird gestützt durch das Walenzeichen, das ich am alten Schloß fand, die Sage Mitt 21, 147 und die Angabe von Frau Ida Steckel, Gr.-Iser, die noch das 2. Zeichen gesehen haben will, sich aber des Ortes nicht mehr erinnern kann; ausführlicher habe ich Wandr 479 davon gesprochen. Die Deutung erfährt durch das Trautenauer Wahlenbüchel: Wandr 1893, S. 126 eine Bestätigung: „In Böhmen im Riesengebirge, da ist vor Zeiten ein Schloß gestanden, das hieß die Abend-Rottenburg, nicht weit von Eyssenberg, so gehe zum ersten zu einer Glashütten, die hat geheißen Stollaseida (? die Schreiberhauer Hütte, die 1366 Sydil Molstein gehörte; vielleicht ist der Name verderbt, oder die Karlsthaler Hütte im

SEITE Babelsbruch, die 1754 entstand? oder Klein-Iser?), neben derselben Hütte liegt der Buchenberg, daran liegt die Iserwiese, denn die Iser fließt nahe daran, ungefähr eine halbe Meile, liegt ein wistes Schloß..." Auch hier erscheint das wüste Schloß eine halbe Meile vom Buchberg oder der Iserwiese entfernt; Partsch' Annahme, das alte Schloß sei der Pelikan, Wandr 62, fällt damit. Walenbücher vom Zobten teilt Bohn Mitt 20, 99ff. mit, die aus den von ihm angegebenen Quellen zu ergänzen sind; die des Riesengebirges sammelte Cogho Wandr 69, 132, 154 usw. Die erste Erwähnung der Abendburg im Walenwegweiser des Antonius von Medici, Handschr. in der Breslauer Stadtbibliothek Reposit. II. Num. 138 = Winkler, Schreiberhau 1889, 94f.; Siebeneckenstein: ebd. und Walenbuch des Hans Man von Regensburg; im Auszug K 2159; rote Floß: Antonius Wale von Medici; Goldgruben: so heißt noch heute ein Forstteil am Hinterberg, da wo Schreiberhauer und Iserrevier zusammenstößt; auf der Iserrevierkarte von 1888 ist es Jagen 74; nach dem Gothl-Heinrich liegen sie an der Linie 84/85 hinauf. Buchberg mit Urle: E. Straubes Reisebericht in Bd. 12 des Panorama des Universums Prag 1845 = Jahrb 1892, 6. – Antonius Wale war Breslauer Bürger und Wechsler: vgl. die Regesten Zeitschr 6, 350ff.; 7, 176 u. 345ff.; 8, 438ff.; 9, 173ff. Goldschmidts Zeitschr f. Handelsrecht 8. Zibrt gab 1899 „Der gerechte Weg in der Alchemie" von Meister Anton von Florenz in Prag heraus. Melanthon als Wale: Altv 3,1,3. *Zeichen:* Abbildungen Cogho, Volkssagen des Riesen- u. Isergebirges (2 Tafeln), Meiche, Sagenbuch d. Königreichs Sachsen 1903, 902 hat 2 Zeichen von Kl.-Iser; vgl. auch C.G.L.C.F. (Christian Lehmann) Nachricht von Walen 1764. Das Zeichen am Gabelstein (Bahnstrecke Josephinenhütte – Jakobsthal, hinter der Gebertbaude) beim roten Floß, das schon Antonius von Medici 1430 nennt, siehe Winkler, Die Goldsucher im Isergebirge, dramat. Gedicht 1915, Tafel 1; dort auch Abbildungen der Tür an der Abendburg. Unter dem Gabelstein liegt der Schlüssel zur Abendburg, siehe S. 277. Dort soll sich auch ein Walenzeichen vom roten Floß befinden: Wandr Jahrg. 25, Jubiläums-Nr. Die ersten Angaben über Walenzeichen machte Mosch, Die alten heidnischen Opferstätten 1855. Er schreibt auch: »Von den unbekannten Zeichen und Charakteren, welche die älteren Waldarbeiter hier (am roten Floßfelsen) gesehen haben wollen, ist jetzt unter der dichten Moosdecke wenig mehr zu erkennen. Auch an dem benachbarten Gabelstein versichern Forstleute und Waldarbeiter früher unlesliche Züge im Gestein gesehen zu haben, unter denen einige einem Messer und einer Gabel ähnlich waren und von welchen der Felsen seinen Namen erhalten haben soll." Auch eine rätselhafte, noch jetzt sichtbare Inschrift an der Schatzkammer am Pantschefall (vgl. S. 181), die 1895 noch ein Haushälter der Elbfallbaude kannte, und die sich an einem schwer zugänglichen Felsen in unmittelbarer Nähe der Höhle befand, erwähnt Cogho: K 2169. Zu Moschs Zeit war schon ein Fels in der Nähe des Kutschersteins bei Stonsdorf und an der Bornau bei Seidorf zerschlagen worden, der Pfeil, Gabel und sich kreuzende Rinnen aufwies. Besonders häufig findet sich als Zeichen das Andreaskreuz und das Hammerzeichen, so an einem Berg dicht am Wege, der von Kynast

hinter Saalberg führt, am Goldloch, Herdberg, auf Felsen im Melzergrund SEITE
und am Rabenstein bei Schreiberhau. Wahrscheinlich enthielt der Runenstein von Prausnitz: Prb N F 11, 364, der in Berlin verloren gegangen ist, ähnliche Zeichen. Vgl. auch Simon Hüttels Trautenauer Chronik zu 1588, ed. von 1881, 148. Ich möchte dabei die Vermutung äußern, daß die Kreuze auf Kreuzstein, Jungfrau mit Fisch usw. am Zobten ebenfalls Walenzeichen sind, denn das Andreaskreuz kommt als solches häufig genug vor, und daß die Steinbilder selbst die von Lustig Mitt 9, 108ff. in den Kreuzen vermuteten Grenzzeichen sind, obwohl die Einförmigkeit der Zeichen dann Wunder nehmen dürfte. Doch könnte man entgegenhalten, daß die verschiedenen Walen „ihre" Zeichen hatten, so Antonius Wale den Adler, die sie angebracht haben würden.

Kuh mit Stein geworfen: Jägers Dorfchronik = DB 4, 22. Im Stollen 325
verschlossen: Wandr 178, 114f. Schreiberhauer Quelle: Wandr 128, 82. Ziegenbock am Lämmerwasser: K 2157 u. der Kobel Steckel, Gr.-Iser. Luftfahrt: öDB 10, 110. Machen sich unsichtbar durch Kappe: St.R. Acxtelmeier, des aus der Unwissenheits-Finsternis erretteten Natur-Lichts erster Teil = RgbG 61/62, 72. Böttcherlehrling am Urlebrunn: K 2164. Messer in den Wirbel geschleudert: K 2163. Schroller 3, 340 teilt zwei Sagen mit, die eine aus Kattern bei Breslau: ein Fleischer ging über Land und kam einem Zwirbel nahe. Er warf das Schlachtmesser hinein. Einige Zeit darauf begegnete er einem Manne, der das Messer im Stiefelschaft stecken hatte. Die andere: Einst saß ein wandernder Müllerbursche unter einem Baume und aß sein Vesperbrot, als eine Windsbraut auf ihn zukam. Er warf sein Messer in den Wind, welcher sofort verschwand. Mit ihm war auch das Messer weg, auf dessen mit Messing beschlagenem Griffe sein Name stand. Nach langer Zeit kam er auf seiner Wanderung nach Westfalen. Als er sich hier in einem Gasthause zu dem Brote, welches er bei sich hatte, ein Stückchen Butter kaufte, legte ihm der Gastwirt daselbe Messer zu der Butter, welches er vor einigen Jahren in den Zwirbel geworfen hatte. Da wurde ihm klar, daß es dieser Gastwirt gewesen war, der im Zwirbel gesteckt hatte und ihn hatte umbringen wollen. Seitdem hört man die Leute in Kaltenbrunn am Zobten bei Annäherung eines Zwirbels sagen: Do kimmt a Westfälinger. Wir haben also die riesengebirgische Walensage auch am Zobten. Die meisten heut noch aufgenommenen Sagen erzählen aber,
daß der Teufel im Wirbel steckt: siehe S. 250. An den Quarklöchern: Altw 3, 326
Nr. 1, 4; eine Sage, die K 1253 u. Die Grafschaft Glatz 4, 64 als Teufelssage, Schüller, Sagen aus Mähren 1911, 150 nach unserer Quelle als Walensage haben. Kommen aus Padua: Altw 3 Nr. 1, 4. Philippus Melanthon aus Tarent, wo er sieben steinerne Häuser besitzt: ebd. S. 3. Ein anderer aus der Gegend von Lodi, wo ihm ein großes Landgut gehört: Bresl Erz 1801, 167ff., der anmerkt, daß die Walen unter anderem den goldenen Stiel (Stollen) bei Reinerz, eine uralte verwünschte Grube, benutzten, weil sie den Wunsch wußten. Montes Korkonosch: Wandr 69, 181; vgl. Lucae 2, 216f. u. Wandr 33, 10 aus einem Manuskript: das sudetische, sonst Riesengebirge genannt, Anfang d. 18. Jahrh.

Ortsverzeichnis

Folgende Abkürzungen wurden verwendet: B = Böhmen, das ganze südsudetische Gebiet von Oberschlesien bis zum Oybin; a. Qu. = am Queis; Grsch = Grafschaft Glatz; OL = Oberlausitz; OS = Oberschlesien; ÖS = Österreich-Schlesien; i. R. = im Riesengebirge

Kr. Löwenberg 119, 187

Agnes Miegel

Alt-Königsberger Geschichten

Neuausgabe mit 10 Schwarzweißabbildungen
240 Seiten und 8 Bildtafeln, Leinen

„Auf ergreifende Weise, aber ohne Bitternis, bekennt sich Agnes Miegel zu der verlorenen Heimat."

Neue Zürcher Zeitung

Ostpreußische Sagen

Vom Samland und der Kurischen Nehrung bis zur Rominter Heide und den Masurischen Seen

Herausgegeben von Christa Hinze und Ulf Diederichs.
304 Seiten mit 85 Abbildungen. Gewebeband mit Schutzumschlag

Landschaft und Geschichte, Kirchenglaube und Volksglaube gehen in den ostpreußischen Sagen eine einzigartige Verbindung ein. Und wie stark erlebt man die vier Jahreszeiten darin: auf einen langen, unerbittlichen Winter folgt ein blühender, kräftiger Frühling, darauf ein strahlender, glühender Sommer und ein in Goldtönen schwelgender Herbst. Im Norden die Dünenlandschaft mit den charakteristischen Wanderdünen zwischen Ostsee und Kurischem Haff, im Süden die riesigen Wälder, die Wiesen und kristallklaren Seen, überwölbt von einem grandiosen Himmel – Naturgeschichte spielt mit.

Aus dem Vorwort der Herausgeber